三重精彩

——笛卡尔的生平、著作与思想

文聘元 著

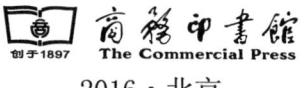

2016·北京

图书在版编目(CIP)数据

三重精彩：笛卡尔的生平、著作与思想/文聘元著.
— 北京：商务印书馆，2016
ISBN 978-7-100-12099-9

Ⅰ.①三… Ⅱ.①文… Ⅲ.①笛卡尔，R.（1596～1650）－哲学思想－研究 Ⅳ.①B565.21

中国版本图书馆 CIP 数据核字（2016）第 055674 号

所有权利保留。
未经许可，不得以任何方式使用。

三重精彩——笛卡尔的生平、著作与思想
文聘元 著

商 务 印 书 馆 出 版
（北京王府井大街36号 邮政编码100710）
商 务 印 书 馆 发 行
杭州钱江彩色印务有限公司印刷
ISBN 978-7-100-12099-9

2016 年 10 月第 1 版　　开本 880×1280　1/32
2016 年 10 月杭州第 1 次印刷　印张 12¾

定价：38.00元

序

在我的所有作品之中，这本笛卡尔研究有一个特点，就是它有一个确切的起因，我甚至可以具体地回想起我是在哪一天决定写它的。

那是在 2014 年 10 月的一天，我去北京大学参加外国哲学所成立 50 周年的庆典，午餐后偶然与一位哲学系的师妹交谈起来，她的名字叫刘露，谈话中她说起她的博士论文准备写笛卡尔，就在这一瞬间我决定了要写一本专门研究笛卡尔的作品。

当然，并不是这么简单，这样说吧，与刘露师妹的交谈只是导致这部书产生的"最后一根稻草"而已，因为此前我已经犹豫了很久，究竟是不是要写它。

为什么要犹豫呢？这里面说来话比较长。

我天生就是一个哲学爱好者，高中时就开始阅读一些哲学著作，思考一些哲学问题，后来大学也读的是南京大学哲学系，一读就是七年，后来又到了北京读哲学博士，毕业后所从事的也主要是哲学研究，所以一辈子都与哲学钩连在一起。我对哲学一个核心的理解是认为哲学≠哲学史，一个人可能一辈子都在研究哲学史，也就是哲学史上其他哲学家的哲学，如中国的老庄孔孟或者西方的柏拉图、亚里士多德、海德格尔、胡塞尔等，但却并没有真的理解哲学，更不是真正的哲学家；相反，一个人可以基本上不懂甚至根本不懂哲学史，也就是不了解哲学史上其他伟大哲学家的思想，但依然可以成为真正的甚至伟大的哲学家。这样的例子中西都有，例如中国的禅宗六祖慧能，西方的维特根斯坦。

究其原因，就在于哲学与哲学史是有着本质性的差别的，哲学史所研究的对象是他人的思想，所以即使将整个哲学史上所有哲学家的思想都了解得一清二楚，也只是理解他人的思想、只是一个哲学史家而已，并非真正的哲学家。而真正的哲学家其所研究的主要对象不能是他人的思想，而必须是世界本身，只有对世界本身作出深刻的研究，即用自己的眼睛去看世界、用自己的头脑去思考世界、得到自己对世界本身独特的认识，并且用自己独特的语言表达出来，这才是真正的哲学，能够做到这一点才可能成为哲学家。要理解之只要我们看看哲学史上那有如群星璀璨的伟大哲学家们就明白了，试问：从中国的老庄孔孟到西方的柏拉图、亚里士多德、海德格尔、胡塞尔，等等等等，他们的思想有一个什么样的共同之点？难道是因为他们对某一个哲学家有着深刻完整的了解而成为伟大的哲学家吗？当然不是的。他们之所以成其为伟大的哲学家，乃是因为他们创立了自己独特的思想体系。而这个独特的思想体系一个最根本、最核心的要点就是它是对世界的反映，表达了他们对世界的独特而深刻的理解，这才是他们成为伟大的哲学家、他们的思想也能够名垂哲学史的缘故之所在。

不仅是这些最伟大著名的哲学家如此，就是那些相对而言不那么伟大著名、但依然名留哲学史的哲学家也是如此，如普洛克罗、哈奇逊，或者沙夫茨伯里，等等等等。

正因为看到了这样的情形，所以我自从博士毕业开始研究哲学后，就一直想如上面这些伟人们一样建立自己的哲学体系，这个体系的特点也如我上面所说过的，是我用自己的眼睛看世界、用自己的头脑思考世界、用自己的语言表达世界，其结果就是我以前出版的《哲学——对世界的解释》第一、二卷了，第一卷名《对世界的基础性分析》、第二卷名《对人的基础性分析》，本来还准备写三卷《对认识的分析》、《对语言的分析》、《对信仰的分析》，但当我写到《对认识的分析》之时就陷入了极大的困难，因为我发现自己无法根据自己的思想建立起关于认识的系统性理论，后来不得不中止了有关的研究与写作。

再后来，在一片迷惘之中，我经过沉思，认为主要是因为我在写作之时没有借鉴其他人的思想，要知道"他山之石，可以攻玉"，我又不是维特根斯坦与慧能那种纯粹的哲学天才，怎么可能不深刻理解哲学史、不借鉴他人的思想而独创一个哲学的体系呢？明了这一点后，我就转向对他人思想的研究。

我第一个关注的对象就是康德。

在西方所有的哲学家之中，康德是我最心仪的，在我看来他的思想也是最富于启发性与挑战性的——或者说最具难度的，我一贯喜欢挑战，于是就开始阅读与研究康德的著作。

但是，不久之后我就不得不停下了，因为我发现要读懂康德、读懂他的三大批判太不容易了，尤其是要逐字逐句地去读、去理解之时，简直太难了，为什么呢？

因为要读懂康德必须具备三个条件：

一、必须具有强大的语言理解能力。

二、必须了解康德之前的整个哲学史。

三、必须深刻地理解世界本身。

第一个条件不用说，康德的三大批判之所以难懂，一个最直接的原因就是其语言异常晦涩，有时候达到了令人匪夷所思的程度，因此没有强大的语言理解能力是不行的，根本入不了门。但这对于我并不难，因为在这方面我从小就受到了比较好的训练，阅读量相当大，基本上没有什么语言问题可以难倒我。

第三个特点我也不怕，因为我本来就认为哲学是对世界的解释，也一直以来都在用自己的眼睛观察世界、用自己的头脑思考世界，因此，对于康德哲学中那些有关世界本身的深入思考对于我而言并不难理解。

但第二个就是我的缺憾了，虽然读了这么久的哲学系，但此前我并没有系统地阅读与理解西方哲学史，读的书虽然多，但哲学著作并不占主体，读也有些囫囵吞枣，总之对西方哲学史上其他哲学家们的思想缺乏系统深刻的理解。而康德不是如此，他极为博学，相当全面而深刻地掌握了西方哲学史，就这点而言他与黑格尔相似，若是康德愿意写一部西方哲学史，我相信水平一定不会亚于黑格尔。所以，康德在写作三大批判之时，对其他人的思想可以信手拈来，甚至无形无影地融入自己的思想，但倘然我们不懂这个思想的来源，那是很难深刻地理解康德在这里所要表达的意思的。

于是，为了理解康德，当然更主要是为了理解世界本身，我将目光转向整个西方哲学史，制订了一个相当庞大的阅读与写作计划，就是要对从古希腊开始的整个西方哲学史进行系统的阅读与梳理，并且写作一部贯通整个西方哲学史的哲学史作品。这个计划一直在比较顺利地进行。

虽然比较顺利，但在写作之中也遇到了一个颇有些令人头疼的问题，就是有些哲学家，我本来只是将其作为这部计划中的西方哲学通史的一章，但在阅读与理解的过程之中感触与所得越来越多，于是写下的文字也越来越多，根本不是一章所能容纳的了，如在卢梭、洛克与托克维尔等那里就有这样的情形，而最主要的就是笛卡尔。

笛卡尔的思想以前我也有所理解，本来以为并不难懂，但在我深入阅读笛卡尔著作的过程之中，越来越发现它们就像一个被浮沙掩盖的宝库，轻松地扒开浮沙之后就可以看到许多宝贝，而且，越往下挖，就会发现宝贝越来越多，也越来越珍贵，倘若不将这些宝贝尽量多地拾取，只挑一点点就离开，那真是太傻了！太不应该了！所以在这一章里我就决定多写些，也许要达到仅次于亚里士多德的最漫长的篇幅——那一章超过 10 万字。

但我很快发现即使 10 万字也还是不够，还有许多东西我想要表达，只是这样一来就要离开初衷，不是写作一部哲学的通史，而是先要写一部单独的笛卡尔哲学研究了，但我又颇为犹豫，就像一个正去某个地方旅行的人，突然遇到途中的美景，于是想要改变目的地——但那个目的地又是必须去的，一定会感到犹豫的一样。这时候正好我要去北京开会了，于是就打算先放一放，开完会再说。

就是在开会的那一天，如上面所说的情形，我遇到了刘露师妹，和她的一席谈话之后，我就在瞬间作出了决定，要先写一部专门研究笛卡尔的著作。

由于早就准备好了充足的资料，相当快就写成了，后来就交付商务印书馆出版了，具体的情形会在本书最后的跋中提到。

这时候，或许我应该说明一下这个问题：我为什么要写作这部作品？或者如我们上面所说的一样，既然说笛卡尔的著作是一个大宝库，它其中有什么样的宝贝呢？会让我在中途如此长久地流连忘返？

这里可以说的话就多了，最好从作品本身中去了解，但我在这里也可以说一下其中一个最核心之点，这也是笛卡尔哲学中最了不起的创造，那就是如何为我们理解世界找到一个切入之点。

我们知道，哲学是对世界的解释，笛卡尔哲学也如柏拉图、亚里士多德、康德、海德格尔、胡塞尔，是这样的典范，而且笛卡尔的哲学还有一个也许比以上诸位更突出的地方，就是他为我们理解世界找到了一个独特而深刻的、具有本质性意义的切入之点，那就是从存在出发去理解世界，这也就是他的"我思，故我在"中所表达的中心意涵了。

关于"我思，故我在"的具体内容，我在这部书中有比较深入的分析，这里且不多说，只指出一点："我思，故我在"虽然是从思出发去理解世界，但之所以要从思出发，那目的乃是理解世界，理解世界才是根本的目的，从思出发只是理解的方式。而我们要如何理解世界呢？在笛卡尔看来，理解世界，首先就要理解存在，所以这里的核心词并非思，而是存在，或许可以这样说：存在是目的，而思只是手段。

当然，笛卡尔这样做并不意外，因为存在这个词一直是哲学史上的核心词汇，甚至可以说是最核心的词汇——倘若在哲学史上有一个词汇可以称之为"最核心"的话，早在古希腊的巴门尼德就将之置入了哲学的核心；此后到了中世纪哲学或者说神学，其核心也是这个，因为关于上帝，最核心的就是上帝的存在；此后到了近代的笛卡尔与现代的海德格尔，等等，存在一直居于哲学的核心。

不但西方哲学如此，我们中国哲学也是如此，例如中国古代最重要的哲学经典《老子》的第一章就是：

道可道，非常道。名可名，非常名。

无，名天地之始；有，名万物之母。

故常无，欲以观其妙；常有，欲以观其徼。

此两者，同出而异名，同谓之玄。玄之又玄，众妙之门。

这段话的含义是至为深刻的，表达出了整个老子哲学思想的神髓，其中的一个核心就是探讨存在的问题，这个西方的"存在"在我们中国古代哲学中是用"有"来表达的，虽然两者之间有一定区分，但本质是相通的，都是探讨关于"存在"——有、以及与之一体的"不存在"——无的问题。老子在这里也是将有与无或者说存在与不存在看成是理解天地万物之出发点的，以老子的说法就是它们乃是"天地之始"与"万物之母"，而且这两者又是本质本通的，倘若能够理解这一点，我们也就可以理解万物之最精微玄妙之处了。

要理解何以会如此其实并不难，也并不玄妙，因为这实际上是关乎我们每一个人自身的问题，倘然我们是有思想的人，一定会有时候这样地扪心自问：这个世界为什么存在呢？——尽管我知道它是存在的；进一步地，我又为什么存在呢？我何以证明这一点？这个问题自从我高中时代就开始困扰我了，那时候我经常这样地自问：我知道我存在，但我怎样证明这一点呢？

当然，提出这个问题是容易的，回答起来就很难很难了，所以直到今天都并没有一个固定的答案。

而笛卡尔之所以伟大，就在于他不但提出了这个问题，而且为我们探讨这个问题找到了一个极为独特而伟大的切入之点，为我们之证明世界和自身的存在提出了一种独特而深刻的可能之答案。

至于笛卡尔究竟是如何回答的，我们又如何可以得到那可能的答案，在书中可以找到。

是为序。

2016年3月6日于海甸岛书房

目 录

引子：为什么要讲笛卡尔 …………………………………… 001

第一章　平静而不平凡的人生 ……………………………… 013

　第一节　法国·早年生活 ………………………………… 013
　第二节　军人生涯 ………………………………………… 018
　第三节　荷兰·哲学生涯 ………………………………… 024
　第四节　三件大事 ………………………………………… 030
　第五节　两个高贵的女人 ………………………………… 039
　第六节　最后的时光 ……………………………………… 057

第二章　坟墓与骨头 ………………………………………… 061

　第一节　四度安葬 ………………………………………… 061
　第二节　笛卡尔的骨头 …………………………………… 066

第三章　笛卡尔的著作及其影响 …………………………… 071

　第一节　笛卡尔著作的总特点 …………………………… 071

第二节　笛卡尔的五大哲学名著 ……………………… 079
第三节　笛卡尔的科学著作 …………………………… 088
第四节　跌宕起伏的命运 ……………………………… 105

第四章　笛卡尔哲学初论 ……………………………… 111

第一节　笛卡尔思想的重要性与矛盾性 ……………… 111
第二节　对传统哲学的批判 …………………………… 116
第三节　方法很重要 …………………………………… 121

第五章　一切从怀疑开始 ……………………………… 129

第一节　为什么要一切从怀疑开始？ ………………… 129
第二节　怎样去怀疑？ ………………………………… 137

第六章　我思，故我在 ………………………………… 148

第一节　走向无可怀疑之思 …………………………… 148
第二节　思维与存在 …………………………………… 155
第三节　思维与存在之间不是推导关系 ……………… 160
第四节　对"我思，故我在"之批判与肯定 ………… 164
第五节　"我思，故我在"中的另一面：从"我"出发 … 173

第七章　对上帝存在之证明 …………………………… 178

第一节　自明且需证明之上帝 ………………………… 180
第二节　效果的证明 …………………………………… 185
第三节　观念的证明 …………………………………… 190

第八章　对万物存在之证明 · 203

第一节　上帝乃万物之源 · 203
第二节　万物为何存在？ · 207

第九章　天赋观念论 · 213

第一节　笛卡尔之前的天赋观念理论 · 213
第二节　必然存在但并不一定会被意识到的天赋观念 · 216
第三节　天赋观念之起源 · 222
第四节　对笛卡尔天赋观念论的肯定与批判 · 226

第十章　松果腺与身心二元论 · 237

第一节　什么是身与心？ · 239
第二节　互不相干的身与心 · 245
第三节　身与心为何分离？ · 250
第四节　不可分离的身与心 · 257
第五节　著名的松果腺 · 261
第六节　身心二元论的反对者与支持者 · 265
第七节　身心二元之解决方案 · 276

第十一章　求知之路 · 282

第一节　从简单事物入手 · 283
第二节　获得知识的基本方法——直观 · 286
第三节　悟性与经验 · 291
第四节　获得知识的第二条途径——演绎 · 297

第五节 知觉与感觉 ………………………………… 304
第六节 意志 ………………………………………… 308
第七节 上帝是认识的终极决定者 ………………… 319

第十二章 笛卡尔对神的理解 …………………… 323

第一节 笛卡尔——虔诚的基督徒 ………………… 324
第二节 上帝对笛卡尔思想的整体影响 …………… 328
第三节 作为创造者与实体的上帝 ………………… 334
第四节 绝对自由的与不可知的上帝 ……………… 349

第十三章 笛卡尔对万物的理解 …………………… 358

第一节 笛卡尔对可感之物的理解 ………………… 358
第二节 笛卡尔对空间、时间、运动的理解 ……… 377

结　语 ………………………………………………… 388

跋 ……………………………………………………… 390

引子：为什么要讲笛卡尔

在这本小书里我们要讲笛卡尔。

笛卡尔的大名不用说，每一个懂点儿哲学的人都知道，但也许这还不足以了解他在西方哲学史上的崇高地位。

笛卡尔在西方哲学史上有什么样的地位呢？我们下面就分三点来讲述。

一、笛卡尔是近代西方哲学之父。

二、笛卡尔是现代西方哲学之父。

三、笛卡尔是最重要的法国哲学家。

我们先来讲第一点，笛卡尔是近代西方哲学之父。

笛卡尔的这个身份是不用怀疑的，亦为西方哲学界所公认。

不过，有些人也许会感到奇怪，因为有一个人似乎比笛卡尔更有资格称为近代西方哲学之父，那就是培根。

原因有两个，一是培根较笛卡尔年长，培根生于1561年，笛卡尔生于1596年，培根比笛卡尔要年长35岁，已经是两代人了。

二是培根是伟大的哲学家，正是他开辟了近代西方哲学的新时代——经验主义的时代，继他之后，英国将诞生一个在哲学史上居于重要地位的伟大的哲学潮流，而不仅是一个新流派而已。

所以，从这个角度来说，培根似乎更有资格称为近代西方哲学之父。

不过，培根却没有享有这样的地位，究其原因，也有两个：

一是培根严格来说不属于近代，而属于文艺复兴时期，因此许多哲学史著作都将培根纳入文艺复兴时期的哲学家，例如柯普斯登就是这样。[1]

二是培根所代表的思潮并非典型的近代西方哲学思潮。

我们知道，培根的哲学是经验主义的，经验主义固然是西方哲学中极重要的流派，但不可否认的是，却不是西方哲学中核心的或者主要的流派。倘若我们纵览整个近代西方哲学甚至整个西方哲学史，将发现西方哲学的主流并非经验主义，而是相反，是非经验主义或者说理性主义的。这个问题分析起来比较复杂，我们在这里不能深入，大家只要看看那些最伟大的哲学家就知道了，从柏拉图到奥古斯丁到康德与黑格尔，当然还包括笛卡尔，甚至到近代的胡塞尔与海德格尔，这些伟大的哲学家之中没有一个可以称之为经验主义的，而是理性主义的。

所谓理性主义，我们可以大致地理解为从内在的思维出发而不是从外在的经验出发去理解这个世界，并相应地获得哲学的思想与知识。这种倾向古希腊时期已经在柏拉图那里表达得很鲜明了，直到近代依然如此。而且，到了近代，这一倾向更加鲜明了。因为在近代之前的中世纪哲学虽然也是讲究理性的，但更讲究信仰，在理性与信仰之间是将信仰置于理性之上的，是信仰高于理性，这是从奥古斯丁到托马斯·阿奎那都强调的一个基本原则。然而，到了近代西方哲学之后，哲学的重心又转向了理性。所以，理性才是近代哲学的核心之所在。

还有，这个理性的核心就是思维，从理性出发实际上就是从思维出发，是通过一种心灵的沉思寻求哲学，这是与经验主义相反的。经验主义主张不从心灵出发，而要从感官经验之中寻找知识与真理，这当然也是近代西方哲学一个重要的方向，就像培根、洛克、贝克莱与休谟是重要的哲学家一样。但从思维出发却依然是主流，是比经验主义更能代表

---

[1] 参见柯普斯登：《西洋哲学史》（第三卷），陈俊辉译，黎明文化事业股份有限公司，1988年版，第429页。

整个近代西方哲学的,就像笛卡尔、康德与黑格尔乃是比培根、洛克或者贝克莱更伟大、更重要的哲学家一样,从这一点其实就可以看得比较清楚。

正因为如此,黑格尔才在《哲学史讲演录》中讲笛卡尔时,这样说道:

> 勒内·笛卡尔事实上是近代哲学真正的创始人,因为近代哲学是以思维为原则的。独立的思维在这里与进行哲学论证的神学分开了,把它放到另外的一边去了。思维是一个新的基础。这个人对他的时代以及对近代的影响,我们决不能以为已经得到了充分的发挥。他是一个彻底从头做起、带头重建哲学的基础的英雄人物,哲学在奔波了一千年之后,现在才回到这个基础上面。[1]

我们后面会看到,从思维出发,正是笛卡尔哲学的出发之点,也是其最鲜明的特点。

对于黑格尔这样的观点,一般的西方哲学史家是不会反对的,包括培根的同胞、另一位现代西方的伟大哲学家罗素,他也说:

> 若内·笛卡尔,通常都把他看成是近代哲学的始祖,我认为这是对的。[2]

至于原因,罗素没有像黑格尔一样是从哲学的本质特性出发的,他认为,笛卡尔之所以能够成为近代西方哲学的开启者,首先是由于他有着"高超哲学能力",同时也是由于他能够接受近代科学的影响,接受从哥白尼到伽利略与开普勒这些伟大的科学家的科学见解,例如承认太阳而不是地球才是宇宙的中心。其次还在于笛卡尔虽然保留了经院哲学中许多东西,但却并非是一个经院哲学家,而能够摆脱经院哲学的窠

---

[1] 黑格尔:《哲学史讲演录》(第四卷),贺麟、王太庆译,商务印书馆,1978年版,第63页。
[2] 罗素:《西方哲学史》(下卷),何兆武、李约瑟译,商务印书馆,1976年版,第79页。

臼,"另起炉灶,努力缔造一个完整的哲学体系"。在罗素看来,"这是从亚里士多德以来未曾有的事"。也就是说,在罗素看来,笛卡尔称得上是亚里士多德以来哲学最伟大的创新者。因此,称其为近代西方哲学之父是当仁不让的。

由上可见,称笛卡尔是近代西方哲学之父是没有问题的。

然而实际上,笛卡尔不但是近代西方哲学之父,也是现代西方哲学之父,或者说是包括近代与现代在内的西方哲学之父——这就是我们要讲的标示笛卡尔在西方哲学史中地位之第二点了。

为什么笛卡尔是现代西方哲学之父呢?美国哲学家以及笛卡尔的传记作家理查德·沃森是这样说的:

笛卡尔为现象支配科学及人类事务奠定了基础,他将自然世俗化,并将人类个体置于教会与国家之上。没有笛卡尔式的个人主义,我们就没有民主。没有笛卡尔式的方法将物质分解为基本元素,我们永远不可能研制出原子弹。十七世纪的现代科学,十八世纪的启蒙运动,十九世纪的工业革命,二十世纪的个人电脑,二十一世纪的大脑解密,这一切的发生和发展,都建立在笛卡尔主义的基础之上,现代世界的核心就是笛卡尔主义……[1]

看到了吧,这里将笛卡尔对于现代社会的影响说得很清楚。例如现代西方社会是民主社会,而民主就是从笛卡尔开始的,因为笛卡尔讲究一种个人主义,而这就是民主的前导。至于原因,我们后面会看到,笛卡尔是很重视个人的,他的哲学也是以个人——他自己的思——为中心的哲学。而这里的个人可以泛言之到所有的个人。在这些个人组成的整体之中,当然绝大部分人乃是普通的人民,因此笛卡尔的个人主义实际

---

[1] 转引自萧拉瑟:《笛卡尔的骨头——信仰与理性冲突简史》,曾誉铭、余彬译,上海三联书店,2012年版,第253页。

上也可以说是这些普通人以自己为中心的主义,当他们将自己而不是君主贵族当成中心的时候,民主制就自然而然地奠定了基础。

相对而言,若没有笛卡尔这样的个人主义,很难说会产生西方的民主。没有笛卡尔这样的个人主义,以君主贵族这些人为社会之中心的主义当然是与民主的本质相反的,在这样的背景之下,民主无法产生。

后面沃森还从科学上列举了笛卡尔的重要性,这些也是有道理的。因为笛卡尔不但是伟大的哲学家,他还有另一重身份——科学家,并且是西方科学史上最重要的人物之一,这我们后面马上会讲到。

正因为如此,所以《劳特利奇哲学百科全书》也说:

勒内·笛卡尔通常被称为现代哲学之父,他试图打破他那个时代的哲学传统并且开创新的哲学。[1]

这里的后面一句就是说,笛卡尔力图打破在他那个时代还居于统治地位的经院哲学传统,并且建立一种新的哲学,这就是他笛卡尔的新哲学了,这个新哲学也就是近代乃至现代西方哲学之起始。

尚新建教授甚至认为,直到20世纪,哲学家们实际上依然是在笛卡尔所创立的圈子里打转:

(笛卡尔)他改变了人们透视世界、社会、人生、自然、科学的新视角,哲学进入了笛卡尔时代。笛卡尔的实际寿命虽然只有短短的54年,他的思想和哲学精神,却延续至今,足足有三百多年。20世纪的一些大哲学家,一直试图突破笛卡尔建立的二元对立的世界,但是,很难说他们真的走出了笛卡尔时代![2]

这种说法也是可以成立的,后面讲具体的笛卡尔哲学时,我们会看

---

[1] *Routledge Encyclopedia of Philosophy,* Version 1.0, vol.3, London and NewYork: Routledge, 1998, p.1.
[2] 尚新建:《笛卡尔传》,河北人民出版社,1997年版,第76-77页。

到，20世纪的那些伟大哲学家们，从胡塞尔到萨特，都受到了笛卡尔很大的影响，他们的哲学——特别是胡塞尔的现象学——至少从广义角度而言乃是一种笛卡尔式的哲学。

孙卫民先生是美国加州州立大学北岭分校（California State University, Northridge）的哲学教授，他在《笛卡尔——近代哲学之父》的"序"中亦如此说：

记得有一次和几个同事饭后闲聊，说起当前英美学界最有影响的哲学家。对此大家见解不一，有的说罗尔斯（John Rawls），有的说克里普克（Saul Kripke）或者路易斯（David Lewis），有的说帕非特（Derek Parfit）。谈起上个世纪（二十世纪）最有影响的哲学家，也很难达成一致意见；维特根斯坦、罗素、维也纳学派，以及蒯因等都可以说对二十世纪哲学有关键性的影响，而这还只是在分析哲学的传统里来考虑，若加上大陆哲学，候选人还会更多。但是，说到近五百年来最有影响的哲学家，则众人一致认为这非笛卡尔莫属。再往上推个一千年，也是如此。笛卡尔是继柏拉图和亚里士多德之后最重要最有影响的哲学家。[1]

孙教授在这里将笛卡尔与柏拉图和亚里士多德相比，认为他堪与这两位西方哲学史之群山中如珠穆朗玛峰一般的伟大人物比肩、一样高高地耸立。或者说柏拉图、亚里士多德与笛卡尔乃是整个西方哲学史中鼎立的三足，这恐怕是对笛卡尔最高的评价了！

至于原因，孙教授在后面也有所解释，他说：

笛卡尔对后世的影响之大，无论如何估计都不为过。今天他被称为近代哲学之父，但他的贡献并不仅仅限于哲学，而是遍及人类思想的各个方面，如科学、艺术、宗教，等等。[2]

---

1 孙卫民：《笛卡尔——近代哲学之父》，九州出版社，2013年版，第1页。
2 同上书，第240页。

也就是说，笛卡尔对后世哲学发展的影响是无与伦比的，完全可以与柏拉图、亚里士多德相提并论，所以他在著作的副标题中说笛卡尔是"近代西方哲学之父"，实际上说的则是笛卡尔乃是近代与现代西方哲学之父。

不仅如此，孙教授认为笛卡尔的贡献远不止于哲学，而是与亚里士多德一样，对人类有多方面的贡献与影响，所以笛卡尔才能如此伟大。

这当然也是成立的，因为笛卡尔不但是伟大的哲学家，而且是伟大的通才，可以说是人类历史上最了不起的天才与通才之一，在这个"通"的角度上，整个人类历史上也许只有他可与亚里士多德比肩。

对于笛卡尔对现代西方哲学的影响及其了不起的"通才性"，《大美百科全书》的"笛卡尔"条目中是这样说的：

（笛卡尔）他为现代哲学的理性主义奠下基础，并对其他学说派别有极深远影响。……除了是一代哲学宗师外，他也是数理物理学和分析几何学的创始人，在光学史、生理学史及其他科学史上也是极重要人物。[1]

这里列举了笛卡尔在科学四个分支中的贡献，即物理学、几何学、光学、生理学，这不是随意列举的，而是都有理由的，这可以从我们后面将要讲的笛卡尔著作中看出来。

在笛卡尔的这些科学成就之中，最大者当推数学，这也是我们后面要讲的笛卡尔的主要科学成就。对于笛卡尔的数学成就，黑格尔是这样评价的：

（笛卡尔）发明了许多重要的方法，在这些方法的基础上，后来建立了高等数学上各种最光辉的成就。直到今天，他的方法还是数学上一个重要的基础。[2]

---

[1] 《大美百科全书》（第八卷），外文出版社、光复书局，1994年版，第403页。
[2] 黑格尔：《哲学史讲演录》（第四卷），贺麟、王太庆译，商务印书馆，1978年版，第65页。

黑格尔所指的方法主要就是解析几何。懂点数学的人都知道，现代高等数学的直接基础主要是微积分，但在微积分之前就是解析几何了。而且，倘若没有笛卡尔发明解析几何，很难想象可能产生微积分呢！从这个角度上说笛卡尔乃是高等数学之父亦不为过。

正因为如此，《笛卡尔与〈第一哲学的沉思〉》才这样评价笛卡尔数学成就的重要性：

笛卡尔帮助创立的数学领域，解析几何或代数几何，在一定程度上使19世纪的数学革命成为可能。[1]

诚然如此！所以，倘若没有笛卡尔的数学成就，无法想象现代西方数学甚至现代西方科学会有今天的成就，而奠基于科学之上的现代社会，包括我们今天的日常生活，恐怕将大不一样！而从汽车、飞机到电脑这些基于科学的现代生活中的必需品，恐怕也就不可能存在了。

我们在此不妨具体列举一个笛卡尔对今天世界的具体影响吧，例如：笛卡尔通过他的解析几何建立了大家现在所熟悉的坐标系统，这个系统今天的名字就是"卡氏坐标系统"——实际上就是笛卡尔坐标系统，其英文名就是"Cartesian coordinate system"，"Cartesian"的意思就是"笛卡尔的"。

这个笛卡尔坐标系统有什么用呢？简言之，它可以使我们标记二维、三维甚至多维空间中任何一个点的精确位置。最明显的当然就是地图上的经纬度了，通过它可以在地图上精确地定位任何一个地点。今天大家都在用的卫星导航系统就是基于笛卡尔这个系统的。

笛卡尔的这个系统经发展之后可以用于整个的宇宙，可以定位整个宇宙中的任何一个点，就像它可以定位地图上的点一样。

---

[1] G.哈特费尔德：《笛卡尔与〈第一哲学的沉思〉》，尚新建译，广西师范大学出版社，2007年版，第357页。

大家可以想一下，倘若没有笛卡尔的这个贡献，会有卫星导航吗？甚至会有卫星吗？会有导弹吗？会有宇宙飞船吗？通通都不可能有！

所以，笛卡尔发明的解析几何的意义远不止于数学而已，它对于哲学甚至我们今天的日常生活都有着极为重要的影响。正因为如此，文德尔班才说：

在把数学当作论证科学的理想的情况下去发现哲学方法的数学意义。至少，正是在这一点上笛卡尔哲学给予下一时期的影响是最巨大的。[1]

这里"哲学方法的数学意义"意指笛卡尔的哲学方法对于数学的影响，解析几何的产生就可以看作这种影响的结果，仅仅由这一点，就可以看到其对下一时期——不但是下一时期的哲学与科学，还包括下一时期人们的生活——产生了巨大的影响。

是的，笛卡尔对后来科学发展的影响可不止于数学，除了我们后面讲他的著作时将要述及的一些外，他还有别的成就，例如地学，我们在这里只简单提一下。

笛卡尔对地球成因理论有深刻的研究，对于笛卡尔在这方面的成就，《十六、十七世纪科学、技术和哲学史》中的"地球成因学"一章中是这样说的：

近代早期的地球成因学中最有意义的是勒内·笛卡尔的理论。[2]

如此等等，还可以说更多，但先且不说了。

现在我们再来看标示笛卡尔在西方哲学史上地位之第三点：笛卡尔是最伟大的法国哲学家。

---

[1] 文德尔班：《哲学史教程》（下卷），罗达仁译，商务印书馆，1993年版，第542页。
[2] 亚·沃尔夫：《十六、十七世纪科学、技术和哲学史》，周昌忠等译，商务印书馆，1984年版，第403页。

我们知道，法国可不是一个普通的国家，而是整个西方文明的代表性国度之一。纵观整个西方文明史，只有三个国家能够被称为西方文明的代表之国，就是古希腊、古罗马与法国。前两个不用说，在古代它们分别成为西方文明的中心。到了近代，西方文明的中心就是法国了。例如艺术，此前的中心一直是意大利，但从十八世纪初法国诞生了洛可可艺术起，西方艺术的中心就是法国了，并且从那时候起直至今天，法国一直牢牢地踞有这一地位。

艺术如此，文学与哲学也是如此，近代以后，法国都处于西方文明之前沿，这也就是说，法国乃是近代以后整个西方文明的中心之国，其地位与古希腊与古罗马在古代相似。

现在我请问：在文学、艺术与哲学之中，何者使得法国第一次登上了西方文明之巅呢？

既非文学，亦非艺术，而是哲学，使得法国第一次登上了西方文明之巅。

而在哲学之中，又是哪个哲学家使法国哲学第一次登上了西方哲学之巅呢？

是笛卡尔，是他第一次使法国登上了西方哲学之巅，从而也使法国登上了西方文明之巅。

这就是笛卡尔在法国历史、法国哲学史上的重要性。

而且，直到今天，笛卡尔依然是法国最重要的哲学家。虽然法国有许多伟大的哲学家，但可以毫不犹豫地说没有哪个可与笛卡尔相比，也没有哪个法国人或者哲学家会否认这一点，否则他就是不懂常识了，所以柯普斯登在讲笛卡尔时才这样说：

我想，没有人会怀疑笛卡儿是最重要的法国哲学家这说法的真实性。在法国哲学的整个发展过程中，他的影响处处可见。例如，他这个哲学的主要特征之一，就是哲学反省（思维）与科学的一种紧密关联。

而虽然较为晚近的法国哲学家并不跟随他的作法——试图去完成一完备的、演绎的体系，他们都认识到他们所处的一个传统是由笛卡儿所启发的。[1]

为了更清楚地说明这个问题，我们不妨联系一下法国的历史，就可以将笛卡尔对法国哲学之重要性看得更加清楚。

我们知道，早在中世纪时，法国就已经是西方哲学中心之一了，当时的巴黎大学也是不二的西方哲学中心，就如柯普斯登所言：

中世纪对欧洲文明的发展有许多伟大的贡献，其中的一项是大学制度，而所有中世纪的大学之中，巴黎大学无疑地是最好的。[2]

尽管如此，作为一个法国人却笑不起来。因为另外一个可悲的事实是：虽然巴黎大学是哲学之中心，然而大学中那些伟大的哲学家无一是法国人！在笛卡尔之前，整个法国历史上，算得上比较重要的法国哲学家只有一位，即奥特库尔的尼古拉，他1300年左右生于法国东北部的凡尔登，主要成就是对因果关系的解释，他的这一思想后来在休谟那里得到了很大的完善，因此有时候这位尼古拉又被称为"中世纪的休谟"。

除了这位奥特库尔的尼古拉之外，此前的法国哲学界稍为著名的还有两个流派，即沙特尔学派和圣维克多学派，两派都位于法国的首都巴黎及其附近，活跃于十二世纪。但这个派别和奥特库尔的尼古拉一样，在哲学史上的地位是很有限的——但他们几乎就是近代以前法国哲学家的全部了。

这一情形直到笛卡尔来到时才改变，才使得法国第一次站上了西方哲学之巅。

---

[1] 柯普斯登：《西洋哲学史》（第四卷），邝锦伦、陈明福译，黎明文化事业股份有限公司，1990年版，第181—182页。
[2] 柯普斯登：《西洋哲学史》（第二卷），庄雅棠译，黎明文化事业股份有限公司，1988年版，第237页。

因此之故，笛卡尔不但是近代西方哲学的开创者，也是法国哲学的开创者，甚至是整个法兰西民族思想的开创者，他对法国哲学史与思想史甚至整个法兰西民族文化的影响是巨大无比的。

这种影响究竟有多么巨大呢？从《笛卡尔与法国》的"介绍"中这样的话或许可见一斑：

将近200年来，笛卡尔体现着法兰西精神，再无任何其他人能与之比肩。虽然这是一种渐行构筑的逻辑，但它却以越来越权威的力度得以确立，笛卡尔替法国人表达出了他们自己想要什么样的国家或者他们厌弃什么。[1]

这里的意思简言之就是：笛卡尔代表了整个法兰西民族。

所以1987年，在纪念笛卡尔的代表作之一《谈谈方法》出版350周年之际，法国出版了一本名书，名字就叫——《笛卡尔即法兰西》。

这也许就是今日法国与笛卡尔之间关系最简明扼要的说明了，也最强有力地表达了笛卡尔在法国与法国哲学中的至尊地位。

一个这样的人：不但是近代西方哲学的创始人，而且是现代西方哲学的开拓者，还是整个伟大的法兰西民族的代表人物，其成就甚至对我们今天的生活都产生着巨大的影响，一个这样的人，不值得我们好好理解吗？

当然值得，这就是我要写下这部书的理由。

在这本小书里，我不但要写笛卡尔的著作与思想，还要写他的人生。

因为，我们将看到，笛卡尔不但有伟大的、令人震撼的思想与著作，值得我们好好理解，他的人生也是精彩非凡，值得我们好好了解。

---

[1] 弗朗索瓦·阿祖维：《笛卡尔与法国》，苗柔柔、蔡若明译，中国人民大学出版社，2008年版，第1页。

第一章　平静而不平凡的人生

我们现在来讲述笛卡尔的生平事迹。

在这里，我要先引述《笛卡儿的秘密手记》中的一段话：

在我搜集资料试图了解笛卡儿的生平与探索其秘密的过程中，我了解到关于他的事情：没有一件是简单的，也没有一件是如外表所见的。[1]

这本《笛卡儿的秘密手记》是我读到过的最好的介绍笛卡尔生平的作品，本书作者通过大量的实地采访，再结合过去的资料，写成了一部相当精彩的笛卡尔传记，里面的很多内容是我们过去未曾看到过甚至想到过的，因此本书将是我们讲述笛卡尔生平最主要来源，在这里将给大家呈现一个与我们此前所读过的笛卡尔颇为不同的"新笛卡尔"。

第一节　法国·早年生活

1596年4月3日，笛卡尔诞生于法国西部图赖讷行省的拉艾镇——1967年这里被正式更名为"笛卡尔镇"。

但笛卡尔的故乡不是这里，而是距此地不远的沙泰勒罗，拉艾只是他的出生地。

笛卡尔具体的诞生地是建于12世纪的圣乔治小礼拜堂（Saint George's Chapel），他的父母都是天主教徒，因此他出生后即受洗成为

---

[1] 阿米尔·艾克塞尔：《笛卡儿的秘密手记》，萧秀姗、黎敏中译，上海人民出版社，2008年版，第9页。

天主教徒。他的受洗证明至今犹存，上有这样的话：

今日勒内于此受洗，他是高贵的约克翰·笛卡尔与珍·布罗夏尔夫人之子；约克翰·笛卡尔为国王及其领地中布列塔尼地方议会的议员。他的教父及教母们为：高贵的米歇尔·费朗、高贵的勒内·布罗夏尔以及珍·普鲁斯特夫人；米歇尔·费朗为国王的议员、沙泰勒罗的军队将领；勒内·布罗夏尔为国王的议员、普瓦提埃的法官；珍·普鲁斯特夫人为善因先生妻子，善因先生是国王在沙泰勒罗的度量衡管理者。[1]

显然，笛卡尔的门第还是相当高的，一般传记都说是贵族，并且是"穿袍贵族"。[2]

但也有人说不是，只是比较有地位的"绅士"而已，如孙卫民教授就这样说：

虽然他的家族不属于贵族阶层，但应该说是属于绅士阶层。[3]

笛卡尔生下来就比较不幸，一是身体非常孱弱，似乎难以养大；二是出生一年多后母亲就去世了。

后来他的父亲续弦了，还生了小孩，有人说是两个。[4]也有人说是四个，如孙卫民教授就说："后来他的父亲再娶，并又生了四个小孩。"[5]

但笛卡尔毕竟顺利地长大了，到8岁那年（即1604年）开始上学了，进了由耶稣会创办的拉弗莱舍公学学习。[6]

这是老说法，但现在新的研究资料显示，笛卡尔是在1607年复活

---

[1] 参见阿米尔·艾克塞尔：《笛卡儿的秘密手记》，萧秀姗、黎敏中译，上海人民出版社，2008年版，第23页。
[2] 参见笛卡尔：《探求真理的指导原则》，管震湖译，商务印书馆，1991年版，第133页。
[3] 孙卫民：《笛卡尔——近代哲学之父》，九州出版社，2013年版，第215页。
[4] 参见笛卡尔：《探求真理的指导原则》，管震湖译，商务印书馆，1991年版，第133页。
[5] 孙卫民：《笛卡尔——近代哲学之父》，九州出版社，2013年版，第215页。
[6] 参见笛卡尔：《探求真理的指导原则》，管震湖译，商务印书馆，1991年版，第134页。

节后进入拉弗莱舍教会学校的。[1]

这个拉弗莱舍教会学校可不是一般的学校,而是当时全法国最知名的学校之一,1604年由亨利四世创建,也就是说在笛卡尔进入时它刚刚创建不久。此后它迅速成为全国名校,法国上流家庭纷纷将孩子送到这里来学习。

这所学校的建筑今天依然存在,为了纪念笛卡尔,还专门弄了一间"笛卡尔的观察室",也许是笛卡尔当初住过的宿舍吧。

关于笛卡尔在这里的学习,巴耶在他著名的传记中是这样说的:

头5年学文,或者说,教的是文学,即拉丁文、希腊文、法文、散文和韵文写作。后3年学哲学。即6年级先学逻辑学,然后学伦理学;7年级先学形而下学,然后学形而上学;8年级学数学。[2]

这位巴耶(Adrien Baillet, 1649-1706年)乃是最著名的笛卡尔传记作者,他在笛卡尔死后不久就开始为之作传。他通过广泛的采访和调查,找到了大量翔实的第一手资料,1691年完成了一本内容非常丰富而详尽的笛卡尔传记,至今都是专家们研究笛卡尔生平最重要的资料来源。

除了学习外,笛卡尔在学校里最值得记载的一件事就是他的"搞特权"了。

我们说过,笛卡尔生下来时身体就很孱弱,到上学时还一样,因此,他的家里人特地请求学校考虑到他的特殊情形,予以特殊照顾。也是笛卡尔运气好,这时候的校长夏莱神父(Père Charlet)乃是笛卡尔家的亲戚,所以他爽快地答应了,给了笛卡尔很大的特权,例如允许笛卡

---

[1] 参见阿米尔·艾克塞尔:《笛卡儿的秘密手记》,萧秀姗、黎敏中译,上海人民出版社,2008年版,第30页。
[2] 参见皮埃尔·弗雷德里斯:《勒内·笛卡尔先生在他的时代》,管震湖译,商务印书馆,1997年版,第21页。

尔早晨可以睡懒觉。这样一来,当别的孩子要一早起床去祈祷、吃早餐时,小笛卡尔却可以一直赖在被窝里,直到上课铃响了才起床。

从此这个赖床的习惯伴随着笛卡尔的一生。

对了,在笛卡尔的同学中有一个人叫梅思纳,他后来将成为笛卡尔一生中最好的朋友,对笛卡尔的人生甚至对后来法国的哲学界都产生了广泛影响。

在学校经历中,给笛卡尔留下最深刻印象的一件事发生在1610年。

这一年,身为天主教徒的法王亨利四世却联合一些信仰新教的德国诸侯,要与信仰天主教的西班牙作战,这惹恼了许多法国天主教徒。这年5月14日,当亨利四世的马车经过巴黎的铁器街(Rue de la Ferronnerie)时,一位名叫哈瓦亚克的虔诚又激进的天主教徒冲进了国王的马车,将亨利四世当场杀死。

这时候发生了一件怪事。因为国王早就指示了应该怎样处理他的遗体,就是要把他的心脏取出来安葬在拉弗莱舍学校。国王的命令当然是要遵照执行的。于是,亨利四世死后,他的心脏真的被挖出来送往拉弗莱舍。当这件尊贵的奇物来到学校时,学校挑选了24位成绩优异的学生参与护送,笛卡尔也在这群学生之中,经历了人生中的奇特一幕。

到1615年,笛卡尔在拉弗莱舍学校呆了八年之后,毕业离开了。他先到普瓦提埃大学读法律,这是他父亲的意思。虽然他发现自己不喜欢法律,但还是以一贯的认真态度好好学习,第二年就拿到了法律博士学位,此后回到了这时候家人所在的雷恩城,但不久就去巴黎了。

对了,1985年时,在普瓦提埃大学发现了笛卡尔的法律博士论文,获准通过的日期是1616年11月10日。[1]

---

[1] 参见阿米尔·艾克塞尔:《笛卡儿的秘密手记》,萧秀姗、黎敏中译,上海人民出版社,2008年版,第36页。

到巴黎后，笛卡尔一开始也像无数生活在巴黎的纨绔子弟一样，成天饮酒玩乐，过着纸醉金迷的放荡生活。例如经常和朋友们在一起玩牌赌钱。这时候的笛卡尔就显得与众不同了，因为他有着极为出色的牌技，几乎是逢赌必赢，赚了许许多多银子，这使他受到了朋友们万分的敬佩，也更受欢迎了，身边几乎随时都有一帮子朋友围着绕着。整天的生活要么是打牌赌钱，要么是在街上闲晃，看到美女就围上去搭讪，估计应该有过不少的艳遇吧。

这种日子对一般年轻人是很有吸引力的，可能一辈子也不会去想其他。

然而笛卡尔不是这样。

实际上，他的心中早就澎湃着一种痛苦与欲望：痛苦是这种生活让他感到迷茫，欲望是想要离开，过另一种生活。

一开始，他只是偶尔在巴黎找个新地方住下来，清静几天。但很难做到，他朋友太多了，也太受欢迎了，无论躲到哪条街哪座房子，不久总会被朋友们找到，在他们一顿"不讲义气"的埋怨之后，就又一块儿出去玩乐了。

几次三番之后，笛卡尔知道，他只有华山一条路了，就是离开巴黎，躲到别的地方去。

他真的这样做了。但令他想不到的是，他还不得清静，因为他的朋友们太喜欢和他呆在一起了，只要他在法国，他们总能把他找出来。

于是，笛卡尔终于打定了一个新的主意。

他知道只要这样，就没有人会再来烦他了。

这个主意就是从军，并且是离开法国去参加外国的军队。

当然，他要从军并不仅仅是为了躲开朋友们，倘若只是想这样，他完全可以不用从军，躲到外国去就可以了。他之所以从军，除了想要找清静外，还想满足内心那种冒险的冲动，从军当然是好办法。不但如此,他还想用从军这种特殊的方式去游世界,就像巴耶所言,军队是笛卡尔的"世界通行证"。或者用尚教授的话来说:"在军队服役,是他游历世界、寻找机会认识世界的最好方式。"[1]

第二节　军人生涯

笛卡尔是在1618年夏天离开法国的。他去了荷兰,参加了拿骚的莫里斯的军队。

至于为何要去荷兰参加这位莫里斯的军队,一是因为这里正好在募兵,路又近,方便;二是因为这位莫里斯将军有一个特点,就是不但自己喜欢科学研究,而且鼓励他的士兵们学习和研究科学,还在荷兰雇佣过一位当时很知名的科学家西蒙·斯蒂文,他的任务就是监督他的军队在军事技术方面的教育。[2]

这时候,笛卡尔已经对科学深有兴趣了,自然愿意在同样喜欢科学的将军麾下服役。

这里要特别说明的是,笛卡尔从军可不同于一般人的当兵,他从军就像在拉弗莱舍学校学习一样,是有特殊要求的:一是不领军饷,二是不参战,只做文书工作,大概相当于我们今天军队中的文职干部吧。因此他不必要像一般的军人那样按时出操、集合之类,有很多自由时间。

这样一来,他当兵从军实际上和旅行也差不多,每当军队到达某一地,他就在当地到处闲逛,好增长见识。

---

[1] 尚新建:《笛卡尔传》,河北人民出版社,1997年版,第12页。
[2] Donald Borchert (ed.): *The Encyclopedia of Philosophy*, 2nd Edition, vol.2, Macmillan Reference USA, 2006, p.721.

就在这样的闲逛之中，笛卡尔遇到了一个将影响他终生的朋友。

这次哲学史上有名的偶遇发生于1618年11月10日的早上。这一天，有一群人聚集在荷兰布雷达市中心广场的一个地方。原来，这里的一棵树上贴着张布告，很多人都在好奇地观看。笛卡尔见了，也过来凑热闹。但布告是用荷兰语写的，他看不懂，于是便请刚好站在身边的一个人告诉他上面写的是什么。

这个人告诉了他，这是一道数学难题，有人正在公开征解。

这个人叫贝克曼，是当地一位颇有名气的数学家。

这次相遇成为了笛卡尔人生中第一个重要转折点。至于为什么如此，《世界哲学百科全书》提出了几个理由，其中第一个就是他们两人有着共同的爱好——数学，并且都认为需要"将物理学与数学以一种精确的方式结合在一起"。实际上，贝克曼已经研究这个问题几年了，此前他是一个人孤军奋斗，现在看到有一个年轻人和他有着同样的爱好，当然十分高兴，因为有人可以和他共同奋斗了！[1]

他们两人很快成了最要好的朋友，笛卡尔对这位新朋友简直相当地崇拜，在这年底，他将自己写成的第一本著作《音乐简论》的手稿献给了朋友，他在信中还表达了热烈的友谊与敬意：

我允我心智的这一产物，无论它是多么不像样子，允许我的小熊奔向您，聊作对我们亲密友谊的纪念……然而有个条件，就是，把它永远收藏在您的柜子里或您的书橱里，不要让它遭受人们的评断……这篇东西是……仅仅为您一个人，一挥而就的。[2]

为一个朋友专门写一本书而不是一封信，并且不出版，永远只给他

---

1 Donald Borchert (ed.): *The Encyclopedia of Philosophy*, 2nd Edition, vol.2, Macmillan Reference USA, 2006, p.722.
2 皮埃尔·弗雷德里斯：《勒内·笛卡尔先生在他的时代》，管震湖译，商务印书馆，1997年版，第37页。

一个人看，这样的友谊算是深厚吧，简直称得上情深义重了！

第二年，笛卡尔要离开布雷达了，他写信向贝克曼辞行，信中有这样的话：

我不想在离此他往以前不以数语重申我们之间永世不灭的友谊。假如我在任何地方停止旅行（这是我希望的），那我就立即着手撰写我的力学或我的几何学，并纪念您作为我从事的研究的启发者和精神之父，这是我向您许下的承诺。

事实上，只是您把我从疏懒中唤醒；您在我心中唤醒了一门几乎已从我记忆中消退的科学，您已将一个人的心灵重新引导至它脱离已久的严肃而较为高尚的思考。因此，如果我能产生出什么不算可鄙的东西，您完全有权声称有其所有权。[1]

上面的最后一段孙卫民教授翻译得更加清楚：

实实在在地说，你一个人就把我从懒散中拉出来，让我记起我所学过的和所忘记的；当我在徘徊犹豫于我的方向的时候，是你把我领到正确的道路上；如果我做出任何有价值的东西，那都全部属于你。[2]

这时候笛卡尔已经离开了军队和荷兰，又开始了新的游历，他先后去了丹麦和德国。1619年8月底，他在法兰克福观看了新当选的神圣罗马皇帝的盛大加冕式，当选者是波希米亚国王斐迪南二世。此后笛卡尔加入了巴伐利亚的天主教徒马克西米连公爵的军队。

到了这年11月10日，笛卡尔还在德国，他人生中第二个重要转折发生了，后来他是这样回忆的：

冬天到了，使我在一个驻留所待了下来。在那里因为我找不到任何

---

[1] 皮埃尔·弗雷德里斯：《勒内·笛卡尔先生在他的时代》，管震湖译，商务印书馆，1997年版，第43页。

[2] 孙卫民：《笛卡尔——近代哲学之父》，九州出版社，2013年版，第2页。

人消遣,同时,幸好也没有任何挂虑和欲念打扰我,我整天关在一间暖房里,在那儿我有足够的闲暇和我自己的思想打交道。[1]

笛卡尔所说的这个驻留所和暖房位于德国乌尔姆,这件大事就发生在这个暖房里,具体来说是三个梦,对此《笛卡儿的秘密手记》是这样说的:

笛卡尔回到自己的"暖炉"上床睡觉,做了三个重要而生动的梦。我们可以说,笛卡尔在那一晚所经历的梦境,是历史上最著名也最常被提出来分析的梦境。事实上,他当晚的梦亦足以改变历史,因为梦境中的内容使得笛卡尔将几何学和代数学结合在一起,创出了卡氏坐标系,形成许多现代科技的基础架构,这是历史上第一次有人整合了科学上的几何和代数这两大分支。[2]

这究竟是三个什么样的梦呢?我们且来看看。

第一个梦相当恐怖,梦中笛卡尔看到了许多幽灵鬼怪,吓得他撒腿就跑,等到醒来之后,感觉有一种奇怪的痛苦,并不是怕鬼,而是怕这些鬼怪是来阻止他完成他心中已有的任务的。于是他十分焦虑,开始向上帝祈祷,虔诚地恳求上帝帮助他。

此后他又睡了,于是又有了第二个梦。

这回在梦中他听见了一种奇怪的声音,尖锐刺耳,把他惊醒了,他睁开双眼,发觉屋子里到处都是星星。过了一会,他清醒之后,立即进行了一番哲学的沉思,结果认为那声音不是坏事,而是真理将要降临于他的吉兆。

此后他再次睡着了,于是又有了第三个梦。

---

[1] 转引自冯俊:《开启理性之门》,广西师范大学出版社,2005年版,第5页。
[2] 阿米尔·艾克塞尔:《笛卡儿的秘密手记》,萧秀姗、黎敏中译,上海人民出版社,2008年版,第59页。

这个梦比前两个都要好，梦中他不但没有恐惧，反而感到高兴，梦中他看见了两本书，一本是辞典，另一本是他很喜欢的诗集。最有意思的是，笛卡尔还在梦中给自己解梦，认为梦中的辞典象征着各门结合在一起的科学，诗集则象征着哲学与智慧的统一。

——这正是他未来要走的路，即他要将科学与哲学相结合，并且将各门科学统一起来。这样解释亦不难理解，例如辞典之中当然有各门科学的内容，诗则既可以有哲学，又是智慧的结晶。我们还可以猜想，他喜欢的这本诗集中的诗一定是富于哲理的。

可以说，笛卡尔此后的整个哲学与科学研究都是围绕这一主题进行的，即他要将所有的科学都统一起来，甚至要将科学与哲学也统一起来。至于具体的统一方法，就是他找到的新数学——解析几何！我们知道，解析几何本身也是一种统一，即代数与几何的统一。因此，在笛卡尔这里弥漫着一股统一方便面的味道。

其实，这种统一并不奇怪，它乃是几乎所有最伟大的科学家与哲学家共同的梦想，也是他们为之奋斗一生的事业。例如亚里士多德，他的哲学实际上也是哲学与科学的统一，正如他既是最伟大的哲学家、又是最伟大的科学家一样。牛顿的科学同样是一种大统一，例如他的万有引力就是将所有物体都统一在一种力量之下，这也是"万有"之名的来源。即使到了爱因斯坦，他同样在毕生追求着统一。早在1901年，他在这年4月14日写给朋友格罗斯曼的一封信中就谈到了他所要追求的自然界的统一性：

至于科学，我在脑子里已经得到几个奇妙的想法，必须及时地把它们写出来。我现在几乎可以确信，我的关于原子吸引力的理论能够推广到气体，而差不多所有元素的特征常数都能够不太困难地确定下来。到那时，分子力同牛顿的超距作用力之间的内在关系问题也会取得一个决定性的前进步骤。也许指向不同目标的别人的研究工作会最后证明这一理论。在那样的情况下，那么我就将用我在分子吸引力领域中所得到的全部成果来写一篇博士论文。从那些看来同直接可见的真理十分不同的各种复杂的现象中认识到它们的统一性，那是一种壮丽的感觉。[1]

实际上，爱因斯坦整个一生都在追求着这种统一，直到晚年，他都在追求着宇宙间一种更大的统一，它耗费了爱因斯坦几乎整个后半生光阴，但直至他生命的最后一刻仍一无所获。

这就是统一场论。

我们知道，宇宙间有四种基本相互作用，即引力作用、强相互作用、弱相互作用、电磁相互作用，它们被称为宇宙的四种基本作用力。爱因斯坦就是要将所有这些作用力统一起来，这就是统一场论，这堪称是爱因斯坦一次悲壮的探索。

笛卡尔也是这样的追求统一的探索者，他这次找到的统一的根基就是他的新数学方法，后来，笛卡尔在他秘密的著作《奥林匹克》中写道：

1619年11月10日，我感到非常兴奋，因为我又更加接近奇妙科学的根基。[2]

对了，11月10日乃是笛卡尔一生中一个很神秘的特殊的日子，他的许多重大事件都发生在这一天，不但1619年11月10日做了三个重要的梦，此前一年的这一天，他遇到了贝克曼。再往前两年的这一天他通过了博士论文答辩。

到了1621年7月，笛卡尔终于离开了军队，这时候他已经在不同的军队中从军约三年了。

---

[1] 许良英等（编译）：《爱因斯坦文集》（第一卷），商务印书馆，2010年版，第56-57页。
[2] 阿米尔·艾克塞尔：《笛卡儿的秘密手记》，萧秀姗、黎敏中译，上海人民出版社，2008年版，第58页。

第三节　荷兰·哲学生涯

退役之后，笛卡尔回到了荷兰。

这年 11 月的一天，他准备去住处附近的东、西弗里西亚群岛上看看，他先到了东弗里西亚群岛，然后去西弗里西亚群岛，从东弗里西亚群岛前往西弗里西亚群岛时，他雇了一条船，船上的人看到乘客只有两位，且其中一个显然是阔佬，就想谋财害命，于是他们就用当地的弗拉芒语密谋起来。他们以为这两个法国人肯定不懂他们的语言，但想不到几年前笛卡尔就已经自学了弗拉芒语，听懂了这些人的话。但他毫不畏惧，抽出随身的佩剑，挥舞着向强盗们冲去，这群家伙顿时给吓傻了，转身就跑，笛卡尔一直将他们都逼到甲板的死角，用他们的语言大骂一通，并用佩剑来了几下闪电般快速的劈刺，说他可以轻易地要了他们的命、把他们全都大卸八块。据巴耶在他了不起的传记中记载：

此时，这些水手们已经怕得晕头转向，忘了其实他们占有数量上的优势，于是就在笛卡儿的掌控下，主仆两人平平安安地到达了目的地。[1]

笛卡尔并一直没有呆在荷兰，又开始到处游历，这样的日子一直要持续到 1628 年。

期间，他在 1623 年 2 月到了巴黎，几个月后又回到了老家，卖掉了自己的家产，一大片从母亲、祖父、父亲那里继承来的土地，其中包括位于普瓦图之佩隆的庄园（land of Perron），得到了一大笔钱。

这时候我们要来讲一讲笛卡尔的经济情况了。

---

[1] 阿米尔·艾克塞尔：《笛卡儿的秘密手记》，萧秀姗、黎敏中译，上海人民出版社，2008 年版，第 98 页。

笛卡尔的经济情况一向是很好的，因为他本来就出生在有钱人家里，从小不缺钱，母亲去世之后留给他不少地产和钱财，因此父亲没死的时候他也有钱过非常舒服的日子，等父亲去世之后，他就更加阔气了，有着丰厚又固定的收入。具体有多少呢，据罗素说是这样的：

笛卡尔在父亲死时继承了遗产，他把地产卖掉，拿钱来投资，得到一笔每年六千或七千法郎的收入。[1]

那时候的六七千法郎可不像现在的这个数目一样，而是相当大的一笔钱，足够一个人过着非常舒服的日子了。至于他这时候的具体生活情形，据艾克塞尔说是这样的：

这些财富……让他可以无后顾之忧地自由发展兴趣。他可以单纯为了体验冒险刺激，就任意自愿从军，而且不领取任何薪饷。他可以在游览各地时，有暂居的华丽住所，雇用一堆仆役及一位贴身侍从。[2]

他还说：

有件事是确定的，笛卡尔所继承位于普瓦图的大笔土地遗产，终其一生都受用不尽，他可以尽情地做他想要做的事，不需为生活花费伤脑筋。[3]

看得出来艾克塞尔先生是很羡慕笛卡尔可以这样生活的。

在此我也许可以说句多余的话，就是在我看来，哲学研究一般来说是适合有钱人干的活，也一般来说有钱人才干得比较好。这我们可以从哲学史的史实中看得相当清楚。哲学史上，从最老的哲学家泰勒士开始往下，到巴门尼德、赫拉克利特、德谟克利特直到柏拉图、亚里士多德、马可·奥勒留、阿尔凯西劳、阿里斯底波、普洛克罗、托马斯·阿

---

[1] 罗素：《西方哲学史》（下卷），何兆武、李约瑟译，商务印书馆，1976年版，第80页。
[2] 阿米尔·艾克塞尔：《笛卡儿的秘密手记》，萧秀姗、黎敏中译，上海人民出版社，2008年版，第27页。
[3] 同上书，第99页。

奎那、培根、霍布斯、马勒伯朗士、洛克、贝克莱、休谟、霍尔巴赫、维特根斯坦,等等等等,大都是富人,穷人是很少的,数得出的也就苏格拉底、卢梭、斯宾诺莎等少数几个,他们还大都是自己愿意穷的,想有钱并不难,典型者如苏格拉底,他有许多阔朋友、富学生如柏拉图、阿尔基比亚德等,钱其实只是一句话的事,但人给钱给东西他都不要。如阿尔基比亚德曾要送一大块地给他盖房子,但他回答说,"假定我需要鞋子,而你送给我一整张兽皮,以用它制作一双鞋,那么让我去接受它,这难道不可笑吗?"又有一位叫卡尔米德的朋友要送给他一些奴隶,这样一来他就可以靠奴隶干活去挣钱,但苏格拉底没有接受。还有一次他那位特别有钱的弟子、居勒尼学派创立者阿里斯底波就想送些钱给他,但他一如既往地没有接受。斯宾诺莎也是,有人送他钱他都不要。

至于为什么研究哲学最好得有钱,个中原因其实不难理解,因为人总是要过日子的,不是家里有钱,就得自己挣钱,而搞真正的哲学是挣不来钱的,就像现在出版哲学专著一般来说不但挣不了钱反而要贴钱一样,所以就只好家里有钱了,这样才能静下心去搞哲学研究,而不必成天想着柴米油盐之类的生活琐事。这些形而下的琐事想多了,对形而上的哲学是肯定大大不利的,很难写出真正有价值的哲学著作。还有,人若先要去为挣钱而生活,他的大部分时间就要花在这上面了,请问还有多少时间去思考哲学呢?恐怕很少吧!这样一来,即使他将剩下的时间都用来思考哲学问题,又能想得出多少深刻的东西呢?恐怕很难吧!又怎可与那些不用为生活费发愁、可以成天思考哲学的人相比呢?

所以,要搞哲学研究,最好是像笛卡尔这样家里有钱的,父母可以资助他搞研究。倘若没有的话,最好是先去挣钱,一般来说,喜欢哲学的人都是很聪明的,想要挣钱并不难,就像泰勒士那样。他说哲学家要想发财是很容易的,据说有一年,他预言橄榄会丰收,便预先包了许多的榨油机，果真如此，由于橄榄很多，需要大量的榨油机，这些机子全都给泰勒士包下来了，他高价转租，大发了一笔。现在想搞哲学研究的人也不妨这样，为了可以全心全意地研究哲学，先去挣足够可以一辈子养家糊口、衣食无忧地生活的银子，然后再回头全心全意地研究哲学，这对生活与哲学、老婆与孩子都是很有益的，可谓一举多得。

当然，这里一定要注意的是不能贪婪，只要能过中等偏上的生活就可以了。若贪图享受，不懂得适可而止，是更不能搞哲学研究的，那还不如穷点好。就像维特根斯坦一样，有了钱也要送人，自己过穷日子。

总之要时时谨记老子的两句话：

故知足不辱，知止不殆，可以长久。

祸莫大于不知足，咎莫大于欲得，故知足之足，常足矣。[1]

闲话少说，言归正传。1623年，笛卡尔不但卖掉了地产，还到处游历了，例如去过意大利，据说他这次去很想见到久仰大名、如雷贯耳的伽利略，可惜没见着，但他在意大利一直游历到1625年5月才回法国。

就在这一年，某一天，当笛卡尔往返于拉艾和巴黎时，在途中旅店外遇到了也许是他一生唯一动过心、想与之结婚的女人。艾克塞尔是这样描述他们相遇时的情形的：

这两人彼此凝视着，好似这几年的分离并没有减低彼此间的吸引力。笛卡尔身着绿色丝绸，戴着饰有羽毛的帽子，腰上系着一把佩剑，看起来器宇非凡。他走近她的身旁，她则直直地看着他的眼睛，两人就这样一句话也不说，彼此对望了好一会儿。[2]

---

[1] 《老子》第四十四章、第四十六章。
[2] 阿米尔·艾克塞尔：《笛卡儿的秘密手记》，萧秀姗、黎敏中译，上海人民出版社，2008年版，第130-131页。

据说这样的情形使那位美女身旁的男人非常愤怒,拔剑就要和笛卡尔决斗,但这时候的笛卡尔已经是剑术高手了,他早在拉弗莱舍时代就喜欢剑术了,此后一直勤加练习,土匪尚且不怕,何况这样的普通人呢,几个回合之后就把对手的剑击飞了,但他没有杀他,而是用剑尖指着对手的喉咙,看着美女说:"这位小姐有美丽的双眼,为此,我饶了你的性命。"

这下美女的心简直如小兔子乱蹦,她走到了这位英气逼人的帅哥身边,他深情地望着她美丽的双眼说:"你的美丽无与伦比,但我爱真理更胜于此。"

然后转身就走了。

对了,这样的话可不是小说般的瞎编,而是当事的美女后来回忆的——这位美女后来成了罗莎夫人,她还说,当她第一次见到笛卡尔时,他还很年青,有一天,他和几个男孩子在一起玩,大家谈起女孩来,笛卡尔说他从来没有遇到让他心动的女孩,还说:"我认为世界上最难找到的三样东西就是:一个美丽的女子、一本好书以及一位全能的传道者。"[1]

据说,当笛卡尔赢得决斗,将剑架在对手的脖子上时,还说了这样的话:

你的生命是属于这位小姐的,这也是我曾经献出生命的人。[2]

倘若以上的回忆属实,那么这就是笛卡尔一生之中唯一真正爱过的女人了。

这样东游西逛的日子一直持续到1628年后。

---

[1] 阿米尔·艾克塞尔:《笛卡儿的秘密手记》,萧秀姗、黎敏中译,上海人民出版社,2008年版,参见第131-132页。

[2] 同上书,第132页。

到1629年，笛卡尔觉得他对世界的研究差不多了，他已经读完世界这本大书了，得开始研究哲学了。

去哪里研究呢？他没有呆在巴黎，甚至没有呆在法国，他知道在这些地方他是难以静下心来的，于是，他像蒙田一样，要去外国寻求"一小块宁静的乐土"。

那乐土就是荷兰，至于为什么要选择荷兰，他后来在《谈谈方法》里也有所说明：

整整八年，我决心避开一切可能遇到熟人的场合，在一个地方隐居下来。那里在连年烽火之后已经建立了良好的秩序，驻军的作用看来仅仅在于保障人们享受和平成果，居民人口众多，积极肯干，对自己的事情非常关心，对别人的事情并不注意。我住在那些人当中可享受到各种便利，不亚于通都大邑，而又可以独自一人，就像住在荒无人烟的大沙漠里一样。[1]

笛卡尔在这里所说的八年可不是说他在荷兰总共只生活了八年，而是当他写完《谈谈方法》时已经在此地生活了八年，即从1629年到1637年。写完《谈谈方法》后，他依然生活在荷兰，前后共达20年之久。尚新建教授将这20年分为三个时期：

从1629年到1637年为第一时期，以《谈谈方法》的创作和出版为标志；1637年至1644年为第二时期，以《第一哲学沉思集》的写作为标志；1644年至1649年为第三时期，以《哲学原理》的写作为标志。[2]

在这漫长的20年里，笛卡尔基本上过着一种隐居式的生活，为了避免在一个地方呆得太久导致的不便，例如认识太多人，或者有人可以找到他，他经常不断地搬家，在荷兰各地转来转去，住过的地方有阿姆斯

---

[1] 笛卡尔：《谈谈方法》，王太庆译，商务印书馆，2000年版，第25页。
[2] 参见尚新建：《笛卡尔传》，河北人民出版社，1997年版，第61页。

特丹、代芬特尔、乌得勒支、莱顿、哈勒姆、埃格蒙德、恩德海斯特，等等，像冯俊教授所言："好像每一个城市的太阳烧烫着他的脚掌，或像一个坏人试图逃脱追踪。"[1]

据说，在这20年中，笛卡尔搬了24次家！也就是平均在一个地方生活不到一年。

在这20年里笛卡尔的生活总的来说是比较单调的，主要就是哲学包括科学的沉思与写作，他一生的著作基本上都是在这段时间写成的，因此这20年几乎是他整个的哲学生涯了。

他所写的著作我们后面将专门述说。

第四节 三件大事

除了哲学包括科学的沉思与写作外，这段时间还有三件大事要提出来分别说一下，因为了解它们对了解笛卡尔的人生是很重要的。

第一件事是与贝克曼关系的破裂。

我们前面说过，自从1618年笛卡尔与贝克曼相识之后，关系一直很好，但后来，这种关系慢慢地变质了，这个过程也许是从贝克曼与梅思纳的相识开始的。

梅思纳前面我们说过，他乃是笛卡尔在拉弗莱舍教会学校的老同学，后来两人成了挚友。实际上，在很长的时期内，全法国只有梅思纳一个人知道笛卡尔生活在什么地方，笛卡尔所有的信都是先寄给梅思纳，再由梅思纳寄给收信人；写给笛卡尔的信也是先送给梅思纳，再由梅思纳寄到笛卡尔这里。简言之，就像索雷尔所言：

---

[1] 冯俊：《开启理性之门》，广西师范大学出版社，2005年版，第4页。

从17世纪20年代末期开始，梅思纳就成了笛卡尔主要的通信者，也是他的宣传者、资料搜集者、著作经纪人、社交秘书，还偶尔扮演科学合作者的角色。[1]

还有，这时候的梅思纳已经不只是笛卡尔一个人的朋友了，他有很多朋友，都是当时哲学与科学界的头面人物，如数学家费马——著名的费马大定理就是他提出来的，霍布斯、帕斯卡、伽森狄，等等，都和梅思纳是好朋友，梅思纳的家成了这些人经常聚会的场所。由于梅思纳这时候已经是一座修道院的院长，宅子自然是很宽敞的，于是这里就经常是高朋满座，大家尽情地对哲学与科学"高谈阔论"。据艾克塞尔所说，这乃是梅思纳在科学上"最大的贡献"：

梅思纳在科学上的最大贡献是他成为当代主要科学家们的重要媒介。他在皇家广场修道院中的房间成了一个研究场所。在这里，借由世界级科学家们的书信往返，17世纪中处于关键地位的科学与数学想法得以分析并重新检视。[2]

贝克曼当然知道梅思纳的地位，于是他告诉梅思纳，笛卡尔的许多思想都是他的功劳，梅思纳将这事写信告诉了笛卡尔，笛卡尔读到这样的信后，马上回信给梅思纳，信中说道：

我非常感激你特意提醒我朋友对我的忘恩负义。我想当我之前写信给他时，因为过于客气而把荣耀都归功于他，却让他迷失了自己；他一定这样认为，如果告诉你，他是我十年前的启蒙老师，你也许会对他有较好的评价。但是他完全弄错了，有谁能像我这样，即使在他只能教导我一点点东西的情况下，还把面子做给他的呢？我不会把这件事告诉

---

[1] 索雷尔：《笛卡尔》，李永毅译，译林出版社，2010年版，第30页。
[2] 阿米尔·艾克塞尔：《笛卡儿的秘密手记》，萧秀姗、黎敏中译，上海人民出版社，2008年版，第103页。

他，因为这也是你的希望，不过我手上是有着许多可以让他觉得羞愧的东西，特别是我有他寄来的信。[1]

但梅思纳对贝克曼的话还是相当重视，1630年年中时前往拜访贝克曼，贝克曼将他的日记给梅思纳看，其中记录着他对笛卡尔思想的贡献。

这位贝克曼有一个好习惯，就是喜欢写日记，他从少年时代起一直在做自传性质的日记，慢慢地记满了好几个本子，后来还记满了一个小牛皮封面的大本子。据说这些东西1629年时伽森狄就看到过，笛卡尔也知道有这些日记，1637年贝克曼去世后，他的弟弟亚伯拉罕·贝克曼继承了，他甚至用它们作为材料写了一本小册子。1880年时，这个大本子出现在米德尔堡的一家书店里，1905年才终于被一个荷兰大学生发现。[2]

从这些事实看，贝克曼说他对笛卡尔的思想有所贡献应该不是空口乱说的，此前笛卡尔的信件也是一个证据。不过笛卡尔是不承认的，所以当梅思纳将拜访贝克曼这事写信告诉了笛卡尔，不久贝克曼就收到了笛卡尔的信，信中竟然有这样的话：

现在我知道你是个什么样的人了，你喜欢自夸的程度胜过朋友间的真诚友谊与真理，让我告诉你一些事情……无论在交谈时或在通信中，我曾说过我从你身上学到许多，但这只是法文里的客气用语而已，你的确是自以为是地误解了。[3]

---

[1] 阿米尔·艾克塞尔：《笛卡儿的秘密手记》，萧秀姗、黎敏中译，上海人民出版社，2008年版，第142页。
[2] 参见皮埃尔·弗雷德里斯：《勒内·笛卡尔先生在他的时代》，管震湖译，商务印书馆，1997年版，第34页。
[3] 阿米尔·艾克塞尔：《笛卡儿的秘密手记》，萧秀姗、黎敏中译，上海人民出版社，2008年版，第143页。

笛卡尔在信中还说："虽然你以数学物理学家之名讲述了许多物理，但我从未从你的幻想物理中学到任何东西。"

到这年10月17日，笛卡尔给贝克曼的信中彻底丢掉了一贯的绅士风度，简直是大骂贝克曼，说他"愚蠢和不学无术"，两人就此彻底决裂。

对于这事，孙卫民教授认为是梅思纳捅的娄子，实际上贝克曼对笛卡尔并没有恶意，更没有想要窃据笛卡尔的成果：

可怜的贝克曼不知所以。实际上贝克曼从没试图占有笛卡尔的发现，而大概只是感叹他们之前的关系，但被不知就里的梅思纳一搅和，结果造成了一场不必要的误会。[1]

这事的是是非非很难说，但我认为笛卡尔发这样的火有些过了，毕竟贝克曼即使没有在思想上直接给他作贡献，至少曾经在方向上给过他正确的引导与启发，这是毫无疑义的。所谓受人滴水之恩，当以涌泉相报，他受了贝克曼之恩后，即使不想以涌泉相报，但当对方要一点儿报时，这么大发雷霆也是相当过分的。

这20年中的第二件大事是他的恋爱与婚姻。

当然，这称不上是婚姻，可能只是与一个女人睡了觉，然后生了一个孩子而已。

这事大约发生在1634至1635年冬季，笛卡尔认识了一个女人，名叫海伦娜，她的地位不高，只是房东的女仆，可能长得比较漂亮吧，也有些文化，笛卡尔可能只是一时冲动，就与她同居了，然后她就怀孕了。对这事艾克塞尔是这样记载的：

笛卡尔在现今位于卫斯特马克街六号的一栋房子里，向房东托马斯·塞吉安（Thomas Sergeant）租了一些房间。塞吉安有一个名叫海伦

---

[1] 孙卫民：《笛卡尔——近代哲学之父》，九州出版社，2013年版，第219页。

娜·杨（Helene Jans）的漂亮女仆，负责笛卡尔家务整理的工作。海伦娜虽然曾经是个佣人，不过并非目不识丁，这我们可以从之后几年她写给笛卡尔的信得知。实际上，她的确曾受过些教育，而且还拥有文化领域的学位呢。1634年某个秋日的傍晚，笛卡尔与海伦娜在轻松休憩氛围的熏陶下，终于情不自禁地在卫斯特马克街六号的起居室中成为一对恋人。关于这一段情事的记载，巴耶是这么描述的，1634年10月15号星期天，他们俩有了爱的结晶，海伦娜怀了他们的女儿。[1]

至于笛卡尔自己，他留下来的信件中只有唯一的一次谈到了海伦娜和他俩的女儿，信中写道：

先生，

……昨天我跟女房东谈了谈，问她是否愿意在此收养我的侄女，为此她要多少钱。她（对我说）无所谓，多一个少一个孩子管，都可以。至于女仆，她指望您给她提供一个。……请赐函此处（最好是写给戈德弗鲁瓦先生），示知您想托人给找一个……

因为必须设法使海伦娜尽早来此，如果办得到，干脆就在圣维克多节前，还得要她弄个人顶她现在的位置。……请来函告知海伦娜前此会说些什么。

寄来的书已经收到，一点没有受潮或腐烂，虽然在水上过了两夜。现已毅然决然研究医学。[2]

此封信写于1637年8月30日，没有收信人名字。

信中可以看出来海伦娜只是一个女仆，她来笛卡尔这里还得有人接替她的工作。他这次写信去大概是要海伦娜带孩子过来和他生活在一

---

1 阿米尔·艾克塞尔：《笛卡儿的秘密手记》，萧秀姗、黎敏中译，上海人民出版社，2008年版，第155页。
2 参见皮埃尔·弗雷德里斯：《勒内·笛卡尔先生在他的时代》，管震湖译，商务印书馆，1997年版，第205页。

起。

这时候是1637年夏秋时节,笛卡尔生活在荷兰北部的一个小村庄,叫埃格蒙德,据说这可能是笛卡尔一生中"最幸福的时光":

1637年8月,就在《谈谈方法》一书出版时,笛卡尔携海伦娜和假扮成他侄女的法兰欣来到靠近哈勒姆的荷兰海岸,他在这里一直呆到1639年底。或许这是笛卡尔一生中最幸福的一段时光。[1]

只是幸福的日子并不长久。到了1640年9月7日,在病了三天后,笛卡尔的女儿,这时才只有五岁,就因为猩红热引起的高烧去世了,伟大哲学家的幸福也就此戛然而止,笛卡尔说,女儿的死是他"一生中经历的最大不幸"。[2]

据传统的说法,这个可怜的小女孩法兰欣直到死时都是个私生子,但艾克塞尔说不是,因为"从一些蛛丝马迹中可以看出,笛卡尔与海伦娜已经秘密结婚了"。例如法兰欣在荷兰所登记的出生文件上非常清楚地说她是一对夫妇的婚生子女。因此他推测笛卡尔由于非常爱这个女儿,为了不让她背上私生子的坏名,可能同样也爱美丽的海伦娜,就和她结婚了。只是由于他们社会地位悬殊,为了维护自己的名誉,笛卡尔对外界隐瞒了这桩婚事。[3]

关于笛卡尔对这个小女儿的爱,甚至直到十九世纪都流行着一个有关的传说,传说晚年的笛卡尔出于对女儿的思念,便制作了一个和女儿长得一模一样的机器娃娃。这个机器娃娃不但外表和真人一模一样,连形态举止都无不一样。[4]

---

[1] 参见汤姆森:《笛卡尔》,王军译,中华书局,2002年版,第21页。
[2] 同上书,转引自第22页。
[3] 参见阿米尔·艾克塞尔:《笛卡儿的秘密手记》,萧秀姗、黎敏中译,上海人民出版社,2008年版,第157页。
[4] 参见孙卫民:《笛卡尔——近代哲学之父》,九州出版社,2013年版,第238页。

当然这只是后人的虚构,笛卡尔不可能有这样的技艺,不但当时,就是现在也达不到。

我们要谈的这 20 年间笛卡尔的最后一件大事是一场大争论。

前面我们讲过笛卡尔和贝克曼的翻脸,从这件事中可以看到笛卡尔虽然平日为人低调温和、一派彬彬有礼的绅士风度,但当涉及到他的哲学与科学时,就不会客气了。又由于他的观点也许太过新颖了,常常和别人不同,于是就使得他经常要和人争论了。

这样的人是很多的,最早的也许是另一个大哲学家霍布斯。

早在 1634 年,当时的霍布斯还远没有什么名气,只是个贵族的家庭教师而已,因缘际会在巴黎认识了笛卡尔。到 1641 年,英国内战开始的前一年,感觉时局不妙的霍布斯跑到了法国,算是自动流亡,长达十年。流亡期间他又遇到了笛卡尔,并且两人有了不少交往,他们都读到了对方的著作甚至未出版的手稿——据说霍布斯是最早读到笛卡尔的巨作《第一哲学沉思集》的人之一,但两人观点的差异实在太大,结果就是没完没了的争论甚至对立了。据说当笛卡尔读到霍布斯的手稿时,曾这样说:

让我非常惊讶的是,尽管从行文的风格看,文章的作者显得十分睿智、博学,但是他的每种观点似乎都与真理相去甚远。[1]

笛卡尔这样的评价,霍布斯自然不认可,他说:"我非常钦佩他的判断力。我希望他把我写的东西读得更仔细一点。倘能如此,我会服膺他的批评意见。"[2]

后来两人的关系越来越差,笛卡尔干脆不理霍布斯了,因为笛卡尔看到了,他和霍布斯的分歧不但是思想上的,他还不认可霍布斯的为

---

[1] 马蒂尼奇:《霍布斯传》,陈玉明译,上海人民出版社,2007年版,第190页。
[2] 同上。

人，所以他曾对朋友说：

> 我不想同他（指霍布斯）有什么联系，所以我也不想回应他。如果我对他的为人没有看错的话，我们多半要在交往中成为敌人。因此，我和他最好是各行其道。我希望你也不要把我的那些尚未发表的观点透露给他。如果我没有猜错的话，他会通过不正当的手段，以牺牲我来博得自己的名声。[1]

这语气是很重的，说明在笛卡尔心里霍布斯简直不是一个善良诚实的人。当然他这样的话只是在朋友间私下里说的，在公开场合或者在他的著作里，他对霍布斯的批评并不激烈，只有类似这样的话：

> 这位哲学家对迄今认为对的而接受过来的那些怀疑理由，我认为都不过是似是而非的。[2]

另一个和霍布斯大不相同的批判者是伽森狄。1641年，伽森狄到了巴黎，很快结识了当时的哲学中心人物梅思纳，也读到了笛卡尔的手稿，并且提出了相当激烈的批评，而笛卡尔也作了相当激烈的回答，但亦由此诞生了一部西方哲学史上的名作，这个我们后面讲笛卡尔的著作与思想时再说。

以上两次的争论都只是学者之间的学术论争，但后面还有一场更加严重的大争论，这对笛卡尔的生活产生了更大冲击。

这冲击也是由他的著作引起的。

我们知道，笛卡尔是个虔诚的天主教徒，但他的著作却被当时的许多神学家与基督教教士指责为是无神论的，他也被指控为无神论者。这在当时可是个非常可怕的指控，足以要人性命，例如不久前的1619年时，有一位名叫瓦尼尼的哲学家就是因为这样的指控而被烧死在法国图

---

1 马蒂尼奇：《霍布斯传》，陈玉明译，上海人民出版社，2007年版，第198页。
2 笛卡尔：《第一哲学沉思集》，庞景仁译，商务印书馆，1986年版，第172-173页。

卢兹市的木桩上。

指控笛卡尔的人中，为首者是吉斯伯·富蒂乌斯（Gisbertus Voetius, 1588-1676），由于他不断的指控，1642年3月16日，乌得勒支大学的理事会判决笛卡尔的学说有罪，并禁止在大学中讲授，笛卡尔在这一回合的交手中算是输了。

不过，我们可不要以为这些争论会使影响笛卡尔的生活，不是那样的，他的精神也许因此有些差，但生活还是很好的，刚好在这一年，一位法国旅客生动地描写了他拜访笛卡尔的情形：

1642年初我刚到荷兰，就急忙奔往瓦尔蒙特那边距离莱顿半里埃的恩德海斯特，非常有兴趣拜会了孑然独处的笛卡尔先生。

我非常欣喜地注意到这位贵族的彬彬有礼，他的隐退、他的节俭。他住在一座小城堡里，地理位置非常好，挨近一所又大又漂亮的大学，距离宫廷两里埃，距离大海也仅仅两里埃不到。

……他有足够数量的佣人，都是精心挑选的，体格健壮的，花园相当美，花园尽头是一个果园，四周环绕着一片片草场，可以看见许多钟楼高高耸立，直到天边。……

……他常从运河走一天的水路到乌得勒支、代尔弗特、鹿特丹、多德雷赫特、哈勒姆去，有时也去阿姆斯特丹——在那里的银行里他有两千利弗的年息。他还可以到海牙去玩半天。这样的远足走的是世上最风光绮丽的道路，经过草原牧场，经过一些游乐场所，然后进入村庄边上的一座大树林，而那座村庄比得上欧洲最美丽的城市。

……我在内心里极为赞赏笛卡尔先生选择这样方便的一处寓所，极为赞赏他把娱乐和安闲都安排得那样有条不紊。[1]

---

[1] 参见皮埃尔·弗雷德里斯：《勒内·笛卡尔先生在他的时代》，管震湖译，商务印书馆，1997年版，第224-225页。

做出这样的描写的是年轻的索尔比埃尔,他也是伽森狄的朋友。

但事情还没有完。到 1643 年 6 月,乌得勒支市政府在市中心的公告栏中公开了笛卡尔写给富蒂乌斯的信件,并且以毁谤富蒂乌斯的罪名正式起诉笛卡尔。

不过这次笛卡尔走运了,1644 年 4 月,根据笛卡尔和他的支持者所提出的一些新证据,乌得勒支大学理事会撤销了对笛卡尔的一个主要指控,即富蒂乌斯对笛卡尔是无神论者的指控。但这并不意味着笛卡尔获得了胜利,他仍然被要求向富蒂乌斯道歉,这年六月笛卡尔也被迫写了一封正式的道歉信给富蒂乌斯。

因此总的来说,笛卡尔在争论中还是输了,还丢了脸。这对笛卡尔称得上是奇耻大辱,因此他将这封信誊抄了一份,一直秘密地带在身边,直至过世。

也许正是因为在这场官司中遭了罪,才使得笛卡尔作出了人生中另一个大改变,而这个改变直接决定了他一生的结局。

这就是接受瑞典女王克里斯蒂娜的邀请,离开荷兰去遥远而寒冷的斯德哥尔摩。

第五节 两个高贵的女人

不过,在讲他去瑞典之前,我们要交代一下他和另一个几乎与克里斯蒂娜女王同样高贵的女人间的事,就是他和伊丽莎白公主的情谊。

伊丽莎白公主是波希米亚废王腓特烈五世的大女儿,这位腓特烈五世也是西方近代史上有名的人物,他的妻子就是英国国王詹姆斯一世的女儿伊丽莎白,他们一共生了九个小孩,包括了四位公主和五位王子,伊丽莎白公主是九个小孩中的老大。他们的另一个女儿索菲亚也很有名且重要,因为她嫁给了第一个汉诺威选侯恩斯特·奥古斯特一世,因此成为英国汉诺威王朝的祖先——这个王朝直到今天都统治着英国。1619年8月,著名的三十年战争中,波希米亚起义后,腓特烈五世被捷克人推举为波希米亚国王,同年11月在布拉格加冕,但仅仅一年之后,1620年11月8日,捷克人在白山战役中惨败给天主教大军,腓特烈五世的帝王生涯就结束了,由于在冬天当王、又在冬天失去,他获得了一个讽刺性的绰号"冬王"。

此后,腓特烈五世一直在流浪中度过,因染上瘟疫,1632年病逝于德国的美因茨,时年仅36岁,留下了一个寡妇和九个孩子。

笛卡尔是怎么和高贵的公主联系上的呢?原因并不复杂,就是这位公主特别喜欢哲学,自然喜欢伟大的哲学家笛卡尔了。笛卡尔最重要的作品《哲学原理》一书就是献给她的,笛卡尔最早在1642年的信中已经提到了公主。

其实,早在1620年11月的一天,被打败了的腓特烈五世从布拉格逃走了,带着一家大小,其中有一位年仅两岁的小公主,她与母亲同名,也叫伊丽莎白,这时候笛卡尔作为胜利的大军中的一员甚至可能看到过废王匆匆跑过的马车呢!孰知他们23年后将再度相逢,而且将彼此成为对方一生中最重要的人物之一呢!

命运真是奇妙啊!

不过《笛卡儿的秘密手记》记载这事时犯了一个错误——也许是翻译上的,它有这样的话:

直到伊丽莎白公主去世为止,流亡在外的她始终保有波希米亚女皇的称号,而她的孙子则是后来大英帝国的国王乔治一世。[1]

---

[1] 阿米尔·艾克塞尔:《笛卡儿的秘密手记》,萧秀姗、黎敏中译,上海人民出版社,2008年版,第182页。

这里显然有误——当然也可能是翻译的错误，因为公主终生未婚，更没有孩子，当上英国国王的是她妹妹索菲亚的儿子，不是她的孙子，只是她的侄子。

西方各国王朝这些血统关系很复杂，不小心很容易弄错，例如孙卫民教授在这里也犯了一个小错，他说：

> 伊丽莎白（1618-1680年）这时候的日子也不是很好。伊丽莎白公主来自于欧洲最著名的一个家族。她的外公是英格兰国王詹姆斯一世，她的叔叔是查理一世，也就是那个在1649年被他自己的臣民砍头的英国国王，她的侄子乔治后来也成为英王。[1]

这里说清楚了，乔治一世是公主的侄子，不是孙子。但另一个地方也犯了一个小错，就是说伊丽莎白公主的叔叔是查理一世。不是这样的，叔叔是父亲之弟，但查理一世是英王詹姆斯一世与丹麦公主安妮的儿子，腓特烈五世则是普法尔茨选侯腓特烈四世的第三个儿子，母亲是荷兰的奥兰治亲王威廉一世之女路易丝·朱丽安娜。所以查理一世可不是伊丽莎白公主的叔叔。

却说，酷爱哲学的公主早就听说过笛卡尔的大名，如雷贯耳，一直想和笛卡尔建立联系。后来终于通过一个叫伯拉特的人建立了联系，这位伯拉特既认识笛卡尔，也认识公主，当公主告诉他她对笛卡尔的仰慕之后，他赶紧将此话告诉了笛卡尔，笛卡尔一听，竟然有公主这么喜欢他的著作，自然大为高兴，立即告诉伯拉特自己会找机会去伊丽莎白公主正生活于之的地方拜访公主。笛卡尔在致伯拉特的信中写着："能够向公主鞠躬致敬并且得到她的指示，是我毕生最大的荣耀。"[2]

---

[1] 孙卫民：《笛卡尔——近代哲学之父》，九州出版社，2013年版，第228页。
[2] 阿米尔·艾克塞尔：《笛卡儿的秘密手记》，萧秀姗、黎敏中译，上海人民出版社，2008年版，第183页。

巧合的是，公主这时候正住在荷兰的海牙，在法语里，这里和笛卡尔的出生地拉艾是同一个名字。

我们现在就来看看这位伊丽莎白公主是什么样的人。

首先，她应该是一个美女，据留存下来的画像看，公主确实长得漂亮，有一种古典美，就像拉斐尔画中的高贵美女一样，或者我们还是来看她后来很著名的妹妹索菲亚公主的回忆录是怎么描绘姐姐的吧：

（我）名叫伊丽莎白公主的姐姐当时已有美人之称，黑头发，白皮肤，明亮的棕色眼睛，宽宽的黑眉毛，额头端端正正，鲜红的嘴唇很美，牙齿令人赞叹，尖削的钩鼻子极易发红；她喜欢学习，然而，无论她多么精通哲学，在由于血液循环而不幸鼻子通红的时刻，她照样非常伤心；这种时候她就躲起来不见人。我还记得，另一个姐姐路易丝公主素来不拘礼法，曾在这样的一个倒霉的时刻问她愿不愿意上去向母后请安——因为惯常的请安时辰来到。伊丽莎白对她说："我鼻子这个样子，您还要我上去？"路易丝反唇相讥："难道您想等到长出另一个鼻子吗？"

路易丝人聪明伶俐，随自己的天性，而伊丽莎白非常有学问；她通晓一切语言、一切科学，定期不辍与笛卡尔先生来往；只是，那么多的学问使得她时常有点神情恍惚。也时常给我们增添笑料。[1]

令人遗憾的是，这位美丽高贵的伊丽莎白公主由于身份太过高贵，却又没了财产，或者还有其他特殊原因吧，例如太喜欢哲学以至不喜欢男人，就像男哲学家们因为喜欢哲学也不喜欢女人一样了，总之一辈子没有结婚，后来进了一所修道院，在那里当院长，终老一生，不过她终身都在认真地钻研笛卡尔的哲学。

---

[1] 皮埃尔·弗雷德里斯：《勒内·笛卡尔先生在他的时代》，管震湖译，商务印书馆，1997年版，第239页。

关于两人的感情,现在也有不同的说法,其中比较普遍的一种是认为他们两人之间至少有某种双方都没有挑明的暧昧关系。不过究竟是谁爱上了谁很难说,有人说是笛卡尔爱上了公主,有人说是公主爱上了笛卡尔,似乎都有道理。

认为笛卡尔爱上了公主的人从笛卡尔给公主的信件中找到了证据,例如1646年3月前后,笛卡尔曾前往海牙,亲自把专为公主写的稿子交给她。[1]

这个稿子就是《论灵魂的激情》了,后来伊丽莎白致信笛卡尔,说他的观点"不是前人关于这个问题论述的一切所得企及的"。

笛卡尔一生之中大概只有这么一次做过这样的事吧!足见他对公主的重视了。

此外,汤姆森更是明白地说:

(笛卡尔)他频繁地给公主写信,话语相当亲密,即使他们很少见面,他却有可能爱上了她。[2]

汤姆森还说:

(公主)她是一个求知欲很强的人,大约从1643年5月前后开始,她一直与笛卡尔保持着联系,当然,大多数是书信往来。也许,笛卡尔深深地爱上了这个将他视为精神和知识导师的年轻公主。他在写给她的信中有时流露出让人吃惊的亲密。不管怎样,她改变了他的生活。[3]

艾克塞尔也说:

笛卡尔另一本传记中,作者史蒂芬·高克罗杰(Stephen Gaukroger)记载了一种说法,他认为笛卡尔之所以离开荷兰前往瑞典,是为了恳求克

---

[1] 皮埃尔·弗雷德里斯:《勒内·笛卡尔先生在他的时代》,管震湖译,商务印书馆,1997年版,参见第269页。
[2] 汤姆森:《笛卡尔》,王军译,中华书局,2002年版,第120页。
[3] 同上书,第24页。

里斯蒂娜女皇,希望她能够资助伊丽莎白公主。根据此种说法判断,笛卡尔显然深爱着伊丽莎白公主。[1]

之所以笛卡尔要去恳求克里斯蒂娜女王,当然是因为伊丽莎白公主高贵是高贵,但作为废王的女儿,连父亲都去世了,不可能有很多财产,事实上,她几乎一辈子都过着相当困窘的生活,笛卡尔若爱上了她,自然会对此感到心疼。

此外,从笛卡尔写的一些信中也可以看出来他对公主是相当情深义重的,例如到了瑞典后,笛卡尔立即给公主去了一封信,信中说:

……我晋见女王的荣幸还只有三次,但似乎已对她有相当的了解,敢于断言她的优点正如声誉所传,而其美德犹有过之。……她首先垂询的事情之一,就是问我是否知道殿下的近况,我首先据实禀告我对您的印象,因为我看出她心灵的力量,并不担心这会使她产生嫉妒心,正如我确信,我在此毫不拘束地写信告知我对女王的看法,您看了也不会嫉妒。……[2]

笛卡尔真是牛啊,竟然让两个女人:一个是高贵的公主,另一个是更加高贵的现任女王,似乎要来争抢他的青目了!甚至可能为他嫉妒彼此了,恐怕整个西方哲学史上这也是独一无二之事吧!

这是笛卡尔爱上了公主的说法,但有的说法相反,认为是公主爱上了笛卡尔。理由也不少,例如公主给笛卡尔的信往往是这样结尾的:

……我钦佩万分,理由不可胜数,……我要努力堪称

您的十分亲切的朋友

为您效劳

---

[1] 阿米尔·艾克塞尔:《笛卡儿的秘密手记》,萧秀姗、黎敏中译,上海人民出版社,2008年版,第187页。
[2] 皮埃尔·弗雷德里斯:《勒内·笛卡尔先生在他的时代》,管震湖译,商务印书馆,1997年版,第339页。

伊丽莎白[1]

还有时候则署名为"您最深情的朋友致上"。[2]

在一封信中，伊丽莎白对笛卡尔说：

我承认，要把感觉和想象同在感觉和想象中不断通过言词和文字呈现出来的事物分割开来，在我是相当困难的。……就是在这样的时候，我感到，自己还有相当的理性是很讨厌的事。因为，如果我根本没有理性，我就能同那些我必须生活于其中的人享有共同的欢欣。……除此之外，倒霉的是我的性别使我不能前往埃格蒙德学习从您的新花园里收获的真理，得到满足。[3]

看得出来，公主是很想亲自跑到笛卡尔那里跟他学习哲学的，因为那里有她要的真理。——谁知道这真理是不是就是笛卡尔这人呢！

还有，1644年，当笛卡尔又搬家了时，伊丽莎白从海牙写信向他抱怨，说这样一来他们分离得更远了，因为现在两人之间往返所需的时间是一天，而不是原来的两个小时。[4]

由此可见，公主是非常喜欢、也渴望经常看到笛卡尔的，因此弗雷德里斯才说：

奇怪的是：是她这个圣洁的处女紧盯着老哲学家不放，两个人中间急于会面的是她。她已经认识到笛卡尔是"她灵魂的最好良医"。这第一封信上她的落款是："您的亲切朋友为您效劳"。还要感谢笛卡尔对

---

[1] 皮埃尔·弗雷德里斯：《勒内·笛卡尔先生在他的时代》，管震湖译，商务印书馆，1997年版，第254页。

[2] 参见阿米尔·艾克塞尔：《笛卡儿的秘密手记》，萧秀姗、黎敏中译，上海人民出版社，2008年版，第185页。

[3] 参见皮埃尔·弗雷德里斯：《勒内·笛卡尔先生在他的时代》，管震湖译，商务印书馆，1997年版，第263页。

[4] 阿米尔·艾克塞尔：《笛卡儿的秘密手记》，萧秀姗、黎敏中译，上海人民出版社，2008年版，第186页。

"一个愚昧无知而又桀骜不驯的人""慈爱有加"。她原本指望能亲聆教诲,略知瑞吉乌斯先生的形而下学;亟欲求教于先生,"写来却杂乱无章",实感惭愧。[1]

当然,这两种说法并不矛盾,完全可能是你爱我我也爱你,是"两情相悦",只是由于门第太过悬殊,不可能在一起罢了!但两人之间那种彼此倾慕的情感是抹杀不了的,就像《笛卡儿的秘密手记》中所言:

笛卡尔前往瑞典担任克里斯蒂娜女皇教师的决定,也许曾经让伊丽莎白公主感到无比的嫉妒。而这类笛卡尔在信中提到的嫉妒感,可能暗示着他与伊丽莎白公主之间有着更深的情感呢。[2]

不管是笛卡尔爱上了公主还是公主爱上了笛卡尔,有两件事是确定的:

一、公主爱上了笛卡尔的哲学。

二、笛卡尔很尊敬甚至崇拜公主。

这两点都是有着确凿证据的。关于第一点,据说波兰的瓦萨王朝国王瓦迪斯瓦夫四世在妻子突然过世后,曾经向伊丽莎白公主求婚,但公主断然拒绝,说:"我已经爱上了笛卡尔的哲学",并且希望能为此奉献终身,即终身只研读笛卡尔的哲学,不再结婚。[3]

公主竟然为了笛卡尔哲学竟然连尊贵至极的王后都不当,要知道波兰可不是小国家,比荷兰可大多了,是欧洲面积最大的王国之一呢!

还有,据说在公主的日常生活中,占据她最多时间的就是笛卡尔哲学,即使后来笛卡尔已经去世,她也进了威斯特伐利亚的一座修道院

---

[1] 皮埃尔·弗雷德里斯:《勒内·笛卡尔先生在他的时代》,管震湖译,商务印书馆,1997年版,第241页。

[2] 阿米尔·艾克塞尔:《笛卡儿的秘密手记》,萧秀姗、黎敏中译,上海人民出版社,2008年版,第186页。

[3] 同上书,参见第188页。

后，仍然坚持研读笛卡尔的著作。她还在修道院中建立了笛卡尔哲学俱乐部，并且经常告诉她的客人们，她和这位哲学家非常熟悉。

其实，不仅仅是伊丽莎白公主，她的妹妹索菲亚同样喜欢哲学和哲学家，只是她喜欢的对象不是笛卡尔，而是比笛卡尔要年轻些的另一位同时代的伟大哲学家——莱布尼茨。后来，她嫁给了莱布尼茨的雇主汉诺威公爵，于是她和莱布尼茨建立了极为亲密的友谊。她很崇拜莱布尼茨的哲学，据说"世界上没有两片完全相同的树叶"就是莱布尼茨在一次与公爵夫人谈话时留下的哲学名言，莱布尼茨在著作中也记载了这事：

我记得一位聪明睿智的伟大王后有一天在她的花园里散步时说，她不相信有两片树叶是完全一样的。和她一起在散步的一位精明绅士相信他很容易就能找到两片；但他虽然找了很久，终于凭他亲眼所见，深信永远能看到其中是有区别的。[1]

两姐妹，两位高贵的公主，同时喜欢上了哲学，还是两个当时代最伟大的哲学家！这样的事真是令人感慨啊！也令人感叹笛卡尔和莱布尼茨能生活在那样的时代——哲学家受到如此的尊重——真是何其幸福啊！

至于笛卡尔对公主的倾慕与赞美，在他的《哲学原理》中所写的给公主的"献辞"中看得最为清楚了，其中有这样的话：

不过关于您的智力卓绝，我还亲身有一层更有力的证明，因为我还没有遇到一个人如您那样能通体了解我的著述内容。

……

您的才具是天下无双的了。不过最令我惊服的一点是，老年的博士们多年思索的结果，尚不能对于全部科学得到那样精确而广博的知识，

---

[1] 莱布尼茨：《人类理智新论》，陈修斋译，商务印书馆，1982年版，第235页。

而一位妙龄公主却竟头头是道,这真有些奇特不凡了。

……

以您的容貌和年岁而论,比文艺女神或智慧女神更适于表征美德之一。

……

我还不只看到您具备可以达到完美崇高智慧的一切必要的才具,而且在意志方面或仪表方面,也毫无缺陷。您于威仪严肃之外,又兼具温良文雅,因此,虽处于易于溺人的富贵环境中,仍能卓然独立,不为所移。我不得不对您钦敬万端,因此我不仅认为这部作品应当献给您(因为这篇作品是讨论哲学的,而哲学正是研究智慧的),而且我觉得纵然博得哲学家这一个头衔,也不如给淑静的您做一个虔敬的仆人更为快乐。[1]

这些话可不是一般的奉承话,就像培根奉承詹姆斯一世那样,而是打心底里发出的赞美!由此可见公主在笛卡尔心中是何等崇高了!

我们前面说过,笛卡尔在荷兰的生活可以分成三个阶段,1644年至1649年是第三阶段,以《哲学原理》的写作为标志,所以现在已经是第三阶段了,这也是他在荷兰生活的最后一个阶段。

这时候笛卡尔已经不总呆在荷兰了,而是比较多地回祖国去,例如1644年5月,他途经海牙、莱顿、阿姆斯特丹等地回到了法国,在那里呆了好几个月才回来,两年以后又回去了。他回法国时虽然也到处走走,主要还是在巴黎。

正是在这个时期,他在巴黎新认识了两个新朋友——克雷色列尔和他的姐夫夏努,他们对笛卡尔的余生将产生巨大影响。

笛卡尔先认识的是克雷色列尔,他对笛卡尔的思想不仅仅是喜欢,

---

[1] 笛卡尔:《哲学原理》,关文运译,商务印书馆,1958年版,第xxii-xxiv页。

简直是崇拜，据说他甚至"要求他的整个家族成员都必须专心致力于笛卡尔哲学的研读。"[1]

我们知道，此前梅思纳一直是笛卡尔的联系人，几乎是他和外界联系的唯一通道，但1648年9月1日，梅思纳因病去世了。此后克雷色列尔就承担从前梅思纳的工作了，也成了笛卡尔最要好的朋友。

有一天，克雷色列尔告诉笛卡尔，他的姐夫夏努也很喜欢笛卡尔的哲学，想认识他。

这个夏努可是当时的重要人物，曾是税务大臣，1645年还当上了法国驻瑞典大使。一个这样的人物喜欢他的哲学，笛卡尔自然高兴非常，于是两人迅速地结识了，并且颇有相见恨晚之感。有一次，夏努前往瑞典的途中，经过阿姆斯特丹时，笛卡尔还特意从所居的埃格蒙德前往拜访。

笛卡尔曾经给夏努写过一封信，其中有这样的话：

我常常遗憾地想，这个世界，对于生活在其中的少数杰出人物来说，实在显得太大了。他们要是都能生活在一座城市中该有多好啊！要是那样，我真的愿意离开我的隐居所，如果他们愿意，我也想和他们在同一所城市中生活在一起。尽管为躲避乡野粗俗之徒的追踪，我离群索居，但是，我依然把与受人尊重的人的交往，视作生活的最大快乐。如果你在巴黎，我也十分愿意回到那里去。

……

和你相识的刹那间，我就为你所倾倒，与你结识，真乃三生有幸。[2]

看得出来，这位夏努简直把伟大的笛卡尔给征服了，想必他所拥有

---

[1] 阿米尔·艾克塞尔：《笛卡儿的秘密手记》，萧秀姗、黎敏中译，上海人民出版社，2008年版，第200页。
[2] 尚新建：《笛卡尔传》，河北人民出版社，1997年版，第150页。

的不仅仅是官位而已，而是懂得欣赏哲学甚至真的懂得哲学。

夏努对笛卡尔的感觉也差不多，在克雷色列尔介绍夏努给笛卡尔后不久，他就写了一封信给笛卡尔，信中说：

对于一个不认识我的人来说，我以无比的信心写信给您。我的信心似乎来自一份持续40年从不间断的友谊（或是说类似的情谊），而这段情谊也给予我这样的特权写信给您……最后，我想郑重地宣告：我的想法与你伟大思维之间的距离是如此的遥远；与您相比，我是如此的微不足道。若真有人认为您之所以与我往来是因为在每一方面我都与您一样，那他就大错特错了。[1]

这种相见恨晚、惺惺相惜的话真是相当的感人吧！考虑到夏努当时崇高的地位，一位这样的人物能够喜欢哲学，而且真的喜欢，就像公主一样，在今天看来这的确是一件奇事，但在那个时代应该不是的，这就是时代的不同吧！那是一个崇尚哲学的时代，就像今天的时代是一个崇尚金钱与权力的时代一样。

据说这位酷爱笛卡尔思想的夏努抓住每一个机会在国内外传播笛卡尔的思想与著作，因此，当他成了法国驻瑞典的大使之后，自然要在瑞典传播笛卡尔的哲学了。

对于这样的事，对于自己的思想能够为像公主、大臣与大使这样的大人物所喜爱甚至传播，笛卡尔是很乐见其成的，所以他在给夏努的一封信中曾经说过这样的话：

克雷色列尔先生已经写信告诉我，为了将我的拙作呈上给您派驻地的女皇过目，您正期待从他那儿获得我法文版的《第一哲学沉思集》。我从来没有如此积极的欲望，希望那些位高权重的人们能够亲口道我的

---

[1] 阿米尔·艾克塞尔：《笛卡儿的秘密手记》，萧秀姗、黎敏中译，上海人民出版社，2008年版，第200页。

名字。……现在无数学术圈的人也知道我的名声了；这些学者并不赞同我的作品，而且还毁灭我的理论来伤害我。我确实希望能结识一个地位崇高的人，而他的力量与贤良也足以保护我。[1]

夏努的宣传工作给笛卡尔带来了一个新的拥趸，而且是一个比以前的任何一个拥趸——包括伊丽莎白公主——都重要而位高权重的拥趸——瑞典女王克里斯蒂娜。

这个克里斯蒂娜女王大家可能听说过，甚至看到过，因为她的经历曾被拍成一部西方电影史上的经典之作，中文译作《琼宫恨史》或《瑞典女王》，由电影史上最伟大的女星之一葛丽泰·嘉宝扮演美丽的女王，真是美之极矣，这电影我看过，当时真像曹子建望见宓妃姑娘时一样，不由大赞"彼何人斯，若此之艳也！"[2]

电影里我们可以看到，克里斯蒂娜是个假小子，她在比咱们哈尔滨的冬天还要冷上三分的瑞典的隆冬，穿着单薄的猎装奔驰在冰天雪地里，那冬天简直要因她而温暖起来呢。她虽然有着美丽无比的容颜，走起路来却是虎虎生风，说起话来也斩钉截铁，同男子汉没两样。由于一个纯粹偶然的原因，西班牙大使在一个小旅店里遇见了她，由于她女扮男装，举止潇洒，活像个有教养的大家子弟，那个外交官邀请她与他同房，因为旅店里刚巧没别的房间了。女王因为不便暴露自己的身份，所以找不到推拒的借口，或者也因为这个外交官实在也是个迷人的家伙，就同意与他同房，那结果就不用说了。

女王同外交官一夜风流之后，不由彼此深深相爱。最后，为了心爱的男人，女王毅然放弃了王位，想同爱人一起去天涯海角。

---

[1] 阿米尔·艾克塞尔：《笛卡儿的秘密手记》，萧秀姗、黎敏中译，上海人民出版社，2008年版，第201页。
[2] 见《洛神赋》。

然而不幸，她的爱人在临上船前与人决斗，丢掉了性命，电影的最后一幕是克里斯蒂娜女王带着爱人的遗体消失在茫茫大海之中。

当然事实上不是这样，女王的确逊了位，但那是因为她由新教而改宗了天主教的缘故，在以新教立国的瑞典无法继续为王。她于是断然离开祖国，到了天主教的大本营罗马，在那里建立了她的艺术与哲学王朝，死后隆葬于圣彼得大教堂。

这个克里斯蒂娜女王堪称当时是欧洲最有名的女士。她的名气主要来自两方面：一是她统领着一个强大的国家，十七世纪的瑞典可是个强国，克里斯蒂娜女王便是领导瑞典强大的君主之一；二是她十分博学，由于环境好，加上天资过人，女王掌握了极为丰富的学识。单说语言，除母语瑞典语外，她还通晓法语、意大利语、西班牙语、德语、拉丁语、希腊语等。据说1645年，当夏努来到斯德哥尔摩时，和她用法语对谈后曾大惊说："她的法文说得那么好，就像在卢浮宫内出生的人一样！"。她不但自己博学，还十分尊敬学者，宫廷里会集着大批时称一流的学者与艺术家。

她最爱做的事情之一就是和杰出的学者们通信，在和她通信的一长串名单中可以看到欧洲当时最杰出的人物，而她的好友更是从哲学到文学与艺术界的翘楚，那些翘楚们往往一见到她之后就被她的学识与仪态而非她的权力迷得神魂颠倒。例如当她在罗马第一次见到当时欧洲最伟大的艺术家贝尔尼尼之后，就与他一见如故，贝尔尼尼十分崇拜这时候已经逊位的女王。1679年，当时他已经81岁高龄、日薄西山了，还是穷尽自己最后一丝力量为女王制作了一尊雕像，这是一尊半人高的基督像，名叫《救世主》，这也是他人生最后的作品。但女王拒绝了这件珍贵无比的礼物，她说，就是倾她所有的财富也不足以偿付这件作品的价值。但她最终还是接受了，因为不久后贝尔尼尼就去世了，遗嘱中将雕像赠给女王。

这就是克里斯蒂娜女王,当时全欧洲独一无二、无与伦比的最高贵的女人,当她读到笛卡尔的著作之后,立刻为之倾心,她这样告诉夏努:

我阅读愈多笛卡尔先生的文章,或是从您那里听到愈多关于笛卡尔先生的事情;我愈能确信笛卡尔先生是全世界最幸运的人,也是最令人羡慕的。请向他献上我最诚挚的敬意。[1]

夏努自然将这个好消息传递给了笛卡尔,笛卡尔也非常高兴。1647年2月,他给女王发出了一封信,实际上是一篇叫"论爱的书简"的论文,女王也愉快地回了信。当笛卡尔接到女皇的回信时,感到非常高兴,随即回信给女皇,说:

敬爱的女士,即使真有一封自天堂送给我的信,而且我还亲眼看着它从云端洒向我,都不会比接到来自陛下您的信让我感到更惊讶、期待与尊敬了。[2]

不久女王就不满足于只是通信了,她希望笛卡尔能够来她的宫廷,她将这个想望告诉了夏努,夏努当然高兴,这样不但能够与老友相逢,对他的外交活动也是大有帮助的,他于是写信告诉了笛卡尔:

瑞典女王渴望在斯德哥尔摩接见您,希望能够直接从您的口中学到哲学。[3]

笛卡尔一开始很犹豫,因为他在荷兰呆习惯了,觉得这里很好,不想离开,然而去当一位伟大的女王的教师实在是有吸引力的事,而且他现在在荷兰过得并不开心,我们前面说过,他正被许多敌人大肆攻击呢,在官司上也输了。再加上我们前面说过的也许存在的另一个原因,

---

[1] 阿米尔·艾克塞尔:《笛卡儿的秘密手记》,萧秀姗、黎敏中译,上海人民出版社,2008年版,第205页。
[2] 同上。
[3] 同上书,第207页。

就是想要为他最尊敬的伊丽莎白公主要些好处。于是，经过一番思前想后，笛卡尔终于同意了。

女王得到这个好消息后，高兴非凡，她没有叫笛卡尔自己去，或者只是派几个人去接他，而是派出了一艘军舰，有人甚至说是一个舰队，专程前往荷兰迎接伟大的哲学家。

这样的待遇可谓是前不见古人，肯定也会是后不见来者吧！

1649年8月，瑞典的皇家舰队在一位将军的统领下登陆荷兰，前往笛卡尔位于埃格蒙德的住所迎接他，据说一开始笛卡尔不理睬，因为他不认识这位将军，后来将军设法证明了自己的身份，笛卡尔才同意跟他走。

1649年9月1日，笛卡尔终于离开了埃格蒙德，前往阿姆斯特丹港，登上了军舰，根据当时一个目击者的描述，笛卡尔衣着气派非凡，"一头整齐的卷发，脚上套着新月形的尖头鞋，手上戴着上等衬里的雪白手套"。[1]

这样的衣着对一个哲学家而言未免太花哨了，因此当时有人讽刺道：

笛卡尔这位平时衣着正经的人，在登上专程来荷兰海岸接他的轮船时，竟打扮得如同孔雀一般招摇：尖头长皮鞋，白色皮毛手套，还特意去烫卷了头发。[2]

不过一上船，笛卡尔马上就显示了他的非凡之处，例如他对航海的精通，据说当这年10月初抵达斯德哥尔摩时，他所乘的军舰的舰长向女王作了这样的汇报：

---

[1] 阿米尔·艾克塞尔：《笛卡儿的秘密手记》，萧秀姗、黎敏中译，上海人民出版社，2008年版，第208页。
[2] 萧拉瑟：《笛卡尔的骨头——信仰与理性冲突简史》，曾誉铭、余彬译，上海三联书店，2012年版，第50页。

女王陛下，我带到陛下面前的并不是一个普通人，简直是一个神明。三个星期里，他教给我关于航海和风的知识比我六十年来在海上学到的还多。现在，再远再艰难的航行，我也自信足以驾驭了。[1]

女王对她所景仰的伟大哲学家的到来非常兴奋，专门为他举办了盛大的迎接典礼，据说女王对笛卡尔所展现的那种高得不得了的敬意令得当时集聚在他的宫廷里的其他著名学者相当嫉妒。

但女王可不止是表示敬意而已，她准备让笛卡尔成为瑞典的公民，还要将他封为瑞典贵族，甚至准备把她新从威斯特伐利亚和约中从德国取得的领地分封一块给伟大的哲学家，也就是使他成为有封地的世袭贵族，这可是当时无数人梦寐以求的美事啊！

这样的说法也许有些令人匪夷所思，但却很可能，因为这位女王是个很爱封爵的人，在这方面十分慷慨，她曾在10年间册封了17个伯爵、46个男爵和428个低级贵族，并卖掉或抵押了价值一百二十万瑞典银元的财产，用来支付新贵族们的俸禄，可以相信她完全有可能把笛卡尔封为男爵甚至伯爵。

笛卡尔这时候显示了他作为哲学家对名利的淡泊，没有接受女王的美意。这当然并不意味着他对女王有意见，事实上相反，几次和女王谈话之后，他就对女王非凡的才智赞赏有加了，只是觉得女王在哲学上还差那么一点儿，这个小小的缺陷正好由他来补足。

这时候，远在荷兰的伊丽莎白公主有怎样的感受呢？她最敬爱的哲学家竟然离她而去，和一个比她更高贵的女人在一起了，她是怎么想的呢？

不用说她很不高兴，肯定会有些嫉妒，只是也有些无奈罢了。还

---

[1] 弗朗索瓦·阿祖维：《笛卡尔与法国》，苗柔柔、蔡若明译，中国人民大学出版社，2008年版，第15页。

有,要知道伊丽莎白公主可不是普通的女人,她出生在一个最高贵的家族,瑞典女王也是知道她的,甚至了解她和笛卡尔的一些关系,因此,当第一次和笛卡尔谈话时,她就问起了公主,对此笛卡尔在给公主的信中是这样说的:

敬爱的女士:

我已经抵达斯德哥尔摩四五天了。在所有要务当中,我视为首先该做的事,就是恢复对公主阁下您提供我卑微的服务……

克里斯蒂娜女皇也在第一时间问起我,是否已经接到您的任何信息,我立刻告诉她我对您的思念;自从得知她有着坚定的意志之后,我一点都不担心这会引起她的嫉妒了。同时,我也非常确定,当我坦率地告诉您我对女皇的感觉时,您一定也不会产生嫉妒的感觉。[1]

通过信中的用语,我们可以相当清楚地看到,笛卡尔现在处在这样既有点尴尬、也有些令他飘飘然的境况之中:两个如此了不起的女人竟然都想和他在一起,都想呆在他的身边,或者都想他呆在她们的身边!这恐怕同样是哲学家们前无古人、后无来者的际遇甚至"艳遇"吧!——不但对一个哲学家如此,恐怕对一个王子也是如此呢!

为什么说这也许令笛卡尔有些尴尬呢?因为毕竟他只是一个人,处在这样有类于三角恋爱的关系之中,他又哪边都不能抛弃,自然难免有些尴尬,所以《笛卡儿的秘密手记》又说:

经过几次与克里斯蒂娜的会面后,笛卡尔发现他们两人之间有着绝佳默契。对他来说,这是另一个烦恼的开始:即使不是在肉体上,但他、克里斯蒂娜以及伊丽莎白之间,在精神层面上可能已经陷入了三角

---

[1] 阿米尔·艾克塞尔:《笛卡儿的秘密手记》,萧秀姗、黎敏中译,上海人民出版社,2008年版,第211页。

爱恋的关系了。[1]

上面那封信写于 1649 年 10 月 9 日,是笛卡尔给公主的最后一封信。

因为笛卡尔很快就要走到生命的尽头了。

第六节　最后的时光

大约在 1649 年 11 月,笛卡尔开始为女王讲授哲学。

这本来是很正常的事,但对笛卡尔却很不正常。因为这位女王精力异常充沛,据说每天只睡三四个小时,每天早晨五点钟就起床了,她说自己在早晨起床后一小时头脑最清醒,因此要求笛卡尔早晨五点钟就到宫里来给她讲哲学。我们知道,笛卡尔可是从小就养成了睡懒觉的习惯,这习惯一直伴随了他一辈子。现在五点钟就要到王宫,他还总得准备一下吧!路上也需要时间,还得提早赶到,不能让女王等他,也就是说,他凌晨三四点钟就得起床,这不是要了他的命吗!

还有,我们要知道瑞典是什么地方,是极北之国啊,比我们的东北还要北,而这时候又是隆冬,是一年中最寒冷的季节。更倒霉的是,1649 年的冬季比往年更加寒冷,而笛卡尔每天都得三四点钟就起床,梳洗后前往宫廷,然后在图书室里等女王到来,这叫他如何受得了!可以说迟早会真的要了他的命。

倘若没有这件意外,笛卡尔或许还会撑一阵子,要是能够撑到冬天结束也许就有转机了,第二个冬天来临前或许他就可以找借口回荷兰去

---

[1] 阿米尔·艾克塞尔:《笛卡儿的秘密手记》,萧秀姗、黎敏中译,上海人民出版社,2008年版,第210-211页。

了。

事实上，这时候的笛卡尔已经想回去了，1650年1月15日，在一个极寒冷的日子里，他在一封写给朋友的信中就说"我想要回到如沙漠般炽热的家乡的渴望一天比一天强烈。"[1]

但有一件事情的发生让他永远也回不到"如沙漠般炽热的家乡"了。

就在写了这封信三天后，这一天，夏努像往常一样，一大早陪伴笛卡尔去宫廷，由于天气实在太冷，他着凉了，不久恶化成了肺炎，还把病传染给了妻子。好朋友夫妻同时病重，笛卡尔哪能不管，他不顾自己的身体也已经不好了，精心照料起朋友来，连续几天晚上衣不解带。问题是他还得照旧一大早去给女王讲哲学，有时下午女王还要和他讨论其他问题，例如她想建立科学院，要笛卡尔为科学院制定有关章程，笛卡尔回家时已经筋疲力尽了，但还得干这事。到了2月初的一天，他将章程写好了，呈交给女王。这是笛卡尔最后一次见到女王，因为这等于是骆驼的最后一根稻草，终于把他压垮了。

1650年2月3日这一天，笛卡尔病了，而且一病不起，其后的过程就不多说了，据说女王派来诊治他的医生是荷兰人韦勒士，他一向痛恨笛卡尔，笛卡尔最重要的传记作者巴耶是这样描述韦勒士的：

自乌得勒支与莱顿的政务官员与神学家们对笛卡尔公开宣战开始，韦勒士就成为笛卡尔的不共戴天之敌了。[2]

这样的医生的治疗后果可想而知，据说他一开始治疗就要给笛卡尔放血，这也是当时惯用的方法，笛卡尔对这种方法一向嗤之以鼻，断然

---

[1] 阿米尔·艾克塞尔：《笛卡儿的秘密手记》，萧秀姗、黎敏中译，上海人民出版社，2008年版，第212页。
[2] 同上书，第214页。

拒绝，据说他在病中勉强睁开眼睛说了一句："在没有放血的情况下，我已经健健康康过了40年的成年生活了。"[1]

是呀，笛卡尔虽然从小身体弱，但由于他注意养生又勤于锻炼，例如喜欢击剑，身体已经相当好了，甚至称得上比较强壮了，可以想象，倘若不是这次遭了这么多罪，他还可以健康地活很多年。但生活毕竟不能假设，他不会再健康地活下去了。

后来的事据说是这样的：笛卡尔还是接受了医生的建议，放了血，有一天还要求喝东西，于是医生出去一会儿后，端着一个装满深色液体的杯子回来了，这液体闻起来有一种酒精与烟草相混合的味道，笛卡尔喝下后，本来有些稳定了的病情突然急转直下。

到2月11日清晨4点，笛卡尔死了。

是时，笛卡尔尚未满54岁，不能说长寿。

我不由联想起他曾经在信中对一位朋友说：

我从未像现在这样一心一意要保存自己。以前我以为死亡充其量只能剥夺掉我三、四十年寿命，其实不然，今后死亡将不能猝然降临，除非是它剥夺掉我活上一百多岁的指望，因为，我觉得十分明显，只要我们避免我们惯常犯的生活规律方面的错误，无需其他什么新发明，就能够获得比如今延长而且康乐的晚年。[2]

看得出来，笛卡尔这时候是希望也相信自己能够长寿的，活个百把岁问题不大，他这样说也是有理由的，因为他生活很有规律，而且十分节制，这些都是健康与长寿之道。

我们再看看他在《谈谈方法》中的一句话：

---

[1] 阿米尔·艾克塞尔：《笛卡儿的秘密手记》，萧秀姗、黎敏中译，上海人民出版社，2008年版，第216页。
[2] 皮埃尔·弗雷德里斯：《勒内·笛卡尔先生在他的时代》，管震湖译，商务印书馆，1997年版，第207页。

健康当然是人生最重要的一种幸福,也是其他一切幸福的基础。[1]思来真是令人唏嘘!

---

[1] 笛卡尔:《谈谈方法》,王太庆译,商务印书馆,2000年版,第49页。

第二章 坟墓与骨头

笛卡尔去世了,对于一般传记来说就完事了,但对笛卡尔可大不一样,后面还有相当长的文章要写,因为还有相当多且相当精彩的故事。

第一节 四度安葬

首先是笛卡尔的安葬。

笛卡尔死后,女王非常伤心,简直是伤心欲绝,她想追赠笛卡尔为瑞典贵族,并将笛卡尔与历代瑞典国王安葬在一起,甚至准备为她尊称为"我杰出的导师"的伟大哲学家兴建一座宏伟的陵墓。

然而她的想法遭到一个人最激烈的反对,就是夏努,笛卡尔最好的朋友、将他弄到瑞典来、最终要了他的命的人。

他告诉女王,笛卡尔是天主教徒,倘若她这样做,一则笛卡尔自己的在天之灵不会高兴和作为新教徒的她的先辈们葬在一起;二则她的臣民们也一定会反对,说不定会惹出政治风波来。这些道理都是中肯的,后来夏努更向女王提出要把笛卡尔葬在孤儿医院(the orphans' hospital)的公墓当中。这座公墓专门收容早夭的儿童以及瑞典这个新教国家的天主教徒,他说笛卡尔葬在这样的地方才比较合适。

女王考虑一番之后,同意了,笛卡尔的葬礼迅速地举行了。但这是什么样的葬礼呢,几乎没有任何仪式,笛卡尔的棺木由四个法国人抬着,放进了这座凄惨的墓园之中,当时的情形是这样的:

四个男人,其中之一是夏努 17 岁的儿子,将棺椁搬到准备好的墓穴之中。在冰冻的黑暗里，这一小群人聚在墓穴的周围，摇曳的火把照亮了他们的脸。在冰冷的天穹之下，唯一的一位神父以上帝之名祈祷，泥土洒向棺椁，然后，所有人回家了。[1]

至于当时有没有墓碑，或者墓碑上有没有墓志铭，似乎是有疑问的，因此尼采在给一个朋友的信中这样说：

谁隐藏得好，谁才活得好——这话写在笛卡尔的墓碑上——算是一个墓志铭吧：如果曾有一个的话。[2]

至于笛卡尔的死因，现在一位笛卡尔传记作家尚-马可·瓦罗（Jean-Marc Varaut）在2002年出版的一本著作中，认为笛卡尔是被毒死的。[3]

虽然笛卡尔被安葬了，一般人也就完事了，但对于笛卡尔可不是这样，这只是他的第一次安葬而已。

到了1654年，笛卡尔过世仅仅四年后，克里斯蒂娜女王就放弃王位，皈依天主教。

又过了八年，这位瑞典前女皇写下了这样一段文字：

笛卡尔先生在我们光荣的宗教皈依上贡献良多。他与他的杰出友人夏努先生所侍奉至高无上的天父，赐予我们第一道光明，让我们藉由他的慈悲与宽恕，获得至公的、使徒所传的罗马天主教的真理。以上为我们所见证到之赠予。[4]

---

[1] 萧拉瑟：《笛卡尔的骨头——信仰与理性冲突简史》，曾誉铭、余彬译，上海三联书店，2012年版，第58页。

[2] 转引自朗佩特：《尼采与现时代——解读培根、笛卡尔与尼采》，李致远等译，华夏出版社，2009年版，第153页。

[3] 参见阿米尔·艾克塞尔：《笛卡儿的秘密手记》，萧秀姗、黎敏中译，上海人民出版社，2008年版，第218页。

[4] 同上书，参见第227页。

女王终身对笛卡尔保持着敬意，在她居住的罗马里阿里奥宫里，墙上挂着很多文艺复兴时期的绘画杰作，此外还有她最好或者最敬仰的人的画像，其中就有笛卡尔，还有贝尔尼尼。

又过了四年，笛卡尔已经逝世16年了，这时候的法国驻瑞典大使——他也是笛卡尔生前旧友，认为法兰西伟大的哲学家就这样草草地埋葬在遥远的异国他乡未免太不妥了，于是自己出钱把笛卡尔的遗骸挖出来运回了法国。

有人说笛卡尔被安葬在今天的先贤祠，不是这样的。事实上，此后笛卡尔的遗体经过了一番大大的曲折，要讲清楚还得颇费一番口舌。

首先，笛卡尔的遗体从瑞典运回来后，一开始被葬于巴黎的圣吉纳维夫教堂，这是1667年6月的事。这是笛卡尔的第二度安葬。

这座圣吉纳维夫教堂就位于相同名字的小山上，后来这里成为了先贤祠的所在地——所以才有人误以为笛卡尔被安葬在先贤祠，但当笛卡尔安葬时的圣吉纳维夫教堂还不是先贤祠，那还是百余年之后的事呢，它这时候只是巴黎大量古老的教堂之一。而且，此后的先贤祠也并不就是圣吉纳维夫教堂，而是在同一个地方新建的，与旧的圣吉纳维夫教堂已经大不一样了。新教堂从1755年开始动工，最初完成于1789年，不久法国大革命爆发了，革命政府便略加改造，拿来作为法国伟人们的长眠之所，这就是先贤祠的由来。

问题是笛卡尔的遗体并未一直安葬在圣吉纳维夫教堂。

笛卡尔的遗骸在圣吉纳维夫教堂度过了上百年之后，古老的教堂日益残破，但笛卡尔的遗体一直保存在这里。事实上，这里不但有笛卡尔，还安放着许多法国名人的遗骸。到了大革命时期，开始有人抢劫甚至想毁掉这些在革命者们看来代表法国旧的、反动的东西。于是一个叫勒努瓦的画家兼文物收藏家就把教堂中的大量珍贵文物与遗骸都运走了，包括笛卡尔的遗骨。

他将笛卡尔的遗骨运回了自己收藏这些东西的仓库,还放进了他抢救来的另一件文物中,这是一座古埃及的斑岩石棺,以前放古埃及法老的骨头,现在用来装笛卡尔的遗骸了。

后来,那座仓库经扩建变成了"法国文化纪念博物馆",供人参观。在博物馆的中心有一座古老的墓园,或者也叫花园,笛卡尔的遗骨就被安葬在这里,这已经是他的第三次下葬了。

具体位置是第 507 号,勒努瓦作了这样的描述:

第 507 号。镂空硬石石棺,内放 1650 年死于瑞典的勒内·笛卡尔的遗骨,石棺上置狮身鹰首巨兽(献祭给朱庇特的)和代表家的太阳徽章。几乎爬上云顶的杨树、紫杉与鲜花遮蔽着这个石棺,它矗立着。献给哲学之父,第一位教给我们如何思考的人。[1]

这个地方其实也是不错的,因此有一位拉·雷佛里叶-勒珀在 1798 年这样赞美了此刻安葬笛卡尔的地方:

天穹下,在庄严的森林里,在广阔而荫蔽的曲折小道边,一句话,一个多样的、风景优美的静谧环境,才应该是那些名字注定会不断在人们记忆中重现的人物们安歇的地方。[2]

但这个地方毕竟不是伟大的笛卡尔应该的长眠之地,包括大革命的领袖们也这么认为。因此,早在 1793 年,国民议会就颁布法令,要求将笛卡尔的遗骸迁葬于先贤祠,即新的圣吉纳维夫教堂,法令中有这样的话:

授予勒内·笛卡尔伟人荣誉,并命令将其遗体以及由著名的帕茹制

---

[1] 萧拉瑟:《笛卡尔的骨头——信仰与理性冲突简史》,曾誉铭、余彬译,上海三联书店,2012年版,第133页。

[2] 弗朗索瓦·阿祖维:《笛卡尔与法国》,苗柔柔、蔡若明译,中国人民大学出版社,2008年版,第163页。

作的雕像转移至法兰西先贤祠。[1]

但这法令后来因为种种原因一直没有得到实际执行。

还有，勒努瓦的"法国文化纪念博物馆"实际上只是一个临时的文物避难所，不能长久，后来被关闭了，里面的文物重新回到了过去由之而来的地方。但笛卡尔的遗骸没有回到这时候已经消失的老圣吉纳维夫教堂，而是被迁葬到了塞纳河左岸的圣日耳曼德普雷教堂。

它也是巴黎最古老的教堂之一。建于公元6世纪，具体的迁葬时期是1819年2月26日。[2]

当时参与迁葬的天文学家德朗布尔描述了打开笛卡尔棺木时的情景：

"内棺上系有一块铅匾，将它清理干净，可以看到一段十分简单的记述，上面刻有笛卡尔的名字和他的生卒日期。"

但令所有在场人员大吃一惊的是，棺椁中只存有几块形状可辨的骨骸，其余的都是骨头碎片与粉末。德朗布尔还说，开棺的那个男人"拿了几把粉末给我们看"。接着，在这群人的注视之下，这稀少的遗骸被放入为之准备好的墓穴，然后用一块沉重的石头将它封住。[3]

就这样，笛卡尔的遗骸第四次被下葬了。

这也是最后一次。

至今，这位足以代表整个法兰西民族的伟人的遗骸并没有被安葬于安葬法国最伟大儿子的先贤祠之中，而是在古老的圣日耳曼德普雷教堂里。今天我们都可以在那里看到笛卡尔之墓以及尖形的墓碑。[4]

---

1 萧拉瑟：《笛卡尔的骨头——信仰与理性冲突简史》，曾誉铭、余彬译，上海三联书店，2012年版，第125页。
2 同上书，参见第141页。
3 同上书，第152页。
4 同上书，参见第142页。

所以，对于笛卡尔的安葬，还是单纯先生说得比较清楚：

到了法国大革命期间，天主教会的财产也遭到了前所未有的破坏，教堂包括墓地都被洗劫一空，当时有个叫勒努瓦的人不希望革命毁坏法兰西的历史记忆，从乱中抢救下了一批文物、古董和名人遗骨，其中就包括笛卡尔的遗骨。1819年，大革命之后，复辟的法国王朝同意将笛卡尔的尸骨安葬在现在的圣-热尔曼教堂墓地。[1]

这个圣-热尔曼教堂就是圣日耳曼德普雷教堂了。

此外，法国人阿祖维在《笛卡尔与法国》里也记录了这件事。[2]

即使萧拉瑟作为美国人可能弄错，法国人阿祖维应该不会弄错吧，而且他很可能去拜谒过圣日耳曼德普雷教堂的笛卡尔墓呢！

以上就是笛卡尔安葬的过程了，由于过程比较曲折，所以花了不小的篇幅。

第二节　笛卡尔的骨头

笛卡尔已经被最后一次安葬了，但问题还没有完！

因为在安葬的笛卡尔的遗骸中，并不包括他的头骨！

怎么回事？一听这话，估计会有人发出这样的惊讶与疑问吧！

确实如此，事实上，第二次安葬笛卡尔的遗骸时，他就已经没有头骨了。

据说他的头骨在运输过程中被宪兵队长偷走了。[3]

---

[1] 单纯：《启蒙时代的宗教哲学》，中国社会出版社，2010年版，第28页。

[2] 参见弗朗索瓦·阿祖维：《笛卡尔与法国》，苗柔柔、蔡若明译，中国人民大学出版社，2008年版，第165页。

[3] 参见孙卫民：《笛卡尔——近代哲学之父》，九州出版社，2013年版，第23页。

这种说法应该是对的，《笛卡尔的骨头——信仰与理性冲突简史》里也有记载。[1]

后来，1819年2月26日，当笛卡尔的遗骨在巴黎被第四次安葬时，发现铈、硒、钍等化学元素的瑞典著名化学家贝齐里乌斯（Jöns Jacob Berzelius, 1779-1848）当时也在场，他惊讶地发现遗骨中竟然没有头骨！我们知道，即使尸体腐朽了，那头骨应该是最后腐朽的！

关于这事我查阅了一下贝齐里乌斯的传记，传记上并没有记载这回事，却同样佐证了它的可靠性，因为这时候贝齐里乌斯的确在巴黎，他于1818年8月来到巴黎，直到1819年6月才离开。[2]

也许是上帝的安排吧，贝齐里乌斯回到瑞典后，1821年3月的一天，他竟然在报纸上读到了一则新闻，在斯德哥尔摩举办的一个拍卖会，其中的一个拍卖项目竟然声称是笛卡尔的头骨，贝齐里乌斯立即将这个头骨买了下来。[3]

然后，贝齐里乌斯给当时的法国科学研究院终身书记居维叶（G.Cuvier）男爵写了一封信，把刚购得的笛卡尔头骨捐献给了法国，他的意思当然是希望笛卡尔的头骨能和其他遗骨安葬在一起。但这位居维叶不知是怎么想的，在收到头骨后，没有放进圣日耳曼德普雷教堂笛卡尔的坟墓里去，而是将之放在他的博物馆中展示。

据说，由于经过了多人之手，这块颅骨或者说这个骷髅上面有各种各样的印记，其中很多是签名，都是曾经的拥有者签下的，最令人惊奇

---

[1] 参见萧拉瑟：《笛卡尔的骨头——信仰与理性冲突简史》，曾誉铭、余彬译，上海三联书店，2012年版，第169页。

[2] 参见索洛维耶夫、库林诺依：《贝齐里乌斯传》，丁由译，商务印书馆，1964年版，第18-19页。

[3] 参见萧拉瑟：《笛卡尔的骨头——信仰与理性冲突简史》，曾誉铭、余彬译，上海三联书店，2012年版，第153页。

的是在颅骨顶有一首小诗,字体是飘逸的草体拉丁文,内容如下:

  这块小些的颅骨属于伟大的笛卡尔,
  遗骨其余隐藏在遥远的法兰西;
  然而他的天才,到处被颂扬。
  他的心灵,天堂为之欢腾。[1]

  据说直到现在,人们都可以在法国科学院的博物馆中看到笛卡尔的头骨,还与另外几个头骨放在同一个展示柜中,其中之一标示着"克鲁马农人,生于距今十万年前",另一个则标示"克鲁马农人。生于距今四万年",还有一个人类头骨则标示着"一个早期的法国农夫,智人、生于距今七千年前"。同时展示柜边还有个对着访客的摄影机,可以将访客的头部投影在电视荧光屏内,而电视机下方则标示着"你,智人。生于距今零到一百二十年前"。

  笛卡尔的头骨标示牌则写着"勒内·笛卡尔,智人。法国哲学家与学者,出生地:拉艾,图赖讷,移民至瑞典"。[2]

  但我想这已经不是目前的情形了,头骨估计已经被收藏起来了。因此,在《笛卡尔的骨头——信仰与理性冲突简史》的开篇不久,作者描述了他经过许多曲折,终于有机会亲眼看到笛卡尔头骨的情形:

  主人取出一串钥匙,打开储藏室的门。我们进去后,他打开一扇柜门,取出一只精心擦拭过的极为雅致的木质盒子,金属搭扣将盒盖扣得紧紧的。他打开那些搭扣,里面垫满了轻软的白纸,然后,他伸手进去取出了一样东西——我终于看到了它。

  它,小而光滑,出乎意料地轻,上面有斑驳的颜色:有些地方被摩

---

[1] 萧拉瑟:《笛卡尔的骨头——信仰与理性冲突简史》,曾誉铭、余彬译,上海三联书店,2012年版,第160页。

[2] 参见阿米尔·艾克塞尔:《笛卡儿的秘密手记》,萧秀姗、黎敏中译,上海人民出版社,2008年版,第221页。

掌得泛出了珍珠般柔和的光泽，也有些地方颜色暗沉；但总体上，它有着陈年羊皮纸般的观感。它承载着太多的故事，这句话不仅仅是个比喻，事实也的确如此。两个多世纪之前，有人曾用拉丁文在它的顶部写下称赞和哀悯的诗句，如今，那些字迹已经消褪成模糊的浅褐色。在它的正前部，用瑞典语写就的一段铭文，隐秘地暗示了一次偷窃行为。它的侧边，挤着三个签名，那是先后曾经拥有过它的三个男人留下的手迹，历经岁月，依稀可辨。它，就是那位史上的重要人物，被称为现代哲学之父的勒内·笛卡尔的颅骨。[1]

这时候，作者"发现自己站在巴黎的一个博物馆的地下室里，凝视着一个眼窝空洞的颅骨，如同哈姆雷特凝视可怜的骷髅头约里克。"

哈姆雷特凝视可怜的骷髅头约里克，是莎士比亚的不朽名著《哈姆雷特》中一个有趣而深刻的场景。[2]

至于为什么笛卡尔的骨头会被这么移来移去，甚至头骨都丢了，作者也作出了解释：

我开始意识到，那些生活于后笛卡尔时代的人们将他的骨骸视为圣物，视为世界即将迎来新的转折点的象征。然而，由于他们对这个新转折是什么，又意味着什么，有着不同的看法，所以导致他们以不同的方式来对待这些骨骸。[3]

这种说法有没有道理呢？我想是有的，因为直到今天，虽然大家都公认笛卡尔是伟人，并且是足以代表法兰西的伟人，但对他的思想的认识以及评价都是莫衷一是的，可以说是公说公有理、婆说婆有理、各有

---

[1] 萧拉瑟：《笛卡尔的骨头——信仰与理性冲突简史》，曾誉铭、余彬译，上海三联书店，2012年版，第6页。

[2] 《莎士比亚全集》（第九卷），朱生豪译，人民文学出版社，1978年版，第125页。

[3] 萧拉瑟：《笛卡尔的骨头——信仰与理性冲突简史》，曾誉铭、余彬译，上海三联书店，2012年版，第8页。

各的理。

　　对笛卡尔的哲学如此,对他的著作当然同样如此,这我们马上就会看到。

第三章　笛卡尔的著作及其影响

前面讲笛卡尔的生平时我们已经知道，笛卡尔生前其著作就已经产生了广泛的影响，也许在那个时代已经被认为是最伟大、最著名的哲学家，正是这些影响才使得他赢得了包括公主与君主在内的众多追随者。

使他产生如此巨大影响的当然主要是他的著作。

第一节　笛卡尔著作的总特点

正因为生前已经享有大名，笛卡尔去世之后不久就有人开始搜集他的著作了。

据黑格尔记载，巴黎的古桑教授编辑出版了一部《笛卡尔全集》，八开本十一巨册，黑格尔还指出这个版本里大部分是关于自然现象的文章。[1] 在另一处，他还说明，这个全集"绝大部分是由讨论物理学问题的书信组成的"。[2]

之所以如此，我们下面会看到，笛卡尔出版的作品并不多，主要就是《谈谈方法》《探求真理的指导原则》《第一哲学沉思集》《哲学原理》《论灵魂的激情》这五部，除了《第一哲学沉思集》外都是薄薄的一册。《第一哲学沉思集》虽然厚些，但正文内容并不厚，只是增添

---

[1] 参见黑格尔：《哲学史讲演录》（第四卷），贺麟、王太庆译，商务印书馆，1978年版，第65页。

[2] 同上书，第90页。

了别人所写的对笛卡尔的六组批评文章以及笛卡尔相应的反驳才显得厚些。

这些作品加起来,以现在的汉字计数肯定在百万字以下,不可能构成十一巨册的。故而古桑教授编辑出版的《笛卡尔全集》中大部分内容当如黑格尔所言是书信,并且书信中的内容大部分还不是关于哲学或者说形而上学的,而是有关自然科学的。

还有,在《谈谈方法》里,出版之时还有三篇附录,分别是《屈光学》《几何》与《气象学》,都是自然科学的内容。所以综合起来,《笛卡尔全集》中应该有大部分内容是与自然科学有关的,这和《亚里士多德全集》的情形有点儿相似。

这就是笛卡尔著作的整体概貌了。

作为少有懂得法文与拉丁文——笛卡尔是以这两种文字写作的——的中国读者,我们应当感到幸运,因为除了属于自然科学内容的《谈谈方法》三篇附录外,笛卡尔这五部哲学代表之作在国内都有了汉译本,而且都是由商务印书馆出版的权威译本。另外三篇附录中的《几何》也已经出版。这应该就是国内笛卡尔著作目前的出版情形了。

这些著作加起来变成一本书都不是很厚的。我们前面说过,笛卡尔一辈子都完全不用为谋生而工作,倘若他愿意,大可以将全部时间用来研究与写作。所以,倘若笛卡尔勤奋些的话,一定不止这些作品,但为什么只有这些作品呢?可能的原因有三个:

一是他不愿意将太多时间花在哲学的沉思上,这是他在致伊丽莎白公主的一封信中写得很清楚的:

我可以老实承认,我学习研究,向来遵守的主要规定……是我每天从来只用极少的时间来从事占据着想象的思维,每年从来只用极少的时间来从事仅仅占据知性的思维,其余的全部时间都用来放松知觉和休息心智;在锻炼想象力的间隙时间,我甚至斤斤计较一切严肃谈话的次数。[1]

笛卡尔在这里说得很清楚，他每年只花很少的时间在哲学研究与沉思上，而是将绝大部分的时间用来休息、放松自己，这样一来，他的作品自然不会多了。

二是他不但用来沉思的时间少，而且很讨厌将这些沉思写成书出版，更厌恶将这当成自己的职业，就像他自己所言："我的性格总是使我厌恶以著书为业。"[2]

三是即使写成了作品，他有时候也不想出版。

这是有原因的，就是笛卡尔讨厌别人反驳他，但他知道，一旦他出版作品，势必引起某些人的批评甚至严厉的抨击，这让他很难受，而倘若他不得不反击的话，又要浪费他的宝贵时间，这更使他烦恼，因此他很讨厌出版作品，甚至有时候写出来了也拒绝出版，这同样是他在《谈谈方法》中说得很清楚的：

如果我写的东西还有点价值的话，等我死后，得到它的人利用起来就比较方便了。可是我决不能同意在我活着的时候出版，免得引起种种反驳、种种争辩，招来无可奈何的毁誉，惹是生非，浪费我准备用于自学的宝贵时间。[3]

有了这三个原因，笛卡尔即使再有时间，又怎会出版很多著作呢？可以说有这么多已经不错了。

所幸的是，笛卡尔有许多思想上的朋友，他和这些朋友是很少见面的，因为他一贯不喜欢交际，而喜欢通过书信和朋友们交流。我们知道，笛卡尔生前就已经享有大名了，因此他的书信大家自然会小心地保存下

---

[1] 皮埃尔·弗雷德里斯：《勒内·笛卡尔先生在他的时代》，管震湖译，商务印书馆，1997年版，第243页。
[2] 笛卡尔：《谈谈方法》，王太庆译，商务印书馆，2000年版，第48页。
[3] 同上书，第52页。

来,就像现在要是哪位著名人物给我们写了封亲笔信,我们一定会仔细地保存下来一样。而这些信可不是像普通人的信一样尽说些柴米油盐之类的日常琐事,主要是讨论学术问题的,因此本身也是一种写作,将它们合起来成书就是著作了。

例如 1632 年时,笛卡尔在莱顿大学数学教授古尔的家中认识了荷兰著名的诗人与政治家老惠更斯,他的儿子就是我们所知的著名物理学家惠更斯了。两人从此成为好友,经常互相通信,特别是在写作《屈光学》时更是书信往来频繁。保存下来的就有 141 封,后人将之编成了书,名《笛卡尔和惠更斯书信集,1635-1647》,1926 年在牛津出版。我们可以相信,古桑教授编辑出版的《笛卡尔全集》中大部分内容和这个差不多。

以上我们谈了笛卡尔著作的整体情况,下面我们再看看笛卡尔这些著作总的特点。

笛卡尔著作总的内容特点我们已经说过了,就是他出版的独立作品中,主要是五部形而上学著作,再加上三篇篇幅比较短小的自然科学著作。此外还有一些生前未出版的作品,如《论宇宙》《奥林匹克》等,具体内容我们后面再说。

现在我们着重要说的是笛卡尔的写作特点。

笛卡尔的写作特点可以用两个貌似难以兼容的词来表达,就是通畅、深刻。

说它通畅,就是文笔通畅;说它深刻,就是内容深刻。

这是我们读笛卡尔的作品时,很容易得到的印象,这也令人印象深刻。

至于具体例子,从我们前面的引文就看得出来了,请问有哪一句是晦涩难懂的吗?没有!

实际上,我们只要随便翻开笛卡尔的哪部作品,都会得到这样的感觉：就是在笛卡尔的作品里，几乎没有哪句话是看不懂的，因为没有哪句表达不通畅明白。例如我现在随便翻开《谈谈方法》之附录一，上面有这样的话：

活着不研究哲学，就如同闭上两眼不肯睁开；观看我们视觉发现的一切而得到的那种愉快，根本比不上人们凭哲学发现事物的知识而获得的那种满足。[1]

还有《哲学原理》，看到了这样的话：

必然的存在并不在同样方式下包含在我们对别的事物的意念中，其中只含有偶然的存在。[2]

作为哲学语言，这样的表达是相当简明的，若讲其理解的难度而言，总的来说，笛卡尔的话语即使难的，大致也就这样了吧！

当然也有一些似乎有些难懂，特别是在《第一哲学沉思集》中这样的句子比较多些，例如有这样一句：

虽然精神是人的本质，可是认真说来，精神与人的肉体相结合，也并不是精神的本质。[3]

理解这样的话当然得费点儿劲，但稍加思量也不难懂，它就是说精神与人的肉体相结合并不是精神的本质，因为人的本质乃是精神，也只有精神。精神是超越于肉体的，其结合怎么能够成为精神的本质呢？这里表达了笛卡尔一贯的思想：精神或者说思维是第一性的，是人的本质，肉体或者说物质则不是。如此而已。

对于笛卡尔著作的这种通畅性，许多人都明白地表示过，例如黑格尔，他说：

---

[1] 参见笛卡尔：《谈谈方法》，王太庆译，商务印书馆，2000年版，第63页。
[2] 笛卡尔：《哲学原理》，关文运译，商务印书馆，1958年版，第6页。
[3] 笛卡尔：《第一哲学沉思集》，庞景仁译，商务印书馆，1986年版，第223页。

笛卡尔的哲学著作，尤其是那些陈述基本原理的作品，写得非常通俗，平易近人，使初学的人很容易掌握。他的文章开门见山，十分坦率，把他的思想过程一一叙述出来。[1]

黑格尔的这个说法当然是对的，在我看来，哲学史著作中，谈到对笛卡尔的了解，黑格尔是最厉害的之一，这乃是他对笛卡尔文风一个直白而准确的表达。

当然，对此也有不同的意见，例如柯普斯登，他就说：

笛卡儿的明晰性也实在有点骗人。因为要去解释他的意思，这并不常常是一件容易的事。也很难说他一直保持一致。但确实可有一种意义，而在这意义上可以正确的说笛卡儿是，而黑格尔（举例来说）不是一个明白易懂的作家。[2]

柯普斯登的意思是说，笛卡尔的话虽然看上去好懂，但实际上并不是这样子的，因为在他貌似通畅的话语中蕴含着并不好懂的含义，要弄懂它得费一番精神。而且他的思想有时候前后是不那么一致的，这就更难明白他究竟想说什么了。是不是这样呢？根据我对笛卡尔著作的阅读经验，不能说完全没有，但大抵不是这样，即笛卡尔的著作大体还是好懂的，思想前后虽然有些变化，但总体是一贯的。

至于引文的后一段，柯普斯登实际上有些揶揄黑格尔，说他的作品太不好懂、太晦涩了，这我举双手赞成，不仅仅是笛卡尔，甚至所有的哲学家——包括康德，在我看来都比黑格尔好懂，主要原因简言之就在于，其他伟大的哲学家一般而论其作品都是用来解释世界的，只要我们联系世界去理解，就容易弄懂他究竟讲了什么，例如康德与胡塞尔就是

---

[1] 黑格尔：《哲学史讲演录》（第四卷），贺麟、王太庆译，商务印书馆，1978年版，第66页。
[2] 柯普斯登：《西洋哲学史》（第四卷），邝锦伦、陈明福译，黎明文化事业股份有限公司，1990年版，第182页。

这样，只要我们将他们的思想与世界本身作一下比较就不难明白。但黑格尔不是这样，他的思想主要是一种纯粹的思辨，虽然也与世界不能说完全不相关，但那种相关性是很朦胧的，黑格尔主要是在头脑之中构造自己的世界，这个世界就是他自己的哲学体系，而这个体系主要是黑格尔的、不是世界的，加之语言的晦涩，因此极不好懂。不过，依我之愚见，这恰恰是黑格尔的弱点，乃是黑格尔比不上康德与胡塞尔的地方。

对于笛卡尔作品的通畅明白这个特点，尚新建教授也极表肯定，在为笛卡尔所作的传记之前言里，他说：

笛卡尔的著作散发着一股清新的气息。从柏拉图到笛卡尔时代，任何一个哲学家的著作中，都没有这种气息。

……

他的文章平易近人，清楚明白，通俗易懂。几乎使人能够感受到一位面容和蔼可亲的朋友和你坐在一起，毫无拘束地谈论自己的所见所闻，所想所感。使你在不知不觉之间，已经进入了一个从未涉足的，原本是深不可测，高不可攀的领域。[1]

我在读笛卡尔的著作时也有与尚教授相似的感觉，不过在这里也许要将两个人另外提出来。一个是柏拉图，在我看来，他的作品也是通畅的，并且语言另有一种高贵的气息，这是笛卡尔也有所不及的。此外就是培根，他的语言也很通畅明白，甚至比笛卡尔更加通畅明白，亲切也差不多，还是造名言警句的高手。不过若讲深刻而言，他较笛卡尔就差之远矣！

实际上，笛卡尔最了不起的地方正是这里：他的语言总的来说是很通畅的，但这并不妨碍他的思想是深刻的，他是用通畅的语言表达深刻的思想，正因为如此，笛卡尔才是伟大的笛卡尔，才是近代与现代西方

---

[1] 尚新建：《笛卡尔传》，河北人民出版社，1997年版，第3-4页。

哲学的开创者。

正因如此，尚教授的下述一段话我也很认同：

笛卡尔哲学思想的广泛传播，与其思想的平易近人有着不可分割的联系，但是，其思想的学术价值和深刻的内涵，却并不因此而有所降低。其实，若有谁想感受大家风范或者大手笔，请读笛卡尔的著作。那时，你便能体会到，真正的深刻并不是故弄玄虚，也不是莫名其妙地说一些谁都不懂的话，甚至生编硬造一些冷僻的词表达本来一句话就可以说清楚的思想。[1]

的确，这也是国内哲学界尤其是西方哲学界比较广泛存在的一种情形：明明是一些简单的可以清楚明白地说出来的思想，却一定要用晦涩难懂的话去说，给人的感觉就是作者未必明白自己想说的是什么。甚至根本没有什么新的或者深刻的思想，为了掩盖这一点，就刻意用一些晦涩难懂的话去说、去写哲学。这种风气倘若不加改变，中国的哲学研究是难有突破的，真正有深度的哲学著作也是很难出现的，即使出现了也不会产生应该产生的广泛影响，因为一般读者很难分辨哪些是真正深刻的作品，哪些只是玩深沉而已，说不定还觉得那些只是玩深沉的东西才是真深刻呢！就像《红楼梦》中的那句话一样："假作真时真亦假，无为有处有还无"。用在这里就是：倘若将那些假深刻的哲学作品看作是真深刻的，那么真深刻的作品也就会变成假深刻了；倘若将没有深刻思想的哲学作品看成是有深刻思想的，那么真有深刻思想的作品就会被看成没有深刻思想的了！

思之岂不憾然！

---

[1] 尚新建：《笛卡尔传》，河北人民出版社，1997年版，第4页。

第二节　笛卡尔的五大哲学名著

以上是我们对笛卡尔的作品及文笔总的分析了，下面我们来具体地分析一下笛卡尔的几部主要作品的写作与出版情况。

我们前面讲笛卡尔的生平时说过，笛卡尔的著作主要是在荷兰完成的，他在荷兰生活的 20 年可以根据其著作分成三个时期，分别以《谈谈方法》《第一哲学沉思集》《哲学原理》的出版为标志，它们也是笛卡尔主要的代表之作。

我们先来看《谈谈方法》。

《谈谈方法》　《谈谈方法》只是书名的简称，它的全名是《谈谈正确运用自己的理性在各门学问里寻求真理的方法》，有点啰嗦吧！这样的名字是很难记住的，所以一般就简称为《谈谈方法》或者《谈方法》《方法谈》，等等。

笛卡尔大概于 1635 年冬开始写作，这时候他生活在荷兰的吕伐登，第二年出版。

《谈谈方法》也是笛卡尔所有作品中第一部正式出版的，但并不是第一部完成的作品，因为更早在 1616 年，他在普瓦提埃大学获得了法学博士学位，为此当然要写博士论文，甚至可能出版了，至少印刷了几本，今天这部博士论文已经被找着了。

《谈谈方法》篇幅是很短小的，包括六个部分，加起来译成汉语只有 60 来页，五万字左右，若根据今天的标准都不能算是一本书，只是一篇论文而已。但就是这篇只能算是论文的著作，不但是笛卡尔第一部正式出版的著作、是他的代表之作，而且使他一举成为伟人；不但是法国的伟人，也是全人类的伟人；不但是他那个时代的伟人，也是所有时

代的伟人!就像《笛卡尔的骨头——信仰与理性冲突简史》中所言:

正是这样一篇介绍性的论文,连《方法谈》本身都只有短短的78页篇幅,让笛卡尔这位矮小又自负、报复心重、四处飘游而又野心勃勃的法国人有资格跻身同时代以及自亚里士多德以来的伟大人物之列。[1]

这里的78页大概指的是原来出版的厚度。作者在这里似乎贬损了一下笛卡尔,实际上更是赞美了他——要知道亚里士多德是何等样的伟人,乃是整个西方文明的代表性的人物啊!笛卡尔能够与之并列,那可不是一般的赞美呢!

《笛卡儿的秘密手记》同样强调了《谈谈方法》的重要性,认为"笛卡尔之所以被视为现代哲学之父,归功于他在1637年所出版的著作《方法导论——正确地引导自己的理性并在科学中寻求真理》。"[2]

这些说法当然都是有道理的,不必多说。但在我看来,除了哲学上的内容很了不起外,笛卡尔在《谈谈方法》的最后一段话同样令我们赞叹,它是这样说的:

我深知我这个人是没有办法在人世间飞黄腾达的,我对此也毫无兴趣,我永远感谢那些宽宏大量、让我自由自在地过闲散日子的人,并不希望有人给我尘世上的高官显位。[3]

这段话之所以令人赞叹,首先因为它有"假"。笛卡尔说他"没有办法在人世间飞黄腾达",这是假的。实际上,倘若他愿意,他完全可以在人世间飞黄腾达。我们要知道,他出身贵族,又很富有,加之才智过人,倘若想要在人世间飞黄腾达,那是完全可能的,甚至是小菜一

---

[1] 萧拉瑟:《笛卡尔的骨头——信仰与理性冲突简史》,曾誉铭、余彬译,上海三联书店,2012年版,第31页。

[2] 参见阿米尔·艾克塞尔:《笛卡儿的秘密手记》,萧秀姗、黎敏中译,上海人民出版社,2008年版,第161页。

[3] 笛卡尔:《谈谈方法》,王太庆译,商务印书馆,2000年版,第60页。

碟，就像他要是想发大财也很容易一样。我们不要忘了，他在巴黎之时，可以说是逢赌必赢，倘若赌上几年，不发财也难。他若想当官或者成为更大的贵族同样不难，我们也不要忘了，想认识他、崇拜他的都有些什么人，有法国的国家税务大臣，相当于我们现在的中央政府部长了，有公主，甚至有女王！这位女王还准备封他为贵族，赐给他世袭的封地，倘若笛卡尔想求一个什么官儿，那不是一句话！

但笛卡尔都没有要这些，他"不希望有人给我尘世上的高官显位"，这才是真心话，也是他最伟大、最值得我们佩服的地方！

除了讲哲学的《谈谈方法》本身外，它后面还有三篇科学内容的附录，这我们后面再说。

《第一哲学沉思集》　《谈谈方法》后，我们再来看《第一哲学沉思集》。

笛卡尔大概是从1629年12月开始构思《第一哲学沉思集》的，但写作速度相当慢，直到10年后才正式完成，1641年出版，这时候他生活在荷兰的哈尔德韦克。

《第一哲学沉思集》和《谈谈方法》一样，都是讲形而上学的，语言也都是比较通畅的。但在我看来，它比《谈谈方法》还是要难懂些，因为分析与论证都更加细致，需仔细些才读得明白。也许正因为如此，它很适合作哲学分析的教材，用来训练我们的哲学思维，就像孙卫民教授所言：

笛卡尔的《第一哲学沉思集》，更是哲学史上的名篇。其写作的清晰优美，论证的严谨建构，结论的小心细致，即便在今天以清晰严谨著称的分析哲学的著作里也是少见的。因此，笛卡尔的著作提供了一个学习哲学最好的训练途径。[1]

---

[1] 孙卫民：《笛卡尔——近代哲学之父》，九州出版社，2013年版，第2页。

这就是说，倘若我们今天要找一本原著作为哲学教材来读，最好的就是《第一哲学沉思集》了，只要我们仔仔细细地读，读懂了，也就不但理解了何谓哲学，而且懂得了怎样研究哲学。换言之就是，《第一哲学沉思集》乃是所有想学习哲学之人的必读之书，这个观点我也是很赞成的。

这就是《第一哲学沉思集》的主要特点了。但除了这个内在的特点外，它还有一个很外在的特点，就是它有一部分很特别的内容，这些内容还占了全书的绝大部分篇幅。

不仅如此，这些内容甚至有很多——大概一半——不是笛卡尔所写的，而是别人写的，不但是别人写的，而且是别人批评笛卡尔的。

作为一本哲学著作，这当然有些特别。为什么会这样呢？原因大致是这样的：当初，笛卡尔写完《第一哲学沉思集》的草稿后，并没有马上将之出版，而是交给了梅思纳。我们前面说过，这个梅思纳可是当时巴黎哲学圈子的核心人物，交给他还不等于是交给了整个哲学界。于是许多人都读到了，有些人赞同笛卡尔，但很多人反对他，并且都写出了正式的批判文章。读了这些批评之后，笛卡尔选择了那些觉得有必要正式回复的，将他的回复写了出来，并且将批评文章与他的回复合在一起，作为《第一哲学沉思集》出版。这就是我们今天读到的《第一哲学沉思集》的样貌了。

这些批评和笛卡尔的回复共有六组，其中笛卡尔的反驳当然也是笛卡尔思想的组成部分，其中最重要的是三组，分别是针对霍布斯、伽森狄和阿尔诺的，特别是前两组，由于他们两人都是有名的哲学家，所以无论是他们对笛卡尔的批评还是笛卡尔的回复都是很重要也很有名的，尤其是伽森狄的反驳更是哲学史上的名作之一。就像《第一哲学沉思集》的译者所言：

各组《反驳》的作者们，有些是著名的哲学家，例如霍布斯、阿尔诺和伽森狄,他们都提出了很多有价值的问题,而且从他们的《反驳》里也可以看出他们的哲学态度。

这些对笛卡尔的批判中最重要的是第五组《反驳》(共约七万字),其本身就是伽森狄给后人留下的主要哲学著作之一。[1]

这时我们要专门谈一下伽森狄。

伽森狄现在已经不很有名了,他现有的名气也几乎全凭对笛卡尔的这次诘难,但在他生活的年代,伽森狄可是很有名的,也许仅次于当时最伟大的哲学家笛卡尔,至少就地位而言是如此。

对于伽森狄和他在当时哲学界中的地位,《皮埃尔·伽森狄和早期现代哲学的诞生》是这样说的:

我们这些对早期现代哲学与自然哲学感兴趣的人为什么需要更加清楚地了解伽森狄呢?那至少有两个原因。其中第一个已经被广泛地认识到了,那就是伽森狄对于他的同辈人以及关系密切的同时代人的影响与重要性是毫无疑问的。伽森狄是十七世纪哲学的一个中心人物,依这个身份他对现代哲学思想的发展就是十分重要的。他认识笛卡尔、霍布斯,同时也为他们所认识,还有,他对于我们了解莱布尼茨、洛克与牛顿同样是很重要的。假使一个十七世纪的知识分子发现笛卡尔主义是不可接受的,那么伽森狄的哲学就完全可以替而代之。[2]

这里的早期现代哲学指的就是我们所说的近代西方哲学了。现代之前是近代,倘若将近代与现代合为一体,都称为现代,那么近代就是现代早期了。

倘若我们了解伽森狄的生平与思想,就会明白这个说法是很有道理

---

1 参见笛卡尔:《第一哲学沉思集》,庞景仁译,商务印书馆,1986年版,第430页。
2 Antonia LoLordo: *Pierre Gassendi and the Birth of Early Modern Philosophy*,Introduction, Cambridge University Press,2007,p.1.

的。

还有，伽森狄的反驳及笛卡尔的回答本身就构成了一部单独的哲学名作，就是《对笛卡尔〈沉思〉的诘难》了，这部著作在哲学史上也是有相当地位的，我们在后面将会专门介绍下伽森狄的这部大作。

在这里也许还应当说明的是，笛卡尔对这些批评的态度是很明确的，简言之就是：他们都错了，就我对！这个主张在《第一哲学沉思集》里是用具体的分析与反批判组成的，但在《谈谈方法》中则说得更整体而直白，例如他说：

尽管我承认自己是极容易弄错的，对自己心里最先出现的想法是几乎从来不相信的，我对别人的反驳还是有经验，这种经验告诉我，决不能指望从其中得到任何好处。[1]

至于原因，他也说了，就是别人没有正确地理解他的思想，因此他们的批判实际上只是一种无的放矢而已。他还略带讽刺地说：

别人花二十年工夫想出来的东西只要告诉他们两三个字，他们就立刻以为自己在一天之内全都知道了；这种人越聪明、越机灵，就越容易犯错误，越不能发现真理。[2]

笛卡尔还说，不但那些批评的人批评错了，就是帮他的朋友实际上也帮错了，因为他们只是偏袒他，也就是一味地、不分青红皂白地支持他，但实际上并不理解他的思想，这和批评他的人是一样的。

这样的态度不由使我想起了老子的几句话：

言有宗，事有君。夫唯无知，是以不我知。

知我者希，则我者贵。

1　笛卡尔：《谈谈方法》，王太庆译，商务印书馆，2000年版，第53页。
2　同上书，第59页。

是以圣人被褐而怀玉。[1]

估计笛卡尔当时和老子写下这段话时是一样的心情吧!

例如对他最有力的批评者伽森狄,笛卡尔在1641年6月写给朋友的一封信中说:

现寄上伽森狄异议的剩下部分并附上我的答复。关于这一点,我请您——如果可能,先把这些异议付印,然后才让作者看见答复,因为,说句不足与外人语的话,那些意见包含的道理太少,恐怕在他见着我的答复之后是不会让它们刊印出来的。

……您会看得出的:我已经竭尽所能客客气气、温温和和地对待伽森狄先生,然而他自己给了我太多的机会去鄙视他并指出他毫无常识而且绝对不懂得推理。[2]

伽森狄如此,其他人更加如此了。

从这里也可见外表谦和的笛卡尔在骨子里实际上是相当高傲的,甚至有些目中无人,至少在哲学上是如此吧。

《哲学原理》　《第一哲学沉思集》后,我们再来看《哲学原理》。

《哲学原理》大约写于1641年至1643年间,于1644年在阿姆斯特丹出版。这时候笛卡尔正生活在荷兰的恩德海斯特与埃格蒙德一带,据说这里的风光异常优美,"是荷兰最美丽的乡村,笛卡尔最喜欢呆在那里"。[3]

《哲学原理》不单是哲学的或者科学的著作,而是融合了哲学与科学。这从它的目录就看得出来,例如第一章是《论人类知识原理》,这

---

[1] 《老子》第70章。
[2] 皮埃尔·弗雷德里斯:《勒内·笛卡尔先生在他的时代》,管震湖译,商务印书馆,1997年版,第227页。
[3] 尚新建:《笛卡尔传》,河北人民出版社,1997年版,第60页。

当然是关于哲学的,第四章则是《地球》,当然是关于科学的。实际上,在整部《哲学原理》中,笛卡尔都试图将哲学与科学统一起来,这乃是《哲学原理》最大的特点,同时也是最了不起的地方。因为它既展现了未来哲学的方向,同时预示了未来科学发展的方向。在他之后,对于哲学而言,将开始尊重科学、尊重科学对世界的认识,并且以此为基础去认识世界,然后才以哲学的方式表达这种认识,换言之就是未来的哲学将是以科学为基础的哲学。典型的例子就是牛顿了,自从他那些伟大的发现之后,哲学家们如果在进行哲学研究时不尊重牛顿的科学,甚至违反之,那是会遭到嘲笑的。而科学体现出了一种哲学的味道,就是也想对世界进行一种本质性的认识,即要了解的不是某些个体之物,而是所有的自然事物。典型的例子同样是牛顿,他的万有引力就是如此,而他最伟大的著作《自然哲学之数学原理》也正是如此。

也许正因为如此,《哲学原理》英译本的译者 V.R. 米勒和 R.P. 米勒在译者前言中指出:

《哲学原理》是笛卡尔……最雄心勃勃的一部著作;它是唯一一部试图从笛卡尔的形而上学理论中推演出科学知识的著作。无论这一尝试是否成功,它无疑产生了巨大的影响,……诱发了牛顿的万有引力定律。因此,《哲学原理》不仅在哲学上具有内在的和历史的意义,而且在科学史和十七世纪思想史上,都是一部不朽的巨著。[1]

还有,这部书是题献给伊丽莎白公主的,并且在前面附上了他对公主那万分的仰慕之情,这我们前面已经说过了。

以上就是笛卡尔最有名的三部代表作了,读了这三本书,对笛卡尔哲学的主体了解得也就差不多了。

但并不尽然,要想比较完整地了解笛卡尔的思想,另外两部著作也

---

[1] 转引自尚新建:《笛卡尔传》,河北人民出版社,1997年版,第155页。

是必须读的，即《探求真理的指导原则》和《论灵魂的激情》，我们现在也要来说说它们。

《探求真理的指导原则》　《探求真理的指导原则》实际上应该是笛卡尔写得最早的一部哲学著作，笛卡尔早在1628年就开始写作了，这时候《谈谈方法》还要好几年后才开始写呢。奇怪的是，笛卡尔并没有将之出版，而是束之高阁，直到他去世的50年之后，才于1701年首次公开出版。所以它是笛卡尔五部代表之作中写得最早、但出版最晚的一部。

但是，笛卡尔生前没有出版它并不意味着它不重要，许多人认为笛卡尔在《谈谈方法》中所表达的主要思想其实在《探求真理的指导原则》中已经初步地表达了，因此它可以说是《谈谈方法》的母体。

我们不妨可以将《探求真理的指导原则》比作是一粒种子，它埋在泥土里，无人知晓，但在它的体内孕育着新的生命，当它发芽成长、破土而出之后，人家只看到了那新长出来的植株，却并不知晓它乃是由地下的种子长出来的。《探求真理的指导原则》就是这样的种子，而《谈谈方法》就是这样的植株。

甚至有人认为，《探求真理的指导原则》不但是《谈谈方法》的种子，也是整个笛卡尔思想体系的基础，笛卡尔的整个哲学体系都是在这个基础之上发展而来、由这粒种子发育而成的，例如著名的笛卡尔哲学专家哈梅林就认为"《探求真理的指导原则》提出了笛卡尔毕生为之奋斗的哲学方法，后来的整个体系都是这种方法的展开和发展。"[1]

是否如此，或许可以从我们后面具体讲笛卡尔哲学时略知一二。

《论灵魂的激情》　笛卡尔的第五部哲学名著是《论灵魂的激情》。

---

[1] 参见尚新建：《笛卡尔传》，河北人民出版社，1997年版，第30页。

《论灵魂的激情》是笛卡尔晚年的作品,大约在1645至1646年间写作并完成。

像《哲学原理》一样,《论灵魂的激情》也是笛卡尔呈献给伊丽莎白公主的。据说公主读过书稿后还作了些许修改,后来瑞典女王也读到了它,最后于1649年底在瑞典和巴黎同时出版。这时候笛卡尔已经要走到人生的尽头了,因此也可以说《论灵魂的激情》既是笛卡尔的"天鹅之歌",也表达了他与公主之间那种特殊的暧昧关系,对此孙卫民教授说:

笛卡尔生前出版的最后一部著作——《心灵的激情》,按照笛卡尔的话说,是建立在他和伊丽莎白通信基础上写成的。因此。笛卡尔和伊丽莎白之间的关系绝不是一般想象的公主和哲学家之间的关系。[1]

笛卡尔和公主的关系我们前面说过了,这里不再重复。至于《论灵魂的激情》的内容,我们后面会看到,它主要是有关身心关系的,集中表达了笛卡尔的重要思想之一——身心二元论,笛卡尔那个有名的"松果腺"就是在这里提出来的。

以上就是笛卡尔五部最有名的著作了,它们都是哲学著作。

第三节 笛卡尔的科学著作

除了上面的哲学名著外,笛卡尔还有三部著作我们也要说一下,它们就是《论宇宙》《奥林匹克》与《几何》,它们要么不那么有名,要么不是有关哲学的,但却都是笛卡尔思想的重要组成部分。

不了解它们,我们对笛卡尔思想的了解是不能说完整的。

---

[1] 孙卫民:《笛卡尔——近代哲学之父》,九州出版社,2013年版,第228页。

《论宇宙》 我们首先来看《论宇宙》。

《论宇宙》的写作时间是很早的,笛卡尔早在1633年就完成了,这时候《谈谈方法》还没开始写呢,所以它的写作时间大概与《探求真理的指导原则》差不多,并且笛卡尔同样没有出版之。

但与《探求真理的指导原则》不同的是,笛卡尔明确地说明了他为什么不出版《论宇宙》。那是与它的内容有关的。因为在这本著作中,笛卡尔提出了他著名的"宇宙涡旋理论",里面指出行星是围绕太阳转动的。这个观点在今天看来是常识,但在笛卡尔的时代可不是,而是异端邪说,谁敢宣传是要倒大霉的。例如伟大的伽利略就是这样。

1630年,伽利略出版了《关于托勒密和哥白尼两大世界体系的对话》,由于其中宣传了日心说,1632年8月《对话》就被禁止出版,到1633年2月,伽利略被迫动身去罗马接受审判,这年6月21日作出的判决是这样的:

一、他必须公开声明放弃这种信仰。

二、在各地焚烧他的《对话》,同时他的所有著作都被列入禁书之列,不准再印。

三、他必须终生被监禁。

这是多么可怕的惩罚!笛卡尔如何敢再出版他同样宣传日心说的《论宇宙》呢!因此在1634年2月写给梅思纳的一封信中,他说:

为了顺从教会,不去触及他们所维护的地球运转理论,我已自行彻底终止论文的发行。[1]

这里的论文就是《论宇宙》了。

笛卡尔觉得这样做是有充分理由的,因为倘若他这样做了,那无异

---

[1] 阿米尔·艾克塞尔:《笛卡儿的秘密手记》,萧秀姗、黎敏中译,上海人民出版社,2008年版,第150页。

于飞蛾扑火、自寻死路,他可不会这么傻。更具体地说有两个原因:

一则他的个性是很柔顺的,决不会与权力对抗的,就像他在《谈谈方法》所提出来的第三条准则一样:

永远只求克服自己,不求克服命运,只求改变自己的愿望,不求改变世间的秩序。[1]

这也称得上是笛卡尔的名言之一,在今天都值得我们好好想想。

二则笛卡尔也知道,他还很年轻,未来的路还很长,还有很多伟大的哲学思想与科学发现在等着他,他要留着这有用之身,以为人类做有益之事,因此他之不与权力当局对抗是明智之举,就像中国俗话说的"识时务者为俊杰"或者"好汉不吃眼前亏",并非是懦夫的表现。所以,《尼采与现时代——解读培根、笛卡尔与尼采》中谈到这件事时也这样说:

以他现在的写作方式来写作,他便能在思想警察的眼皮底下发表著作,而且仍旧还能自由来去。他的声名得以成就:潜在的敌人会确信,他不会造成威胁。潜在的朋友则会明白,他无需像个懦夫一样先死后战。[2]

与前面的几本著作比起来,这本《论宇宙》的影响要小得多,倒不是因为它在笛卡尔生前没有出版,主要是因为它的内容是有问题的。例如它的中心主题"宇宙涡旋理论"就是错误的,后来遭到了牛顿的公开否定。在《自然哲学之数学原理》之第二卷中,牛顿特意解释了这个问题。实际上,这一卷原先并不在牛顿的写作计划之内,是临时加上去的,所以看上去与第一、三卷有点不大协调,当然也很重要。

在这里,牛顿通过置于流体中的物体的运动实验来测定物体的重量

---

[1] 笛卡尔:《谈谈方法》,王太庆译,商务印书馆,2000年版,第21页。
[2] 朗佩特:《尼采与现时代——解读培根、笛卡尔与尼采》,李致远等译,华夏出版社,2009年版,第206页。

与惯性大小的关系。在本卷的最后，牛顿直接地否定了笛卡尔提出的行星运动的旋涡假说，指出："行星的运动并非由物质涡旋所携带"。[1]

作为一种科学理论被伟大的牛顿否定了，它的影响力自然就很有限了。

《奥林匹克》 现在在我们要来介绍的这本书大家很可能没有听说过，除非读过这本书——《笛卡儿的秘密手记》。

所谓《笛卡儿的秘密手记》指的就是这本书，它实际上是该书作者所发现的笛卡儿的一部用密码写成的手稿，它的来历就如作者所言：

在探索笛卡尔的过程中，我却有个惊人重大的发现：笛卡儿竟然有本未公之于世的秘密手记。[2]

这不是虚构的，而是实有其事，作者艾克塞尔在全书的开始就描述了刚看见它时的样子，他将书拿在手中，这是一份"古老脆弱的手稿"，他小心翼翼地翻开，先有一篇"前言"，它是这样开头的：

人类智慧的滥觞，来自于人们对上帝的敬畏之意。被征召到舞台上的演员们，总是戴上面具以掩饰他们炽热的脸庞。虽然到目前为止，我只是个旁观者；但就像这些演员们一般，在爬上这个世界剧院的舞台之前，我预先就戴好了面具。在我的青少年时期，曾经目睹了许多巧妙的发现；我不禁自问，是否就这样依赖着别人的成就路线前行。科学就像个女人：当她忠诚地留在丈夫身旁，她是受人尊敬的；但当她变得人尽可夫时，她就降低了自己的格调。[3]

作者还详细地记述了他是如何找到这部手稿的，简述如下。

当初，另一个伟大的哲学家、也是笛卡尔的景仰者莱布尼茨听说笛

1　牛顿：《自然哲学之数学原理》，王克迪译，北京大学出版社，2006年版，第252页。
2　阿米尔·艾克塞尔：《笛卡儿的秘密手记》，萧秀姗、黎敏中译，上海人民出版社，2008年版，第8页。
3　同上书，第1页。

卡尔留下一个箱子，就千方百计地想要看到其中的内容，他终于看到了，这些留在笛卡尔上锁箱中的文件与手稿透露出了大哲学家许多隐藏在心中、不欲为人知的秘密。其中包括我们前面讲他的人生时说过的令笛卡尔难堪的、写给富蒂乌斯的道歉信，笛卡尔专门誊抄了一份，一直带在身边。

此外还有与之相关的笛卡尔写的"对异议者的响应"的誊抄本，这些异议都是来自荷兰或者其他地方的笛卡尔的反对者。

还有就是笛卡尔写给伊丽莎白公主的他认为比较重要的信件的誊抄本。

除了这些内容比较明确的之外，箱子中另外还有一些特别的文件，它们是几本标题晦涩难懂的手记，如《前言》《奥林匹克》《民主制度》《实验》《巴那塞斯》。全都是笛卡尔亲自书写的，而且都没有出版过。所以很显然，这些手稿是笛卡尔写给自己看的，完全无意拿给别人看。

在所有这些遗物之中，最为特别的是一卷包含着许多神秘的数学符号、几何图形，以及一些无法识别的神秘符号的羊皮纸手记。

在这些笛卡尔视为私藏的作品之中，有人说最为重要的就是《奥林匹克》了，例如肯宁顿，他在《笛卡尔的"奥林匹克"》中这样说道：

就我所知，没有任何史家曾就《奥林匹克》有过详细的解释，但它却是理解笛卡尔的理性主义问题的首要材料。[1]

至于它的具体内容，我未曾读到多少，不好多说，但这样的话想必不是乱说的吧！

至于那本笛卡尔用密码写成的书，同样也很重要，就像作者所言：

秘密手记就是他的得意杰作了，因为这本笔记中包含了新时代的几

---

[1] 参见《笛卡尔的精灵》，华夏出版社，2009年版，第4页。

何学知识，还有笛卡儿对于宇宙秘密的了解。[1]

既然其中有笛卡尔对宇宙秘密的了解，自然是十分重要的。那么这个秘密究竟是什么呢？这一直是个谜，直到1987年才终于被一位叫皮埃尔·寇斯塔贝尔的人破译了。

原来，笛卡尔发现的就是数学中著名的欧拉公式，即每一个正多面体中，将其"面"的数量与"顶角"的数量相加，再减去其"边"的数量，结果都等于二，以公式表示就是 F+V-E =2。

这个公式是欧拉公布的，但实际上笛卡尔早就发现了。至于它的意义，《笛卡儿的秘密手记》是这样说的：

笛卡尔的公式 F + V - E = 2 是第一个被发现的拓扑不变量（topological invariant）。事实上，一个固体其"面"的数量加上"顶角"的数量，再减掉"边"的数量，结果等于二。这是空间本身的特性。而在获得这个公式的研究过程中，笛卡尔就已经开启了非常重要的数学新领域——拓扑学。今天，在数学的研究中，拓扑学是最主要的领域，而且被广泛地运用在物理学与其他科学领域上。[2]

凡学过现代数学的人都知道，拓扑学乃是现代数学的基石之一。记得我上大学时学现代数学课，一开始学的就是拓扑学，并且产生了浓厚的兴趣，可惜毕竟是文科生，基础不行，不能作深入研究，但至今也记得它的主要内容。那是很有趣的，例如它的中心概念是拓扑等价，所谓拓扑等价，就是两个在我们看来迥然不同的物体，如一个球和一个立方体或者一个圆柱体，在拓扑学看来却是一样的。简言之就是物体的大小和形状可以任意不同，但只要它们中间没有洞，在拓扑学看来就是等价

---

[1] 阿米尔·艾克塞尔：《笛卡儿的秘密手记》，萧秀姗、黎敏中译，上海人民出版社，2008年版，第237页。
[2] 同上书，第253-254页。

的，这就是拓扑等价了，即表明它们的拓扑结构是完全一样的。

很有意思吧！如何理解呢？简单说吧，我们可以将这种拓扑等价看成一种"变形"，即物体只是形状变化了，但本质并没有变化，所以从这个角度而言才是"等价的"。

拓扑学对现代数学与物理学都是极为重要的，除此而外，甚至可以用来解释现代西方艺术，例如毕加索这位现代西方艺术最伟大的创新者，他的创新风格名叫立体主义，更精确地说是"分析立体主义"。

为什么叫这个名字呢？原来，毕加索是用一种"分析"的办法来表达立体的对象，使我们不用镜子也能看到对象的各个面，包括背面。为了达到这个目的，毕加索首先要对对象进行仔细的分析。我们知道，任何一个对象都有许多面，前后左右上下，还有侧前侧后斜上斜下等，毕加索当然不可能将所有这些面一一呈现。那就太机械了，也不会有创新的效果。于是，他就尽可能选择那些最有立体感的侧面，它们既有代表性，又能准确地表达绘画者对于这个对象的感觉。然后将这些侧面用某种方式结合起来，就组成了一幅分析立体主义作品。

这种分析立体主义的风格乃是西方艺术史上一次最伟大的革命，彻底颠覆了过去的艺术传统，这些且不说。这种风格即使在科学上也是有其深刻道理与科学依据的，这就是拓扑学了，即我们完全可以从拓扑学的角度去解析毕加索的分析立体主义作品。

我们知道，拓扑学主要就是研究物体变形但不破损时仍然保持不变的那些性质，打个比方来说明：一团粘土可以变形，例如变成长条、一个球或者一根柱子，但这种变化只是一种形状的变化，它的许多性质并不变化，例如仍然是这一堆粘土。这时候，我们就可以说这团泥巴的拓扑性质不变。

由此可见，拓扑学的基本原则，即形状虽然变了，但对象依旧。这也可以看作是立体主义的理论基础。因为如果只要变形了，对象就不是原来的对象了,那么立体主义也就不成立了。

事实上当然不是,毕加索正是在进行创作的过程中,经过了对对象长时间的分析,如用硬纸板、旧报纸、木头或自行车零件等制作出了提琴、六弦琴、人形等,它们的形状不同于普通的六弦琴或者提琴,用一般的眼光看来它们歪曲了对象,但毕加索却认为这些似乎歪曲了的变了形的对象仍然是这个对象,甚至它们才是真正的对象呢。这与拓扑等价的观点是本质一致的。

笛卡尔在这里发现的 F+V-E =2 这个公式乃是拓扑等价的基础,可以说,倘若当初笛卡尔公布了他的伟大发现,他将不仅仅是解析几何的发现者,而且是现代数学的开创者,人类其他许多伟大的数学与科学发现也会因此提早上百年!

以上就是笛卡尔的主要著作了。其实除了这些,据说笛卡尔还有其他著作,例如他死后出版的《人论》,还有前面说过的送给贝克曼的《音乐简论》,此外,法国斯特拉斯堡大学历史学教授爱德华·梅尔(Edouard Mehl)曾经过仔细研究,发现笛卡尔曾以波利比奥斯的笔名出版过一本名为《数学家宝典》的著作。[1]

此外,据说1612年,笛卡尔16岁时,迷上击剑后,还专门写过一本《击剑术》。[2]

倘若真有此事,这就才是笛卡尔最早的作品了。

不过这些作品即使有影响也相对有限,我们且不说了。

《屈光学》与《气象学》 关于笛卡尔的作品我们最后要谈的是他的科学成就了。

---

[1] 参见阿米尔·艾克塞尔:《笛卡儿的秘密手记》,萧秀姗、黎敏中译,上海人民出版社,2008年版,第76页。
[2] 参见刘自觉:《近代西方哲学之父笛卡尔传》,安徽人民出版社,2012年版,第31页。

我们知道，笛卡尔在科学上面有着多方面的成就，就如黑格尔所言：

笛卡尔是解析几何学的发明者，因此也是在这一方面为近世数学指出道路的人。他对物理学、光学、天文学也有研究，并且在这些方面有极大的发现。[1]

我们这里主要讲他的三部自然科学著作，即在《谈谈方法》之后的三篇附录。

这三篇附录就是《屈光学》《气象学》与《几何》了，其中最重要的是第三篇，我们先简单地看一下前面两篇。

在《屈光学》中，笛卡尔探讨了光、视觉和改善视力的人工方法，之所以叫《屈光学》，是因为它的主题乃是光的折射而不是反射，这里的"屈"就是弯、折的意思。

在《屈光学》中，笛卡尔是这样解释光的：

（笛卡尔）他认为，光是一种作用或压力，它从发光体经过居间媒质传到我们的眼睛，就像一个物体的运动或者抵抗通过盲人的手杖传到他的手。[2]

其中颇有意思的是，据说当梅思纳问他是否认为自己对光折射现象的解释称得上一种严格的科学证明时，笛卡尔认真地回答道：

严格地说，在物理学的某个领域给出几何学那样的证明是根本不可能的。[3]

我们稍微想想就会发现的确如此，笛卡尔在这里表达了一个极深刻的真理。

---

[1] 黑格尔：《哲学史讲演录》（第四卷），贺麟、王太庆译，商务印书馆，1978年版，第65页。
[2] 亚·沃尔夫：《十六、十七世纪科学、技术和哲学史》，周昌忠等译，商务印书馆，1984年版，第289页。
[3] 索雷尔：《笛卡尔》，李永毅译，译林出版社，2010年版，第50页。

再来看《气象学》。

《气象学》共分成十篇，涉及许多的内容，例如地面物体、蒸汽、盐的本质、风、云、彩虹、雪、冰雹、风暴等许多与气象有关的现象。其中最有意思的是他对虹的成因的解释：

笛卡尔为一条光线通过一个水滴时的偏移与光线入射到水滴表面的角度两者的对应关系编制了表，他用这种表证明，对于某个入射角，这偏移达到最小。因此，约莫以这个角度入射到水滴的那些日光束便形成大致平行的光束，它们对眼睛产生明显的效应。根据这条原理，笛卡尔解释了虹霓的圆形及其固定的角半径，以及虹霓为什么总是正好对着太阳。[1]

这种解释大体是说得通的，和我们现在的科学解释也颇为相似。

不过，笛卡尔在《气象学》中提出的一些说法则是没有道理的，例如有关蒸汽的形成，他认为存在着一种"精微的物质"，他说该物质"在物体毛孔中的运动使得物体的部分与整体相脱离，并上升到空气中，于是形成了蒸汽"。[2]

《几何》 我们要讲的笛卡尔最后一本著作是《几何》。

《几何》虽然只有很少的篇幅，比前面的哲学著作更少，但它对人类所起的作用殊不亚于笛卡尔的其他哲学著作。

道理很简单，因为笛卡尔正是在这里提出了关于解析几何的理论，仅仅这个发明就可以使他名垂青史了！

正基于此，甚至有人认为，笛卡尔首先是一个数学家，然后才是哲学家：

---

[1] 亚·沃尔夫：《十六、十七世纪科学、技术和哲学史》，周昌忠等译，商务印书馆，1984年版，第310页。
[2] 参见索雷尔：《笛卡尔》，李永毅译，译林出版社，2010年版，第44页。

笛卡尔首先是一个数学家和自然哲学家，然后才成为一个形而上学家。[1]

《十六、十七世纪科学、技术和哲学史》同样指出："（笛卡尔）他本质上是个数学天才。"[2]

对于笛卡尔的数学成就特别是在《几何》中的成就，《笛卡儿的秘密手记》中有更为专业的说法：

关于几何学的研究成果，笛卡尔则记录在《几何学》篇中。这篇论文是历史上最重要的一篇附录，因为它囊括了笛卡尔在几何学上所有开创性研究，并且结合几何与代数成果，这是他在数学上最伟大的贡献。他的《几何学》是"纯数学领域中所有科目的总和"，在现代数学的发展上扮演了关键性的角色。[3]

为什么说它更专业呢？因为《笛卡儿的秘密手记》的作者乃是一位专业的数学家，所以他的这种论述是有专业可信度的。

我们现在就来具体地看一下《几何》中的内容。

《几何》中最重要的内容当然就是解析几何了。

我们知道，解析几何的核心概念就是坐标，正是它将代数与几何完美地交融在了一起。因此讲笛卡尔的《几何》就得从坐标讲起。

我们都见过坐标。坐标有横轴与纵轴，分别称为 x 轴与 y 轴，通过它们可以表示各种规则的平面几何图形，图形中每一个点在坐标轴上都可以找到相应的数值与之对应。

---

[1] G.哈特费尔德：《笛卡尔与〈第一哲学的沉思〉》，尚新建译，广西师范大学出版社，2007年版，第297页。

[2] 亚·沃尔夫：《十六、十七世纪科学、技术和哲学史》，周昌忠等译，商务印书馆，1984年版，第720页。

[3] 阿米尔·艾克塞尔：《笛卡儿的秘密手记》，萧秀姗、黎敏中译，上海人民出版社，2008年版，第172页。

由之我们可以看出，解析几何的主要特点是它将几何学中的基本元素点与代数学中的基本元素数结合起来。不但几何图形可以通过坐标来表示，方程也可以通过坐标来表示，例如方程 y=3+x，每一个 x 取值与相应的 y 值都是在坐标上的一个点，这些点就构成了一条直线。不但直线可以，曲线与曲面同样可以找到对应自己的方程。

从这些可以看出，通过解析几何与坐标，代数与几何得以优美地结合起来。

实际上，我们前面学过的函数与方程都与解析几何有极为密切的联系，它们的 x 值与 y 值分别可以在 x 轴与 y 轴上找到对应的值，而且对应的 x 值与 y 值结合在一起就构成了坐标上的一个点，即（x，y）。所有这些点就形成了一个几何图形，有直线也有曲线图形。就像下面的例子一样：

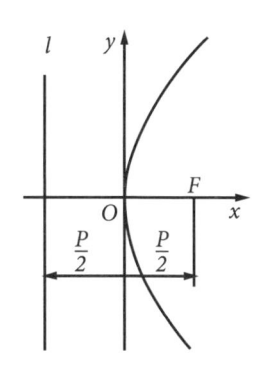

左图就是一个坐标，包括 x 轴和 y 轴，即横轴和纵轴，它也是方程 $y^2=2px$ 的坐标图。

具体来说，《几何》共分三卷，第一卷讨论如何用直尺和圆规作图，第二卷中讨论了用"不确定的代数方程"表示并研究几何曲线，这也就是他的解析几何思想，第三卷谈立体与"超立体"的作图问题。

笛卡尔认为，以前的数学是一种分裂的数学，甚至古希腊的数学也束缚了人们的想象力。因此他决心要建立起一种"普遍的数学"，在这里，算术、代数、几何都是统一的。他熟悉地理学，了解很早以前人们就已经知道了的经纬度的问题。通过经纬度，大地上的每个点都可以用一对数字（x，y）来表示。那么，在纸上任何一个数字当然也能够。他又想到在方程中也是两个数：一个自变量对应一个因变量，即一个 x 对应于一个 y，这不也像地图上一样构成了一对数字（x，y）吗？不是同样能在一个平面上将之表示出来吗？他又进一步想到，所有的 x 值及对应的 y 值所代表的点（x，y）是不是能够形成某一种图形呢？他更进一步地想到，平面上的每个点，甚至平面上的某种图形，例如直线与曲线，应该同样可以用方程来表示。凭直觉，笛卡尔相信这是可以的。于是他便将这思想在《几何》中表达了出来。

有了这些想法之后，下一步就是要如何在一个平面上表示 x 与 y 了，我们且看他是如何来表示的吧！

在他的《几何》第二卷里，笛卡尔说明曲线可以用方程来表示后，作出了这样一个图：

这幅图就见于《几何》的第二编《曲线的性质》之中。[1]

我们可以看到，上面有一条虚线，笛卡尔经过一番证明之后，得出结论说，图中这段曲线可以用方程 $y^2=cy-\dfrac{cx}{b}y+ay-ac$ 来表示，这样就在曲线与方程之间建立了直接的联系。这就是解析几何的基本特质。

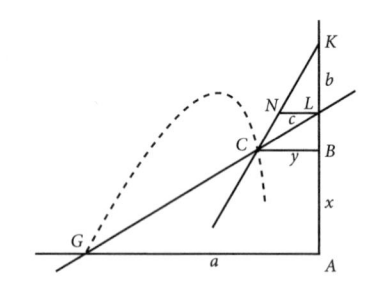

在这个图上，笛卡尔取了点 A 作为起始点，相当于我们现在坐标

---

[1] 参见笛卡尔：《几何》，袁向东译，武汉出版社，1992年版，第25页。

上的原点。又用直线 AB 作为量度点的位置标准，相当于现在坐标的横轴。不过，笛卡尔这个坐标仍很不完善，例如他没有引入第二条坐标轴——纵轴。这直到 100 多年后，才由一个叫克莱姆的瑞士数学家在他的《代数曲线的分析引论》中正式引入。笛卡尔也没有用"坐标"这个词，至于"纵轴"、"横坐标"、"纵坐标"等词儿也还要好久才会出现。不过，谁都不会否认，笛卡尔已经明显地发明了坐标的概念并且在实际的数学运算中运用了它。因此，笛卡尔是不折不扣的解析几何的创立者。

在《几何》里，笛卡尔在开篇不久就提出来了有关解析几何的问题，例如在《我们如何利用方程来解各种问题》中，他说：

于是，当要解决某一问题时，我们首先假定解已经得到，并给为了作出此解而似乎要用到的所有线段指定名称，不论它们是已知的还是未知的，然后，在不对已知和未知线段作区分的情况下，利用这些线段间最自然的关系，将难点化解，直至找到这样一种可能，即用两种方式表示同一个量。这将引出一个方程，因为这两个表达式之一的各项合在一起等于另一个的各项。[1]

在这段引文里就显示了解析几何的基本特点，即将代数与几何结合起来，具体而言是用代数中的方程去表示几何中的线，而做到这一点的关键是坐标，在坐标上就是"用两种方式表示同一个量"，即用两个数字去表示线中的某一个点。

后面在《曲线的性质》中的这一段就说得更清楚了：

我可以在这里给出其他几种描绘和想象一系列曲线的方法，其中每一条曲线都比它前面的任一条复杂，但是我想，认清如下事实是将所有这些曲线归并在一起并依次分类的最好办法：这些曲线——我们可以称

---

[1] 笛卡尔：《几何》，袁向东译，武汉出版社，1992年版，第5页。

之为"几何的",即它们可以精确地度量——上的所有的点,必定跟直线上的所有的点具有一种确定的关系,而且这种关系必须用单个的方程来表示。[1]

这样就将代数方程中的 x 与 y 和几何中的曲线精确地联系在一起了,并且方程可以度量曲线上所有的点,两者之间达到了一种精确的关系,这就是解析几何的根本特点了。正是在这里笛卡尔作了上面那幅图。

由上可见,解析几何简言之就是将线看成一种运动的轨迹,而用方程来表示这一轨迹。

当然,这说起来容易,做起来是很难的,因为这线可不只是直线,也不是简单的曲线如圆之类,而可以是非常复杂的曲线,如抛物线、双曲线或椭圆,笛卡尔称之为"立体轨迹",他也找到了用方程来表达的方法:

解任何这类轨迹问题,无非是去找出一种状态所要求的一个完全确定的点,整条线上所有的点满足其他状态所提出的要求(正如已举的例子所表明的那样)。如果这条线是直线或圆,就说它是平面轨迹;但如果它是抛物线、双曲线或椭圆,就称它是立体轨迹。对于每一种情形,我们都能得到包含两个未知量的一个方程,它完全跟上面找出的方程类似。若所求的点位于其上的曲线比圆锥截线的次数高,我们同样可称之为超立体轨迹,余者类推。[2]

对于一般非数学专业的人来说,这些内容是相当难理解的,但不止于此。我们在《几何》中还可以看到更复杂的内容,例如笛卡尔甚至谈到了五次甚至六次方程的作图问题,其中有一节名字就叫"需要不高于

---

1 笛卡尔:《几何》,袁向东译,武汉出版社,1992年版,第24页。
2 同上书,第37页。

六次的方程的所有问题之作图的一般法则",其中说:

当你为完成这类问题的作图而寻找需要用到的量时,你已经知道该怎样办就必定能写出一个方程,它的次数不会超过 5 或 6。你还知道如何使方程的根增大,从而使它们都成为真根,同时使第三项中的已知量大于第二项中的已知量之半的平方,还有,若方程不超过五次,它总能变为一个六次方程,并使得方程不缺项。[1]

后面还有非常复杂的图示。由此可见,笛卡尔对解析几何的研究是何等之深,就是今天恐怕也要专业的数学家才能理解他的著作。

所以,倘若说读哪部笛卡尔的著作使我对他最为崇拜,还是读这本《几何》。想想看吧,一个伟大的哲学家竟然可以将数学精通到这样的程度,这是何等的伟大啊!恐怕只有亚里士多德可与之相比,以前那些同样精通科学尤其是数学的伟大哲学家们,从古希腊的柏拉图、毕达哥拉斯到近代的培根、霍布斯或者康德,若单从对科学的理解与贡献来说,是没办法与笛卡尔相比的,甚至亚里士多德,虽然他也是伟大的科学家,但他的科学著作读起来是很容易的,其间并没有我们这些不懂专业科学的人不能了解的思想。但笛卡尔就不一样了,他的数学是纯粹专业的数学,其难度不亚于他那个时代任何伟大的数学家,他的《几何》直到今天也称得上是伟大的数学专业著作,并且是非专业的数学研究者所不能理解的。

在《几何》的最后,笛卡尔说:

我的目标不是撰写一本大部头的书;我试图在少量的篇幅中蕴含丰富的内容。这一点你也许能从我的行文中加以推断:当我把同属一类的问题化归为单一的一种作图时,我同时就给出了把它们转化为其他无穷多种情形的方法,于是又给出了通过无穷多种途径解其中每个问题的方

---

[1] 笛卡尔:《几何》,袁向东译,武汉出版社,1992年版,第96页。

法；我利用直线与圆的相交完成了所有平面问题的作图，并利用抛物线和圆的相交完成了所有立体问题的作图；最后，我利用比抛物线高一次的曲线和圆的相交，完成了所有复杂程度高一层的问题。对于复杂程度越来越高的问题，我们只要遵循同样的、具有普遍性的方法，就能完成其作图；就数学的进步而言，只要给出前二、三种情形的做法，其余的就很容易解决。

我希望后世会给予我仁厚的评判，不单是因为我对许多事情作出的解释，而且也因为我有意省略了的内容——那是留给他人享受发明之愉悦的。[1]

笛卡尔在这里说得很清楚，他完全有能力就此写一本大部头著作，他只是不想这样做罢了，但他已经将丰富的思想浓缩在这本薄薄的小书里了。此外，他在书中不将所有问题都一一解决的原因非不能也，而是为了要让大家也尝尝解决数学难题的享受。

打个比方吧，笛卡尔找到了一个宝藏，但他没有将所有的宝贝占为己有，而是只取了其中一些最耀眼的拿来示人，并且还画了一张藏宝图，让大家可以按图索骥，找到那些宝贝。

我相信，只要肯努力，这些宝贝一定可以找到的，事实上现在人们已经找到了许多。

对了，在《几何》的最后还有一段文字，并非笛卡尔所写，而是一则与法律有关的声明：

蒙笃信基督的国王恩准，特许作者将其"谈谈方法"连同"屈光"、"气象"及"几何"所成之书，在他所希望的任何地点——无论在法兰西王国之内或之外——出版。时限规定为印刷完成之日起算的十年之内。其间不允许任何未经他选定的出版者以任何借口或匿名印刷、

---

[1] 笛卡尔：《几何》，袁向东译，武汉出版社，1992年版，第103页。

或促成印刷此书，亦不允许出售或发表未经允许的、此书的任何其他版本；否则将处以一千银币的罚款，并没收所有书籍。以上内容已在1637年5月4日由巴黎签发的许可证上完全认定，该文件由国王和他的顾问塞伯利签署，并在丝带上加盖了国玺印记。

本作者已允许莱顿的书商迈雷印行此书，并在明令的时间内以及协商一致的条件下享有所论之特权。

本书的印刷于1637年6月8日完成。

显然这是有关版权的声明了，法国在近四百年前竟然就有了版权的保护，还在版权的许可证上加盖了国玺，足见当时对版权之保护是何等的重视！我们今天也没有达到这样的标准吧！若是今日我们也有这样的版权保护，对许多作者将是莫大的福音，就如文某，所出之书诚然不能与伟大的笛卡尔相比，版权之保护上面同样不能与笛卡尔相比，然而所出之书尤其是早期百花文艺的"西方的故事"系列可谓盗版横行，可以说事实上没有版权保护，自己想保护也无从谈起，真是好羡慕笛卡尔啊！

第四节　跌宕起伏的命运

谈完笛卡尔的作品后，我们最后来简单谈一下笛卡尔这些作品及其思想的命运。

这个命运可以用一个中国成语来形容，就是跌宕起伏。

我们前面说过，早在笛卡尔生前，其思想已经遭到过许多人的批评，但亦有许多支持者，有的还大有地位，因此笛卡尔的思想传播很快。然而不久之后形势就逆转了，他的著作被认为宣传了异端思想，遭到了天主教会的反对，到1663年，梵蒂冈将笛卡尔的全部著作都列入了《永久列禁书目》，即永远不能阅读与出版。到1691年，法国王室更下令在所有法国学校中禁止讲授笛卡尔哲学的任何观点。

后来，这种情形开始有变了，笛卡尔的思想慢慢地、不知不觉地得到了越来越广泛的传播，他在法国人民心目中的地位也越来越高了，他的支持者也越来越多。再后来，他甚至要变成法国的象征了，法国人需要任何东西时，就从笛卡尔那里去找，例如当法国被德国人占领之后，法国的阿尔班·米歇尔出版社就出版了一套反纳粹的丛书，名叫"笛卡尔——为了自由"。

与此相似地，1987年时，为了纪念《谈谈方法》出版350周年，法国出版了一本名为《笛卡尔即法兰西》的书，书中宣传了一种"法国的思想"，就是抵抗奴役的思想。

当然并不是所有人都喜欢笛卡尔，现在法国反对甚至讨厌笛卡尔的人也为数不少，其情形真是令人莞尔，就像《笛卡尔与法国》中所言：

笛卡尔与法国的关系史并非没有坎坷，而是从第一天起就冲突不断，纷纷扰扰，多有起起落落。再没有什么比这位方法论哲学家和他的祖国之间的关系更有讽刺性的了，他的祖国还用笛卡尔这一名字命名了那么多城市里的那么多街道和学校呢。但是，不喜欢他的人和把他捧上天的人都一致承认，他就是"法兰西"。[1]

更简明扼要地说就是：

（笛卡尔）这个哲学家的命运真是奇特，似乎无论什么都丝毫影响不了他作为一个民族的化身。[2]

这大概就是今天的笛卡尔在法国人心目中的地位了。

---

[1] 弗朗索瓦·阿祖维：《笛卡尔与法国》，苗柔柔、蔡若明译，中国人民大学出版社，2008年版，第2页。
[2] 同上书，第3页。

对于法国如此,对于哲学呢?笛卡尔的影响又如何?

很有意思,其情形与对于法国惊人地相似。

这就是说,既有人狠狠地批判与抛弃笛卡尔,但也有人颂扬与追随笛卡尔。

我们先来说批评的。

这样的批评真是所在多有,正如《哲学百科全书》中的"笛卡尔"条目所言,笛卡尔去世后,他的哲学立即就遭到了许多哲学家的大量谴责,例如斯宾诺莎,他在《伦理学》的第五卷中就批评了笛卡尔,而教廷也指责他思想中的詹森主义,荷兰的新教徒们则指责他是佩拉纠主义,如此等等,总之,笛卡尔去世之后,遭受的批评比赞美要多得多。[1]

关于斯宾诺莎的批判,他在《伦理学》的第五卷一开头就对笛卡尔进行了毫不客气的抨击,说他的提出的是一些"神奇的假设"——实际上就是荒谬的假设,称自己"已经一再充分地证明"他的说法是错误的。[2]

还有帕斯卡,这位像笛卡尔一样既是伟大的哲学家又是了不起的科学家的伟人,对笛卡尔也是批判有加,例如在《思想录》中,他说:

我不能原谅笛卡尔;他在其全部的哲学之中都想能撇开上帝;然而他又不能不要上帝来轻轻碰一下,以便使世界运动起来;除此之外,他就再也用不着上帝了。[3]

他甚至说:

笛卡尔既无用而又不可靠。[4]

这简直是不敬之语,但还不止这些,他又说:

---

[1] Donald Borchert (ed.): *The Encyclopedia of Philosophy*, 2nd Edition, vol.2, Macmillan Reference USA, 2006, p.755.
[2] 参见斯宾诺莎:《伦理学》,贺麟译,商务印书馆,1958年版,第222-223页。
[3] 帕斯卡:《思想录》,何兆武译,商务印书馆,1985年版,第39页。
[4] 同上。

笛卡尔——大体上必须说："它是由数目与运动所构成的"，因为这一点是真的。然而要说出究竟是什么，并且要构造出这架机器来；那就荒唐可笑了。因为那是无用的、不可靠的而又令人苦恼的。如果那是真的，我们就会把所有的哲学都评价为不值得去费一点力气了。[1]

在这里他简直要将笛卡尔和所有和他有关的哲学都一棍子打死了。

还有另一个法兰西的伟人伏尔泰，他在《路易十四时代》里就说，笛卡尔作为一个科学家，本来应该像牛顿一样去研究大自然，但他却不去研究大自然，而是闭门造车地乱猜测。他还说，笛卡尔虽然是最伟大的几何学家，但抽象的几何学对人的思想并不产生任何的影响。总而言之，笛卡尔的哲学不是来自于对大自然的深入观察与研究，而是"过分趋向于虚构想象"，他甚至说笛卡尔的著作是"哲学小说"，原因就在于他"轻视实验、从不引用伽利略的学说"，这样一来，就像盖房子的人一样，他盖房子不用砖瓦木料等却只凭想象去盖，这样盖起来的当然也只会是一间"空想的大厦"。[2]

显然，这样的批判是相当严厉的，几乎将整个的笛卡尔哲学也一棍子打死了。

在《哲学通信》里，伏尔泰也批判了笛卡尔，他说："我们的笛卡尔，生来就是揭发古代的谬误的，但是却又换上他自己的谬误。"[3] 诸如此类，就不多说了。

这些都是著名的法国哲学家之批评笛卡尔，当然也有赞美他的，特别是在笛卡尔还活着时是这样，对此《笛卡尔的骨头——信仰与理性冲突简史》是这样说的：

---

[1] 帕斯卡：《思想录》，何兆武译，商务印书馆，1985年版，第39页。
[2] 参见伏尔泰：《路易十四时代》，吴模信等译，商务印书馆，2011年版，第462页。
[3] 伏尔泰：《哲学通信》，高达观等译，上海人民出版社，1961年版，第51页。

17 世纪欧洲那些好论时政的知识分子彼此通信，他们在给笛卡尔写信时，会毫不害羞地滥用溢美之词，称他为"伟人"，"我们时代的阿基米德"，"最伟大的哲学家"，"大力神阿特拉斯，不用隆起的肩膀，而是用伟大心灵的稳健推理撑起天穹"。[1]

看得人浑身起鸡皮疙瘩吧！

除了这些俗人的赞扬之外，哲学家当中笛卡尔也不乏追随者，最著名的当然是马勒伯朗士了，就像《哲学百科全书》所说的，马勒伯朗士是"笛卡尔之后主要的笛卡尔主义哲学家之一"。[2]

马勒伯朗士这个名字我们可能不大熟悉，实际上他是一位非常杰出的哲学家，其思想之深刻在我看来不亚于任何其他哲学家。虽然笛卡尔主义哲学家乃是马勒伯朗士一个主要的标签，但事实上，马勒伯朗士不止于此，他不但是重要的笛卡尔主义哲学家，也是重要的哲学家，特别是在十七、十八世纪，受马勒伯朗士影响的哲学家当中包括许多哲学大家，如莱布尼茨、贝克莱、休谟等。

关于马勒伯朗士是怎样喜欢起笛卡尔哲学来的，历史还有记载。那是 1664 年，有一天，马勒伯朗士在巴黎的大街闲逛，路过一家书店，问有什么新出版的书，店员便递给他一本笛卡尔的著作，马勒伯朗士一翻之下，立即被深深地迷住了，据安德烈神父在他为马勒伯朗士所作的传记中说，读到这本书后，马勒伯朗士狂喜不已，心跳快得受不了，气都喘不过来，以致于他"不得不经常把书搁下一会，不再读它，以使呼吸能够顺畅一点"。[3]

---

[1] 萧拉瑟：《笛卡尔的骨头——信仰与理性冲突简史》，曾誉铭、余彬译，上海三联书店，2012年版，第37页。

[2] Donald Borchert (ed.): *The Encyclopedia of Philosophy*, 2nd Edition, vol.5, Macmillan Reference USA, 2006, p.663.

[3] http://plato.stanford.edu/entries/malebranche/

从此,马勒伯朗士就成了笛卡尔的信徒了,这也奠定了他一生的哲学大方向。

这情形颇类似于尼采读到叔本华时的情形吧!

马勒伯朗士外还有莱布尼茨。莱布尼茨对笛卡尔的思想实际上是有褒有贬的,但他对笛卡尔本人是很尊敬的,关于笛卡尔他曾经说过这样的话:

这里无须指出什么是笛卡尔学说中应当受到赞扬的东西,他的智能远远超过任何赞扬。[1]

如此等等,看得出来吧,哲学界的笛卡尔如同世俗的笛卡尔一样,对他的评价从来是褒贬不一、众说纷纭的。

但一个不可争议的事实是,就像即使有法国人讨厌他,他依然是法兰西民族的代表一样,无论有多少哲学家批评笛卡尔,但他永远是近代甚至现代西方哲学伟大的开创者,甚至可以代表中世纪哲学之后的西方哲学,就像他能代表法兰西一样。

也许这就是笛卡尔的特别与伟大之处吧!

---

[1] 《莱布尼茨自然哲学著作选》,祖庆年译,中国社会科学出版社,1985年版,第4页。

第四章　笛卡尔哲学初论

从现在起我们要来讲笛卡尔的哲学本身了。

在我看来，这是一个有趣又重要的任务。

之所以有趣，是因为讲笛卡尔哲学不同于一般的哲学。一般的哲学，或者一般的哲学家的哲学，通常是比较折磨人的，我们想要理解之得花很大的力气。理解之后虽然获得了哲学的知识，对世界有了进一步的理解，然而我们并不会感到什么有趣，基本上只是劳累。但笛卡尔就不一样了，当我们读完笛卡尔之后，将会发现通过笛卡尔，我们获得的并不仅仅是知识而已，还有乐趣，这是一种从内心深处散发出来的乐趣，是一种很美好的精神享受。

不妨打个比方吧，我们可以将哲学知识的获取比喻为一场获取食物的劳作，无论笛卡尔哲学还是非笛卡尔的哲学都可以从劳作之中获取食物，但从非笛卡尔哲学中获取的食物大多只有营养，并不美味，就像萝卜白菜一样，而从笛卡尔哲学之中获取的食物则是又香又甜的大苹果与美味爽脆的芦笋。

至于原因，一方面与我们前面提过的笛卡尔的写作风格有关，另一方面与他的思想本身有关，那思想简言之既深刻又比较有趣，这我们在后面就会看到了。

第一节　笛卡尔思想的重要性与矛盾性

讲笛卡尔哲学本身之前，我们先来讲几句笛卡尔的哲学思想在哲学史或者思想史上的重要性。

对于笛卡尔思想的重要性，可以从多个角度进行分析，例如文德尔班就认为：

（笛卡尔）他对于哲学发展的影响越来越大，他是十七世纪哲学发展史中的精神的统治力量。[1]

文德尔班在这里着重强调了笛卡尔对于十七世纪哲学的重要性，这当然是对的，要知道，在十七世纪，除了笛卡尔，还有两个称得上伟大的哲学家，即培根与霍布斯，但培根已老，霍布斯还年轻，只有笛卡尔如日中天，统治着这个世纪。何况即使他们都当盛年，在哲学史上的地位也依然无法与笛卡尔相匹。

不过，笛卡尔可不仅仅是十七世纪的统治力量，如我们前面所说过的，笛卡尔是近代甚至现代西方哲学的开创者，因此即使在整个哲学史上，他也称得上是统治力量之一，甚至堪与柏拉图与亚里士多德并列。

笛卡尔之所以具有如此重要的地位，在于从他之后，西方哲学的发展有了一个如黑格尔所言的"全新的方向"：

在哲学上，笛卡尔开创了一个全新的方向：从他起，开始了哲学上的新时代；从此哲学文化改弦更张，可以在思想中以普遍性的形式把握它的高级精神原则。[2]

这个全新的方向将是我们后面要阐释的笛卡尔哲学的核心之点，即从思维出发。

这个"从思维出发"的意义在哪里呢？在于它既非如中世纪哲学一样是从信仰出发，亦非如比他更年长的培根那样从"经验"出发，所以开创了哲学发展一个全新的方向。而这个方向将要代表整个西方哲学未

---

[1] 文德尔班：《哲学史教程》（下卷），罗达仁译，商务印书馆，1993年版，第534页。
[2] 黑格尔：《哲学史讲演录》（第四卷），贺麟、王太庆译，商务印书馆，1978年版，第65页。

来发展的主要方向，无论斯宾诺莎、莱布尼茨还是康德或者黑格尔，乃至更后的胡塞尔、海德格尔与现在还活着的罗蒂，都是跟着笛卡尔往这个方向走的，由此可见笛卡尔开辟这个哲学新方向的伟大意义。

正因为如此，倘若我们想要了解笛卡尔之后的整个西方哲学，无论是近代西方哲学还是现代西方哲学，笛卡尔哲学是必须经过的一关，不过这一关是没有办法理解西方哲学的，这就如孙卫民教授所言：

每一个学哲学的学生都知道，不了解笛卡尔，我们无法充分理解笛卡尔之后的现代哲学。笛卡尔哲学重新定义了哲学的基本问题，确定了哲学发展的基本框架。即便在当前，虽然哲学的种种流派之间有着多么严重的冲突，争论的基本框架仍然是笛卡尔哲学所提供的。例如，从存在主义（不论是海德格尔还是萨特）到罗蒂的新实用主义都试图开创一种新的哲学体系，但他们的出发点都是笛卡尔。[1]

笛卡尔的思想无疑是重要的，但同样重要的是，我们要看到笛卡尔思想中那个最大的特点，就是矛盾性。

笛卡尔哲学中的矛盾之典型表现，就是我们后面会深入分析的他的身心二元论中的矛盾，以及由此导致的模棱两可性，正是这种两可性导致了理解笛卡尔思想的困难，而这种两可与困难使得不同的人可以从不同的角度理解笛卡尔，并在此基础上建立自己的新哲学，而这些新哲学彼此往往是大相径庭的。因此梯利才说：

笛卡尔的哲学面临许多困难，引起许多问题，这使后来的思想家忙了几个世纪。[2]

这就是说，此后几个世纪的新哲学在很大程度上都是从笛卡尔那里起源的，他们所忙的也不过是笛卡尔哲学中的困难与问题而已，是为了

---

[1] 孙卫民：《笛卡尔——近代哲学之父》，九州出版社，2013年版，第2页。
[2] 梯利：《西方哲学史》，葛力译，商务印书馆，1995年版，第320页。

解决笛卡尔哲学中的困难以及从之而起的问题。

对于笛卡尔思想中的这个特点，罗素说得更为清楚：

笛卡尔身上有着一种动摇不决的两面性：一面是他从当时代的科学学来的东西，另一面是拉弗莱舍学校传授给他的经院哲学。这种两面性让他陷入自相矛盾，但是也使他富于丰硕的思想，非任何完全逻辑的哲学家所能及。自圆其说也许会让他仅仅成为一派新经院哲学的创始者，然而自相矛盾，倒把他造就成两个重要而背驰的哲学流派的源泉。[1]

罗素在这里不但说明了笛卡尔思想的矛盾性，还说明了这种矛盾性的起源，那就是他的求学经历。我们前面讲他的生平时说过，笛卡尔是从由耶稣会开办的拉弗莱舍教会学校毕业的，接受的是传统的经院哲学教育，虽然他对这个教育一开始就不是很认同的，但他同样没有全盘否定经院哲学。这也是笛卡尔思想一个很大的特点，是与许多几乎全盘否定经院哲学的哲学家如培根不一样的。事实上，经院哲学在笛卡尔心中留下了深深的印迹。因此，倘若我们想更深刻地理解笛卡尔的哲学，那么理解他思想中的经院哲学痕迹是很重要的。也许如罗素所言，正因为笛卡尔思想中有这种不同的传统：一方面是从上帝与信仰出发的经院哲学的旧传统，另一方面是他自己创立的新传统，即不是从上帝与信仰出发、而是从思维与理性出发的新传统，所以才导致了笛卡尔哲学中的矛盾性，而正是这种矛盾性导致了笛卡尔思想中的两面性或者两可性，即既可以从这一面看它，同时又可以从另一面看它，都是有道理的。于是就导致了笛卡尔之后，诞生了迥然不同的哲学流派，而他们都源自于笛卡尔，这两派甚至是极端对立的两派。对这样的对立情形，萧拉瑟甚至以左派与右派来言之：

这位典范性的现代哲学家成为左派的教父并不令人称奇，由于笛卡

---

[1] 罗素：《西方哲学史》（下卷），何兆武、李约瑟译，商务印书馆，1976年版，第92页。

尔主义立足于怀疑之上，它质疑一切，直至抵达事实的核心，因而它不仅被视为科学方法的基础，而且也被视为自治这种重个人轻权威的现代观念的基础。然而，与此同时，笛卡尔哲学中的另一个要素，也就是为世人所知的笛卡尔二元论，因为提出了心灵（灵魂）与物质世界分离的观念而被右派所拥抱。保守的思想家们，包括君主、神学家和哲学家，曾经依据笛卡尔身心分离理念来支撑他们的主张，认为存在着一个科学的窥探之指所无法触及的思想、信念和理念的永恒王国，而人类道德与世俗权力就扎根于这个恒久的领地。[1]

在萧拉瑟看来，笛卡尔乃是现代西方哲学中的左派与右派的共同祖先，其内涵要超过上面所说的哲学中的两派，而包括了整个社会思想。这样的说法也是有道理的，正如我们前面所言，笛卡尔所代表的已经不是法国的哲学而已，而是整个法兰西，即他的思想已经融入法国社会中的各个领域，包括社会、政治、宗教甚至科学领域，在这些领域之内笛卡尔都有着广泛的影响，这些领域的研究者都从笛卡尔思想中大量地汲取营养。又由于笛卡尔思想中那种矛盾性与两可性，他们的确可以各取所需，从而使得笛卡尔成为整个法兰西——无论左翼还是右翼——的代表。结果就是如我们前面举过的例子一样，当法国面临德国法西斯的入侵时，笛卡尔的思想便成为了自由的象征，当时就出版了一套反纳粹的丛书，名叫"笛卡尔——为了自由"。

其实，不仅仅是法国，几乎整个西方社会都可以这样，都可以从各个角度去从笛卡尔哲学汲取养料，从而也在社会的各个方面接受笛卡尔哲学的影响。

当然，若从这个角度上讲，就得说整个西方世界都是笛卡尔的了。

---

[1] 萧拉瑟：《笛卡尔的骨头——信仰与理性冲突简史》，曾誉铭、余彬译，上海三联书店，2012年版，第10页。

这诚然有些夸张，但也并非完全不是，因为这个社会如我们所见，的确是一个充满矛盾的社会，这些矛盾是内在的，几乎无可解决，而这正是笛卡尔哲学中矛盾的特点——它明明存在着矛盾，但却无法解决。

第二节 对传统哲学的批判

有人曾经对笛卡尔的思想人生作出过一个总的划分，共分成四个重要阶段。[1]这可以大体看作是笛卡尔哲学的整体轮廓。

第一个阶段是当笛卡尔还是一个年轻人时，他一开始并没有关注哲学，而关注纯粹的数学，这大概当以他在布雷达遇到贝克曼开始吧，从那时候起他就将主要精力投入到了数学研究，并且开始思考一个他在很早以前就想过的问题：数学方法是否可以应用于知识的其他领域？甚至将所有的科学都统一起来。这也一直是笛卡尔的目标，因此柯普斯登说："笛卡尔底理想目标是去建构这个包摄一切学问的科学的哲学。"[2]

第二个阶段大约从1629年开始，这时候笛卡尔不但关心科学，也开始关心哲学了，并且试图将科学与哲学结合起来。于是，这时候他的研究就有类于古希腊的自然哲学了，简言之就是从科学的角度、以哲学的方式去分析这个世界，这个时期的成果就是《论宇宙》（或者译为《论世界》）了。但1633年伽利略的被判罪使得他不敢出版已经完成的著作，并且走向了下一个阶段。

这个第三阶段里，笛卡尔开始了他伟大的探索，即方法的探索，正

---

[1] 参见汤姆森：《笛卡尔》，王军译，中华书局，2002年版，第28页。
[2] 柯普斯登：《西洋哲学史》（第四卷），邝锦伦、陈明福译，黎明文化事业股份有限公司，1990年版，第81页。

是这样的探索使得他开始启用一种哲学的或者说形而上学的新方法，正是这样的方法为整个哲学开辟了一条新的途径。这一时期的成果就是《谈谈方法》了。此外，《第一哲学沉思集》和《哲学原理》也是这方面的著作。所以这第三阶段乃是笛卡尔思想最核心、成果最丰硕的阶段。

到了1644年前后，笛卡尔走向了他思想的第四个阶段。这也是最后一个阶段。在这个阶段里，笛卡尔将更多的注意力投向人，他研究人的情感、思维与意志等，特别是各种的情绪，他对许多情绪如惊奇、尊敬、蔑视、爱、恨、渴望、担心、羡慕、怜悯、嫉妒等等都进行了具体的研究，并且得出了独特的结论。例如嫉妒，他是这样说的：

当运气带给某个人一些财富，而且他确实不配拥有这些东西时，我们就会有所嫉妒，之所以如此，是因为我们本性上向往着公平，我们会对公平在这些财富的分配中没有得到体现而感到生气，这是一种可以原谅的热情。[1]

他还说：

没有任何一种恶会像嫉妒一样有损于人们的幸福。[2]

这些都是格言式的分析，有点儿培根的味道。

第四个阶段最重要的作品乃是《论灵魂的激情》，这也是笛卡尔生前出版的最后一部著作，其中最核心的内容就是他的身心二元论了。

由上可见，笛卡尔的思想之路大抵是这样的：数学（科学）——自然哲学——形而上学新方法——人的哲学。

理解了这个，对笛卡尔哲学的整体思想就有了一个最简明的轮廓。

不过，我们在具体讲笛卡尔的哲学时，可不能依据这样的顺序，而

---

[1] 笛卡尔：《论灵魂的激情》，贾江鸿译，商务印书馆，2013年版，第141-142页。
[2] 同上书，第142页。

是要依据笛卡尔思想的整体特色,尽量将之展现为一个符合逻辑的、由浅入深的系统,以图更好地理解笛卡尔那既简明又复杂、既深刻又具趣味性的哲学系统。

我们最先要讲的是笛卡尔对哲学之意义的理解。

在笛卡尔看来,哲学是很重要的,因为哲学是知识的整体,人类所知的一切知识都囊括于哲学之内,而人之所以有别于动物,就是因为人有知识,换言之就是,人之所以与普通动物不同,是因为人有哲学:

哲学既包括了人心所能知道的一切,我们就应当相信,我们所以有别于野人同生番,只是因为有哲学,而且应当相信,一国文化和文明的繁荣,全视该国的真正哲学繁荣与否而定。因此一个国家如果生下了真正的哲学家,那是它所能享受的最高特权。[1]

笛卡尔在这里还说了,不但人之区别于动物是因为人有哲学,而且,对于由人类建立的国家而言,是一个繁荣的国家、是一个发达的国家还是愚昧落后的国家,全在于这个国家是否有哲学,是否诞生了真正的哲学家。笛卡尔对哲学之重视,可与古希腊先哲一比了。

笛卡尔还说,不但对于国家哲学是很重要的,对于每一个人也是如此,人活着是需要进行哲学思考的,而倘若我们只是活着,只过着那种吃饭穿衣、游戏娱乐的生活,而不进行哲学的思考,那么我们就无法理解我们自己,也无法理解生活,那情形就有如我们是瞎子一样。

正因为哲学如此之重要,所以我们要积极地学习哲学。但笛卡尔马上又指出了一个大问题,就是现在的哲学——当然指他所处时代的哲学——出了大问题。

这个大问题就在于在哲学界存在着太多的争论,也就是说,几乎所有的哲学观点都有人质疑,就如它有人维护一样。这样的结果就是在维

---

[1] 笛卡尔:《哲学原理》,关文运译,商务印书馆,1958年版,第x页。

护与质疑之间的争来斗去,如此情形在哲学之中可以说无所不在,而这样导致的结果就是每一个哲学理论都是可疑的,就如笛卡尔所说:

关于哲学我只能说一句话:我看到它经过千百年来最杰出的能人钻研,却没有一点不在争论中,因而没有一点不是可疑的。[1]

笛卡尔的这个说法诚然是符合于哲学史的,这其实是整个哲学史之中最明显也最令人遗憾的现象。这种现象早在古希腊罗马哲学中的怀疑主义就说得很清楚了。例如后期怀疑主义的怀疑"五论式"中,第一个论式就是意见的差异性。

所谓意见的差异性,指的就是在哲学中有大量的哲学家与哲学流派,而这些哲学家与哲学流派之间的观点是千差万别的,甚至相互对立的,例如究竟什么是世界的本质?是泰勒士的水还是巴门尼德的无限,或者恩培多克勒的四根呢?还有什么是善与恶呢?有没有一个终极的、普遍的善与恶的标准呢?又如真理,究竟什么是真理?真理有没有一个标准?符合之的就是真理,否则就不是。甚至于我们是否可以了解这个世界、求得所谓的"知识"呢?是可以还是像苏格拉底所言"我只知道我一无所知"呢?哲学史上对于这些问题根本没有统一的答案,而是给了我们众说纷纭、莫衷一是的一大批答案。

我们甚至可以假设有这样一个"哲学市场",在这个市场里集聚了哲学史上所有的哲学名家,他们都超越时空来到了这里,每个人都摆了一个"哲学小摊",然后他们就在那里贩卖自己的"哲学思想"了,方式就是各自发表意见或者辩论,而我们——我和读者们——就是买家,那时候会是什么样的情形呢?不知道,但有两点是可以确定的:

一是这个市场一定很热闹,像极了现在的菜市场,小贩们大声叫着:"来买哪,刚采摘的大葱哪!"或者叫道:"快来看啦,新鲜出炉

---

[1] 笛卡尔:《谈谈方法》,王太庆译,商务印书馆,2000年版,第8页。

的面包啦！"还有人会叫："冰糖葫芦，包甜哪，不甜不要钱！"不过这个哲学市场的哲学家们叫的是："来听哪，我这里告诉你世界的本质哪！"或者"快来哪，今天早上刚想出来的深刻思想哪！"还有人会叫："关于什么是真正的善与真正的恶，包好听，不好听不要钱！"如此等等。

二是这些叫卖的哲学思想就像菜市卖的菜一样，品种繁多，叫人听得眼花缭乱，就像菜看得人眼花缭乱一样。而且，比菜更让人糊涂的是，菜大家都知道各有各的美味、各有各的营养，没有什么好坏对错之分，菜贩们也不会只夸自己的菜好，说别人的菜不好、有毒。但哲学就不一样了，哲学家们一定会大夸只有自己的哲学才是真正的哲学，才是最好的哲学甚至是唯一的真理，别家哲学通通都是胡说八道，是谬误甚至是毒品，互相攻讦。甚至有些彼此对立的流派，例如斯多葛派和伊壁鸠鲁派、唯物主义者和唯心主义者、形而上学哲学家和反形而上学的哲学家、无神论者与神学家，说多了还会大打出手，把哲学的文斗变成武斗。

几乎可以肯定地说，倘若真有这样的哲学集市，一定会是这样的情形。

因为这就是过去的，也是现在的，还可以肯定是将来的哲学实况。

这样的情形怀疑主义者们两千年前就看得很清楚了，并且由此提出了五论式，这第一论式就是针对这个哲学最明显的实况说明。

这个实况说明说明了什么呢？简而言之，它说明了在哲学里面根本就没有什么真理，至于为什么：一是因为这些思想的差异太大了，不可能都是真理，否则世界上就没有什么真理了；二是各家哲学又都只说自己是真理、别家是谬误，然而并没有哪家可以拿出足够有说服力的理由来证明只有他的学说就是真理，甚至对于什么是真理都讲不清楚，没有统一的答案。这样，哲学又何来真理呢？

我想，直到今天，哲学家依然要面对这个问题。

第三节　方法很重要

笛卡尔正是看到了上面这种古怪的情形，才对当时的哲学研究提出了不满与批判。

笛卡尔接着说，虽然对同一个问题可以有许多不同的看法，都有博学的人士支持，但这并不说明这些不同的说法都是正确的，正确的看法只能有一种。

于是，他的哲学的目标就是要将那些"仅仅貌似真实的看法一律看成大概是虚假的"，然后加以摒弃，并找到那唯一的真理。

那么，如何摒弃那些似真实假的理论并找到那唯一的真理呢？

笛卡尔并没有直接回答，而是先说：方法很重要。

他的意思就是说，我们要想抛弃旧的谬误、找到新的真理，首先就是要找到一种新的方法，用这个新方法去求得新知识，而这些新知识就是真理。

他将他的新方法称为"新原理"，认为只有找对了这个新原理，我们才能找到正确的知识，达到哲学研究的目标。

他还打了一个比喻，就是将哲学研究比喻为旅行，那些方法不对的人，就有如在旅行中走错了方向：

我不得不论，哲学正如旅行一样，在旅行时，我们如果背向着自己所要去的地方，则我们在新方向中走得愈久愈快，我们就愈远离那个地方。[1]

---

[1] 笛卡尔：《哲学原理》，关文运译，商务印书馆，1958年版，第xiii-xiv页。

笛卡尔的这个意思用一个中国成语形容最好不过了,那就是"南辕北辙"。若以这样的方式去研究哲学,自然是研究得越多,距真理就愈远。而原理所起的作用就在这里:倘若找对了原理,那么就如同我们在旅行中走对了方向,达到目标是迟早的事,即我们迟早可以得到真正的知识。而倘若我们找错了原理,那么就如同旅行中走错了方向,甚至走了相反的方向,自然走得越远,距真理也就越远。以笛卡尔的说法就是:

在哲学中,我们如果应用了虚妄的原理,则我们愈仔细琢磨它们,并由此演绎出许多结论来,则我们愈不能认识真理,愈不能得到学问。我们虽然以为自己推论得法,实则我们是离真理愈远。[1]

其实笛卡尔的前辈培根也说过一句相似的话:

常言说得好,在正路上行走的跛子会越过那跑在错路上的快腿。不但如此,一个人在错路上跑时,愈是活跃,愈是迅捷,就迷失得愈远。[2]

培根在这里的意思就是说:幻象的存在使我们在追求知识与真理的道路上迷失了方向,甚至南辕北辙,结果自然就是走得越快,离真理也就越远。培根的幻象就有类于笛卡尔的错误的原理了。

所以,在笛卡尔看来,对于哲学研究而言,当务之急是找到正确的原理,只要找到了这个正确的原理,就是找到了哲学的真理之道。笛卡尔说,只要走上了这条正确的道路,我们就一定能够找到真理,哪怕有点慢也没有关系,就像一个慢的人,只要方向正确,迟早可以到达目的地,比那些走得快但方向不正确的人可要好多了,就像他在《谈谈方法》中所说的一样:

行动十分缓慢的人只要始终循着正道前进,就可以比离开正道飞奔

---

[1] 笛卡尔:《哲学原理》,关文运译,商务印书馆,1958年版,第xiv页。
[2] 培根:《新工具》,许宝骙译,商务印书馆,1984年版,第35页。

的人走在前面很多。[1]

要找到真理,方法是很重要的。现在的问题是,怎样才能找到正确的方法呢?

我们前面说过,笛卡尔批判了过去的哲学,认为其中存在着太多的争论,因此一切观点都是可以怀疑的,从这里就可以得出来他与方法有关的另一个观点,就是认为过去的旧方法不行。

所谓旧方法,笛卡尔大体指两者,一是传统的思辨方法,二是三段论,笛卡尔对二者都提出了批判。所谓不破不立,笛卡尔正是在批判旧方法的基础上寻求他的新方法的,因此我们先来说说他对旧方法的批判,第一个就是对传统思辨或者说纯粹思辨的批判。

笛卡尔认为纯粹的思辨是不可能求得真知的。关于这个,他在《谈谈方法》中有一段精彩的话:

一到年龄容许我离开师长的管教,我就完全抛开了书本的研究。我下定决心,除了那种可以在自己心里或者在世界这本大书里找到的学问以外,不再研究别的学问。于是趁年纪还轻的时候就去游历,访问各国的宫廷和军队,与气质不同、身分不同的人交往,搜集各种经验,在碰到的各种局面里考验自己,随时随地用心思考面前的事物,以便从中取得教益。因为在我看来,普通人的推理所包含的真理要比读书人的推理所包含的多得多:普通人是对切身的事情进行推理,如果判断错了,它的结果马上就会来惩罚他;读书人是关在书房里对思辨的道理进行推理,思辨是不产生任何实效的,仅仅在他身上造成一种后果,就是思辨离常识越远,他由此产生的虚荣心大概就越大,因为一定要花费比较多的心思,想出比较多的门道,才能设法把那些道理弄得好像是真理。[2]

---

1 笛卡尔:《谈谈方法》,王太庆译,商务印书馆,2000年版,第3页。
2 同上书,第9页。

这段话的内容是很丰富的，主要有以下两点：

一、真知要从生活中来、从世界中来、从生活的实践中来。他还说明了原因，他之所以要如此，就是因为他以前所读的书中是没有真知的，只有无穷无尽的争论，所以他才"完全抛开了书本的研究"。这就是我们现在所说的"实践出真知"，可见笛卡尔早就意识到这一点了。

二、过去的书本中之所以缺乏真理，在于它们主要只是一些思辨，而从思辨是得不到真理的。因为这种思辨思考得越多，就离开常识越远，实际上就是离开生活越远，堕入一种为思辨而思辨，甚至堕入一种诡辩，为了满足虚荣心而人为地制造出一个似真实假的所谓真理。——显然，笛卡尔在这里指的就是经院哲学甚至整个过去的哲学了，因为自从柏拉图起，甚至更早从巴门尼德起，哲学主要就成了一种思辨，哲学家们总是从思辨之中去寻求真理，在笛卡尔看来，这无异于缘木求鱼。

思辨之外，笛卡尔认为传统的三段论也是有问题的，这是他在《探求真理的指导原则》中明确地说过的：

结构十分巧妙、或许必须运用的三段论式，我们也要予以唾弃。[1]

至于为什么要唾弃三段论，笛卡尔认为原因是很清楚的，就是由于三段论只能用来从已知的东西中推出一些表面上是新的实际上是旧的结论，也就是实际上不能由之得到未知的新知识。所以他认为包括三段论在内的旧逻辑存在着很大的问题，要从它们之中找到新知与真理简直比从一块大理石原石中找到一尊女神像还难：

三段论式和大部分其他法则只能用来向别人说明已知的东西，就连鲁洛的《学艺》之类也只能不加判断地谈论大家不知道的东西，并不能求知未知的东西。这门学问虽然确实包含着很多非常正确、非常出色的法则，其中却也混杂着不少有害或者多余的东西，要把这两类东西区别

---

[1] 笛卡尔：《探求真理的指导原则》，管震湖译，商务印书馆，1991年版，第5页。

开来，困难的程度不亚于从一块未经雕琢的大理石里取出一尊狄安娜像或雅典娜像。[1]

对于传统逻辑特别是三段论的这个毛病早就有人批判了，例如培根，他也对三段论进行了猛烈的批判，声称"我不但在原理方面要排斥三段论法，在中段命题方面也要排斥三段论法。"[2] 至于批判的原因也和笛卡尔是一样的，即从三段论中求不到真且新的知识。

我们知道，三段论是亚里士多德提出来的，这也是他最伟大的贡献之一，笛卡尔既然批判三段论，自然对亚里士多德也没多少好感，因此他曾经在给梅思纳的一封信中说，他在《第一哲学沉思集》中，那鲜明的标题实际上都只是"我希望人们注意的东西"，他的书实际上还有更重要的东西，例如和亚里士多德的体系不相容的东西，不过他请梅思纳不要告诉别人，"否则亚里士多德的支持者就很难赞同我的想法了。我希望读者在发现我的原则摧毁了亚里士多德的体系之前，就已经逐渐适应我的这些原则并意识到它们的正确性。"[3]

在这里，笛卡尔明白表示想要摧毁整个的亚里士多德哲学体系。我们又知道，以托马斯·阿奎那为代表的经院哲学主要就是以亚里士多德的哲学体系为根基的，因此笛卡尔实际上摧毁的不止是亚里士多德的体系而已，而是过去整个的旧哲学体系，以建立他的新哲学体系。

这时候，也许有人会进一步问：为什么因为旧方法不能获得新知识，就要抛弃它呢？

这个问题有点白痴，但我们在这里也要解说一下。

这个问题的答案当然是：因为知识很重要。

---

1 笛卡尔：《谈谈方法》，王太庆译，商务印书馆，2000年版，第15页。
2 《伟大的复兴·序言》，转引自余丽嫦：《培根及其哲学》，人民出版社，1987年版，第253页。
3 转引自索雷尔：《笛卡尔》，李永毅译，译林出版社，2010年版，第57页。

在笛卡尔看来，知识就是人类的营养品，就像食物是普通动物的营养品，人之为人当然不能像动物一样有了食物这样物质性的营养品就可以了，还得有精神性的营养品，那就是知识或者说学问：

畜类因为只有身体可保存，所以它们只是不断地追求营养的物品；至于人类，他们的主要部分既然在乎心灵，他们就应该以探求学问为自己的主要职务，因为学问才是人心的真正营养品。[1]

"学问才是人心的真正营养品"，说得多好！倘若今天的人都理解并且遵循了这样的教导，那么我们这个世界一定要美好得多！

笛卡尔批判了前人获得知识的旧方法，认为这些方法不足以获得真理，但我们可不要以为他认为前人不可能获得知识，那就是明显的胡说了。笛卡尔不会这么狂妄，知识与真理是不一样的，或者我们应将上面的真理理解为终极的真理，或者至少是具有很高的高度的哲学之真理，而不是一般知识。笛卡尔当然认为前人是一定获得过很多知识的。而且，对于前人所获得的知识，笛卡尔还提出过一个总的分类法，就是他将过往的知识或者说智慧分成五个级别，相应地也有不同的知识以及获取知识的不同的方法。

他认为，第一级的知识乃是那些最简单的意念，它们"本身都是很明白的，我们不借思维，就可以得到它们"。具体来说，大概指那些最简单的、自明的观念，例如我存在、我活着、我要吃饭，这些自明的与本能的观念，就像奥古斯丁在《论自由意志》里所说的一样："存在性、生命、理解是存在着的三件事。"[2] 这三件事更清楚地说就是我存在，我活着，并且我能够理解，这都是具确定性的、最简单的意念，并且是自明的。

---

[1] 参见笛卡尔：《哲学原理》，关文运译，商务印书馆，1958年版，第x页。
[2] 奥古斯丁：《论自由意志》，成官泯译，上海人民出版社，2010年版，第103页。

笛卡尔的第二级知识指的主要是感官经验以及由之而得来的知识；第三级则是"别人谈话所教给我们的知识"，这里他指的是那些不是通过我们自己的感觉而是通过语言而得来的知识。最后一种是通过读书而得来的智慧或者说知识，笛卡尔认为这也是我们获得知识的重要途径，但他特地指明了，他这里的书可不是随便什么样的书都可以的："不过我所谓读书只是说读那些能启发人的著作家的作品，而不是说读一切作品。"[1]

这就是笛卡尔所认为的过去的知识所由之而来的途径，他认为，"我们寻常所有的知识，都是由这四种途径获得的。"

然而，笛卡尔又指出，除此而外，还有另一条获取知识的途径，这就是"第五条达到智慧的道路"，对此他说：

往古来今，许多天才都会努力找寻第五条达到智慧的道路——比其余四条确定万倍，高妙万倍。他们所试探的途径，就是要寻找第一原因和真正原理，并且由此演绎时人所能知的一切事物的理由。哲学家的头衔多半就是授予这一类人的。[2]

在这里，笛卡尔说明了那第五条途径乃是古往今来所有真正的哲学家都在寻求的知识之径，因为它乃是通向真理与智慧最好的途径，作为真正的哲学家就要努力走上这一条道路。

至于这条道路的核心与目的就是要找到第一原因，所谓第一原因，我们在这里可以理解为所有知识的起点，即所有的知识都是由之而来的，所以它才是知识的"第一原因"，也是知识的"真正原理"。

显然，笛卡尔所要走的路就是这一条，这也就是他求取知识与真理的方法了。

---

1 参见笛卡尔：《哲学原理》，关文运译，商务印书馆，1958年版，第xi页。
2 同上。

至于何谓第一原因，笛卡尔在后面没有明说，也许我们要从他的整个思想体系中才看得清楚，但也许笛卡尔自己也没有弄清楚，因为可以称之为第一原因的并不是只有一样，例如上帝可以称之为第一原因——我们后面会看到，笛卡尔认为一切真正的知识归根结底是来自于上帝的，就像人是上帝创造的一样。但我们在求知时并不能以这个为起点，上帝的存在也是需要证明的，也就是有比上帝存在更早的第一原因，那就是我思，笛卡尔是从我思出发得到"我思，故我在"，然后推论上帝的存在的。

于是，这个"我思"或者说"思"就应该是第一原因了。

不错，这才是笛卡尔哲学的起点——起始之点。

不过，这虽然是笛卡尔哲学的起点，但并不是探讨哲学的过程的起点，至于这个起点，即我们当如何开始探讨哲学、求得真知，对这个过程的起点笛卡尔是说得很清楚的，那就是一切从怀疑开始。
． ． ． ． ． ． ．

第五章　一切从怀疑开始

我们在上章的结尾处说到，找到并且理解笛卡尔哲学的起点对理解整个笛卡尔哲学是十分重要的。倘若我们将笛卡尔哲学比为一座大厦，那么这个起点就是大厦的第一层，不从这一层开始是无法走进笛卡尔哲学之殿堂的。

我们下面就来分析笛卡尔哲学的起点——一切从怀疑开始。

第一节　为什么要一切从怀疑开始？

为什么要一切从怀疑开始呢？我们还是当回到上面讲过的第一原因。笛卡尔认为，要寻找真理就要找到这第一原因，因为这个第一原因可以作为所有其他知识的可靠的起点。因此，要寻找真理与新知识就必须要找到这个第一原因。

那么这个第一原因之能够成为第一原因，需要具备什么样的条件呢？这个笛卡尔说得很清楚：

第一原因，这些原则必须包括两个条件。

第一，它们必须是明白而清晰的，人心在注意思考它们时，一定不能怀疑它们的真理。

第二，我们关于别的事物方面所有的知识，一定是完全依靠于那些原理的。[1]

---

[1] 参见笛卡尔：《哲学原理》，关文运译，商务印书馆，1958年版，第ix页。

在这里，笛卡尔清楚地说明了这个第一原因要能够成为第一原因，需要具备两个条件：

一、它可以成为其他知识的可靠来源。

二、它自身必须是可靠的，并且是非常明白、不能怀疑的。

其中第一点我们已经说过了，第二点也很重要。原因很清楚：这个第一原因既然是其他知识之来源，那么由之而来的其他知识倘若要可靠的话，它自己首先就必须是可靠的、不能有所疑问，这是非常明显的。它就相当于一座大厦的地基一样，倘若地基不牢靠，那么整座大厦是不可能牢靠的。

至于非常明白，这里就是笛卡尔的特色了。在笛卡尔看来，一个能够作为一切知识之基础的哲学命题之类，自身必须是非常简单而明确的，不能太复杂。因为倘若太复杂的话，其自身就要经过推理才会让人明白，而这个推理的过程中每一步都要非常可靠、需要简单而明确，这是很难的，也不符合作为一切真理之源的特性。

或者我们在这里可以将哲学类比为欧几里得的几何学。欧几里得是如何开始建立他的几何学体系的呢？在《几何原本》中看得很清楚，其共分 13 卷，第一卷又分为两节，第一节中首先给出了 23 个定义，例如什么是点与直线，什么是平面、直角、垂直、锐角、钝角，等等，这是几何学的最基本元素，对于这些元素，欧几里得没有用到任何公理与公设，因为它们甚至是比公理与公设更为基本的东西，只是一些直观的描述，连推理也没有，也不能有。

例如欧几里得给出的几个基本定义是：点是没有部分的东西，没有体积也没有面积或者长度等，总之，是一个抽象的点。线则是单纯的长度，没有宽度，它是由无数点无曲折地排列而成的。

给出定义之后，欧几里得才开始了进一步的分析，例如提出了著名的五个公设，即：

1、给定两点，可连接一线段。

2、线段可无限延长。

3、给定中心和圆上一点，可作一个圆。

4、所有直角彼此相等。

5、如一直线与两直线相交，且在同侧所交的两个内角之和小于两个直角，则这两直线无限延长后必定在该侧相交。

在五条公设之后欧几里得又提出了五个公理，如前面两个是：

1、与同一事物相等的事物相等。

2、等量加等量，总量仍相等。

在五条公理之后，欧几里得才开始进一步提出命题，在第一卷里他共提出了48个命题，例如泰勒士定理，即"如果两个三角形的两边及其夹角分别相等，那么这两个三角形全等"，就是第四个命题。

如此等等，在欧几里得建立他的几何学体系的过程之中，我们看到了一个事实，就是欧几里得是从最简明的东西开始建立起他的理论体系来的，这个最简明的东西就是直观的描述，如点是不可分的东西，请问这简明吗？当然简明，简明得我们没法对它作更多的分析，可以说是自明的，只要我们凭最简单的直觉就可以明白了。

笛卡尔在这里正是这样，在他看来，哲学中的第一原因同样必须具备这样的简明性，并且简明得不需要任何的推理，仅凭直观就可以看出来。

而这种如此简明的、凭直观就能够得出来的东西当然也是最可靠的，最不能怀疑的。

现在我们再来具体地分析一切从怀疑开始。

什么是一切从怀疑开始，这个问题当然好回答，这也是笛卡尔《哲学原理》里开篇就说明了的：

要想追求真理，我们必须在一生中尽可能地把所有事物都来怀疑一次。[1]

所以，一切从怀疑开始换言之就是要怀疑一切。

为什么要怀疑一切呢？当然是因为一切都是可以怀疑的。

笛卡尔认为，我们虽然表面上有许多的知识，但实际上，我们这些知识都是可以怀疑的。因为当我们最初获得这些知识的时候，并没有经过仔细的考察，而只是被人将这些东西灌输给了我们。而且我们自身的认识与辨别的能力都是有限的，于是当我们认识事物的时候，我们就充满了此前被灌输的各种各样的成见，于是我们的所知也充满了各种各样的偏见，对此他说：

从前我们既然有一度都是儿童，而且我们在不能完全运用自己的理性之时，就已经对于感官所见的对象，构成各种判断，因此，就有许多偏见障碍着我们认识真理的道路；我们如果不把自己发现为稍有可疑的事物在一生中一度加以怀疑，我们就似乎不可能排除这些偏见。[2]

笛卡尔在这里着重指明了来自于我们感觉的偏见，认为正是这一类的偏见使我们不能正确地认识事物，获得知识，它们就像一副有色眼镜一样，戴在我们的眼前，使我们无法看清楚事物的庐山真面貌。

笛卡尔也称这种偏见为"先入之见"。也就是说，当我们有了这些先入之见的时候，我们就会将那些其实并没有清楚地认识的东西当成认识清楚了的，并且轻率地下判断，这当然是不行的，只会导致错误，不会导致真知。换言之就是说：

凡是我没有明确地认识到的东西，我决不把它当成真的接受。也就是说，要小心避免轻率的判断和先入之见，除了清楚分明地呈现在我心里、使我根本无法怀疑的东西以外，不要多放一点别的东西到我的判断

---

1 笛卡尔：《哲学原理》，关文运译，商务印书馆，1958年版，第1页。
2 同上。

里。[1]

笛卡尔所言是不是有道理呢？我们可以反省自己现在所有的各种知识，看是不是都经得住理性的检验，或者一直追溯到我们的童年时代，看我们自己在童年时代是不是被灌输了各种大人的成见，而后又成为了我们自己的偏见。至少我是有这样的体验的，例如小时候，大人告诉我们说，地主都是坏的，我们附近就有个地主，就住在我们不远处，住着三间破草屋，其实比我们家的还破，他人其实也和和气气的，但我就觉得他是坏人，他们一家都是坏人，于是经常去他们家捣蛋，恶作剧，甚至当他们没人在家时，从窗子里爬进去，在他们的锅里吐痰放沙子什么的。现在想起来自己那时候好坏，但在那个时候我却觉得自己很对，因为他们家是地主，地主就是坏蛋，坏蛋就要被惩罚。这就是大人给我们的偏见。

这样的偏见现在当然是可以怀疑的，但甚至到了现在，我们还有着类似的偏见，例如有着人种的偏见，还有地域的歧视，如此等等，这些偏见几乎可见于我们每个人的生活与心灵之中，倘若我们想求得真理，是一定要把这些偏见都加以怀疑、并且去掉的。

在一切从怀疑开始中，除了要怀疑一切之外，另一个要点是要将怀疑当成求知过程之开始，这就是"从怀疑开始"的含义了。

为什么要如此呢？那理由也是很明显的，所谓不破不立，倘若我们心中充满了错误的成见，怎么可能获得真知呢？须知我们的头脑就像只碗一样，有固定的容量，倘若装满了脏水，干净的水自然装不进去。所以，倘若我们想要获得真知，就要先将这些成见破除掉。

至于怎样破除，当然就是怀疑了。即先通过怀疑破除成见，然后再走向新知之路，这就是笛卡尔给我们制定的求知之路。他认为走这条路

---

[1] 笛卡尔：《谈谈方法》，王太庆译，商务印书馆，2000年版，第16页。

给我们的好处是"非常大的"：[1]

由于它（怀疑）可以让我们排除各种各样的成见，给我们准备好一条非常容易遵循的道路，让我们的精神逐渐习惯脱离感官，并且最后让我们对后来发现是真的东西绝不可能再有什么怀疑，因此它的好处还是非常大的。

这段话中有两个要点：一是要排除成见，二是要脱离感官。两者是统一的，因为这成见主要就是由感官而来的。这样一来就可以得到这样的结论：要获得真知或真理，就必须摆脱感官的束缚。换言之就是笛卡尔认为从感觉不可以得到真知，我们后面会说到，这是笛卡尔思想的主要特色之一，是与英国的经验主义者们大相径庭的。

反对怀疑主义 从这里进一步走下去之前，我们先要解决一个相关的问题，就是笛卡尔这种怀疑一切的做法是不是古希腊罗马哲学中的怀疑主义。

对这个问题要具体分析。首先，它们的确具有某些相似之处，基本之点就是都对一切加以怀疑，认为一切都是可以怀疑的，即都可能只是成见而已。甚至整个世界都是如此，都是一个像梦一样的不可靠的东西，就如怀疑主义的先驱之一阿那克萨尔柯所言：

世界很像我们梦中或精神恍惚所呈现的境界或现象。[2]

既然如此，我们要怎么办呢？对此皮浪的学生蒂孟是这样说：

皮浪宣称，事物是漠不关心的、无法测量的、不可判断的，因此之故，无论我们的感觉还是我们的判断都没有告诉我们真实或虚假。相应的，我们不应该信任它们，而应当不发表意见、不做承诺、不动摇，就每一件事情宣布说，它与其是不如不是，或它既是又不是，或它既非是

---

1 笛卡尔：《第一哲学沉思集》，庞景仁译，商务印书馆，1986年版，第10页。
2 《古希腊罗马哲学》，商务印书馆，1961年版，第341页。

也非不是。[1]

怀疑主义的另一位大师阿尔凯西劳的回答更简明，就是两个字：悬搁。

也就是说，我们不要相信任何事物、印象或者理论，也不要对任何事物、印象或者理论作出确定性的回答，即不要作出任何判断：既不肯定也不否定。让一切悬在那里，这就是悬搁的含意。就像塞克斯都·恩披里柯所说的一样：

阿尔凯西劳……从来没有被发现就任何东西是否成立作过任何断言，他也没有依据可信程度或别的什么而优待任何东西超过别的什么，而是对一切事情悬搁判断。[2]

从上面我们就可以看到怀疑主义的一个特点，就是它的目的就是为怀疑而怀疑，结果就是对一切都不作结论，不发表意见，哪怕是否定的意见，因为这样的话就是肯定而不是怀疑了——否定实际上也是肯定的一种形式。

但笛卡尔的怀疑可不是这样，最主要就表现在目的不一样，笛卡尔的怀疑不是为怀疑而怀疑，相反，是为了肯定而怀疑。这是他自己说得很清楚的：

我这并不是模仿怀疑论者，学他们为怀疑而怀疑，摆出永远犹疑不决的架势。因为事实正好相反，我的整个打算只是使自己得到确信的根据，把沙子和浮土挖掉，为的是找出磐石和硬土。[3]

看到了吧，笛卡尔在这里将他的怀疑比作盖房子，盖房子当然需要坚实的地基，需要将房子建筑在坚实的地基上，于是这就要求先将地面

---

[1] 克里斯托弗·希尔兹（主编）：《古代哲学》，聂敏里译，中国人民大学出版社，2009年版，第336页。

[2] 同上书，第311页。

[3] 笛卡尔：《谈谈方法》，王太庆译，商务印书馆，2000年版，第23页。

上那层软软的浮沙去掉，然后才能找到坚实的地基。怀疑的过程就是这样一个去掉浮沙、找到坚实地基的过程。这就像哈特费尔德在《笛卡尔与〈第一哲学的沉思〉》中所言：

  真正的怀疑论者，根本不怀疑自己是否具有特定的知识。他们试图利用各种论证，将自己置于永久的怀疑状态，凡超越纯粹现象的理论知识，都悬而不决，不下判断。笛卡尔不为这种怀疑主义所困扰或教唆。他利用悬置判断的怀疑主义技巧，是为了清理场地，以便进一步研究。[1]

对于笛卡尔的思想不是怀疑论，黑格尔也有明确的说明：

  主张哲学的第一要义是必须怀疑一切，即抛弃一切假设。怀疑一切，抛弃一切假设和规定，是笛卡尔的第一个命题。但这个命题并没有怀疑论的意义；怀疑论是为怀疑而怀疑，以怀疑为目的，认为人的精神应当始终不作决定，认为精神的自由就在于此。与此相反，笛卡尔的命题却包含着这样的意思：我们必须抛开一切成见，即一切被直接认为真实的假设，而从思维开始，才能从思维出发达到确实可靠的东西，得到一个纯洁的开端。在怀疑论者那里情形并非如此，他们是以怀疑为结局的。[2]

黑格尔在这里不但说明了笛卡尔的思想不是怀疑主义，还提及了笛卡尔怀疑的结论：就是只有从思维开始，我们才能找到无可怀疑的对象，这是很重要的，我们后面会说。

此外，笛卡尔还明确指出过，他的怀疑乃是一种哲学化的怀疑，是与生活无关的。也就是说，即便是上面那种为了找到无可怀疑的对象而怀疑一切的行为也只是一种在哲学上的行为而已，是只存在于脑子里

---

1 G.哈特费尔德：《笛卡尔与〈第一哲学的沉思〉》，尚新建译，广西师范大学出版社，2007年版，第12页。
2 黑格尔：《哲学史讲演录》（第四卷），贺麟、王太庆译，商务印书馆，1978年版，第66页。

的，与我们的实际生活无关。或者以笛卡尔自己的话来说，只是一种假想性质的怀疑：

> 我仅仅是在考虑最极端的一种怀疑形式，正如我反复强调的，这种怀疑是形而上学层面的，是夸张的，绝不可应用于现实生活。当我说任何事物只要引发丝毫怀疑，就有充分理由予以怀疑时，我指的正是这种怀疑。[1]

所以，当我们说到笛卡尔的怀疑，或者甚至古希腊的怀疑主义时，千万要只将这种怀疑用之于哲学的抽象思考，千万不要将之用于我们的实际生活。实际上，不但笛卡尔不如此，就是怀疑主义哲学家们自己也不是如此，例如阿尔凯西劳，他的生活和怀疑主义是截然不同的，是非常精彩的，不但过着大富豪的生活，连性生活都很丰富，甚至男色女色一起玩。简言之就如笛卡尔自己所言：

> 在立身行事方面，我们不可同时采取怀疑态度。[2]

第二节　怎样去怀疑？

我们上面分析了笛卡尔的一切从怀疑开始不是怀疑主义，而只是想从怀疑出发，以便为他的知识之大厦找到坚实的地基，找到"磐石和硬土"，这就是他的怀疑的目的。

但这样的说法还不那么确切，现在我们来看一下，笛卡尔想通过这个怀疑具体地得到什么。

这我们上面已经提到过了，笛卡尔所要得到的就是那些无可置疑

1　转引自索雷尔：《笛卡尔》，李永毅译，译林出版社，2010年版，第64页。
2　笛卡尔：《哲学原理》，关文运译，商务印书馆，1958年版，第1页。

的、确定的事物,就像他在《探求真理的指导原则》中所言:

> 我们排斥的是仅仅知其或然的一切知识,主张仅仅相信已经充分知晓的、无可置疑的事物。[1]

这里的排斥也可以看成是通过怀疑去排斥,当我们通过怀疑排除了那些只是或然的即可能正确也可能不正确的知识、而非必然之真理的时候,我们就可以得到那些无可怀疑的东西了,而这些才是我们应当相信的事物。

这里的事物并非指某一样看得见的东西,而是指某种对象,或者说是某种理论,即明确的、不可怀疑的真理。笛卡尔认为,当我们的目的是"专门寻求真理"时,就要这样,对于任何一种看法,"只要我能够想象到有一点可疑之处,就应该把它当成绝对虚假的抛掉,看看这样清洗之后我心里是不是还剩下一点东西完全无可怀疑。"[2]

这就是说,笛卡尔的怀疑的目的乃是为了得到一个无可怀疑的真理,这是笛卡尔思想的一个重要的基点,对此柯普斯登也说过:

> 如吾人所见,笛卡尔曾应用方法的怀疑,为的是发现是否有不可置疑的真理。[3]

既然怀疑有这样的好处,可以让我们得到真理、找到真理之源,那么我们现在来解决这样一个问题,就是具体地怎样去怀疑,或者具体地说要怀疑什么。

首先要怀疑的是物质 对我们具体地要怀疑什么这个问题,笛卡尔在《第一哲学沉思集》之六篇沉思的综述中说:

1　笛卡尔:《探求真理的指导原则》,管震湖译,商务印书馆,1991年版,第4页。
2　笛卡尔:《谈谈方法》,王太庆译,商务印书馆,2000年版,第26页。
3　柯普斯登:《西洋哲学史》(第四卷),邝锦伦、陈明福译,黎明文化事业股份有限公司,1990年版,第106页。

我们可以普遍地怀疑一切事物，尤其是物质性的东西。[1]

在这里就清楚地说明了笛卡尔认为首先要怀疑什么，就是要怀疑那些物质性的东西，怀疑它们的什么？当然是怀疑它们的真实性，甚至它们的存在。

这个怀疑可不容易，因为物质的一切明明存在着嘛，例如我看到日月星辰、花草树木，甚至我自己的身体，这些物质性的东西的存在可都是清清楚楚、明明白白的，怎么能够怀疑它们呢？似乎难以做到啊！

一般人的确难以做到，但笛卡尔可以，为了让我们也可以这样怀疑，他还出了一个好主意，就是叫我们想象有某一种妖怪，它无比的厉害，能够让我们产生各种幻觉，例如让我们看到日月星辰、花草树木，或者我们自己的身体，但实际上这一切都是假的，不但这些，连整个的天空与大地，任何的我们看到的颜色或者听到的声音，通通都是幻觉，都是不存在的，他这样说：

我要假定有某一妖怪，而不是一个真正的上帝（他是至上的真理源泉），这个妖怪的狡诈和欺骗手段不亚于他本领的强大，他用尽了他的机智来骗我。我要认为天、空气、地、颜色、形状、声音以及我们所看到的一切外界事物，都不过是他用来骗取我轻信的一些假象和骗局。我要把我自己看成是本来就没有手，没有眼睛，没有肉，没有血，什么感官都没有，而却错误地相信我有这些东西。[2]

倘若您觉得笛卡尔这样说有些荒谬，不妨静下心来好好咀嚼一下，就会发现的确可以这样。我们的确可以作出这样的设想，从而对我们所感知的一切——包括我们自己的身体——的存在都提出怀疑。实际上，有一部好莱坞大片中就描述了这样的情形，就是《黑客帝国》，里面的

1　参见笛卡尔：《谈谈方法》，王太庆译，商务印书馆，2000年版，第79页。
2　笛卡尔：《第一哲学沉思集》，庞景仁译，商务印书馆，1986年版，第20页。

主要情节就是那些生活在 matrix 里面的人们，他们以为自己是一个人，以为自己看到的日月星辰与花草树木是客观存在的物质，其实那一切都只是他们的幻觉而已，他们实际上不过是一些电脑程序而已，根本不是一些所谓的客观实在。是那个创造 matrix 的电脑工程师——他的力量就有如笛卡尔上面所说的妖怪——让他们有这样的感觉的。

除了这个假想的魔鬼，笛卡尔还指出了其他两条怀疑之道让我们怀疑外界事物的客观实在性：一是梦，二是对具体感觉的怀疑。

我们先来看梦。笛卡尔认为，我们人在做梦时同样可以看到许多的事物，从日月星辰到花草树木、从我们自己到他人在梦中都可以看得清清楚楚，还可以说话、动作，总之和我们在醒时看到的一样，但我们知道，那梦中看到的一切事物并不真的存在，只是一种幻觉而已。于是他问：既然我们在梦中看到的场景也可以很真实，和我们醒时看到的同样"生动鲜明"，那么我们怎可以说我们醒时看到的与梦中的情形不是一样的呢？即一样是在做梦呢？那些我们以为自己在醒时所看到的一切其实只是如梦中一样，只是一些幻觉呢？对此他这样说：

有许多别的事情他们也许认为十分确实，例如我有一个身体、天上有一些星星、有一个地球之类，其实全都不甚可靠；因为尽管我们对这类事情有一种实际行动上的确信，谁要是敢于怀疑它们至少显得很狂妄，可是问题一涉及形而上学上的确实可靠，情形就不一样了：一个人如果注意到，我们睡着的时候也照样可以想象到这类事情，例如梦见自己有另外一个身体、天上有另外一批星星、有另外一个地球之类，而实际上并不是这样，那么，只要他不是神经错乱，就一定会承认我们有充分理由对那类事情不完全相信了。因为梦中的思想常常是生动鲜明的，并不亚于醒时的思想，我们又怎么知道前者是假的、后者不是假的呢？[1]

---

[1] 笛卡尔：《谈谈方法》，王太庆译，商务印书馆，2000年版，第31页。

或者用他在《哲学原理》中的话来说就是：

在梦中我们虽然不断地想象到或知觉到无数的物象，可是它们实在并不存在。一个人既然这样决心怀疑一切，他就看不到有什么标记可借以精确地分辨睡眠和觉醒的状态。[1]

在《第一哲学沉思集》中他还这样说：

我就明显地看到没有什么确定不移的标记，也没有什么相当可靠的迹象使人能够从这上面清清楚楚地分辨出清醒和睡梦来。[2]

这三本笛卡尔的代表之作中都有相似的说法，足以说明笛卡尔对此是十分重视的，而他在这里的意思也是很好懂的，就是我们无法区分梦中与醒时所看到的事物。关于这一问题，古今中外有许多哲学家都提出过，例如中国的庄子，他曾说过意思与笛卡尔几乎完全一样的话：

昔者庄周梦为胡蝶，栩栩然胡蝶也，自喻适志与！不知周也。俄然觉，则蘧蘧然周也。不知周之梦为胡蝶与，胡蝶之梦为周与？[3]

译成现代汉语就是：

过去庄周梦见自己变成了蝴蝶，一只欣然自得地翩翩飞舞着的蝴蝶，感到自己是多么地愉快和惬意啊！不知道自己原本是庄周。突然间醒了过来，惊惶不定之间得知原来我是庄周。但不知是庄周梦中变成了蝴蝶呢，还是现在蝴蝶梦见自己变成了庄周。

庄子梦见自己变成了蝴蝶，醒来后不知道是刚才自己做梦变成了蝴蝶，还是现在正有一只蝴蝶梦见自己变成了庄周。也就是说，他对于现在的自己是不是依然在梦中，他所感觉到的自己的身体是不是幻觉并不清楚。庄子在这里虽然只说了自己的身体，内容表面上比笛卡尔上面说

---

1 笛卡尔：《哲学原理》，关文运译，商务印书馆，1958年版，第3页。
2 笛卡尔：《第一哲学沉思集》，庞景仁译，商务印书馆，1986年版，第16页。
3 《庄子·齐物论》。

的东西要少一些，但实际上是一样的，因为在梦中除了有蝴蝶一定还有别的东西，只是庄子没有说而已。而只要身体是幻觉的可能成立的话，其他的一切就同样成立了。

感觉也是可疑的　梦之后，我们再来说对感觉的怀疑。

与上面的妖怪与梦比较起来，这个对感觉的怀疑无疑更加哲学化，也更有深度，它涉及到了哲学中一个更加广泛的问题：我们的感觉是否可靠？是否可以由感觉获得可靠的知识？

我们对于这个世界的所有认识，例如日月星辰、花草树木以至我们身体的认识，都是源自于我们的感觉，我们之所以认为它们是存在的，就是因为我们的感觉，即感官的知觉，例如我们之所以认为太阳存在、天上有个太阳，当然是因为我们看到了它；我们之所以认为自己的身体存在，当然是因为我们不但有看到我们的身体，我们还能够触摸它，产生比看见还要真实而基本的触觉。也就是说，只要有了感觉，外物的存在就是可靠真实的了，而倘若没有感觉，这一切的存在似乎都将变成疑问。

上述的分析换言之就是，我们的感觉乃是这些东西之存在的根源：倘若我们能够感觉之，其就存在，反之则否。用更简明的话来说就是感觉乃是存在之基础。

笛卡尔正是就这一点提出了这样的疑问：请问我们的感觉是可靠的吗？进而言之，倘若不可靠的话，那么，我们所感觉到的万物是存在的吗？对此他在《哲学原理》中是这样说的：

我们为什么怀疑可感的事物？

我们现在既然只打算从事研究真理，我们首先就要怀疑：落于我们感官之前的一切事物，和我们所想象的一切事物，其中是否有一种真是存在的。我们所以如此怀疑，第一是因为我们据经验知道，各种感官有时是会犯错误的，因而要过分信赖曾经欺骗过我们的事物，也是很鲁莽的。[1]

笛卡尔在这里说，感觉是不可信的，之所以如此，是因为感觉可能犯错误，他还举过一个有名的例子，就是他多次感觉到自己穿着衣服坐在火炉旁，但实际上却是一丝不挂地躺在被窝里。[2]

对于笛卡尔的这个怀疑，当然至少从逻辑上是可能成立的，例如我们的感觉有时候的确是不可靠的，幻觉与错觉的存在就是很好的证据，即使不是幻觉与错觉，感觉可能导致我们对事物错误的认识也是常有的事。

但现在的问题是，我们是否可以整体地怀疑感觉呢？以及怀疑由感觉可以产生真知呢？

这个问题是西方哲学史上的老难题了，也是从古希腊起就有许多哲学家都提出过的问题，例如巴门尼德与赫拉克利特都是否定感觉可靠性的，不能够因为感知到了它们而确定它们的存在，赫拉克利特还说过和笛卡尔相似的话：

死亡就是我们醒时所看见的一切，睡眠就是我们梦寐中所看到的一切。[3]

这句话不好理解，关键是那个"死亡"，如果是一般意义上的死亡，那就是说，我们在清醒时看见某一个死了的东西，例如一条死狗或者一个死人，它们会进入我们的梦乡，成为梦中的景象。这当然是可以的，我们当然可以梦见它们，使它们成为我们的一个梦，但问题是，这句话有什么意义呢？如何从哲学上去理解之？还有，如果是活的东西呢？那又怎样？它们不能够进入我们的梦吗？当然可以，事实上，我们

---

[1] 笛卡尔：《哲学原理》，关文运译，商务印书馆，1958年版，第1-2页。
[2] 参见笛卡尔：《第一哲学沉思集》，庞景仁译，商务印书馆，1986年版，第16页。
[3] 《古希腊罗马哲学》，商务印书馆，1961年版，第20页。

在梦中很少梦到死的东西，大部分都是活的。因此，如果从字面的意思去看，赫拉克利特的这句话既不大合理，又不好理解。

不过，黑格尔在《哲学史讲演录》中为我们提供了一个很好的解释，就是将这个"死亡"理解成顽固、固定。这样一来就很好理解了，赫拉克利特这句话的意思是说，我们在清醒时所看到的那些固定的、也就是说其存在可靠的那些东西，等到了我们的梦中时，它们不过是一个梦而已，只是梦中的景象而已。于是，可以自然而然地推理：这些清醒时可以看到的东西既然可以变成梦，而梦显然是不可靠的，是捉摸不定的，那么那些清醒时所看到的东西就可靠吗？不一定吧！打个比方，我们看见某一个官员，打扮得很是体面，满口大道理，却经常往赌窝里窜、豪华饭店里钻，他会是个清官吗？显然不是。对于梦，甚至可以进一步这样问：这二者究竟哪个可靠呢？是梦还是清醒时呢？究竟哪个是真的呢？就像庄生晓梦迷蝴蝶一样，笛卡尔提出的怀疑也与此相似。

于是，赫拉克利特也通过梦否定了感觉的可靠性，即我们不要相信那些感觉到的东西就一定存在。

还有马勒伯朗士，他作为笛卡尔的拥趸，同样坚决地否认感觉的可靠性的，例如他在《道德论》中说过这样的话：

如果我们大家都依赖感觉事物而行动，我们便皆是罪人。[1]

他还说，我们凭什么认为太阳的存在就是真的呢？难道太阳的存在不能够也是如我们在梦中看到的东西一样吗？不可能也是一种幻觉吗？那当然是可能的！除了笛卡尔一样的抽象的论证外，马勒伯朗士还提出来了一个很具科学性的论证。他说：

1. 我认为你同意这一点，即对象不过是向你的眼睛反射了光。2. 我假定你知道你的眼睛是怎么做成的，我认为你也同意这一点，即眼睛不

---

[1] 周辅成（编）：《西方伦理学名著选辑》（下卷），商务印书馆，1987年版，第99页。

过是聚集了对象的每一点所反射的光,把那么多的点都反射到视神经上,在那里有眼睛的透明液体的焦点。显然,光的汇集不过是震动了这个神经的纤维,通过这个神经,震动了这些神经的终止点——大脑的各部分,也震动了能够在这些纤维之间的动物精气或者这些小物体。而到这里为止,没有什么感觉,也没有什么对物体的知觉。[1]

这段话是很厉害的,因为它从科学的角度说明了我们为什么不能认识万物。大家知道,我们的认识活动是通过大脑进行的,我们的大脑如何认识个体之物例如太阳呢?难道太阳进入了我们的大脑吗?当然不是的,不但太阳,当我们认识任何个体之物时,它们都没有进入我们的大脑,只是通过光线的反射,它们的影子进入了大脑。既然如此,我们就怎么可以通过一个光的影子、通过大脑中的一些神经活动就说存在着那个太阳呢?倘若我们愿意仔细思考下,是会发现马勒伯朗士的说法是有其深刻之道理的。

总之,无论是笛卡尔还是巴门尼德、赫拉克利特或者马勒伯朗士,都是怀疑感觉可以给我们真知的。

当然也有不同的意见,即认为感觉是可靠的,并且是知识的可靠来源,这样的人在哲学史上同样多,近代史就更多了,像培根和洛克就是,古希腊的伊壁鸠鲁也是。他认为人的感觉产生于一种流射,当然这些流射要产生感觉也得有一定的条件,就是有时间与距离的要求,例如距离方面,就是要有合适的距离才能产生感觉或准确的感觉,否则就不会产生感觉或感觉不准确。对此伊壁鸠鲁还特别举了一个例子,就是一座方形的塔,要是距离太远,就会看不清楚,甚至看成是圆的,只有合

---

[1] 马勒伯朗士:《一个基督教哲学家和一个中国哲学家的对话——论上帝的存在和本性》,庞景仁译。见庞景仁:《马勒伯朗士的"神"的观念和朱熹的"理"的观念》,冯俊译,商务印书馆,2005年版,第208页。

适的距离才能得到清晰可靠的感觉。笛卡尔举过的例子和这个很相似吧！

还有经验主义者休谟，在他看来，笛卡尔这种反对感觉是有问题的，有些造作，对此他说：

在各时代，怀疑家都曾用过一些陈腐的论点来反对感官的证检。他们说，我们的器官在很多方面是不完全的、谬误的，例如桨落在水中就显得弯曲起来；又如各种物象在不同的距离以外就呈现不同的形状；又如把一眼紧挤时，就会看见双像，此外还有别的相似的一些现象。不过这些论题我现在并不加以深论，这些怀疑的论题只足以证明，我们不应当单独凭信各种感官，而应当用理性来考究媒介物的本性、物象的远近、器官的方位，以便来改正它们的证据，以便使它们在它们的范围内成为真理和虚妄的适当标准。[1]

这里所针对的主要就是笛卡尔这样的感觉怀疑者了，在休谟看来，因为感觉有这样那样小小的弱点就否定它未免太小题大做了，只要我们通过理性对之略加改进，感觉完全可以胜任它的工作，即成为真理的"适当标准"。

休谟这样的反对当然有他的道理，关键是从哪个角度去看问题——哲学史上的各种相互对立的观点大都如此，只是看问题的角度不同而已，并没有对错之分的。

以上我们说明，笛卡尔通过他的怀疑否定了外界事物的存在，也否定了我们可以由之获得可靠的知识。

不仅可感觉的个体之物如此，那些在我们看来无法否定的东西，如数学证明，在笛卡尔看来同样是可以怀疑的。他在《哲学原理》里就明确地提出来了这个问题："为什么我们也可以怀疑数学的解证？"

---

[1] 休谟：《人类理解研究》，关文运译，商务印书馆，1957年版，第133-134页。

众所周知，数学一般被认为是最为正确的，几乎无可怀疑，笛卡尔对数学真理也是十分重视的，认为它们是很明白的真理。然而笛卡尔认为其同样是可以怀疑的。至于为什么，笛卡尔说原因就在于上帝。因为上帝既然是全能的，祂可以做一切的事。这样一来，难道上帝不能够欺骗我们、让我们觉得数学原理是正确的吗？上帝当然有这样的能力，甚至可能永远地欺骗我们，让我们觉得数学知识无论如何都是正确的。

这样的说法当然有一个问题，那就是上帝会欺骗我们吗？倘若上帝欺骗我们的话，祂还是至善的上帝吗？对于这样的质疑，我们当这样理解：在分析到这一点时，笛卡尔还没有谈到对上帝的理解，即对上帝还没有善与恶的假定，因此不妨先假定一下上帝能够欺骗我们，使我们产生数学真理是正确的这样的错觉。[1]

以上我们讨论了笛卡尔对各种对象的怀疑，不但怀疑我们身体之存在与感觉之对象，连看上去那么明确的数学证明都是可以怀疑的，甚至在基督徒眼中至尊的上帝都可以如此，例如都可以看作是某个有能力的神明之类将这样的观念装进我们的脑子里来骗我们的。对于这些怀疑，我们只要深入思考，就可以发现其中都是有一定道理的。而且这对我们理解笛卡尔哲学是极为重要的，甚至可以这样说：

倘若不理解笛卡尔的怀疑，便无法理解笛卡尔的思想。

---

1 参见笛卡尔：《哲学原理》，关文运译，商务印书馆，1958年版，第2页。

第六章　我思，故我在

上章我们分析了笛卡尔的怀疑，这时候，我们又要看一个这样的问题了：由那些怀疑可以得到什么？或者得出来什么样的结论？

我们第一个可以得出来的结论当然就是可以怀疑一切，包括万物、我们自己、数学证明甚至神都是可以怀疑的，也就是可疑的、不真实的，以笛卡尔的话来说就是：

凡可怀疑的事物，我们也都应当认为是虚妄的。[1]

但这是不是说明一切都是虚妄的呢？

当然不是的，倘若这样的话，就有类于怀疑主义了。

笛卡尔可不是怀疑主义，因为他在这一切的怀疑之上，还是得到了某种确实的、无可怀疑的东西。

这就是思。

在此开始，笛卡尔将走向他最著名的哲学口号：我思，故我在。

当然，现在还没有走到这一步，我们且来看笛卡尔是如何一步一步地走到这一步的。

第一节　走向无可怀疑之思

思无可怀疑，这个道理看上去深奥，其实是不难明白的，我们可以这样理解：

---

[1] 笛卡尔：《哲学原理》，关文运译，商务印书馆，1958年版，第1页。

即使上面的一切如万物的存在都是假相,是幻觉,数学的证明也是假的,连上帝的存在也是可以怀疑的。但是,有一件东西却是不能怀疑的,就是我在怀疑,这本身是不能怀疑的。或者说无论是真觉还是幻觉,有这样一个感觉者总是真的,这无可怀疑。即这样的"觉"或者"怀疑"是必然存在的。

请问这样的"觉"或者"怀疑"又是什么呢?换言之,就是思,它们只是思的一种形式而已。

也就是说,当我们怀疑一切的存在时,唯有"思"的存在是不可怀疑的。

这就是我们通过怀疑一切所得到的那个无可怀疑的对象,也就是说,这个思是必然存在的。

又请问,这个思是个动词,也就是说它必须有一个"思者",请问这个"思者"又是哪个呢?

当然就是我了,是我在思,是我之思,即我思。

这样一来,这个思就成为我的唯一可靠的对象了,倘若说它是一种属性的话,就是我唯一靠得住的属性了,就如笛卡尔所言:

我觉得思维是属于我的一个属性,只有它不能跟我分开。有我,我存在这是靠得住的;可是,多长时间?我思维多长时间,就存在多长时间;因为假如我停止思维,也许很可能我就同时停止了存在。我现在对不是必然真实的东西一概不承认;因此,严格来说我只是一个在思维的东西,也就是说,一个精神,一个理智,或者一个理性。[1]

就这样,笛卡尔在我与思之间建立了必然的联系,从而进一步在我与在之间建立了必然的联系。如此一来,就得到了笛卡尔那个最有名的哲学原理了:"我思,故我在"。

---

[1] 笛卡尔:《第一哲学沉思集》,庞景仁译,商务印书馆,1986年版,第25-26页。

在笛卡尔看来,这个"我思,故我在"就是无可怀疑的、最为确定的知识了。对此他在《哲学原理》中说:

我们既然这样地排斥了稍可怀疑的一切事物,甚至想象它们是虚妄的,那么我们的确很容易假设,既没有上帝,也没有苍天,也没有物体;也很容易假设我们自己甚至没有手没有脚,最后竟没有身体。不过我们在怀疑这些事物的真实性时,我们却不能同样假设我们是不存在的。因为要想象一种有思想的东西是不存在的,那是一种矛盾。因此,"我思,故我在"的这种知识,乃是一个有条理进行推理的人所体会到的首先的、最确定的知识。[1]

在《谈谈方法》里笛卡尔也作过类似但更为全面的表述:

既然感官有时欺骗我们,我就宁愿认定任何东西都不是感官让我们想象的那个样子。既然有些人推理的时候出错,连最简单的几何学问题都要弄乱,作出似是而非的推论,而我自己也跟别人一样难免弄错,那我就把自己曾经用于证明的那些理由统统抛弃,认为都是假的。最后我还考虑到,我们醒时心里的各种思想在睡着时也照样可以跑到心里来,而那时却没有一样是真的。既然如此,我也就下决心认定:那些曾经跑到我们心里来的东西也统统跟梦里的幻影一样不是真的。可是我马上就注意到:既然我因此宁愿认为一切都是假的,那么,我那样想的时候,那个在想的我就必然应当是个东西。我发现,"我想,所以我是"这条真理是十分确实、十分可靠的,怀疑派的任何一条最狂妄的假定都不能使它发生动摇,所以我毫不犹豫地予以采纳,作为我所寻求的那种哲学的第一条原理。[2]

类似地,他在《哲学原理》中还这样说:

---

[1] 笛卡尔:《哲学原理》,关文运译,商务印书馆,1958年版,第2-3页。
[2] 笛卡尔:《谈谈方法》,王太庆译,商务印书馆,2000年版,第26-27页。

怀疑一切的人在怀疑时不能怀疑他自身的存在,而且在怀疑一切独不怀疑自己时,能推理的那种东西,不是我们所谓身体,而是我们所谓人心或思想,因此,我就把这种思想的存在认为是第一原理。[1]

上面这两段话可以说是笛卡尔整个哲学的基础之说,是我们了解整个笛卡尔哲学时所必须要理解的,因此也可以说是我们理解整个笛卡尔哲学之基础。

这里王太庆先生将"存在"译为"是","我想,所以我是"现在一般译为"我思,故我在"。

不过,虽然"我思,故我在"乃是笛卡尔最有名的哲学口号,也是他哲学思想的基础。但实际上并不是笛卡尔首创的,因为在他之先,伟大的奥古斯丁已经提出了相似的说法。

奥古斯丁曾经接受过怀疑主义思想,后来他摆脱了怀疑主义,他是怎样摆脱的呢?就是因为找到了无可怀疑的东西,其中之一就是我的存在。他是这样推理的:哪怕当我们怀疑一切的时候,这个怀疑也需要条件,那就是怀疑本身的存在,由于怀疑本身的存在是确定的——怀疑主义者也不会怀疑这个,于是,就必然地推导出存在着一个怀疑者,在这里这个怀疑者首先是我,倘若我怀疑,那么我就存在,当然,对于他人也是一样的:倘若他怀疑,他就存在,因为怀疑需要一个怀疑者。

还有,我们可以从语法或词义上进行分析:怀疑是一个动词,动词是不能做主语的,它需要一个主词才能构成一个完整的句子,这个主词就是怀疑者。

于是奥古斯丁在这里就得出了一个无可怀疑的存在者。此外,他还用另一个巧妙的法子证明了我的存在,假如有人这样说"我以为我存在,但是我受骗了",这恰恰说明了他的存在,因为倘若他不存在,他

---

[1] 参见笛卡尔:《哲学原理》,关文运译,商务印书馆,1958年版,第xiv页。

怎么能够受骗呢？所以我受骗，故我在！[1]

罗素也提到了这一点，他说："圣奥古斯丁提出了一个酷似'cogito'的论点。"[2] 罗素在这里指的就是奥古斯丁的"我受骗，故我在。"

显然，笛卡尔这个"我思，故我在"是从奥古斯丁这个"我受骗，故我在"中衍生出来的。不过我们并没有证据表明笛卡尔曾经了解奥古斯丁的这个思想。相反，他很可能是自己得到"我思，故我在"的，并非受到了奥古斯丁的启发。

就这样，笛卡尔就得到了他的第一原因，或者第一原理，那就是"我思，故我在"。

当然，在"我思，故我在"这里最核心的可不是"我"，而是"思"，即思的存在才是终极无可怀疑的对象。这也是笛卡尔哲学最基本的概念与出发点，在他看来也是最基本的真理，就像文德尔班所言：

意识存在的确实性是笛卡尔利用分析法所获得的统一的和基本的真理。[3]

这里的意识就是思，意识存在就是思之存在。

我们说过，笛卡尔将之称为自己哲学的"第一原理"。显然，这个第一原理也就是第一原因，即一切真理之源。于是，通过上面的分析，我们终于得到了笛卡尔所要求的作为一切知识之源的东西了。

还有，之所以能够走到这一步，是从怀疑开始的，而怀疑从另一个角度而言乃是更为根本的，因为它不但对笛卡尔哲学有用，对一切的哲

---

[1] 参见柯普斯登：《西洋哲学史》（第二卷），庄雅棠译，黎明文化事业股份有限公司，1988年版，第13页。
[2] 罗素：《西方哲学史》（下卷），何兆武、李约瑟译，商务印书馆，1976年版，第87页。
[3] 文德尔班：《哲学史教程》（下卷），罗达仁译，商务印书馆，1993年版，第536页。

学,甚至对一切的思想都有用。事实上,笛卡尔之所以能够代表法兰西,最核心的就是这个,即他所表达出来的那种怀疑一切的精神,因此《笛卡尔与法国》这样说道:

> 出于某种广而延之的扩展,这位法国哲学家把归结于他哲学的一些特征赋予了整个民族。就这样,法兰西变成了"笛卡尔式的",而法国人则获得了"笛卡尔精神"。[1]

这里的核心就是怀疑的精神。

当然,笛卡尔这种推论也遭到了许多人的反对,例如休谟,他不但反对笛卡尔对感觉的怀疑,而且同样反对笛卡尔的这种通过怀疑达到的确信,他说,笛卡尔的这种确信是不可能达到的:

> 笛卡尔式的怀疑如果是任何人所能达到的(它分明是不能达到的),那它是完全不可救药的。而且任何推论都不能使我们在任何题目方面达到确信的地步。[2]

休谟这样的反驳当然有他的道理,作为一个经验主义者兼怀疑主义者,休谟是不可能同意笛卡尔的这种确信的。我们可以看到,笛卡尔与休谟在这里形成了一个有趣的怪圈:

笛卡尔从怀疑感觉出发,最后达到了确信,休谟则相反,他从相信感觉出发,最后达到的却是怀疑——而他们所阐释的却是同一个世界。

这就是哲学的现实。

在这里我们无法说笛卡尔与休谟孰对孰错,他们都对、也都错,如我们前面不止一次说过的,关键是从哪个角度去看问题,并没有对错之分。

---

[1] 弗朗索瓦·阿祖维:《笛卡尔与法国》,苗柔柔、蔡若明译,中国人民大学出版社,2008年版,第1页。
[2] 休谟:《人类理解研究》,关文运译,商务印书馆,1957年版,第133页。

由一切从怀疑开始开始，笛卡尔终于得到了他的哲学的第一原理——"我思，故我在"。"我思，故我在"也是笛卡尔哲学最有名的命题，也是最基本的命题，就如文德尔班所言：

在笛卡尔那里，"我思，故我在"这个命题与其说具有经验的涵义，还不如说具有第一的、基本的、理性的真理的涵义。[1]

笛卡尔自己也说：

"我思，故我在"的这个命题，是最基本、最确定的。[2]

我们甚至可以说，"我思，故我在"乃是笛卡尔哲学的标志与核心内容，若想比较深刻地理解笛卡尔，就必须对这个命题、标志甚至口号有进一步分析。

我们不妨先来分析一下"我思，故我在"这句话本身。

"我思，故我在"最直接的理解当然是：我思，因此我存在。再扩展点儿说就是：因为我思，所以我存在。

倘若我们稍加仔细，就会发现这里面有一个问题：为什么我思，我就会在呢？为了理解这一点，需要将之扩展成为一个甚至两个三段论，对此《哲学百科全书》是这样说的：

第一个三段论：

思，需要有存在者去思。

我思，

因此我存在。

第二个三段论：

当我们思之时，我们不能怀疑我们的思。

我正在思。

---

[1] 文德尔班：《哲学史教程》（下卷），罗达仁译，商务印书馆，1993年版，第537页。
[2] 笛卡尔：《哲学原理》，关文运译，商务印书馆，1958年版，第4页。

因此我不能怀疑我在思。[1]

这里的前一个三段论补充了"我思，故我在"中所缺乏的大前提，就是思需要思者，这个思者必然是存在者，因为不存在的东西是不能思的。这样一来，我们就可以对"我思，故我在"有一个基本完整的了解了。

至于第二个三段论则是强调思之存在是不可怀疑的，即强调其直观性与明显性。这对于我们后面的理解也是很有帮助的。

在此基础上，我们再来更深入具体地分析"我思，故我在"。

这里我们第一点要说明的是，在笛卡尔的"我思，故我在"中，笛卡尔首先就将身体与思维分割开来了，这是非常明显的。

这样一来，就产生了另一个问题：即思维与存在之间的相互关系问题。

第二节 思维与存在

凡有哲学常识的人都知道，思维与存在之间的关系问题乃是哲学中的最基本问题，也可以说当我们步入西方哲学之门时所遇到的一个问题。于是，可以说笛卡尔通过"我思，故我在"这貌似简单的命题就开启了西方哲学那扇最外层的与基本的大门，由之西方哲学将走进两条不同的大道。这就如冯俊教授在《笛卡尔第一哲学研究》中所言：

欧洲近代哲学所要解决的中心问题就是思维和存在的关系问题，即

---

[1] Donald Borchert (ed.): *The Encyclopedia of Philosophy*, 2nd Edition, vol.2, Macmillan Reference USA, 2006, p.736.

思维和存在如何统一的问题,这个问题是由笛卡尔提出来的。[1]

还有,在"我思,故我在"之中,当思维与存在——指作为物质的存在——分割开来后,其核心问题,即思维与存在的关系问题,更为具体地将是思维与存在究竟何者是第一性的问题,而对于这个问题的不同回答就构成了今日哲学的两大领域——唯心与唯物主义——的分野。

当然,答案不论指向哪个方向,其源头都是笛卡尔,因为如我们前面已经说过的,在笛卡尔的哲学当中存在着一种内在矛盾,正是这种矛盾性导致他成为了近代西方哲学中唯心主义与唯物主义这两大派的共同祖先,并且还留下了大量的疑难,这是直到今天集这两大派之力也无法解决的,例如我们后面会深入分析的笛卡尔对身心关系问题的探索,直到今天都在为难着哲学研究者们。

正因为笛卡尔哲学中存在着的这些矛盾,《笛卡尔第一哲学研究》中的第九章就叫"笛卡尔第一哲学中的矛盾",其中说道:

笛卡尔的第一哲学尽管充满着矛盾,但是他作为近代西方哲学的源泉同时也提出了许多在哲学上不朽的问题,这些问题成为近代西方哲学的长久主题,而且至今仍未得到圆满的解决。[2]

我们要注意的是,笛卡尔虽然是唯心主义与唯物主义的共同祖先,但这并不说明笛卡尔自己在唯心与唯物之间是采取中立立场的,他的立场是很鲜明的,"我思,故我在"就是由思维导出存在,是先思维而后存在,即是从思维出发的。从这个角度而言,笛卡尔乃是唯心主义者,这也是其哲学的基本形态。

还有,具体而言,在"我思,故我在"中,这里的我思是我之思,而我在又是什么呢?

---

[1] 冯俊:《笛卡尔第一哲学研究》,中国人民大学出版社,1989年版,第78页。
[2] 同上书,第208页。

——是我的身体之存在，简言之就是我的身体。

也就是说，笛卡尔是先肯定思维之存在而后才肯定身体之存在。对于我如此，对于任何人都是如此。

说明这一点同样是很重要的，因为笛卡尔自己正是从这个"我"出发去分析的，他乃是通过在我的思维与我的身体之间进行沉思而去分析何者更为关键的。例如在《第一哲学沉思集》的第三个沉思《论上帝及其存在》里，笛卡尔开篇就说：

现在我要闭上眼睛，堵上耳朵，脱离开我的一切感官，我甚至要把一切物体性的东西的影象都从我的思维里排除出去，或者至少（因为那是不大可能的）我要把它们看作是假的；这样一来，由于我仅仅和我自己打交道，仅仅考虑我的内部，我要试着一点点地进一步认识我自己，对我自己进一步亲热起来。我是一个在思维的东西，这就是说，我是一个在怀疑，在肯定，在否定，知道的很少，不知道的很多，在爱、在恨、在愿意、在不愿意、也在想象、在感觉的东西。[1]

在这里，笛卡尔为了说明思维与身体之间何者更为根本，于是就努力将自己的一切身体器官尤其是感觉器官都"消除掉"，即就让其对自己产生影响，他"闭上眼睛，堵上耳朵"，因此看不到也听不到，还通过想象力将一切存在的物质的东西都看成是假的、不存在的，试图将这一切与身体与物质相关的东西都排除出去之后，他最后得出的结论就是我是一个在怀疑、在肯定、在爱与恨之类的东西，而这些怀疑、肯定、否定、爱、恨、愿意、不愿意、想象等是什么呢？都是一种思，包括感觉也是如此。因为倘若我们不考虑感觉的对象的话，那么感觉也是一种思，因为所有感觉都是要通过大脑去进行的，实际上也是思的一种方式。因此，当他将身体与物质的一切排除出去之后，剩下那不可排

---

[1] 笛卡尔：《第一哲学沉思集》，庞景仁译，商务印书馆，1986年版，第34页。

除的、必然存在的对象就只有思维了,就像他在上述引文的后面所言:"我确实知道我称之为感觉和想象的这种思维方式,就其仅仅是思维方式来说,一定是存在和出现在我心里的。"

为什么说要"仅仅是思维方式"呢?因为这里实际上排除了思维的具体内容,例如感觉到的物体、爱、恨与怀疑或者肯定的对象,通通排除掉,只余下那个空空的思维本身,这就是"仅仅是思维方式"了。

这种思维方式即"纯粹的思维"是一定存在的。

在《谈谈方法》里,笛卡尔对此作出了也许更加清楚的说明:

我仔细研究我是什么,发现我可以设想我没有形体,可以设想没有我所在的世界,也没有我立身的地点,却不能因此设想我不是。恰恰相反,正是根据我想怀疑其他事物的真实性这一点,可以十分明显、十分确定地推出我是。另一方面,只要我停止了思想,尽管我想象过的其他一切事物都是真的,我也没有理由相信我是过。因此我认识了我是一个本体,它的全部本质或本性只是思想。它之所以是,并不需要地点,并不依赖任何物质性的东西。所以这个我,这个使我成其为我的灵魂,是与形体完全不同的,甚至比形体容易认识。即使形体并不是,它还仍然是不折不扣的它。[1]

这里王太庆先生将"存在"译为"是",而同时又有另一个普通用法的"是",所以不好看明白,我在下面作了一下替代,可以看得更清楚一点:

我仔细研究我是什么,发现我可以设想我没有形体,可以设想没有我所在的世界,也没有我立身的地点,却不能因此设想我不存在。恰恰相反,正是根据我想怀疑其他事物的真实性这一点,可以十分明显、十分确定地推出我存在。另一方面,只要我停止了思想,尽管我想象过的

---

[1] 笛卡尔:《谈谈方法》,王太庆译,商务印书馆,2000年版,第27-28页。

其他一切事物都是真的，我也没有理由相信我存在过。因此我认识了我是一个本体，它的全部本质或本性只是思想。它之所以存在，并不需要地点，并不依赖任何物质性的东西。所以这个我，这个使我成其为我的灵魂，是与形体完全不同的，甚至比形体容易认识。即使形体并不存在，它还仍然是不折不扣的它。

总之，由上可见，笛卡尔通过对我的思维与身体之间的关系之沉思，而得出来了思维是先于存在的，或者说我的思维是先于我的身体的，这就直接导出了他的唯心主义。

在《哲学原理》里，笛卡尔同样分析了这个问题，其第一章第11节名字就叫"我们如何知道自己的心比知道自己的身体还清楚"。其中举例说：

例如，我如果因为触着地球，看到地球，因而判断地球是存在的，则我更可以本着同样根据和更大的理由，相信我的心灵是存在的。因为我虽然以为自己触着地球，可是它也许是不存在的；但是我既然如此判断，则这样判断的心，当然不能不存在。关于呈现于我们的心灵的一切物象，我们都可以如此说。[1]

笛卡尔这个例子表述得更为清楚，其意思就是说：我现在接触着地球，因为我就站在大地之上，我也看得到大地上的一切，因此我据此而判断地球是存在的。但这种判断是可能有问题的，因为我可以将这种看到想象成是一种幻觉，所以这种判断也可能是错误的，因此大地也许并不存在。但在这里，我毕竟作出了大地不存在这样的判断，请问这是不是需要一个判断者呢？一如倘若大地的存在是一个幻觉，是不是需要有一个"觉"者呢？当然需要，这个觉就是思了。因此，我们的思维的存在是比大地的存在更加可能的，换言之就是思维先于存在。

---

[1] 笛卡尔：《哲学原理》，关文运译，商务印书馆，1958年版，第4-5页。

在《哲学原理》的后面，笛卡尔继续对思维先于存在进行了分析，他说倘若我们认真地进行哲学思考，我们就可以对我们心中的观念进行仔细的审察，只认定那些最清楚明白地存在着的东西才是真的，这时候我们将看到，我们的思维是先于身体的，或者思维是先于作为物质的存在者的。换言之就是，我们的思维才是最本质的，也是最先的存在者，以笛卡尔的话来说就是："我们的本性就在于思想，在这个范围以内我们才是存在的。"[1]

总而言之，笛卡尔通过"我思，故我在"找到了那个毋庸置疑地存在着的东西，这就是思维或者说意识，笛卡尔的整个哲学也是从这个思维或者说意识出发的，理解这一点对于我们理解笛卡尔思想，对于理解他之后的许多哲学家与哲学流派的思想都是很重要的，例如胡塞尔与现象学或者石里克与维也纳学派，胡塞尔我们在后面还要述说，至于石里克，他是这样说的：

"我思，故我在"这个判断（在作了一切必要的订正之后）的确表达了一个无可辩驳的真理，即意识内容存在着。[2]

这和笛卡尔在《第一哲学沉思集》中的一句话是很一致的：

当我们发觉我们是在思维着的东西时，这是一个第一概念。[3]

第三节　思维与存在之间不是推导关系

从上面的分析之中，我们不难理解为什么笛卡尔认为思维先于存

1　笛卡尔：《哲学原理》，关文运译，商务印书馆，1958年版，第33页。
2　M.石里克：《普通认识论》，李步楼译，商务印书馆，2005年版，第112页。
3　笛卡尔：《第一哲学沉思集》，庞景仁译，商务印书馆，1986年版，第144页。

在,但却很可能产生一个错误的理解,这个错误倘若不纠正,是不可能真正理解思维与存在之间的关系的,也不可能理解"我思,故我在"之真意。所以要单独拿出来解释一下。

这个错误就是认为当笛卡尔从"我思"出发得到"我在"这个结论的时候,这个"我思"与"我在"之间是一种推导的关系,即由"我思"推导出"我在"。

但这是错误的,甚至与笛卡尔的思维背道而驰。

为什么呢?当然是因为"我思"与"我在"之间实际上不是推导的关系,它们之间乃是一种直接蕴含的关系。

对此笛卡尔自己就说得很明白:

当我们发觉我们是在思维着的东西时,这是一个第一概念,这个概念并不是从任何三段论式推论出来的。当有人说:我思维,所以我存在时,他从他的思维得出他的存在这个结论并不是从什么三段论式得出来的,而是作为一个自明的事情;他是用精神的一种单纯的灵感看出它来的。从以下的事实看,事情是很明显的,如果他是从一种三段论式推论出来的,他就要事先认识这个大前提:凡是在思维的东西都存在。然而,相反,这是由于他自己感觉到如果他不存在他就不能思维这件事告诉他的。[1]

这一段是很重要的,它显示了当笛卡尔说"我思,故我在"时,这里不是一种推理的关系,即不是由我思推出我在。在笛卡尔看来,也恰恰是不能这样的。因为这样的推论是一个三段论:

凡思维者都存在,

我思,

所以我在。

---

[1] 笛卡尔:《第一哲学沉思集》,庞景仁译,商务印书馆,1986年版,第144页。

在这里"凡思维者都存在"乃是大前提，但笛卡尔认为这个"凡思维者都存在"并不是作为大前提而存在的，因为这样一来就没有那种直接的蕴含性了，即由我思直接地蕴含着我在，这是与"我思，故我在"这个命题的基本特性相违背的。事实上，在笛卡尔看来，"凡思维者都存在"乃是从"我思，故我在"中引出来的一个命题呢，是后面才有的。

更为具体地说，笛卡尔在这里实际上强调了两点：一是"我思"与"我在"之间并不是一种推导的关系，二是它们之间乃是一种"自明"的关系，即是"自明的事情"。这个关系就是在"我思"与"我在"实际上直接地蕴含的，即在"我思"之中就直接地蕴含着"我在"，这不需要任何的推理，是自明的。至于大前提"凡是在思维的东西都存在"，同样是不需要论证的，也是自明的命题，以笛卡尔来说这是"用精神的一种单纯的灵感"看出来的。这种"精神的一种单纯的灵感"简言之就是直觉，是不需要任何推理的直觉。

对于这种"我思"与"我在"之间的直接蕴含，或许可以打个这样的比方：例如我现在说一句话：雷锋是个好同志。接着我又问：您猜雷锋是不是人？您八成会不屑地说："呸，你真傻，雷锋既然是好同志，当然是个人呗，还用问？"这也就是说，"雷锋是人"这个判断乃是存在于"雷锋是好同志"这个判断之中的。所以，当你断定雷锋是个同志时，也自然而然地肯定雷锋是人了，这是不需要什么推论的。

换言之就是说："雷锋是人"这个命题是直接地蕴存于"雷锋是好同志"这个命题之中的。

"我思"与"我在"的关系有类于此。

所以黑格尔也说：

思维是第一件事，随之而来的下一个规定是与思维直接联系着的，即存在的规定。我思维，这个思维就直接包含着我的存在。[1]

此外，在为《谈谈方法》写的前言"笛卡尔生平及其哲学"中，王太庆先生也从逻辑学的角度进行了分析：

但是笛卡尔接着说了个ergo（所以），引出另一句话："有我"。从形式逻辑看，这不是推论，因为思想并不蕴涵存在。但是从另一个角度看，这个ergo也还是有意义的：它表示后一个判断是根据前一个判断的。前一个判断肯定了与思想连在一起的"我"，即"思想者"，而且肯定了思想离不开思想者，所以后一个判断肯定这个在思想的"我"。后一个判断并没有扩大前一个判断的内容，它只是强调这个内容中的一部分，肯定认识必有主体。[2]

这里的最后一句是核心，即"肯定认识必有主体"，这就是"我思，故我在"的另一种基本含义，即既然我思，那么我当然在，因为我思是一种认识，是一个动词，因此必有主体，就像动词必有动作者一样，这是显而易见的、自明的。

实际上，对于"我思，故我在"中"我思"与"我在"之间的关系，还是黑格尔这句话说得最通透：

它们是不可分的，也就是说，它们构成了一种同一性；不可分的东西还是不同的，但这种不同并不妨害同一性，它们是统一的。然而，这个关于纯粹抽象确定性的论断，这种包罗一切的普遍总体性，却是不能加以证明的；我们决不能把这个命题化为一个推论，"这根本不是什么推论。因为推论必须有一个大前提：凡思维者均存在，"——然后根据小前提"现在我思维"作出推论。这样一来，这个命题所包含的直接性

---

[1] 黑格尔：《哲学史讲演录》（第四卷），贺麟、王太庆译，商务印书馆，1978年版，第70页。
[2] 参"笛卡尔生平及其哲学"，见笛卡尔：《谈谈方法》，王太庆译，商务印书馆，2000年版，第xiii页。

就没有了。"可是那个大前提"根本就没有先提出来，而"反倒是从'我思，故我在'这个命题里引申出来的一个命题。"[1]

引号中是黑格尔引用的笛卡尔在《第一哲学沉思集》中对第二组非难的答复。对于黑格尔来说，这段话已经是相当清楚的了，很好理解，理解了它，我们也就理解了"我思，故我在"以及"我思"与"我在"之间关系的真意了。

第四节 对"我思，故我在"之批判与肯定

笛卡尔这个"我思，故我在"及其强调的"我思"与"我在"之间的关系无疑是既有名又深刻的，但并不是所有人都认同。事实上，从它诞生开始就遭到了许多人的抨击。在这些抨击之中也表达了许多深邃的哲学问题，值得一述。

首先就是莱布尼茨。

莱布尼茨是很尊敬笛卡尔的，但对笛卡尔的许多理论提出了批判，例如这个"我思，故我在"。在莱布尼茨看来，笛卡尔在这里太过于强调那种自明性，即自然的清楚明白性，但莱布尼茨认为这种自明性是不一定的，其清楚明晰性能够达到什么程度几乎全仰赖于读者是否集中注意力，所以这里面存在着局限性与主观性，这也就是笛卡尔的局限性。

据说笛卡尔自己也承认过这一点，在1641年1月写给梅思纳的信中，他就说："凡是不情愿入内观看的人们，我就做不到使他们看见书

---

[1] 黑格尔：《哲学史讲演录》（第四卷），贺麟、王太庆译，商务印书馆，1978年版，第70-71页。

房里面有什么东西。"[1]

笛卡尔在这里的意思就是说,对于那些不愿意思考的人们,他们不肯仔细地沉思在"我思"与"我在"之间的关系。倘若这样,就像现在笛卡尔请他们进他们的书房看一下,好证实他有某本书,但这些人不肯进来看,这样一来,你当然不能够让他们看见书房里的东西。

又如我们中国有一个成语"走马观花",骑在奔跑的马上看花,能够看清楚花是怎样的吗?例如是牡丹还是芍药?好不好看?好看在哪里?当然是不能的。"我思"与"我在"之间也有类如此。因为要弄清楚"我思"与"我在"之间的关系,以及这种关系是否是自明的甚至是清楚明白的,都有赖于人是否愿意认真地沉思,就像走马观花中是否看得清楚花有赖于这个人是否愿意从马上下来,仔仔细细地看。倘若不这样,是不能看清楚花的。在笛卡尔这里,就是倘若不认真,那自明性也就不存在了。

所以从这个角度上来说,笛卡尔的自明性既不一定,也不可靠。进一步地,莱布尼茨认为,笛卡尔这是要求以人一种自身内在的观念去证明存在,而这种观念并不一定是清楚明白的、更不一定是自明的、甚至可能只是一种幻觉而已,因此笛卡尔在"我思,故我在"中所进行的分析也可以说是自愿去受着一种主观的幻觉的支配。针对这一点,莱布尼茨在1697年写给《科学家报》的信中这样说:"凭借自己观念内在的证明,这就是甘愿受幻觉的支配"。[2]

莱布尼茨之后,休谟也对"我思,故我在"提出了批评。

我们知道,在"我思,故我在"之中,笛卡尔所得到的结论可不只是我思先于我在的,而是思先于在、是思维先于存在;不是个体性的我

---

1 转引自罗狄-刘易斯:《笛卡尔和理性主义》,管震湖译,商务印书馆,1997年版,第8页。
2 同上书,转引自第96-97页。

之思先于我之在，而是普遍性的思维先于存在。对于休谟而言，这是"完全无法理解的"，他说：

> 笛卡尔认为，思想是心灵的本质；这不是指这个或那个思想，而是思想的一般。这个观点似乎是完全无法理解的，因为每一存在之物都是个别的。构成心灵的必定是我们的一些个别的知觉。[1]

休谟在这里强调指出的思维的个体性以及存在物的个体性，因此对于笛卡尔将我之思扩展到普遍之思，由我之在扩展到普遍之在提出了批评。当然要理解这一点，必须要更深入地了解休谟的哲学才行。

对"我思，故我在"的更系统的批判则来自于维柯。

据朱光潜先生说，维柯结束为期九年家庭教师生涯后，回到那不勒斯时，看到大家这时候都信奉了笛卡尔，于是大为不忿，向笛卡尔开火了。[2]

维柯开火的主要目标就是"我思，故我在"。

在维柯看来，笛卡尔的论证是不成立的，原因就在于，通过"我思，故我在"，笛卡尔所证明的只是思之在，他这里的"故我在"中的"我"实际上只是"思之我"——这我们从前面的整个证明就可以清楚地看出来，然而，笛卡尔却将这个"我"默默地替换成了肉体之我或者肉体与思维结合之我，总之有了肉体，这是不成立的。因此维柯说：

> 他（指马勒伯朗士）怎么会赞同笛卡尔的"我思，故我在"？因为，从上帝在我之中创造了理念这事实应当推断出，"在我之中有某物在思想，因而有某物存在，但是，在我思时，我辨别不出肉体的理念，因此在我之中思考的是纯粹的心灵即上帝。"[3]

---

1 《人性论》概要，见周晓亮：《休谟哲学研究》，人民出版社，1999年版，第377页。
2 参见王树人、李凤鸣（编）：《西方著名哲学家评传》（第五卷），山东人民出版社，1984年版，第589页。
3 利昂·庞帕（编）：《维柯著作选》，陆晓禾译，商务印书馆，1997年版，第103页。

此外，在维柯的《新科学》之补篇，《对勒内·笛卡尔、本涅狄克特·斯宾诺莎和约翰·洛克的形而上学的诘难》中，维柯说：

勒内·笛卡尔本来肯定会认识到这一点，如果他在对他自己的存在的怀疑中注意到它的话。因为，如果我怀疑我存在与否，则我便怀疑我的真实存在，而如果没有真实的上帝存在，则我就不可能寻找我的真实存在，因为不可能寻找人对之没有任何观念的东西。如果我怀疑我的存在，而并不怀疑真实的上帝，那末，真实的上帝实际上便不同于我的存在。我的存在受形体和时间限制，而它们是我所必不可少的：因此，真实的上帝是没有形体的，因此超越形体，从而也超越时间，时间是按照"从前"和"以后"来计量形体的尺度，或者（更确切些说）它由形体的运动来计量。由于这一切的缘故，真实的上帝是永恒的、无限的、自由的。[1]

这是维柯对笛卡尔"我思，故我在"的另一种批判，这里实际上是从源头就否定了笛卡尔的原则，即怀疑一切的原则。在维柯看来，倘若我们要怀疑我们自己的真实存在，那就意味着我们对自己没有真实的观念，而人"不可能寻找人对之没有任何观念的东西"，我们就不可能去寻找人之存在了，即不会提出"我思，故我在"这样的命题了，也就是说笛卡尔的起点根本就是不成立的。这是一，还有，对于笛卡尔之后的由"我思，故我在"而推断了上帝的存在，维柯也说不必如此麻烦，因为我与上帝是不同的，这不用说，而倘若我将自己视为与上帝不同的，而"我的存在受形体和时间限制"，于是，相对言之，上帝的存在就是不受形体和时间限制了，进一步地，很容易推论出上帝乃是永恒、无限与自由的。

至于维柯的这种批判是否成立，就像前面所有的批判一样，一定是

---

[1] 利昂·庞帕（编）：《维柯著作选》，陆晓禾译，商务印书馆，1997年版，第220-221页。

见仁见智的事。

到了现代,最简单的批判就是从自然科学角度进行的批判了,也许因此就有了这样一本书,其名字《笛卡尔的错误——情绪、推理和人脑》之中便向笛卡尔叫板了,它其中针对笛卡尔的"我思,故我在"、"我思"先于"我在",是这样说的:

在人类还远没有产生之前,生命就已经存在。到了进化的某个时刻,基本意识开始产生。伴随着基本意识产生了简单的心理;伴随着心理的日益复杂,思考成为了可能,甚至后来,使用语言来交流和组织思想也成为可能。对于那时的我们来说,刚开始的时候,存在的就是生命,只有到了后来才有了思维。对于现在的我们来说,当我们降临到这个世界上并开始发育时,我们开始仍然只是生命,只有到了后来,我们才开始有了思维。我们先存在,然后我们再思考,我们之所以思考是因为我们存在,因为思考确实是由生命的结构和运转引起的。[1]

这个批判是最简单的,就是说根据科学家们的说法,人不可能是一直存在的,人类有一个漫长的进化过程,而在有人之前,世界早就存在了,因此"存在"必定是先于"思维"的,就像万物必定先于人一样,须知这里的思乃是人之思呢!所以笛卡尔说先思维然后才有人、才有一切,从科学上而言这当然是不成立的。

这种批判不能说没有道理,但我要说,从哲学的角度而言,这种批判是不着边际的,没有多少哲学的意义。

前面我们讲了莱布尼茨、休谟、维柯甚至现代人对笛卡尔"我思,故我在"的批判,这些批判诚然不能说没有道理。但更要说的也许是,笛卡尔在"我思,故我在"中所表达的思想,即从思维出发,并没有因

---

[1] 安东尼奥·R.达马西奥:《笛卡尔的错误——情绪、推理和人脑》,毛彩凤译,教育科学出版社,2007年版,第191页。

为这些批判而被抛弃,相反,它对后世的哲学家产生了极为深刻的影响,比这些批判者的影响要大得多。

这个影响有多大呢?简言之,它将导致哲学史上的一次革命,就如柯普斯登所言:

在以意识或思想来开始之时,笛卡尔已带来哲学上的一次革命。[1]

这场革命对后来的许多哲学家,如康德与胡塞尔这两位近代与现代西方哲学的巨匠,都产生了巨大的影响,而这种影响就是来自于笛卡尔在"我思,故我在"中所提出来的在"我思"与"我在"之间的关系的,即思维先于存在的,这种将思维而不是存在看成是主体,就是笛卡尔能够成为不但是近代、而且是现代西方哲学之父的主要原因,对此《笛卡尔和理性主义》如此说:

对存在物的任何认识,他认为都从属于思维主体的至上性,因而他被尊崇为现代哲学之父。在这个方向上,后世从之者甚众,既广泛而又形色各异:从康德的批判主义直到胡塞尔的《笛卡尔式的沉思》。[2]

在此特别提到了胡塞尔及其名著《笛卡尔式的沉思》,这是因为在笛卡尔所影响到后来的哲学流派之中,至少在现代西方哲学中,现象学乃是最为突出的,即其受到了笛卡尔最深刻的影响。除了胡塞尔及其所创立的现象学之外,源自于现象学的存在主义同样受到了笛卡尔强烈的影响,由现象学与存在主义这现代西方哲学中两个显要流派都受到了笛卡尔深刻而强烈的影响,就足以说明笛卡尔堪称"现代西方哲学之父"了。所以柯普斯登也如此说:

黑格尔曾将笛卡尔的哲学看作是绝对唯心论底发展中的一个阶段,

---

[1] 柯普斯登:《西洋哲学史》(第四卷),邝锦伦、陈明福译,黎明文化事业股份有限公司,1990年版,第182页。
[2] 罗狄-刘易斯:《笛卡尔和理性主义》,管震湖译,商务印书馆,1997年版,第2页。

而胡塞尔则视之为现象学之前导,他们都着重于把"主体性"作为笛卡尔哲学底起点。萨特亦作如是观,只是他的哲学——当然——既不同于黑格尔的,亦不同于胡塞尔的。萨特在他的《存在主义与人文主义》的讲录中,说明哲学底起点必须是个人底主体性,而根本的真理是"我思维,所以我存在",这是意识抵达自身之时的绝对真理。[1]

正因为笛卡尔对胡塞尔有着如此巨大的影响,《胡塞尔〈笛卡尔式的沉思〉》中才有了这样的话:

对于胡塞尔来说,并不存在柏拉图式-笛卡尔式的视角的替代品:那种视角才正是真正哲学的本质。[2]

这就是说,对于胡塞尔而言,笛卡尔的思想就表达了哲学的真正本质,往上溯只有柏拉图可与之相比。

为了说明这些说法是否有道理,我们且来具体地看看胡塞尔自己是如何说的吧。

胡塞尔曾经在法兰西科学院作了一次有名的讲演,这个讲演现在有两个文本,在第一个文本的开头,胡塞尔开门见山地说:

能够在法兰西科学院这个最令人尊敬的地方谈论新现象学,对此我有特别的理由感到高兴。因为在过去的思想家中,没有人像法国最伟大的思想家勒内·笛卡尔那样对现象学的意义产生过如此有决定性的影响。现象学必须将他作为真正的始祖来予以尊敬。可以直截了当地说,正是对笛卡尔沉思的研究,影响了这门成长着的现象学的新发展,赋予现象学以现有的意义形式,而且几乎可以允许人们将现象学称为一种新

---

[1] 柯普斯登:《西洋哲学史》(第四卷),邝锦伦、陈明福译,黎明文化事业股份有限公司,1990年版,第183页。

[2] A.D.史密斯:《胡塞尔与〈笛卡尔式的沉思〉》,赵玉兰译,广西师范大学出版社,2007年版,第13页。

的笛卡尔主义、一种二十世纪的笛卡尔主义。[1]

在这里，胡塞尔将笛卡尔的思想看作是对现象学有着决定性的影响，因此是现象学的"始祖"，甚至说现象学就是新的笛卡尔主义，对笛卡尔思想的崇敬可以说达到了极点。

在第二个文本中，胡塞尔在开头也作了相似的表述：

能在法兰西科学院这个最有声望的地方来谈论先验现象学，我有特别的理由感到高兴。因为法兰西最伟大的思想家勒内·笛卡尔曾通过他的沉思，给先验现象学以新的推动。这些沉思的研究，直接影响了我们将已把握到的现象学改造为一种新的先验哲学的工作。因此，人们几乎可以把现象学称之为新笛卡尔主义。[2]

这个表述要稍微简略些，因为胡塞尔在这个文本里着重要分析的乃是现象学本身，是为现象学所作的一个"导论"。在其中他具体地分析了笛卡尔的沉思——其核心就是"我思，故我在"中所表达出来的东西——对于现象学乃至整个哲学的伟大意义，例如胡塞尔这样说：

笛卡尔沉思并不想只作为笛卡尔这位哲学家私人的事，何况它们不过是有关第一哲学论证描述的给人以印象深刻的文献形式而已。毋宁说，它们刻画出任何一个正在开始的哲学家所必需的沉思典范。哲学本来就只有从这些沉思中才能够生长起来。[3]

胡塞尔在这里说明，任何哲学家倘若想进行哲学研究，就必须像笛卡尔那样沉思，只有通过这样的沉思才会产生真正的哲学。

这话是有道理的，并且是非常深刻的。可以这样说：倘若我们不能进行笛卡尔式的沉思，即面对世界本身进行实实在在的沉思，那么我们

---

[1] A.D.史密斯：《胡塞尔〈笛卡尔式的沉思〉》，赵玉兰译，广西师范大学出版社，2007年版，第1页。
[2] 胡塞尔：《笛卡尔沉思与巴黎讲演》，张宪译，人民出版社，2008年版，第38页。
[3] 同上书，第39-40页。

是不可能真正了解哲学的,更不可能成为真正的哲学家。

何谓面对这个世界的沉思呢?就是当我们沉思之时,我们所要沉思的绝非某个哲学家的思想或者著作,而必须是世界本身,这才是哲学的切入之道。在我看来,这也是我们中国传统哲学所最为缺乏的,因为我们的传统哲学研究,自从遥远的春秋战国之后,就再也不是世界本身了,而是其他哲学家的著作了,过去是老庄孔孟,现在依然是,不过加上了西方的柏拉图、亚里士多德、康德、海德格尔、胡塞尔,等等,如此而已!我要说:倘若如此,中国是不可能诞生真正的哲学家的。

当然不是说这些大哲们的著作不能读,胡塞尔不也读了吗?而是说仅仅读书是不行的,我们一定要面对世界进行沉思,像笛卡尔那样去沉思,才可能产生真正的哲学与哲学家。

在后面,胡塞尔对于笛卡尔在"我思,故我在"中表达的深刻思想进行了许多分析,例如他说:

这个沉思者自己本身只有作为他的我思活动的纯粹自我,才能始终是绝对不可怀疑地实存着的,才会是不可丢弃的某种假使这个世界不存在,它也还会存在的东西。如此还原,这个自我就进行着一种唯我论的哲学化活动。他寻找一条客观的外在性能够从他自己的纯粹内在性中推演出来的确然的途径。这个论证过程是众所周知的:首先推论出上帝的实存和真理性,然后通过它们推论出客观的自然。这个有限实体的二元论,简言之,一方面是形而上学和实证科学的客观基础,另一方面是这些学科本身。根据内在的或天生的主导原则,所有这些各种各样的结论都必定是从纯粹自我中得出的。[1]

胡塞尔在这里表达了现象学的出发点与笛卡尔在"我思,故我在"中所表达的是一致的,即它是从思维出发的,理解了这一点,我们就可

---

[1] 胡塞尔:《笛卡尔沉思与巴黎讲演》,张宪译,人民出版社,2008年版,第40-41页。

以说迈上了理解现象学的门槛了。

其实，要理解现象学与笛卡尔之间的关系是很简单的。我们知道，现象学的基本概念与出发点之一是悬搁，即对事物是否存在悬搁存疑，然后将事物看成"现象"进行考察，这个现象并非外在的客观事物，而是一种意识现象，换言之就是意识者的意识即我的意识。而这里就表达了笛卡尔在"我思，故我在"中所表达的思想之神髓，即是从"思"出发，我们知道，"思"换言之就是意识，我思就是我的意识。因此胡塞尔现象学的起点其实就是笛卡尔，只是此后走的路径不同而已。

当然，胡塞尔的"悬搁存疑"实际上不仅是从笛卡尔那里来的，还有更古老的起源，那就是怀疑主义，重要的怀疑主义者阿尔凯西劳就认为应当对一切事物采取这个态度，正如塞克斯都·恩披里柯所说：

> 阿尔凯西劳……从来没有被发现就任何东西是否成立作过任何断言，他也没有依据可信程度或别的什么而优待任何东西超过别的什么，而是对一切事情悬搁判断。[1]

在怀疑主义、笛卡尔与胡塞尔之间有着一种内在而深刻的联系，可以作出一篇极有深度的文章甚至一本书来，题目可以是：《存在之前提——怀疑主义、笛卡尔与胡塞尔对存在的多维理解》。

第五节 "我思，故我在"中的另一面：从"我"出发

上面我们述说了后世哲学家们对"我思，故我在"的批判，也谈到

---

[1] 参见克里斯托弗·希尔兹（主编）：《古代哲学》，聂敏里译，中国人民大学出版社，2009年版，第311页。

了其对胡塞尔及其现象学的影响,下面我们要从一个新的角度进一步分析"我思,故我在"。

这个新角度就是,在笛卡尔对"我思,故我在"的分析之中,除了思之外,实际上还有另一个出发之点,就是"我"。

这是很明显的,因为"我思"之中"我"实际上是居于"思"之前的呢。

对于理解笛卡尔思想,这也是很重要的,因为思并不意味着一定是我之思,他人也有思,甚至神也有思。但在这里笛卡尔将"思"与"我"结合起来,同样对哲学史产生了重大的影响,将引导西方哲学走上一个新的方向,即"我"之方向,这将大大地影响以后的许多哲学家,特别是费希特与谢林等人。

我们在这里只谈谈影响更大的费希特。

对于笛卡尔对费希特的影响,黑格尔这样说:

笛卡尔同费希特一样,出发点是绝对确定的"我";我知道这个"我"呈现在我心中。于是哲学得到了一个完全不同的基地。[1]

黑格尔还说:

后来费希特又重新从这个绝对确定性、从"我"开始,但他更进一步,由这个顶点发展出一切规定。[2]

黑格尔在这里说明了费希特哲学的核心之点,就是其乃是一种从"我"开始的哲学。

为什么呢?这是因为费希特认为,哲学必须从一个绝对无条件的确定的根本原理开始,从普遍知识里的某种决无可疑的确定的东西开始,而这就是他的哲学之始,对此他在《全部知识学的基础》中一开篇就

---

[1] 黑格尔:《哲学史讲演录》(第四卷),贺麟、王太庆译,商务印书馆,1978年版,第70页。
[2] 同上书,第71页。

说：

我们必须找出人类一切知识的绝对第一的、无条件的原理。如果它真是绝对第一的原理，它就是不可证明的，或者说是不可规定的。

它应该表明这样一种事实行动，所谓事实行动不是，也不可能是我们意识的诸经验规定之一，而毋宁是一切意识的基础，是一切意识所唯一赖以成为可能的那种东西。[1]

那么这个原理究竟是何者呢？费希特在这里只是说明了其与意识相关，但并没有确定是什么，这个要在后面才说出来：这就是我自己，即我的存在。在费希特看来，这是无可置疑的。

只要我们稍加思索，就会看到费希特在这里接受了笛卡尔的影响，甚至从这里完全可以不看他是如何分析的而直接地延伸到笛卡尔，因为笛卡尔在"我思，故我在"中早就证明了我为什么存在。

这个思是我之思，所以笛卡尔在这里实际上推导出了两样：一是我，二是思，合起来就是我思，更具体地说就是我思之存在。

费希特正是从笛卡尔这一点作为自己的出发之点的。对此他也是承认的：

我们的作为一切知识的绝对原理的命题，康德已在他的范畴演绎中提示过了；不过，他从没把它建立为基本原理。在他之前，笛卡尔曾提出过一个类似的命题"我思，故我在"。[2]

在这里费希特将"我"说成是"自我"，"思"说成是"意识"，于是"我思"就成了"自我意识"。

还有，我们在分析笛卡尔时说过，笛卡尔实际上所分析出来的乃是一种"思之我"，这个"我在"也只是这个"思之我"的存在，但笛卡

---

[1] 费希特：《全部知识学的基础》，王玖兴译，商务印书馆，1986年版，第6页。
[2] 同上书，第15页。

尔却默默地将之替换成了肉体之我,认为由我思就推导出了这个肉体之我的存在,这乃是他伟大证明中的一个最大的漏洞,维柯对此毫不客气地进行了批判,这我们前面已经提过了,例如维柯说:

在我之中有某物在思想,因而有某物存在,但是,在我思时,我辨别不出肉体的理念,因此在我之中思考的是纯粹的心灵即上帝。[1]

这段话是很深刻的,它不但指出了笛卡尔所推导出的只是那心灵之我而非肉体之我的存在,而且那真正的思者本质上并非是我,而是上帝,这样一来,就说明我们乃在上帝之中进行思考。——这就过渡到马勒伯朗士那里去了,因为在马勒伯朗士那里,所谓我以及客观世界是不存在的,我们实际上是存在于上帝之中。而马勒伯朗士的这个思想到了贝克莱那里就成了"存在就是被感知",所谓"存在即被感知"简明扼要地说就是一切的存在都是一种观念,但这个观念并非是我即人的观念,而是上帝的观念,因此这个世界包括我实际上都是上帝的观念而已。这与马勒伯朗士的思想实质上是一致的。例如贝克莱在分析神时,认为我们并不能对神有所观念,但我们依然相信神的存在,这是十分清楚的:

我承认我自己对于上帝以及其他精神都没有观念;因为这些都是自动的,不能被完全无活力的观念(就如我们的观念)所表象。不过我仍然知道,自己是一个精神,是一个能思想的实体,能同我所知道的我的观念一样确定的存在。我并且知道,我所谓"我",所谓"我自己",有什么意义。[2]

在此我们可以将贝克莱的这种观点与笛卡尔的"我思,故我在"作一比较,便可以知晓,贝克莱在这里也默默地运用了笛卡尔的方式。

---

[1] 利昂·庞帕(编):《维柯著作选》,陆晓禾译,商务印书馆,1997年版,第103页。
[2] 《柏克莱哲学对话三篇》,关文运译,商务印书馆,1957年版,第74页。

在贝克莱这里的"我"就是一个精神,而精神就是心灵,同时也是"思",这个思之在对于贝克莱是显然的,是无需要证明的,或者说是已经证明的,当我探讨存在即被感知时,实际上也是证明这个思之在。其过程简而言之如下:存在即被感知,感知需要有一个感知者,这个感知者不是肉体之我,因为作为物质的肉体之我是不存在的,它本来就是一个观念,产生这个观念的则是心灵或者说精神,也就是思。思既然在了,我也就在了,因为我就是思,就这么简单!

这个证明的结果是一样的,都是证明了我之存在并且我是一种思,即我思,但证明的过程或者方式相反,笛卡尔是从怀疑或否定的方式去证明的,贝克莱则是从肯定的方式去证明的。

从上面对笛卡尔、马勒伯朗士、维柯与贝克莱的分析中可以看出来,费希特的思想或者说它最基本的原理实际上是建筑在他们的思想之上,这样说吧,倘若将费希特的哲学比作一座大厦,那么笛卡尔和康德就是地基,而马勒伯朗士、维柯与贝克莱同样为这个地基添砖加瓦。

所以,从这个角度上来说,费希特的思想一如胡塞尔的思想一样,都是基于笛卡尔的,也映衬了我们前面说过的话:

笛卡尔不但是近代西方哲学、也是现代西方哲学的创始者。

第七章　对上帝存在之证明

上面我们分析了"我思，故我在"，但并没有分析完，因为在这里还有最后一点要说，且这一点乃是"我思，故我在"中最后一个核心之点，理解这一点对于我们后面进一步理解笛卡尔的思想是至关重要的。

在"我思，故我在"之中，为什么由"我思"可以导出"我在"？或者说，为什么思需要有一个思者？笛卡尔对这个问题是这样回答的：因为这个太明确了，非常清楚，是自明的，就像我们前面说过的欧几里得几何中的情形一样。欧几里得在《几何原本》中首先就给出了23个定义，例如什么是点与直线，什么是平面、直角、垂直、锐角、钝角，等等，这是几何学的最基本元素，对于这些元素，欧几里得没有用到任何公理与公设，因为它们甚至是比公理与公设更为基本的东西，只是一些直观的描述，连推理也没有，也不能有。因为它们是自明的，可以通过一种最简单的直观而得到这个结论，并且结论是非常清楚的，无可置疑。

笛卡尔在这里也是同样的情形，因此他说出了这样的话：

凡是我们清楚、分明地理解或领会的东西都是真的。[1]

他在《哲学原理》中也这样说：

我们所判断的事物，如果不是我们所不充分了解的，则我们的判断永不会错误。[2]

在这里的"如果不是我们所不充分了解的"换言之就是"倘若我们

---

[1] 笛卡尔：《第一哲学沉思集》，庞景仁译，商务印书馆，1986年版，第119页。
[2] 笛卡尔：《哲学原理》，关文运译，商务印书馆，1958年版，第13页。

有了充分的了解",笛卡尔认为只要这样了我们的判断就永不会错误。在"我思,故我在"这里也是如此。

而在《谈谈方法》中,笛卡尔更加清楚地说:

我发现"我想,所以我是"这个命题之所以使我确信自己说的是真理,无非是由于我十分清楚地见到:必须是,才能想。因此我认为可以一般地规定:凡是我十分清楚、极其分明地理解的,都是真的。[1]

这乃是笛卡尔谈谈方法的基础与核心之点。

这也是笛卡尔从"我思,故我在"所得出来的另一个重要结论,笛卡尔显然对这个结论是很满意的。因此,我们不妨想象这样的情形:笛卡尔在得出"我思,故我在"之后,洋洋得意之余,不由自问了一句:为什么"我思"是如此的毋容置疑呢?

想了一会儿,他脑袋一拍,恍然大悟:这个"我思"之所以如此明了,原来是因为当我设想它、考问它时,它都是那样地明白,以至于对它的任何怀疑都会是不近情理、不讲道理!

于是,他得出了这样一个结论:凡我们能够设想得很清晰、很显然的一切事物都是真的。

对于笛卡尔而言,这乃是自明的,即不需要论证。而为了理解笛卡尔,我们也一定要清楚这一点。

当然,倘若一定要问为什么这是自明的,那么也许只能以我们心灵的自由去解释之,即我们的心灵有这样的能力与权力,将那些毫无可疑之处的东西,将那些自明的东西,看成是存在的,并且是绝对存在的,就如笛卡尔在《第一哲学沉思集》之六篇沉思的综述中所说:

心灵运用它固有的自由,认定任何东西只要其存在有丝毫可疑之处,

---

[1] 笛卡尔:《谈谈方法》,王太庆译,商务印书馆,2000年版,第28页。

就是不存在的，但是认为自己绝对不可能不存在。[1]

正是在这种自明性的基础之上，笛卡尔由此出发，进一步导出了上帝与万物之存在。

我们先来看上帝之存在，这是笛卡尔哲学中极重要与核心的内容。

第一节　自明且需证明之上帝

上面刚刚说过，笛卡尔认为，一切具有自明性的东西，即我们能够清楚、分明地领会的东西都是真的，这是他的一个原则，就像他在六个沉思的提要中所说的一样：

我们所清楚、分明领会的一切东西，本来就是按照我们所领会的那样都是真实的。[2]

这乃是理解笛卡尔一个非常重要的核心之点，他将之定为"总则"：

在这个初步的认识里，只有我认识的一个清楚、分明的知觉。老实说，假如万一我认识得如此清楚、分明的东西竟是假的，那么这个知觉就不足以使我确实知道它是真的。从而我觉得我已经能够把"凡是我们领会得十分清楚，十分分明的东西都是真实的"这一条订为总则。[3]

我们现在就从这个总则继续往下分析。

在此我们或者可以首先引用黑格尔的一段话：

我们必须寻求确定的东西；确定的东西就是确认，就是一贯的、纯

1　参见笛卡尔：《谈谈方法》，王太庆译，商务印书馆，2000年版，第79页。
2　笛卡尔：《第一哲学沉思集》，庞景仁译，商务印书馆，1986年版，第10-11页。
3　同上书，第34-35页。

粹的认识本身。这就是思维；然后那笨拙的理智就按照思维的要求向前推进。从笛卡尔起，哲学一下转入了一个完全不同的范围，一个完全不同的观点，也就是转入主观性的领域，转入确定的东西。[1]

这段话是很重要的，它表明了笛卡尔哲学的重要性，就是从他开始，哲学有了一个伟大的转向——转入了思维的领域或者说主观性的领域。这里的主观性指的就是思维，因为笛卡尔的思维首先就是我思，既然是我思、我之思，当然是主观性的，因为主观就是我嘛！

除了思维的这个转向之外，黑格尔还提到了另一个转向，那就是转入了确定的东西。

所谓确定的东西，就是清楚、分明的东西，也就是前面所说过的具自明性的东西，就像"我思"这种自明性的东西一样。

不过，这里的确定性除了与自明有关之外，还与一个含义有关，那就是存在。

在这里有一种词汇之蕴意的隐晦然而重要的拓展，就是当我们寻找自明性的时候，请问我们所寻求的仅仅是自明性这种性质吗？当然不是的，我们是要寻找具有这种自明性的东西，这个自明性就是清楚、分明的性质而已，既然是性质，当然不是独立的存在，而是必须有其载体来承载这种性质，这是不言而喻的。

而这个作为自明性的承载者的这个"东西"是存在的，这同样是不言而喻的，即它乃是一个存在的东西，是存在者。

于是，在有了上面的"总则"之后，笛卡尔的下一步工作就要开始继续寻找那些具自明性的并且存在着的"东西"。

那么这个东西是何者呢？

这时候我们可以想象一下，在世界可能存在的有些什么样的东西。

1　黑格尔：《哲学史讲演录》（第四卷），贺麟、王太庆译，商务印书馆，1978年版，第69页。

首先，思维或者说思，我们已经说过了，笛卡尔肯定其存在且具有自明性；其次是物质，这个前面也说了，笛卡尔对它是抱持怀疑态度的，它的存在也是不可靠的，可能只是一场梦或者一种幻觉。

离开这两者之后，剩下的还可能是什么呢？

只有唯一的可能性，那就是上帝了！因为上帝既非我的意识，亦非物质。

因为，除此二者，无其他可能之存在。

从这个角度我们也可以知道，下一步笛卡尔必然要探讨上帝了。

笛卡尔是怎样开始探讨这个上帝的呢？

依然是从自明性开始的。

我们可以想象这样的情形，当确定前面的"总则"之后，笛卡尔继续沉思自己的内心，看还有什么样的对象具有我思之存在一样的自明性。

他马上就找到了一个，而且其是比我思更为自明的，因而也当具有更高的存在性或者说实在性，他称之为"无限的实体"：

我明显地看到在无限的实体里边比在一个有限的实体里边具有更多的实在性。[1]

这句话中包含着两重含义：一是明显地看到了一个无限的实体，即这个实体是清楚、分明的。二是它是实在的——我们可以理解为实际存在，且其实在性比有限的实体——可以理解为万物——具有更高的实际存在性。

不用说，这个无限的实体就是上帝了。

笛卡尔就通过这种自明性而得到了对上帝的认知，从某种程度上而言，也可以说是得了上帝的存在。

---

[1] 笛卡尔：《第一哲学沉思集》，庞景仁译，商务印书馆，1986年版，第46页。

不过，笛卡尔也清楚地看到了，并不能这么简单地证明上帝的存在，上帝的存在是一个非常复杂而重要的问题，涉及到他的整个哲学体系中一些至高的东西，需要更为深入的证明。就像他在将《第一哲学沉思集》送交巴黎神学院审查时致院长和圣师们的信中所写的一样：

上帝和灵魂这两个问题是应该用哲学的理由而不应该用神学的理由去论证的主要问题。因为，尽管对于像我们这样的一些信教的人来说，光凭信仰就足以使我们相信有一个上帝，相信人的灵魂是不随肉体一起死亡的，可是对于什么宗教都不信的人，甚至什么道德都不信的人，如果不首先用自然的理由来证明这两个东西，我们就肯定说服不了他们。[1]

笛卡尔的这个说法是很有道理的，对于现在也同样有理。我们知道，现在世界上还有许多人是不信仰上帝的，要怎么让他们相信呢？当然不能仅仅靠信仰，仅仅告诉他们上帝是存在的、他们应该信仰之。这是远远不够的，也起不了什么作用。要使无神论者相信上帝的存在，就必须用一种理性的方式去证明之，这就是笛卡尔"自然的理由"的含义了。只有有了这样的证明，才可能使那些不相信上帝的人转向相信上帝——当然首先就是相信上帝的存在。

应该说，这样的观念并非是笛卡尔首先提出来的，早在托马斯·阿奎那的神学体系里就明确地具有这样的思想了。在托马斯·阿奎那那里，理性较之他前面的哲人们——例如奥古斯丁——有着更为重要的地位，这也正是托马斯·阿奎那神学体系的主要特点之一，在他的体系里，对于上帝的信仰固然重要，然而对其进行理性的思考几乎同样重要。我们知道，奥古斯丁的原则是"信以致知"，即先信而后知，但在托马斯·阿奎那这里则几乎是"欲信之，先知之"，即要信仰上帝，先要了解上帝。怎么了解上帝呢？当然是通过理性。是要通过人类的理性

---

[1] 笛卡尔：《第一哲学沉思集》，庞景仁译，商务印书馆，1986年版，第1页。

去重新审视上帝，包括上帝的存在以及我们对之的信仰等。简而言之就是，他重新审视了理性与信仰之间的关系，就如汉斯·昆所言：

> 无可争议，理性有其独立性，有自己的权利和自己的领域，与信仰并不一样。应当认真地对待知识和科学的新的欲求。

正如阿奎那在他的两部《大全》的导言中所指出的，他感到自己不得不在理性前提下论证信仰的合理性。这是一个全新的挑战，它迫使他以一种新的、根本的方式彻底思考信仰与理性之间的关系。[1]

实际上，托马斯·阿奎那的整个哲学体系都是他重新审视理性与信仰之间的关系所得出来的结果。现在，笛卡尔实际上也是接过托马斯·阿奎那的衣钵，在他之后重新以理性的方式去证明上帝的存在。

在笛卡尔看来，认识上帝在一切认识之中是第一位的，只有认识了上帝才可能认识其余的一切，反言之，若没有认识上帝，则其余的一切都不可能知道，或者不可能确定地知道，对此他说：

> 我说如果我们不首先认识上帝存在，我们就什么都不能确定地知道。[2]

所以，正如我们前面刚说过的，当我们从"我思，故我在"中走出来，要去寻找具有自明性的存在者之时，首先就要去认识上帝的存在，这是必然的。

所谓认识上帝的存在当然就是证明上帝的存在了，对于如何证明上帝的存在，笛卡尔认为只有两种方式：

> 可以证明有一个上帝的，只有两条路可走：一条是从他的效果上来证明，另一条是从他的本质或他的本性本身来证明。[3]

所以，我们后面就根据笛卡尔的这个说明去看他是如何证明上帝之

---

1 汉斯·昆：《基督教大思想家》，包利民译，社会科学文献出版社，2001年版，第100页。
2 笛卡尔：《第一哲学沉思集》，庞景仁译，商务印书馆，1986年版，第144页。
3 同上书，第122-123页。

存在的。

第二节　效果的证明

我们先来看笛卡尔关于上帝存在之第一种证明——效果的证明。

所谓效果的证明就是从上帝创造的效果去证明。

我们知道，上帝与我们的关系就在于祂是我们的创造者、也是万物的创造者，对于上帝的创造而言，我们就是祂创造的效果。因此，所谓效果的证明就是从上帝的创造物去证明上帝的存在。

这种证明方式在神学史上是所在多有的，是证明上帝之存在的一个最常用的方式，例如托马斯·阿奎那，他有关于上帝存在的五个证明，即运动的证明、原因与结果的证明、可能性和必然性的证明、事物存在等级的证明、万物之目的的证明，实际上都是根据效果去证明。

例如在第一个运动的证明中，托马斯·阿奎那看到世界万物都在运动，而且我们根据常识知道，一个物体要运动必须要有某种力量推动它，物体是不会自己运动的，除非有什么力量去推而动之。例如黄叶飘零是因为瑟瑟秋风在吹它，马车飞奔是因为马儿在跑，马儿在跑则是因为它的头上有鞭子在响呢。也可以这样说，万物都在运动，同时每一运动之物必有其推动者，或者说都不是主动而是被动：

凡是物体的动，不外上述数类：或附带变动，或自身变动。自身变动或动于迫力，或动于本性。动于本性者，或动于自己，例如动物，或不动于自己，例如火烟上升，水流下。凡此一切变动，都是被动而动。故此说，凡是物体变动，都是被动于他物。[1]

1　托马斯·阿奎那：《反异教大全》，吕穆迪译，安徽人民出版社，2013年版，第44页。

这是托马斯·阿奎那在《反异教大全》之《论真原》之第十三章中的话。托马斯·阿奎那的这一论证是可以理解的。因为确实，我们看到的任何运动总可以找到一个使之运动的力量。但这时便出现了这样一个问题：假如物体 A 的运动是由 B 引起的，而 B 的运动是由 C 引起的，C 是由 D 引起的，如此推下去，那么最后会是什么样的结果呢？

首先我们必须承认，这个推下去必然是有限的，因为万物虽然很多，但总有一个限止。那么这也就是说，最后我们必然会找到这样一个推动，它是一个推动者，自己却不为任何别的力量或物体所推动。这就是托马斯·阿奎那所说的"第一推动"。

这第一推动，托马斯·阿奎那说，就是上帝：

比如手杖，如果不是手去推动，它是不会动的。所以，最后必然追溯到一个不为其他事物所推动的第一推动者。它就是大家所理解的上帝。[1]

还有，在证明上帝之存在中，托马斯·阿奎那实际上也强调了在证明上帝存在的方式之中，主要就是以上帝存在的"效果"去证明：

虽然天主超越觉识，及觉识所知一切，但是天主的许多效果，是觉识可知的。明证法为证明"天主存在"，所用的出发点和前提，便是取源于这些效果。[2]

不用说，这里的"效果"就是上帝存在的"效果"了，也就是上帝所创造的宇宙万物。托马斯·阿奎那正是从这些"效果"之中去证明上帝之存在的。可以说，托马斯·阿奎那关于上帝存在的五个证明无不来自于上帝存在的这个"效果"。

实际上，这种证明亦是关于上帝存在的许多证明之中最为明晰的一

---

[1] 《神学大全》第二题"论上帝的存在"，见赵敦华、傅乐安（主编）：《中世纪哲学》（下卷），商务印书馆，2013年版，第1325页。
[2] 托马斯·阿奎那：《反异教大全》，吕穆迪译，安徽人民出版社，2013年版，第41页。

个，因为这类证明有一个共同的特点，就是一方面源自于对上帝的认识，另一方面又基于对万物的认识，即从可以感知的万物的某些特征去论证上帝之存在，自然具有比较显明的基础。

这种证明方法最早应该是从奥古斯丁开始的，例如奥古斯丁认为，这个世界是何等的伟大、丰富而复杂，这个如此伟大、丰富而复杂的世界是怎样来的呢？是自己产生的吗？这显然是难以理解的，甚至是不可能的，一个更为合理的设想应该是，它有一个创造者，一个无比伟大的、万能的创造者，用另一个词来表达，那就是神。这也就是说，我们不必亲眼看到神，仅仅从这个世界的伟大、丰富而复杂就可以知晓神的存在与万能。所以奥古斯丁这样说：

在一切可见事物中，这个世界是最伟大的；在一切不可见事物中，上帝是最伟大的。我们看见这个世界存在，而我们相信上帝存在。

……

即使撇开先知们的声音，这个世界本身，依据它的变化运动的完善秩序，依据它的一切可见事物的宏大瑰丽，也已经无声地既宣告了它是被造的，也宣告了它只能由一位在宏大瑰丽方面不可言说、不可见的上帝来创造。[1]

这一段话可以说是托马斯·阿奎那关于上帝存在之一切证明的基础，并且同样是笛卡尔的证明之基础。

现在我们就具体来看笛卡尔是怎样通过效果去证明上帝之存在的。

笛卡尔在这里并没有采用奥古斯丁与托马斯·阿奎那的老路，否则他的证明就只是前人的重复了。

笛卡尔的特点是，他是通过人的生命之绵延去证明上帝的存在的，这他在《哲学原理》中说得很清楚：

---

[1] 奥古斯丁：《上帝之城》（上卷），王晓朝译，人民出版社，2006年版，第446-447页。

只有我们生命的绵延,足以解证出上帝的存在来。[1]

笛卡尔认为,我们的生命本身乃是一种绵延,即具有一种延续性、持续性,在这种持续里不能够有一点点的不间断,因为哪怕是一分一秒的间断就可能导致整个生命的崩溃。

笛卡尔的这个说法看上去不对,实际上非常之对。我们不妨设想一下,我们的生命之中可能有一分一秒的间断吗?当然不可能,再短时间的间断就意味着整个生命的失去,道理很简单:人死不能复生,生命的间断就意味着死亡,而人只要真的死亡了,哪怕是一秒、万分之一秒,只要真的是死亡了,就意味着永远地死了。

生命的持续性是如此之重要,但同时我们又可以看到一个事实:就是我们生命的各个部分是相互独立的,并不相依附,例如我能够说此刻,这某一分某一秒,它的存在决定着或者依附着下一分一秒吗?当然不能说,任何一分一秒之间都是相互平等的,并没有什么差异,事实上,正如时间可以看作是一种均质的绵延,我们的生命也是如此,因为我们的生命无非就是一段时间。

这意味着什么呢?笛卡尔说,意味着我们的生命之链必须随时有一种力量来维护之,这样才能确保我们不但此刻存在,而且下一刻将会继续存在。否则的话,即倘若没有这种力量来维护与维持我们的存在的话,我们随时都会消失。

我们人如此,万物以至整个世界都是如此,即都有赖于这种力量的维护与持续。

那么,笛卡尔问:这位保护我们生命之绵延,使之持续的力量又是何者呢?

对于这种力量,其必须有一个基本之点:就是其自身的存在是不需

---

[1] 笛卡尔:《哲学原理》,关文运译,商务印书馆,1958年版,第8页。

要别的力量去维护与持续的,它可以自己保存自己、使自己持续,因为倘若它连自身也维护与持续不了,如何能够维护与持续我们以及万物、世界呢!

因此,显而易见的是,具有这种力量的这个维持者与持续者自身必然不但必须是强大的,而且必须是永恒的。

于是,同样显而易见的是,这个自身强大而永恒的维持者与持续者当然就是上帝了。

对此笛卡尔是这样说的:

如果我们思考时间的本性,或事物的绵延,我们就会明白看到上述解证的真实。因为绵延之为物,其各部分都是不相依属的,而且是永不共存的。因此,我们不能根据我们目前存在的这个事实就必然断言说,下一刻我们也将存在,除非某种原因(原来产生我们的那种原因)好像会继续产生我们,就是说,保存我们。因为我们很容易理解,我们并没有保存自己的能力,而有能力借其自身来保存我们的那位神,一定也凭着更大的理由保存他自己,一定不需要任何别的事物来保存他,因此,他就不能不是上帝了。[1]

就这样,笛卡尔通过效果——我们生命的绵延——证明了上帝的存在。

笛卡尔的这个证明是很有创意的,对后面的一些哲学家如马勒伯朗士之证明上帝的存在就产生了影响。马勒伯朗士认为,万物并不是在创造之后就不需要神了,不是这样的,万物乃是无时无刻不需要神的,宇宙万物持续性地存在乃是因为神持续地有着这样的意愿,倘若神有片刻不需要万物,那么万物也将灭亡。从这个角度上说,神是随时都在不停

---

[1] 笛卡尔:《哲学原理》,关文运译,商务印书馆,1958年版,第9页。

地创造万物的，而万物也因此而得以持续地保存。[1]

马勒伯朗士的这个观念显然就是来自于笛卡尔的这个证明的。

第三节　观念的证明

效果的证明之后，我们再来看"从他的本质或他的本性本身来证明"。

这个证明实际上是一种观念的证明或者说观念式证明。

因为这些"他的本质或他的本性"实际上是一些对上帝的认识与观念，并非上帝本身，因此这个证明是从观念的角度而进行的证明。

也许因为这个证明比较复杂，所以笛卡尔花了许多篇幅去分析，在《哲学原理》《谈谈方法》与《第一哲学沉思集》中都有表述。我们且一一来看下。

他在《哲学原理》中是这样说的：

从包含在我们对上帝的概念中的必然存在，我们可以充分推断出他的存在来。[2]

谈到这一点，即为什么我们在对上帝的概念之中就包含着祂必然的存在，就可以推证上帝的必然存在，笛卡尔举了三角形为例。他说，当我们了解了三角形时，就得到了一个必然的结论，就是三角形的三内角和等于两直角，这是三角形的一种性质。于是，笛卡尔认为，推而广之，当我们心灵中产生了有关上帝具有完美与必然存在这样的特点之

---

[1] 参见庞景仁：《马勒伯朗士的"神"的观念和朱熹的"理"的观念》，冯俊译，商务印书馆，2005年版，第56页。
[2] 笛卡尔：《哲学原理》，关文运译，商务印书馆，1958年版，第6页。

时,就如同我们了解了三角形之后就会知道它必然地具有三内角和等于两直角这样的特点一样,必然地推断出上帝的存在来,用更具概括性的话来说就是:当我们了解了某个对象之后,就会同时了解其必然所具有的某些特点,并且推断出其必然的存在。

这样的证明有些晦涩,但只要我们好好想想,就会明白其中的道理。

进一步地,笛卡尔说:

在我们对于一个事物的观念中,客观的(表象的)完美性愈大,则它的原因亦愈完美。[1]

这里的意思就是说,我们心中有许多关于完美的观念,这些观察的完美性是可以不断提升的,甚至可以走向无限的完美。——这诚然是可以的,我们只要闭上眼睛,甚至不用闭眼睛也成,就可以在心中想象一个越来越完美的东西,甚至想象其是最完美的,这一点问题也没有。

于是,笛卡尔说,我们这些有关完美的观念越完美,由于这些观念都不是凭空而来的,而是有其产生者的,于是,随着这些观念的越来越完美,那观念的产生者也就越来越完美了,以至走各终极的完美,而只有上帝是可能具有这样的完美性的,于是笛卡尔认为由此就可以证明上帝之存在了:

这样,因为我们在自己心中发现出上帝(或至极完美的存在)观念来,我们就有权利询问,我们是由什么根源得来这个观念的。

我们会发现出,它所表象的那些完美品德是伟大无边的,因而使我们十分相信,我们只能由至极完美的一位神明得到它,也就是由实际存在着的上帝得到它。因为我们可以根据良知明白看到,不止任何事物不能由无中生出,不止更完美的事物不能由不甚完美的事物生出(就是说

---

[1] 笛卡尔:《哲学原理》,关文运译,商务印书馆,1958年版,第7页。

不甚完美的事物不能为较完美的事物的动因和总因）。[1]

笛卡尔在这里的意思简言之如下：他认为，我们心中那些有关的完美事物的概念一定是其来有自的，不可能无缘无故地产生，就像无不能生有一样。于是，我们心中既然有了完美事物的概念，就一定存在着这样的完美的对象，那什么称得上是完美的对象呢？当然就是上帝了。

他这样就证明了上帝的存在。

但这还没有完，后面他又说：

据良知看来，我们极其清楚，一种事物如果能知道较自己为完美的另一种事物，则它一定不是自己存在的原因，因为若是如此，它就该把自己所知道的完美品德都给了自己；因此，我们只得说，它一定是由具有所有那些完美品德的神来的，也就是说一定是由上帝来的。[2]

这里的良知其实指的是一种直觉，为什么称为良知呢？就在于这里的直觉是实实在在的，不是虚妄地给自己添加的、或者说凭空捏造的。但我心中究竟有什么样的直觉，由于其在人的心中，他人是无法得知的，因此一个人从逻辑上而言完全可以瞎说他心中有这样那样的直觉，他人是无法反驳的。这样一来，他人是无法判断其是否真有这样的直觉的，换言之就是，若想知道人究竟真的有没有某种直觉，凭的其实乃是他的良知或者说他的诚实。就如同我们俗话说的，"画虎画皮难画骨，知人知面不知心。"这可以理解为，作为外人、他者，当我们去了解一个人时，虽然可以了解一个人的面貌与外在的形象，但对其心中有什么样的观念是难以知晓的。这时候，倘若要了解一个人内心有什么样的心思或者说观念，靠的乃是这个人的良知：他是一个有良知的人，因此也是一个诚实的人，会真实地说出他有什么样的心思或者说观念。

---

[1] 笛卡尔：《哲学原理》，关文运译，商务印书馆，1958年版，第7页。
[2] 同上书，第8页。

这个良知对于笛卡尔的哲学特别是论证上帝的存在是非常重要的。例如他说人心中天然有"什么是最完美的"这样的观念，这靠的就是良知，因为任何人都完全可以说："我心中并没有这样的观念啊！"对此笛卡尔是无法通过逻辑的或者实践的方式否定这种说法的，于是他就只能拿出这个良知来了，就是说：倘若你有良知的话，你就会承认心中有完美的事物这样的观念。而现在你之所以说没有，那是因为你没有良知，换言之就是，你实际上是有的，只是因为你是没有良知的，因此否定罢了。由此笛卡尔就用这样的方式坐实了所有人心中都有完美的事物这样的说法。

只要我们稍微仔细地想想，就会发现这有类于皇帝新衣中的情形，那些骗子说：倘若你是聪明人，就一定能够看见皇帝身上的新衣，换言之就是，倘若你说你没看见，那就说明你是傻瓜了！于是所有大人为了表明自己不是傻瓜，就说看见了皇帝身上的新衣。在笛卡尔这个证明里就是：倘若我要认为自己是有良知的，那么就必须承认心中有"什么是最完美的"这样的观念，要是我否认呢，就说明我没有良知。于是就产生了这样的逻辑结果：我为了表明自己是有良知的，就不得不承认心中有"什么是最完美的"这样的观念了！颇有类于那些不得不说自己看见了皇帝身上的新衣的人吧。

应该说，这也许是笛卡尔论证中的一个瑕疵吧。

笛卡尔认为，我们人既然心中有这样的观念，就是有比我们自己要完美的另一种对象，那么我们必定不会是自己产生自己的，而应当来自于这种比我们更完美的对象，因为倘若我们能够自己产生自己，有这样强大的力量，我们一定会把我们所知的那种完美性包括完美的品德赋予我们自己的，因为我们自己就是大能的造物主嘛！但事实上不是这样，我们并不能自己创造自己，我们同样也不会将那种完美的品德赋予我们自己。于是就产生了这样的问题：我们自己是从哪里来的呢？答案当然是那个完美的品德的拥有者了。

这个完美的品德的拥有者是哪个呢？——当然就是上帝了。因此，笛卡尔这样说：

我们不是自己的原因，只有上帝是我们的原因，因此，就有一位上帝。[1]

这里笛卡尔是在上面从抽象的完美证明了完美的上帝的存在之后，再从一个具体的完美即完美的品德去证明上帝的存在。可以看作是一种补充的或者进一步的证明。

在《第一哲学沉思集》中，笛卡尔也作了相似的证明，他说：

给我表象实体的那些观念，无疑他比仅仅给我表象样式或偶性的那些观念更多一点什么东西，并且本身包括着（姑且这样说）更多的客观实在性，也就是说，通过表象而分享程度更大的存在或完满性。再说，我由之而体会到一个至高无上的、永恒的、无限的、不变的、全知的、全能的、他自己以外的一切事物的普遍创造者的上帝的那个观念，我说，无疑在他本身里比给我表象有限的实体的那些观念要有更多的客观实在性。[2]

这段话比较晦涩，我们可以这样解释：

我心中有两类观念，一类是关于实体的，其是具有更大存在性与完满性的；另一类是有关于样式与偶性之类的观念，这两类观念之中，前者应当是具有更多客观实在性的，因为我们关于样式与偶性这些有限的、较低等的观念应该有一个母体，其乃是无限、完满的，也必然地存在。

打个比方吧，现在有一些烂苹果，于是我知道，也应该有一些好苹

---

[1] 笛卡尔：《哲学原理》，关文运译，商务印书馆，1958年版，第8页。
[2] 笛卡尔：《第一哲学沉思集》，庞景仁译，商务印书馆，1986年版，第40页。

果,它们才是这些烂苹果的来源。而且,我们之所以心中有烂苹果的观念,当然是因为我们心中还有好苹果的观念,这样我们才能判断什么是烂苹果。或者说当我们看到一朵花,说它是美的时,看到另一朵花,说它不怎么美时,我们凭什么这么说呢?当然是因为我们心中有一种美的标准,这是一种美的理念或者理想之美,因此我们就可以判定一朵花是美还是不美。这也就是说,当我们说某一朵花是美的时,乃是因为它分享了那种理念之美,所以才是美的。

观念也是这样,当我们感觉某些观念只是表象了有限与偶性的东西,而另一些观念则表象了永恒无限的东西时,我们就可以断定,我们关于有限与偶性的观念是源自于那永恒、无限的观念的。而那个永恒无限的观念又与何者相关呢?这时候,我们当然会想起一个永恒、无限的存在者来,祂必是至高无上的、永恒的、无限的、不变的、全知的、全能的,如此等等。而祂当然也就是上帝了,因为只有上帝具有这样的特性,或者具有这些特性者只可能是上帝。

而这就证明了上帝的存在,是一种观念式的证明。

这时候,若有人问:请问在这两种观念之中,何者是首先具有的呢?笛卡尔认为前者,即那个与永恒、无限有关的实体即上帝的观念,这才是先在的。关于这个笛卡尔说得很清楚:

我以某种方式在我心里首先有的是无限的概念而不是有限的概念,也就是说,首先有的是上帝的概念而不是我自己的概念。[1]

至于为什么,在上面的例子中我们也作了解释,例如当我们看到一朵花时,我们心中自然而然地会认为其美或者不美,请问为什么呢?当然是因为我们心中先有了美的标准,就像柏拉图的美的理念一样,然后才可以断定这花美还是不美。或者更明显的例子是圆,当我们在黑板上

---

[1] 笛卡尔:《第一哲学沉思集》,庞景仁译,商务印书馆,1986年版,第46页。

画一个圆时,我们很容易判断这个圆画得够不够圆,请问我们如何可以作这样的判断呢?当然是因为我们心中已经有了理想的圆的样子,我们才可以依之作出这样的判断。

从这两个例子可以清楚地看出来,那关于有限、不完满的事物的观念是要后于关于无限、完满的实体的观念的。

而在一切无限与完满的观念之中,可能有的最无限与完满的观念是什么样的呢?当然是关于上帝的。因此之故,关于上帝的观念必定是最先在的,而且其也是最清晰的。就像当我们看到一个圆时,我们可以清楚地判断其是不是够圆一样,是因为在我们心中必定有那圆之标准与理念,这是非常清楚的,就像其是必然存在的一样。

如此之故,我们便也必得说,关于上帝的观念也是非常清楚的,再联系到我们上面所说过的原则:那非常清楚的事物必是存在的,因此上帝也是必然存在的。就如笛卡尔所言:

不能说这个上帝的观念也许实质上是假的,是我能够从无中得出它来的,也就是说,因为我有缺陷,所以它可能存在我心里,就像我以前关于热和冷的观念以及诸如此类的其他东西的观念时所说的那样;因为,相反,这个观念是非常清楚,非常明白的,它本身比任何别的观念都含有更多的客观实在性,所以自然没有一个观念比它更真实,能够更少被人怀疑为错的和假的了。[1]

这段话的表达有些隐晦,但意思就是我们上面所阐释的。

之所以不能够说上帝的观念是我从无中生出来的,是因为笛卡尔认为,这个观念既然是很清楚明白的,并且是比我们自己都要完满的,那么它一定其来有自,不可能是我们的脑子凭空捏造出来的。因为这样一来,我们自己岂不也是凭空捏造出来的了吗?就像笛卡尔所说的一样,

---

[1] 笛卡尔:《第一哲学沉思集》,庞景仁译,商务印书馆,1986年版,第46页。

凭空捏造一个"比我自己更完满的是者"这样的观念"显然是不可能的事情"。[1]

上面我们分析了不少有关上帝的观念式证明，可能看上去有些复杂，其实并不难懂，它可以简化为一种更简明的形式：

一、我们心中有关于某种事物是完美性的观念，这是非常明显的。

二、这种观念不会凭空而来的，而是其来有自的，并且是来自确实具有这些完美性的事物的。

三、显然，具有这些完美性的事物只可能是上帝。

因此上帝是存在的。

笛卡尔自己也用一段相似的话作过这样的表述：

每当我想到一个第一的、至上的存在体，并且从我心的深处提出（姑且这样说）他的观念时，我必然要加给他各种各样的完满性，虽然我不能把这些完满性都一一列举出来，而且也不能把我的注意力特别放在这些完满性之中的每一个上面。这种必然性足以使我（在我认识了存在性是一种完满性之后）得出结论说，这个第一的、至上的存在体是真正存在的。[2]

甚至可以用一句话来代替之：我们心中的完满性这个观念之存在使我们相信有这样的完满者——上帝。

而笛卡尔也这样说过：

单从我存在和我心里有一个至上完满的存在体（也就是说上帝）的观念这个事实，就非常明显地证明了上帝的存在。[3]

若我们回想一下，就会明白，这些证明的基础都是前面的那个"总

---

1 参见笛卡尔：《谈谈方法》，王太庆译，商务印书馆，2000年版，第29页。
2 笛卡尔：《第一哲学沉思集》，庞景仁译，商务印书馆，1986年版，第71页。
3 同上书，第52页。

则",即凡我们能够清楚、分明地领会的东西是真实的。而现在我们清楚、分明地认识到上帝有一个本性,那就是祂是存在的,并且这是祂一种永恒持有的、常住不变的本性,因此我们就可以断定上帝具有存在这个本性,并且其存在是永恒的。就像笛卡尔在《第一哲学沉思集》的后面所言:

我们所清楚、分明地领会为属于什么东西的常住不变的、真正的本性,或本质,或形式的事物,可以真正地能够被说成或被肯定是属于这个事物的;可是,在我们足够仔细地追究上帝是什么的时候,我们清楚、分明地领会他之存在是属于他的真正的、常住不变的本性的,所以我们能够真正地肯定他是存在的,或至少这个结论是合法的。[1]

这段话可以看作是笛卡尔关于上帝存在的观念式证明的综合性表达,他在这里还略微后退了一步,说"至少这个结论是合法的",这就是说,上面的证明即使不在逻辑上讲是必然的,但至少是合理的。

这句貌似不起眼的话实际上表达了关于上帝存在之所有证明的一个共同之点,即它们都不是必然的证明,而只是或然的证明,而上帝的必然之存在不是依赖这种理性的证明的,而只能依靠信仰。就像奥古斯丁在《论自由意志》中所言:

奥:你至少确知上帝存在吧。

埃:即便这一点也是靠信仰,不是自己知道的。[2]

这里的确知就是确证,奥古斯丁虽然也证明了上帝的存在,但他也说明了:这些证明不是确证,而只是可能,而上帝的确证与确知只能依赖信仰。这就是笛卡尔说的"至少这个结论是合法的"之内在含义了。

其实,关于笛卡尔的这个上帝之存在的观念式证明,奥古斯丁也作

---

1 笛卡尔:《第一哲学沉思集》,庞景仁译,商务印书馆,1986年版,第119页。
2 奥古斯丁:《论自由意志》,成官泯译,上海人民出版社,2010年版,第102页。

出了理论上的铺垫,这就是他有关知识的理论。奥古斯丁认为存在着三种等级的知识,其中第二级的知识是理性知识。所谓理性的知识就是人的理性根据一种永恒的标准去判断有形的、可感觉的对象。例如当我们看到一朵红玫瑰时,会有美的感觉,"这朵花真美",甚至于可以联想起爱情来,将它作为美好爱情的象征。或者说,当有人在黑板上画一个圆时,我们会说:这圆画得真好,很圆;或者说,画得不够圆。在这里,我们感觉到了某些对象,例如看到了花和圆,但我们并没有感觉至上,而是作出了判断:这花真美,这圆画得好!倘若我们仔细思量,便会发现一个问题:我们是如何作出这种判断的呢?显然,我们是根据内心的某一种原则去作出这些判断的,例如我们的心灵或者灵魂之中有某种美的标准、标准的圆,我们是根据这个美的标准与标准的圆去判断玫瑰花是美的或者圆画得很圆的。

在奥古斯丁看来,我们的理性根据心灵之中的标准去评价感觉的对象所得到的知识就是理性知识。

只要从这种理性知识前进一步就可以得到上帝的存在了,例如只要这样问:这种理性知识是从何而来的呢?为什么在我们的心灵或者灵魂之中有某种美的标准、标准的圆呢?它们是实际上存在着的吗?进言之,在我们心中是否有着一个比标准之美与圆更为完美与圆满之存在者呢?当然是可能有的,而这就只能是上帝了!这个过程与笛卡尔的上帝存在之观念式证明是很一致的。

在《谈谈方法》里,笛卡尔同样作了关于上帝存在的相似证明,而且表述得也许更加清楚:

我既然在怀疑,我就不是十分完满的,因为我清清楚楚地见到,认识与怀疑相比是一种更大的完满。因此我想研究一下:我既然想到一样东西比我自己更完满,那么,我的这个思想是从哪里来的呢?我觉得很明显，应当来自某个实际上比我更完满的自然。[1]

笛卡尔在这里说得很清楚：我们心中有一个完满的观念，这是很清楚明白的，它比我更加完满，它一定是其来有自的，并且这个来源者比我要更加完满。那么它是何者呢？是何者将这个观念放到我们心中的呢？笛卡尔说："把这个观念放到我心里来的是一个实际上比我更完满的东西，它本身具有我所能想到的一切完满，也就是说，干脆一句话：它就是神。"[2]

笛卡尔就这样证明了上帝的存在，不难看出，这是一种上帝之存在的观念式证明的简明化形式。

我们在上面分三部分几乎是重复地分析了笛卡尔关于上帝存在的这个观念性证明，之所以如此，一是因为这个证明是比较独特而重要的，二是因为它比较难懂。但经过这样再三的分析之后，应该就好懂了。而倘若我们懂了这个证明，对于理解笛卡尔的其他思想就相当容易了，因为在我看来，这一部分实在是整个笛卡尔思想中最难懂的呢！

不过，我在这里还要说明的是，笛卡尔这个证明虽然有其特色，但仍不是他首创的，不但奥古斯丁已经为他作了铺垫，而且中世纪时仅次于奥古斯丁与托马斯·阿奎那的伟大神学家波纳文德还作了相类的证明。

波纳文德认为，人们心中都有关于善与美之类的观念，因此之故，人们对于某个事物的美与不美、善与不善都有不同的评价，会说某些事物是美的、善的，而另外有些事物则是不美的不善的甚至丑的恶的，是有缺陷的，也会知道事物 A 比事物 B 更美，事物 C 又比事物 D 更善，如此等等。这样的比较显然是存在的，于是，波纳文德说，我们何以会

---

[1] 笛卡尔：《谈谈方法》，王太庆译，商务印书馆，2000年版，第28页。
[2] 同上书，第29页。

有这样的认识与比较呢？

当然，这首先是因为人有理性的能力，因此能够对于事物进行各种的选择与评价，但同时，这也意味着我们心中存有至善与完美的观念，正是因为有这样的观念、有至善与完美的观念，我们才能进行这样的对比与评价。对此波纳文德说：

理性的选择作用表现在咨询、判断和愿望中。咨询即寻求这个和那个相比谁是更好的，但除非一物更接近于至善，不可能说它是较善，而接近至善无非是说它更类似于至善。因此，要知道谁比谁更善，除非知道谁更类似于至善；而要知道谁更类似于至善，除非知道至善本身。[1]

不用说，这个至善本身就是上帝了。于是，由此波纳文德就推导出了上帝的存在。

相当明显地，笛卡尔关于上帝存在的观念式证明与波纳文德的这个证明是颇为相似的。当然，我们也可以相信，笛卡尔并不是借鉴了波纳文德，他是自己找到这个证明的，两人只是英雄所见略同罢了。

我们上面分析了笛卡尔关于上帝之存在的两种证明，显然，这两种证明的基本乃是那种"自明性"，对于这种证明神存在的方式也有人提出了批判，例如维也纳学派的领袖石里克，他就说：

（笛卡尔）他认为他在自明性中发现了这个标准（或者像他所说的清楚明白的洞察）。但是他所能找到的对自明性的不可错性的唯一保证就在于上帝的正确性。这样，他就永远陷入一种循环。因为使他确信自明性可靠的东西的存在本身又只是由自明性来保证的。[2]

石里克在这里的意思是，自明性用是笛卡尔证明上帝存在的基础，

---

1 《心向上帝的旅程》之《旷野中一个卑微者的沉思》，第三章，第4节。见赵敦华、傅乐安（主编）：《中世纪哲学》（下卷），商务印书馆，2013年版，第1216页。
2 M.石里克：《普通认识论》，李步楼译，商务印书馆，2005年版，第113页。

如我们前面所言，这乃是一个"总则"，然而这种自明性是怎么来的呢？笛卡尔又认为是依赖于上帝的，是上帝使我们有了这样的自明性。于是，这样一来就产生了一种循环论证：上帝存在的证明依赖的是自明性，而自明性的存在又依赖上帝，它们互为证明，因此也是一种循环证明，从逻辑上而言是无效的。

石里克这个批评是成立的，不过，这笛卡尔自己也认识到了，因为他早就说过：

如果不设定神的存在作为前提，是没有办法说出充分理由来消除这个疑团的。因为首先，就连我刚才当作规则提出的那个命题："凡是我们十分清楚、极其分明地理解的都是真的"，其所以确实可靠，也只是由于神是或存在。[1]

这里说明笛卡尔认识到了自明性也是依赖于上帝的，一切的证明都必须以上帝的存在作为基础，而我们前面的分析之中又可以清楚地看到，上帝的存在是必须依赖自明性去证明的，因此这里似乎的确存在着循环证明。

要解决这个问题倒也不难，我们只要从这个角度去理解，这是我们前面也说过的，对上帝的存在，本质上不是可以证明的，只能靠信仰，因此笛卡尔是先有了这个信仰才去作过个证明的。

这也就是说，对上帝存在的信仰才是这个证明的基础。至于证明本身，它只是从理性的角度分析了上帝存在的可能而不是确证，他是为了让那些不相信上帝存在的人更容易理解上帝为什么存在而作出这个论证的，只是一种阐述信仰的方式而已。

倘若我们站在更高的角度看，就会明白基督教神学中所有关于上帝存在的论证都是如此。

---

[1] 笛卡尔：《谈谈方法》，王太庆译，商务印书馆，2000年版，第32页。

第八章　对万物存在之证明

证明上帝存在之后，还有另一个对象的存在需要证明，那就是万物之存在。

对于万物之存在，笛卡尔首先认为，由上帝的存在并不能就此证明万物的存在，即这不是自明的，还需要证明，所以他在《探求真理的指导原则》中说：

虽然由我在而必然得出结论说上帝在，由上帝在却不可以肯定说我也存在。[1]

这里的我也可以指代万物，因为倘若我在了，由于我是万物之一，并且从这个角度上说只是普通的万物之一而已，因此我的存在就自然而然地代表了万物之存在。相应地，要证明万物的存在，我们首先就是要证明我的存在。

对了，在这里我们要注意的是：此时的我已经不再是那个纯粹的思之我了，而是这个作为万物之一的我，不再是一种思维，而是一种物质。因此笛卡尔在这里要证明的乃是作为物质之万物的存在。

第一节　上帝乃万物之源

对于这个物质之我，笛卡尔说：

---

[1] 笛卡尔：《探求真理的指导原则》，管震湖译，商务印书馆，1991年版，第61页。

我明显地认识到我依存于一个和我不同的什么存在体。[1]

即我的起源不可能是我自己，这在前面证明上帝的存在时已经说过了，我显然是有限的、是不完满的，而我们心中却有着完满的观念，因此我们这个不完满的东西当然不能是完满的东西的起源，观念如此，身体也是如此，我们这个比作为观念的思更加可疑的东西怎么可能是自己的起源呢？这可以说是不言而喻的。

还有，这个我们的起源依赖于之的"存在体"也不能是无，因为无就不是存在嘛！不会是存在体。也许有人说：无也是一种存在啊，只是一种特殊的存在而已。当然也可以这样说，但笛卡尔可不是这么认为的。因为倘若如此，那么我就是依存于无了，但笛卡尔认为，无中是不能生有的，不但无不能生有，而且不完满的东西也不可能是完满的东西的来源，他说：

不仅无中不能生有，而且比较完满的东西，也就是说，本身包含更多的实在性的东西，也不能是比较不完满的东西的结果和依据。[2]

这里的意思是说，不完满的东西不能成为完满的东西的起源，换言之就是完满的东西是独立自存的，或者说来自于更完满的东西。显然，这里都指向了上帝，即不完满的东西来自于上帝，而完满的东西或者是上帝，或者来自于上帝。

笛卡尔将这一思想用之于万物。

首先，万物显然是不完满的。那么下一个问题自然就是，万物是怎么来的呢？当然是从一个完满的对象之中来的，这就是上帝了，即上帝是万物之源。

还有，与通过观念证明上帝之存在一样，笛卡尔在这里也是着重对

1　笛卡尔：《第一哲学沉思集》，庞景仁译，商务印书馆，1986年版，第50页。
2　同上书，第40-41页。

与万物相关的观念去说的。在他看来，我们关于万物之观念是怎么来的呢？它们亦如万物一样，既非凭空而来的，亦非人自身制造出来的，而是有着创造者，是一个外在的力量将它们置于我们心中的。他还举了我们心中有关热与石头的观念是怎么来的，认为其就有着外在的来源：

> 热的观念或者石头的观念如果不是由于一个本身包含至少像我在热或者石头里所领会的同样多的实在性的什么原因把它放在我的心里，它也就不可能在我心里。[1]

在笛卡尔看来，这个"外在的原因"是具有实在性的，这里有双重的意思：一是有类于某种外在的客观存在，就是我们所感知到的物质及其现象，如真的有一块外在的石头与热的现象，正是它们的实在性产生了我们心中的观念；另一层意思就是它们乃是具有最高的实在性的对象置于我们心中的，那当然就是上帝了。总之，无论是有关万物的观念抑或是万物自身，都是来源于上帝的。

所以，通过这样的分析，笛卡尔就证明了万物是起源于上帝的。

这里要说明的是，笛卡尔有了这个证明并不说明他真的认为需要这样的证明，因为在他看来，上帝乃是万物的创造者，这是没有疑义的，即除了上帝，万物不可能有别的创造者，对此他说：

> 我一般地考察世界上所有的一切，以及能够有的一切，设法找出它们的本原或根本原因，为了这个目的，我不考虑别的，只考虑它们是神一手创造出来的。[2]

还有，笛卡尔也清楚地告诉我们，当他在前面证明了上帝的存在之后，上帝之外的一切的存在，包括万物的存在，也就自然而然地得到了证明：

---

1 笛卡尔：《第一哲学沉思集》，庞景仁译，商务印书馆，1986年版，第41页。
2 笛卡尔：《谈谈方法》，王太庆译，商务印书馆，2000年版，第50页。

在证明上帝的存在性的同时,我们也随之而证明了所有这些东西。[1]

至于为什么,可以这样简单地说:上帝为何?祂乃是创造者,是大能的,祂注定不是孤独的,注定会创造万物,所以上帝既然有了,就一定会有万物。对于这个问题,早在新柏拉图主义的柏罗丁那里就进行了分析,后来莱布尼茨更作了相当深入的沉思。

还有,这里的万物指的主要就是自然万物,关于其是由上帝创造的,这其实从笛卡尔对自然的定义之中就可以看出来。对于自然,笛卡尔是这样定义的:

自然,一般来说,我指的不是别的,而是上帝本身,或者上帝在各造物里所建立的秩序和安排说的。至于我的个别自然(本性),我不是指别的东西,而是指上帝所给我的一切东西的总和说的。[2]

笛卡尔在这里说得很清楚,自然就是万物之总和,以及万物之中那内在的规律性。所以,只要有了关于自然的这个定义,上帝之创造自然万物就不用去证明什么的了。

当然,事实上这是不行的,就像上帝是存在的,对于笛卡尔而言也是自明的、不言而喻的,但他却依旧要去证明上帝之存在。

事实上,上帝的名字中就包括了存在,所以有了上帝之名便可以说证明了其是存在的、是存在者,这就如吉尔松所言:

梅瑟为了认识天主,便转向他。他问天主的名字,而答案竟是这般直爽:"我是自有者,你要对以子民说,那'自有者'打发我到你们这里来。"这里丝毫没有形而上学的暗示,唯有天主的话,而《圣经》的《出谷记》就从此奠下全部天主教哲学的原则。从此便一劳永逸地明白,天主的适当名字就是"存有本身"(Being),而且,按照圣厄弗

---

1 笛卡尔:《第一哲学沉思集》,庞景仁译,商务印书馆,1986年版,第170页。
2 同上书,第85页。

连（St.Ephrem）的话——其后圣伯纳文都又重新采用——这个名字指称天主的本质，说"存有"一词指称天主的本质而不指称其他，也就是说天主的本质与存在同一，而且本质与存在只有在天主内始为同一。[1]

这里的梅瑟我们一般译为摩西，《出谷记》一般译为《出埃及记》，圣伯纳文都就是波纳文德了，上面《圣经》中的引文现在一般是这样翻译的：

神对摩西说，我是自有永有的。又说，你要对以色列人这样说，那自有的打发我到你们这里来。[2]

可见，对于上帝的本质——我们可知的本质——首先就是"自有者"，即自己存在者，这一点我们一定要记牢。因此，若从这个角度讲，上帝的存在是不必证明的。但事实上却依然需要证明，从奥古斯丁到托马斯·阿奎那到波纳文德等无数神学家们和笛卡尔也都在证明着。

上帝之存在如此，万物之存在亦如此。

第二节　万物为何存在？

我们知道，万物是上帝所创造的，那为什么上帝能创造万物呢？

这个问题也有点白痴，因为既然是万能的上帝，当然能够创造我们嘛，这还用说！

不过，因为笛卡尔自己作了说明，我们不妨也说几句。而且，笛卡尔在这里并不是简单地说上帝创造万物，而是说，上帝能够创造那些我们可以清楚领会的东西。他在《第一哲学沉思集》中多次这样说过，例

---

[1] 吉尔松：《中世纪哲学精神》，沈清松译，上海人民出版社，2008年版，第57页。
[2] 《旧约·出埃及记》3:14。

如他说：

> 上帝创造了天和地以及在那里包含的一切东西；除此以外，他能够按照我们所领会的那样做出我们清楚领会的一切东西。[1]

他还说：

> 毫无疑问，凡是我能够领会得清楚、分明的东西，上帝都有能力产生出来。[2]

他又说：

> 这个上帝，他能够做出凡是我清楚、明白地领会为可能的一切东西。[3]

这几段的含义是一样的，即上帝可以创造那些我们可以清楚地领会的东西，为什么笛卡尔不简单地说上帝创造万物而要强调指出上帝所创造的是我们可以清楚领会的东西呢？

这是有原因的，这个原因就是，笛卡尔认为，自然万物都具有一个特点，就是它们都是可以清楚地领会的，这是非常清楚、分明的。

万物的这个特点是很重要的，因为它和我们一开始所提出来的那个"总则"——我们所清楚、分明领会的一切东西，本来就是按照我们所领会的那样都是真实的。——是相符合的，并且是相对应的。

我们只要这样想想就可以了，倘若万物的存在我们不能够清楚、分明地领会，那么我们能够说它真实吗？即说它是真实地存在着的吗？当然不能，从逻辑上就可以得出这个结论来了。

所以，笛卡尔在这里实际上是回到了我们在一开始证明"我思，故我在"时就得出来的那个结论了，其实从那个结论就可以得出万物的存在来，它的逻辑过程大致是这样的：

---

[1] 笛卡尔：《第一哲学沉思集》，庞景仁译，商务印书馆，1986年版，第169页。
[2] 同上书，第76页。
[3] 同上书，第223页。

我们所清楚、分明领会的一切东西，本来就是按照我们所领会的那样都是真实的。

我们现在能够清楚、分明地领会万物。

因此万物是真实的，即存在的。

至于为什么在当时我们不能一下子得出来这个结论，原因我们前面提过了，这是因为我们首先必须证明上帝的存在，只有上帝存在了，一切的存在才可以找到它的根基，所以为了证明万物的存在，就必须先找到万物存在的根基——上帝。我们不妨将上帝的存在比作一座大厦的地基，而万物的存在则是上面的楼层，显然，没有这个地基就不可能有上面的楼层。或者说，在笛卡尔看来，倘若没有上帝，那么万物的存在就是无源之水、无本之木了，是不可能真实存在的。

不仅如此，笛卡尔还将这个"总则"与上帝结合起来，对万物的存在作出了证明。

在《哲学原理》之第二章《论物质事物的原理》里，笛卡尔的第一个问题就是"凭什么根据我们可以确知物质事物的存在"，其理由简言之就是：我们分明地看到了有长宽高的物质事物即个体之物的存在，这是非常清楚的，我们还相信是上帝将这些观念清楚地呈现在我们心中的，而倘若这些事物不存在，岂不说明上帝在欺骗我们吗？而上帝是不能这样做的，他说：

就上帝的本性来说，他既然不能欺骗我们，我们就必须毫不迟疑地断言，一定有一种具有长、宽、高三向的对象存在，而且它一定具有我们在有广袤的事物方面所明白见到的一切特性。这个有广袤的实体，就是我们所谓物体或物质。[1]

对于这个过程，我们还可以作这样的解析：

---

[1] 笛卡尔：《哲学原理》，关文运译，商务印书馆，1958年版，第34页。

首先,像笛卡尔在《哲学原理》第一章中所说:上帝所启示的纵然不是我们所能理解的,我们也应该完全相信它们。[1]

为什么人要这么地盲从于神呢?当然是因为较之于神,我们人真是太幼稚、太无知了,所以对那么神圣高明的神的启示根本没有资格提出质疑。可以打个比方说,人较之于神,就像桌椅板凳较之于人——甚至于不是阿猫阿狗较之于人,阿猫阿狗还有点力量,可以有时向我们瞪瞪眼、吠几声,但那桌椅板凳就不能了,只能随我们坐就坐,扔就扔。所以上帝指引我们什么,我们当然得百分之百地信受奉行。

紧接着笛卡尔又提出了另一个观点:神不但本领大大的,而且还很诚实善良,也就是说,神绝对不会欺骗我们。

这句话的意思是什么呢?就是说,凡神启示我们什么,那就肯定是什么,绝对假不了,而且质量三包,绝无伪劣产品。这里说的是神诚实,与前面的神强大是不一样的。

那么这个强大而诚实的神到底给了我们什么样的启示呢?神给我们的启示就是:神令我们强烈地、清楚地相信万物的存在、世界的存在。

这样结合上面两步,世界当然也就存在了,对此作为人的我们不应、也没有资格存一丁点儿怀疑。

对于这个问题,笛卡尔在《第一哲学沉思集》中则是这样说的:

可是当我认识到有一个上帝之后,同时我也认识到一切事物都取决于他,而他并不是骗子,从而我断定凡是我领会得清楚分明的事物都不能不是真的。虽然我不再去想我是根据什么理由把一切事物都断定为真实的,只要我记得我是把它清楚、分明地理解了,就不能给我提出任何相反的理由使我再去怀疑它,这样我对这个事物就有一种真实、可靠的知识,这个知识也就推广到我记得以前曾经证明的其他一切事物,比如

---

[1] 笛卡尔:《哲学原理》,关文运译,商务印书馆,1958年版,第10页。

推广到几何学的真理以及其他类似的东西上去。[1]

看到了吧,通过上面我们所说过的证明过程,笛卡尔不但证明了万物之存在,而且证明了那些非物质形态的理论的正确性,例如几何学的真理。而这些,当笛卡尔一切从怀疑开始时,就已经表示它们是可疑的了,而现在,通过这种方式,他又证明了它们并不是真的可疑,而是真理。

进一步地,笛卡尔还联系到了感觉。

我们前面说过,笛卡尔不但怀疑了几何学的真理,对感觉更是大怀疑特怀疑,说它们可能只是一些幻觉而已。但现在,笛卡尔又证明了感觉其实也是可靠的,对此他说:

因为,知道了在有关身体的合适或不合适的东西时,我的各个感官告诉我的多半是真的而不是假的,它们差不多总是用它们之中几个来检查同一的东西以便为我服务。而且,除此之外,它们还能利用我的记忆把当前的一些认识连接到过去的一些认识上去,并且还能利用我的理智。因为我的理智已经发现了我的各种错误的一切原因,那么从今以后我就不必害怕我的感官最经常告诉我的那些东西是假的了。[2]

笛卡尔在这里的意思是说,感觉诚然是可能出错的,这比几何学的真理要容易出错得多,但并不妨碍我们由之可以得到正确的认识,因为我们可以凭借理智与记忆等发现各种错误。如何去凭借理智发现错误呢?就是理智与记忆等可以告诉我们哪些感觉是清楚、分明的,只有具有这样的特点的感觉才是可靠的。

还有,所谓清楚、分明,换言之就是一种一致性,例如我们如何确定前面的一朵红花是真正存在的呢?就是一致性了,例如我们看到了之

---

1 笛卡尔:《第一哲学沉思集》,庞景仁译,商务印书馆,1986年版,第74页。
2 同上书,第93页。

后，可以再去摸一下，甚至闻一闻，倘若这多次的感觉之间都是一致的，那么这就是清楚、分明地告诉了我们这朵红花是存在的，它的真实性是不可怀疑的，就如笛卡尔所言：

如果在唤起所有的感官、我的记忆和我的理智去检查这些东西之后，这些东西之中的任何一个告诉我的都没有跟其余的那些东西所告诉我的不一致，那么我就绝不怀疑这些东西的真实性。[1]

就这样，笛卡尔在一切从怀疑开始中怀疑的一切东西，从万物的存在、到感觉、到几何学理论，这一切现在都得到了证明，即证明了其存在是真实的。

所以笛卡尔在此仿佛走过了一条证明的环形道，通过这种貌似循环的证明，笛卡尔就很好地证明了万物与上帝的存在。倘若我们联想一下此前中世纪哲学中关于上帝与万物的存在——特别是上帝的存在的证明，就会发现笛卡尔的这个证明是站在更高的高度上的。

当然，笛卡尔的这个证明无疑是可以进行各种质疑的，就像关于上帝存在的其他一切证明一样。

为什么呢？因为无论上帝还是万物的存在，严格来说是不可证明的，它要么就是一个事实，要么就是一种信仰，无论何者，都不可能成为严格意义上的证明。

理解了这一点，我们也就理解了所有这一类证明的另一种本质。

---

[1] 笛卡尔：《第一哲学沉思集》，庞景仁译，商务印书馆，1986年版，第94页。

第九章 天赋观念论

论证完上帝的存在之后,我们来讲笛卡尔一个与上帝有关的理论,就是天赋观念论。

天赋观念论是笛卡尔一个相当重要也有名的理论,因此在为《谈谈方法》写的前言"笛卡尔生平及其哲学"中,王太庆先生说:

笛卡尔的天赋观念论是他的哲学的理论核心。[1]

王太庆先生之所以这么认为,也许是因为天赋观念论具有一种中介作用吧,它将天即上帝与观念即我们的知识联结在一起,一方面有关于他对上帝的理解,另一方面又涵括了他关于知识的理论,因此具有一种承上启下的作用。

不过,我们当知道,天赋观念可不是笛卡尔提出来的,它是哲学史上久已有之的,前人已经有了相当多的分析与理论,要充分地了解笛卡尔的天赋观念论,了解前人的相关理论是很必要的。

因此,在讲笛卡尔的天赋观念论之前,我们要来简单地讲一下历史上的天赋观念论。

第一节 笛卡尔之前的天赋观念理论

哲学史上最早的天赋观念论也许应当是柏拉图提出来的,他的理念

---

[1] 参"笛卡尔生平及其哲学",见笛卡尔:《谈谈方法》,王太庆译,商务印书馆,2000年版,第xvii页。

说实际上就是一种天赋观念说。因为理念并不是人造的,而是神创的,而人之所以会有理念,当然也是神将之赋予人的结果。

此外,柏拉图认为知识的来源乃是回忆,这也是一种比较典型的天赋观念论。

柏拉图认为,我们由回忆得到知识,为此在《美诺篇》里他曾举过一个有名的例子。苏格拉底找来一个什么数学知识也不懂的奴隶,然后按照他一贯的方式不断地盘问他,要注意:只是盘问,盘问过程之中并不教给他什么知识,而只是让这位小奴隶根据自己的想法来回答,苏格拉底既不告诉他什么,也不告诉他什么是对什么是错。但最后的结果是,这位什么也不懂的小奴隶竟然自己得出了一个几何学上的关于正方形的对角线和它的两边的比例的定理。

不过,柏拉图并不认为知识纯粹是来自心灵,而和外界的个体之物无关。事实上当然是相关的,原因很简单:回忆不是随随便便自己就凭空出来的,因为倘若这样的话,我们每个人都是天才了,都拥有一切知识了。而是,当我们进行回忆时,需要一种回忆的"引子",需要进行诱导,这些引子和诱导一般而论就是个体之物了。例如在《美诺篇》里,苏格拉底在开始向这个小奴隶提问时,就在沙地上画了一个正方形,[1]这个可以看见的正方形当然是个体之物,也是必要的个体之物,试问:倘若没有这样的个体之物,苏格拉底如何去盘问这个小奴隶呢?

所以,在这里黑格尔特别强调说:

我们决不要把柏拉图的唯心论当作主观唯心论,当作近代所想象的那种坏的唯心论那样,好像人什么东西也不能学习,完全不受外界的决定,而认为一切观念都从主体产生出来。[2]

---

[1] 参见《柏拉图全集》,王晓朝译,人民出版社,2002年版,第508页。
[2] 黑格尔:《哲学史讲演录》(第二卷),贺麟、王太庆译,商务印书馆,1960年版,第193页。

这就是柏拉图的天赋观念论了，也可以说是最经典的天赋观念论，笛卡尔应该是了解的，也很可能受到了它的影响。

古希腊之后，中世纪时，波纳文德也认为存在着天赋观念，例如他认为人有一种"自然倾向"，例如追求幸福与善的倾向。至于为什么会这样，波纳文德认为，那是因为人心中都有关于上帝的观念，正是这种观念导致了人类那追求善与幸福的自然倾向。这也就是说，波纳文德认为每个人心中都有关于上帝的观念，即这种观念并非后天培养的、而是天赋的。

波纳文德之后，最伟大的神学家托马斯·阿奎那更对天赋观念论有了比较深入的分析。

但托马斯·阿奎那对这个问题的态度与波纳文德是相反的，就是认为没有天赋观念。

我们知道，所谓天赋观念就是说，我们人天生就有某些观念，这些观念当然不是存在于肉体之中，而是存在于灵魂之中，但灵魂中可能有这样的天赋观念吗？托马斯·阿奎那认为没有，因为灵魂不会如此健忘，倘若有，灵魂是一定会自己记起来的，这样就会导致这样的结果：我们用不着感性认识也可以获得知识，其中包括那些逻辑上最为明确的知识，例如整体大于部分之类。但实际上我们没有，即倘若没有后天的感觉材料，我们是不能够获得这些知识的。他还举了盲人的例子：

如果缺少某种感觉，那么就缺少这种感觉所能把握的事物的知识，例如天生的盲人不可能有颜色的知识，因此，如果理智灵魂天生具有一切可理解的事物的知识，就不会出现这种情况。所以，应当承认，心灵并不是凭天生具有的理念（rationes）去认识事物的。[1]

---

[1] 《神学大全》第八十四题"灵魂如何认识那些与自己相关的而又比自己低级的有形体"，见赵敦华、傅乐安（主编）：《中世纪哲学》（下卷），商务印书馆，2013年版，第1411页。

托马斯·阿奎那的意思就是说，倘若人有天赋观念，那么天生的盲人也会有关于颜色的知识，但这是不可能的，也就是说人没有生而就有的知识即天赋观念。

此后，罗吉尔·培根的观点则又与托马斯·阿奎那相反了，他认为有天赋观念，例如数学知识就是天生的，只需要回忆就能够得出来。

再后来到了根特的亨利那里，他就采取了一种折衷的态度，一方面像托马斯·阿奎那一样否认了柏拉图式的天赋观念说，也否认罗吉尔·培根的观点，但又不绝对否认天赋观念的存在，而认为关于上帝存在这样的观念是天赋的，但这并不是说我们天生就一定能够认识这种观念，这种观念真正的形成并且为我们所认知还是和经验有关的，即我们要先依赖经验而形成某些知识，当我们得到这些知识之后，那关于上帝的观念才能够真正地显现给我们，我们也才能得到关于上帝的观念。

最后，到了邓斯·司各脱那里，又重新回到了托马斯·阿奎那的观点，认为知识都是来自于感觉经验的，一切知识都是来自后天的，没有天赋观念，人生下来时是一块"白板"。[1] 这就是有名的"白板说"的来源了。

第二节　必然存在但并不一定会被意识到的天赋观念

谈完了前人的观点之后，我们再来看笛卡尔的天赋观念论。

笛卡尔当然认为是有天赋观念的，他在《第一哲学沉思集》里的这

---

[1] 参见柯普斯登：《西洋哲学史》（第二卷），庄雅棠译，黎明文化事业股份有限公司，1988年版，第675页。

一句话就是最好的说明:

在这些观念里边,有些我认为是与我俱生的,有些是外来的,来自外界的,有些是由我自己做成的和捏造的。[1]

显然,那些"与我俱生"的观念就是天赋观念了。不过这里也说明了笛卡尔并不认为所有的观念都是天赋观念,即不同的观念有不同的起源。具体而言,从这里看,笛卡尔认为观念有三种起源:一是来自于外界,二是我自己后天有意制造的,三是天赋的,他还最先说了天赋观念,这也说明他将这种观念看得是最为重要的。这从他在《对一个纲要的评注》中的一段话就看得很清楚:

凡是正确地注意我们的感官能够伸展到多远、并注意到我们的思维能力通过感官究竟能获得什么东西的人,应该承认事物的观念——以我们在思想中形成这些观念的样子——决不是感官向我们呈现的。我们的观念中没有任何东西不是天赋于心中的,或不是思维的能力,除了属于经验的那些条件而外。[2]

在这里,笛卡尔似乎说了所有的观念都是天赋观念,这和上面的话是相矛盾的。实际上不是,笛卡尔在这里强调指出的是感觉的有限性,即感觉自己并不能形成观念,感觉只是形成观念的工具而已,而且,由感觉在我们心中形成的观念也和感觉本身是不一样的。

这就是笛卡尔的另一个很有特色的思想了,和他对外物的认识有关。即他认为我们的认识与外物本身是不一样的,特别是有些性质,如温度、声音、滋味、颜色和气味等根本不是物体的属性,而只是心灵之中的观念,这种观点后来被洛克发展成为第一性质和第二性质的学说。

这样一来,就是说我们心中那些关于物体性质的观念都是由我们

---

1 笛卡尔:《第一哲学沉思集》,庞景仁译,商务印书馆,1986年版,第37页。
2 转引自姚鹏:《笛卡尔的天赋观念说》,求实出版社,1986年版,第71页。

"思维的能力"所产生的了。但在这些观念之中,天赋观念无疑是占据着首要位置的。所以,1643年5月,笛卡尔在给伊丽莎白公主的一封信中就说:"在我们之中有一些原始的概念,它们像是一些模型,按照它们的样式,我们形成全部其他的知识。"[1]

在这里笛卡尔所说的就是天赋观念。在他看来,我们心中存在着一些原始的模型,人们后天得来的各种经验之类进入其心灵之后,会被这模型加以改造,然后形成各种各样的观念与知识。这就是知识之起源了。这些模型无疑是天生的,也是天赋观念之源。还有,从这个角度而言,由于所有的知识都经过了这些模型的加工,因此从此角度上说,所有的知识都可以说是天赋的,都是天赋观念。

经由上面的分析不难看出来,笛卡尔的天赋观念的具体内容是比较复杂的,天赋的含义也并不止一种,要详细地分析恐怕有一些难度,姚鹏先生在《笛卡尔的天赋观念说》中曾经将笛卡尔的"天赋"一词的具体含义作出了分析,找出了四种含义。首先是先于经验,因为笛卡尔所说的经验一般是指直接经验,而他认为从经验获得的观念不可能是具有普遍性的原则或公理,因此这些原则或公理就是天赋的而非来自后天的经验了;其次是自然的意思,因为笛卡尔把人的天赋的认识能力视为一种自然的禀赋或倾向,人既然有这样的能力与倾向,自然可以获得相应的观念与知识了,这些观念与知识也就是天赋的了;第三是天生的意思,这就是天赋观念最原初的含义了。笛卡尔认为人心中天生就有某些观念,例如上帝的观念,这我们前面论证上帝的存在时已经说过了,笛卡尔认为这些观念乃是神在人们受生之初甚至出生之前就已经植入了人的头脑中的,当然是天赋观念了;最后一种是内在的、永恒的意思。笛卡尔认为,那些几何学的公理以及各种普遍的原则之所以具有普遍性和

---

[1] 转引自冯俊:《开启理性之门》,广西师范大学出版社,2005年版,第180页。

必然性，乃是因为它的根据就存在于人自身之中，并且是永恒不变的真理，从这个角度上说，它们也是天赋观念。[1]

这种分类法诚然是有道理的，在其中笛卡尔说得最多的同时也是最重要的天赋观念当然是关于上帝存在的天赋观念了，就像我们前面说过的，笛卡尔认为，倘若我们不先认识到上帝，不先承认上帝的存在，那么一切实际上都无从谈起，包括一开始的"我思，故我在"也是无本之木了。

至于为什么，当然是因为神太强大了、太"原初"了：

神是一个完满的是者，我们心里的一切都是从神那里来的。由此可见，我们的观念或看法，光从清楚分明这一点看，就是实在的、从神那里来的东西，因此就只能是真的。[2]

笛卡尔在这里说得很清楚，我们的一切观念倘若归根结底说，通通都是来自于神的，所以都是天赋观念。

当然，这只是就根本而言，这也是很好理解的，因为从根本而言，我们人也是上帝所创造的，我们的观念当然也是上帝所创造的了，上帝乃是一切的根源，一切都是天——上帝——赋予的。

但这是就根本的角度而言，在具体的分析之中我们可不能这样说，若这样说的话，就什么都不用说了，将一切推给神了事。

若从具体观念的角度去分析的话，笛卡尔认为有些观念是天赋的，有些则不是。具体的天赋观念之中，除了上帝这个最主要的天赋观念外，就是那些公理与原则了，特别是几何学中的公理，笛卡尔认为它们也是天赋的，还有其他，更具体的也如姚鹏先生所言：

笛卡尔认为，有许多公理或原则是天赋的，它们包括："我思，故

---

[1] 参见姚鹏：《笛卡尔的天赋观念说》，求实出版社，1986年版，第32-33页。
[2] 笛卡尔：《谈谈方法》，王太庆译，商务印书馆，2000年版，第32页。

我在"，每一现象必有原因，结果不能大于它的原因，空间、时间和运动的观念、几何学的一些命题，如三角形的内角和等于两直角等等。[1]

这些内容就不用解释了，一看就知。

我们前面谈了不少笛卡尔的天赋观念论，那么笛卡尔究竟怎么定义他的天赋观念呢？他有没有一个具体的解释？也是有的，例如他在《对一个纲要的评注》中说过：

当我观察到在我心中存在着某种思想，它们既不是来源于外部对象，也不是来源于意志的决定，而只是来源于在我之中的思维能力，那么我就能把那些观念或概念（它们是这些思想的形式）和其他一些外来的和虚构的思想区别开来，把前者叫做"天赋的"。[2]

笛卡尔在这里对天赋观念作了一个简单的解释。在他看来，天赋观念是根据其来源定义的，即其"既不是来源于外部对象，也不是来源于意志的决定"，这里的外部对象可不是上帝，而是指外物，意志则是人自身的主观意志——对于这个意志我们后面讲知识的来源时还要分析。在笛卡尔看来，由这二者产生的观念都不是天赋观念。而只有来源于"在我之中的思维能力"的才是天赋观念。在这里的核心词是思维，关于笛卡尔对思维的理解我们前面讲过，它乃是笛卡尔哲学之中最核心的概念，也是其整个哲学之始，因为笛卡尔哲学的主要特点就是从思维出发的，正是这个出发这点构成了笛卡尔哲学最大的特色，也使他之后的整个西方哲学发生了方向上的大转变。这个思维对于天赋观念也具有根本性的重要意义。为什么呢？因为一切天赋观念都是来自于思维的，包括上帝这个最主要的天赋观念同样是来自于思维的，即倘若没有思维，我们是不会产生上帝这个天赋观念的，即使在我们心中有，我们也无法

---

[1] 姚鹏：《笛卡尔的天赋观念说》，求实出版社，1986年版，第17页。
[2] 转引自冯俊：《笛卡尔第一哲学研究》，中国人民大学出版社，1989年版，第119页。

知道。要理解这一点很简单：我们只要看看周围就是了，有多少人不是基督徒，心中也无上帝的观念，这在笛卡尔时代也是一样的，他也清楚地认识到世界上有很多人不相信上帝、是异教徒或者无神论者。在笛卡尔看来，这些人心中其实也是有上帝这个天赋观念的，只是因为他们的思维没有起作用，因此其才不会出现在这些人的心中。总之，思维乃是一切天赋观念产生的必要条件。

上面我们还举出上帝这个天赋观念的例子，指出其虽然存在于我们心中，但却并不一定能被我们认识。这体现了笛卡尔对于天赋观念的另一个基本认识，就是天赋观念并不一定要"意识到"，即我自己明白心中有这样的观念。这是非常重要的。因为倘若这样的话，即天赋观念就一定要自己清楚的话，那么笛卡尔的天赋观念论就不堪一击了，因为他说的那些天赋观念包括上帝的天赋观念，还有几何学的基本原理之类有无数人是不知道的，所以一定要被我们清楚地知道的天赋观念实际上是不存在的。对此笛卡尔是很清楚的，所以他在讲天赋观念时，着重强调指出了这一点：

当我说，某种观念是与我俱生的，或者说它是天然地印在我们灵魂里的，我并不是指它永远出现在我们的思维里，因为，如果是那样的话，就没有任何观念；我指的仅仅是在我们自己心里有产生这种观念的功能。[1]

笛卡尔在这里说明了，倘若指天赋观念就必须出现在心里为我们所意识到，那么就不会有任何的天赋观念，因为本来就不存在这样的观念，这是一个事实，就像世界上有许多人不承认有上帝，更不会承认自己心中有上帝的天赋观念一样！

笛卡尔还说了，他的天赋观念所指的仅仅是人心中有产生这种观念

---

[1] 笛卡尔：《第一哲学沉思集》，庞景仁译，商务印书馆，1986年版，第190-191页。

的"功能"。这个功能应该从两个角度去理解：一方面表示能力，即我们心中有产生天赋观念的能力；另一方面表示我们心中已经有这些天赋观念的"影子"了，就像柏拉图认为我们心中有种种的天赋理念一样。但在这两种含意之下都不意味着我们一定会有意识到这些天赋观念。这是我们一定要清楚的，在这一方面一定不要冤枉笛卡尔，说他认为天赋观念就一定会被我们意识到。

或者我们可以用弗洛伊德的无意识理论来理解笛卡尔的这个天赋观念。我们知道，所谓无意识就是那些存在于我们心中但并没有为我们所意识到的意识，它乃是精神分析的基础性概念，就如思维之于笛卡尔一样。

在弗洛伊德所提出的无意识之中，有些与笛卡尔的天赋观念是相似的，如弗洛伊德在其晚年的重要著作《摩西与一神教》中有这样的话：

经过深思熟虑之后，我必须承认自己已经提出主张，记忆的遗传似乎是肯定存在的，这就是指我们祖先经历过的事情的痕迹，它与我们通过交往和通过实例教育得来的影响毫无关系。[1]

这种"我们祖先经历过的事情的痕迹"就颇像笛卡尔有关上帝的天赋观念，因为这些天赋观念是自从我们的祖先以来一直都有的，就像上帝的观念一样，它也是我们人一直都有的——自从成为了人之后。且其存在同样并不一定会被我们意识到。

第三节 天赋观念之起源

关于笛卡尔的天赋观念我们最后要谈的是为什么会有天赋观念？或

---

[1] 弗洛伊德：《摩西与一神教》，李展开译，三联书店，1989年版，第89页。

者说天赋观念是怎么来的？

这个问题其实前面已经涉及过了，就是上帝乃是我们一切观念的来源，就像它是我们的创造者一样。但在这里我们要更为具体地讲一下。

对于观念的起源，笛卡尔说过这样的话：

我们的一切观念或看去都应当有点真实的基础，因为神是十分完满、十分真实的，决不可能把毫无真实性的观念放到我们心里来。[1]

笛卡尔在这里说明了两样：一是我们的观念是具有真实性的，即不是虚妄的；二是我们的观念是由神放进我们的心灵之中的。对于理解笛卡尔的观念，这两点都是重要的。其中第二点不用多说，第一点的重要性在于在笛卡尔认为，我们的一切观念，哪怕是那些看上去很荒谬的观念，其实也并非全然的荒谬，而是有一定的真实性。为什么呢？就是因为我们的一切观念归根结底是上帝赋予我们的，即是天赋的，正因为如此，它就必然有着一定的真实性，因为神是大能的、至善的，祂产生的观念不可能纯粹是虚妄的与荒谬的，而是一定会有其真实之处。

要理解这一点并不容易，因为它可能导致两个问题：一是某些观念即使有一定的真实性，但其毕竟同样有不真实性，那么，既然神是大能与至善的，为什么要产生这些不真实的观念呢？二是真的不存在完全不具真实性的观念吗？

对于第一个问题，那就相当复杂了，涉及到基督教神学中一个最古老而艰深的问题之一。例如上帝既然是万能的，那么可以创造一块自己搬不动的石头吗？诸如此类。这个问题早在怀疑主义者卡尔内亚德那里就提出来了，这位卡尔内亚德也有他的神学思想，而且是相当重要的，特别是他的神学证明，可以说确定了以后几个世纪关于神的争论主题。

卡尔内亚德的神学思想集中在他对罪恶的分析。我们知道，无论过

---

[1] 笛卡尔：《谈谈方法》，王太庆译，商务印书馆，2000年版，第33页。

去的希腊人还是今天的基督徒，或者任何相信神的人，都有神是万能的与至善的这类观念，但这很难经得住理性的质疑，有许多这样的质疑让神学家们难以回答，例如神是不是能够造出一块自己搬不动的石头就是这样的问题，更有力量的则是关于罪恶的理论，对此卡尔内亚德说过这样的话：

要么神想要去除罪恶但却不能，要么他能够但却不想，要么他既没有这种意愿也没有这种能力，要么他既有意愿也有能力。假如有意愿但没有能力，那么，他是虚弱的，这对神是不合适的。如果他有能力但没有意愿，那么，他是吝啬的，这同样对神是不相应的。……但如果他确实有意愿和能力（只有这个是与神相配的），那么罪恶从何而来呢？为什么神不去除它们呢？[1]

这个问题是极难回答的，直到今天也是这样，当然神学家们也做出了回答，例如波纳文德就说过，这是因为上帝想要如此，祂也知道自己为什么要如此！[2]

基于这个简单的回答就可以回答上面那些问题了，例如上帝是否可以创造一块自己搬不动的石头、为什么不创造一个更好的世界，如此等等。对之我们可以这样回答：上帝是万能的，祂可以做一切的事，也知道自己为什么会做某事，但是否会做某事、怎样做此事，完全取决于上帝自身！我们人是无法干预、甚至于是无法理解的！

在我看来，对这个问题诸种回答之中，迄今为止这大概是最有力量的了。

对于第二个问题，即是否不存在完全不具真实性的观念，我想是

---

[1] 转引自克里斯托弗·希尔兹（主编）：《古代哲学》，聂敏里译，中国人民大学出版社，2009年版，第331页。

[2] 参见柯普斯登：《西洋哲学史》（第二卷），庄雅棠译，黎明文化事业股份有限公司，1988年版，第383页。

的。因为任何观念，只要我们想象得出来，就一定具有某些真实性。不信的话您可以试试，看有没有毫无真实性的观念，相信是找不出来的。例如吧，我们可以想象任何的妖魔鬼怪，但它们一定可以找到某些真实存在物的原形，例如长毛、有利爪、口里吐火之类。甚至于，其一旦具有任何的形体就是具有真实性的了，且这个真实性是来自于我们对广大物体的一贯认识的，因为广大的物体们不都具有形体吗？如花草树木、日月星辰或者虎豹狼虫，都具有形体。

通过上面的分析，我们知道了在笛卡尔看来，我们的所有观念都是上帝赋予的，并且都具有一定的真实性，这就是天赋观念最本质的起源与特征。

进一步地，笛卡尔还指出了天赋观念的另一个具体的认识者，那就是我们的灵魂，他说：

我甚至明确地设定：物质里并没有经院学者们所争论那些"形式"或"性质"，其中的一切都是我们的灵魂本来就认识的，谁也不能假装不知道。[1]

这里笛卡尔也说明了天赋观念的来源，它们既是上帝所创造的，而我们的灵魂又认识到了它们，这更加增添了其天赋的成分。至于前面说物质里并没有经院学者们所争论那些"形式"或"性质"，这就关系到笛卡尔对外物的认识了，就是我们前面说过的笛卡尔认为温度、声音、滋味、颜色和气味等根本不是物体的性质，而只是心灵之中的观念。当然，这里又会产生一个新问题：我们的灵魂本来就认识这些观念，为什么我们自己不认识呢？这倒不难解释，因为在笛卡尔看来，我们的灵魂本来就与我们不是一样的，虽然和我们生活在一起，但是独立的，我们也是身心二元的，灵魂知晓的观念并不一定会让我们也知道。——这一

---

[1] 笛卡尔：《谈谈方法》，王太庆译，商务印书馆，2000年版，第36页。

点我们后面会专门分析。

关于天赋观念的起源，也许笛卡尔在这段话中写得最为清楚而明白：

我只剩去检查一下我是用什么方法取得了这个观念的。因为我不是通过感官把它接受过来的，而且它也从来不是像可感知的东西的观念那样，在可感知的东西提供或者似乎提供给我的感觉的外部器官的时候，不管我期待不期待而硬提供给我。它也不是纯粹由我的精神产生出来或虚构出来的，因为我没有能力在上面加减任何东西。因此没有别的话好说，只能说它和我自己的观念一样，是从我被创造那时起与我俱生的。

当然不应该奇怪，上帝在创造我的时候把这个观念放在我心里，就如同工匠把标记刻印在他的作品上一样。[1]

请仔细品味这一句："上帝在创造我的时候把这个观念放在我心里，就如同工匠把标记刻印在他的作品上一样"，理解了它，我们也就理解了笛卡尔天赋观念论的主旨了。

第四节　对笛卡尔天赋观念论的肯定与批判

以上就是我们对笛卡尔天赋观念论本身的分析了，下面我们要来分析一下笛卡尔天赋观念论对后来哲学家们的影响。

笛卡尔提出天赋观念论后，对后来的哲学家们产生了很大的影响，并且形成了对立的两派，一派支持笛卡尔，认为存在着天赋观念；另一派则相反，否认天赋观念的存在。这两派都在哲学史上留下了清晰的足印，也成就了哲学史上最有名的理论与争论之一。

---

[1] 笛卡尔：《第一哲学沉思集》，庞景仁译，商务印书馆，1986年版，第52-53页。

我们先来看支持笛卡尔、认为有天赋观念的。

这一派的人不多,最具代表性的人物是莱布尼茨。

对于笛卡尔的天赋观念论,莱布尼茨首先是赞同的,他说过:

我一向是并且现在仍然是赞成有笛卡尔先生所曾主张的对于上帝的天赋观念,并且因此也认为有其他一些不能来自感觉的天赋观念的。现在,我按照这个新的体系走得更远了;我甚至认为我们灵魂的一切思想和行动都是来自它自己内部,而不能是由感觉给予它的。[1]

这里莱布尼茨不但说明了他支持笛卡尔,而且表示他已经将笛卡尔的天赋观念之内涵作了更广泛的拓展,例如不止于笛卡尔认为的数学特别是几何学知识,而且似乎包括了所有的理智的知识,即感觉经验之外的一切知识。

此外,对于天赋观念莱布尼茨还强调了两点:一是天赋观念虽然存在于我们心中,但我们并不一定需要认识之,也不一定会认识之;二是天赋观念并不一定是清楚明白的观念,它可能只是一种模糊的与可能的观念。这两点可以说乃是莱布尼茨天赋观念论的核心所在。但我们在这里就不多说了,只强调一点,就是在莱布尼茨看来,一个东西是不是天赋观念的,并不要我们此时了解之或记得之,只要我们经由反省可以从心中发现之,就可以断定这观念是天赋的了。就像他在这段话中所说的:

斐:要是具有一个对于实体的天赋观念,将会是更有好处的;但事实是我们没有这样的观念,不论天赋的还是获得的都没有,因为不论是通过感觉或通过反省都没有。

德:我的意见是,只要反省就足以在我们自身中发现实体的观念,

---

[1] 莱布尼茨:《人类理智新论》,陈修斋译,商务印书馆,1982年版,第36页。

我们自身就是一些实体。[1]

由此可见,在莱布尼茨看来,是不是天赋观念并不要一定清楚地意识到了之,而只要看是不是能够经由反省而从心中得来就可以了,具体的情形就如我们上面提过的柏拉图所说的苏格拉底经过不断的盘问使那个小奴隶知道了一个几何学原理一样。

此外,关于天赋观念的另一个特点,即它并不一定是清晰的,也可以是模糊的、可能的,莱布尼茨打了一个有名的比喻——大理石之喻:

我也曾经用一块有纹路的大理石来作比喻,而不把心灵比作一块完全一色的大理石或空白的板,即哲学家们所谓 Tabula rasa(白板)。因为如果心灵像这种空白板那样,那么真理之在我们心中,情形也就像赫尔库勒的像之在这样一块大理石里一样,这块大理石本来是刻上这个像或别的像都完全无所谓的。但是如果在这块石头里本来有些纹路,表明刻赫尔库勒的像比刻别的像更好,这块石头就会更加被决定用来刻这个像,而赫尔库勒的像就可以说是以某种方式天赋在这块石头里了,虽然也必须要加工使这些纹路显出来,和加以琢磨,使它清晰,把那些妨碍其显现的东西去掉。也就是像这样,观念和真理就作为倾向、禀赋、习性或自然的潜能天赋在我们心中,而不是作为现实天赋在我们心中的,虽然这种潜能也永远伴随着与它相应的、常常感觉不到的某种现实。[2]

莱布尼茨的这种说法是很有意思的,也好懂,在我们中国的艺术中可以找到更清楚的例子,例如我们的玉雕,一块玉上面雕什么样的图像可不是随意的,而是要依据玉本身的颜色与纹路而来的,这样雕出来的艺术品才更有趣味,也更逼真。例如台北故宫的镇宫之宝"翠玉白菜"就是这样。试想,要是乱来,可能雕刻成如此美妙绝伦的翠玉白菜还有

---

[1] 莱布尼茨:《人类理智新论》,陈修斋译,商务印书馆,1982年版,第76页。
[2] 同上书,第6-7页。

上面可爱的小蟋蟀吗？在莱布尼茨看来，我们的人脑就像玉石一样，虽然可以用来雕各种东西，但雕什么最好是要依据玉石中原有的情状的。人的心灵也是这样，虽然可以产生各种各样的知识，但究竟会产生什么样的知识，是早就在心灵之中有其特别的"纹路"的。

当然，这也就是说，在这些知识产生之前，它们之存在于心灵之中并不是十分清楚而明白的，它们只是提供了一种可能性即"纹路"而已，要真正地产生知识，还必须依据这些纹路进行心灵的"雕刻"即沉思才成。

由上可见，莱布尼茨对天赋观念有着相当丰富的思想，比笛卡尔前进了一大步。

可惜的是，除了莱布尼茨，支持天赋观念论的人并不多，当然也不是完全没有，例如后来著名的语言学家乔姆斯基就受到了笛卡尔天赋观念论的影响，对此索雷尔在《笛卡尔》里是这样说的：

心智具备某些天生能力和天生概念这一假设在当代语言学中取得了很多成果。令人惊讶的事实是，每种语言的使用者都能制造出大量从未学过的句子。同样令人惊讶的是，所有已知的人类语言都有许多相似的语法结构。这意味着，尽管掌握语言的方法和个体的智力千差万别，不同语言的使用者却能把握到某些相同的东西。不同使用者的这个共同点或许应归因于所有使用者共有的某些能力，这些能力不是我们在学习语言的过程中获得的，而是从一开始就存在。显然，这样的看法是笛卡尔假说的一个变种，它正是美国语言学家诺姆·乔姆斯基的杰出理论。乔姆斯基承认自己受到了笛卡尔的影响。[1]

索雷尔的说法是有道理的，因为在乔姆斯基看来，西方哲学中有一种大致的传统，就是相信人们的心智有可理解性，他说：

---

1 索雷尔：《笛卡尔》，李永毅译，译林出版社，2010年版，第77-78页。

我认为下面这种说法一般说来是正确的：心智的内容是可理解的这种看法原则上说是一种论证得相当充分的系统，它以不同形式出现于我们的学术传统的各种流派中。[1]

在持有这一观念的哲学家中，笛卡尔无疑是最重要的之一。这里的可理解性就是指我们能够理解我们心灵之中的观念，在乔姆斯基看来，这种可理解性对于语言也好，对于我们整个的知识系统甚至生活本身也好，都是非常重要的。

显然，乔姆斯基这种心智的可理解性与笛卡尔认为我们的心灵之中存在着某些自明的观念是有着本质相似性的。不过乔姆斯基同样也说明了他的可理解性与笛卡尔是有区分的，因为他并不认为心灵之中存在笛卡尔那种无可置疑的清楚、分明的观念，对此他说：

我的意思并不是说，对可理解性原则的表达是无保留的，而是认为可以把它看成是传统思想所趋向的一种极限。有些保留是可以发现的，在某些情况下还很严重。[2]

所以，乔姆斯基在这里一方面接受了笛卡尔的影响，但同时也有所保留，在这个方面他和莱布尼茨、斯宾诺莎等都是一样的情形，即都一方面接受了笛卡尔的重要影响，但同时也对之有相当的保留、发展或者改造。

谈完对天赋观念论的支持之后，我们再来看对天赋观念论的批判。

较之对天赋观念论的支持，对它的批判就多得多了，甚至可以专门写一篇论文，名字就叫《西方哲学史上对笛卡尔天赋观念论的批判》。

当然我们在这里只能简单言之。

笛卡尔提出天赋观念论之后，第一个强有力的批判者当属伽森狄。

---

1 《乔姆斯基语言哲学文选》，徐烈炯等译，商务印书馆，1992年版，第190页。
2 同上书，第188-189页。

对于笛卡尔的天赋观念，伽森狄说过这样的话：

至于你所称之为自然的，或是你所说的与我们俱生的那些观念，我不相信有任何一种观念是属于这一类的，我甚至认为人们以这个名称称谓的一切观念似乎都是外来的。[1]

这就是说，伽森狄认为笛卡尔所说的这些天赋观念和其他两种观念一样，都是外来的，是后天习得的。

伽森狄还提出来了一个很有力的反驳方法：

为什么在一个天生的瞎子的心里没有任何颜色的观念，或者在一个天生的聋子的心里没有任何声音的观念，是不是因为这些外在的东西本身没有能够把它们自己的影像送到这个残废人的心里，由于一生下来这些道路被障碍所堵塞住了而它们没有能够打通。[2]

这个反驳是很有名的，看上去也是很有力度的。确实，我们可以相信，天生的瞎子应该是不会有任何颜色观念的，所以也就没有这方面的天赋观念了。

而对于笛卡尔最主要的天赋观念即上帝观念，伽森狄也认为是后天来的，甚至一切观念包括上帝的观念都是后天的，对此他说：

你怎么可能有上帝的观念，除非这个观念是像我以前所描述的那一种，你怎么可能有天使的观念，除非你事先听说过，我怀疑你会对它有过任何思想；你怎么可能有动物的观念以及其余一切事物的观念，对于那些事物，我相信你永远不会有任何观念，除非它们落于你的感官；而你对于数不尽的其余事物也永远不会有任何观念，除非你看到或听说过它们。[3]

---

[1] 伽森狄：《对笛卡尔〈沉思〉的诘难》，庞景仁译，商务印书馆，1963年版，第28页。
[2] 同上书，第31页。
[3] 同上书，第41页。

对于上帝的观念，伽森狄还指出了具体的来源，即是如何后天习得的。[1]

不难看出来，伽森狄对笛卡尔的反驳主要是基于常识的反驳，很好理解，不必多言。

伽森狄之后，帕斯卡像反对笛卡尔的其他许多理论一样，也反对笛卡尔的天赋观念论。

帕斯卡的反对和伽森狄也相似，同样认为不存在什么天赋观念，一切观念都是后天形成的，他还将这种后天形成的具体形式都指出来了，就是习惯，即我们的一切观念都是经由后天的习惯而形成的，对此他这样说：

我们天赋的原则如其不是我们所习惯的原则，又是什么呢？而在孩子们，岂不就是他们从他们父亲的习惯那里所接受的原则，就像野兽的猎食一样吗？

一种不同的习惯将会赋予我们另一种天赋的原则，这是从经验可以观察到的；假如有习惯所不能消除的天赋原则的话，那也就是有违反自然的、为自然所不能消除的以及为第二种习惯所不能消除的天赋原则了。这一点取决于秉性。[2]

在帕斯卡看来，即使是关于上帝的观念也是后天的习惯形成的，而不是天生就有的，他说：

习惯是我们的天性。习惯于某种信仰的人就相信这种信仰。而不再惧怕地狱，也不相信别的东西。[3]

这些话也好理解，不需要解说。

---

[1] 参见伽森狄：《对笛卡尔〈沉思〉的诘难》，庞景仁译，商务印书馆，1963年版，第43页。
[2] 帕斯卡：《思想录》，何兆武译，商务印书馆，1985年版，第49页。
[3] 同上书，第48页。

天赋观念论比伽森狄与帕斯卡更有名的反对者当然是洛克了。

洛克的名著《人类理解论》第二章名字就叫"人心中没有天赋的原则",其中说道:

(原则)它们不是自然地印于人心的,因为儿童,和白痴等等都是不知道它们的——因为第一点,儿童和白痴分明一点亦想不到这些原则;他们既然想不到这一层,这就足以把普遍的同意消灭了。[1]

洛克在这里批评的是笛卡尔认为天赋观念是人们普遍同意的——其实对此我们前面已经说过了,笛卡尔在这里是被冤枉的,他并不认为存在着这样的普遍同意的天赋观念,包括上帝存在这个最重要的天赋观念都是如此。此外笛卡尔还说过这样的话:

的确,我在专门考察别国风俗的阶段,根本没有看到什么使我确信的东西,我发现风俗习惯是五花八门的,简直同我过去所看到的那些哲学家的意见一样。[2]

这里也说明,其实笛卡尔早就认识到了并不存在洛克所说的这种普遍同意,洛克的批判乃是无的放矢。

对于笛卡尔认为天赋观念是上帝在人心之中印入的,就像工匠打烙印一样,洛克说:

要说理性能发现原来印入的东西,那就无异于说,理性底运用可以发现人们早已知道的东西。如果人们在运用理性以前,原来印了那些天赋的真理,可是在不能运用理性的时候,他们常常不知道那些真理,那实际上只是说,人们同时知道而又不知道它们。[3]

洛克认为,说上帝已经在人们心灵之中印入了天赋观念,但人同时

---

[1] 洛克:《人类理解论》,关文运译,商务印书馆,1959年版,第7页。
[2] 笛卡尔:《谈谈方法》,王太庆译,商务印书馆,2000年版,第9页。
[3] 洛克:《人类理解论》(上册),关文运译,商务印书馆,1959年版,第10页。

又不一定知道,这是自相矛盾的。其实这里也是洛克错了,因为恰恰存在着这样的观念,就是无意识了。

洛克之后,喜欢洛克的伏尔泰对莱布尼茨的天赋观念论同样提出了强烈的批判,他在《哲学通信》里略带俏皮地说:

对于我说来,在这一问题上能跟洛克一样愚蠢,我以为这是很荣幸的。任何人永远也不能使我相信我永久在思想;我并不比洛克更倾向于想象我在成胎几个星期以后,就是非常有学问的,通晓千万事物,一生下来却都忘记了,想象我曾经在子宫里具有若干知识,毫无用处,等到我需要的时候却又都不翼而飞了,并且从此再也没有能很好地重新学会。[1]

对于最主要的天赋观念即关于上帝的天赋观念,伏尔泰也指出,我们根本没有什么关于上帝的天赋观念:

没有一个人生来就有关于神的知识:不管这是不是很可惜,这确实是人的实况。[2]

还有那位唯物主义哲学家孔狄亚克,他在《人类知识起源论》中甚至自信地表示,他的著作能够对天赋观念进行"毁灭性的打击":

洛克在他的《人类理解论》的第一卷中,对于天赋观念的论点作了考察。我不知道他有没有化费足够的笔墨来驳斥这种错误的看法;但我现在所提供的这部论著,将间接地对这种错误给以毁灭性的打击。[3]

孔狄亚克的《体系论》的第六章名字就叫《论天赋观念这种偏见的起源与后果》,其中对天赋观念提出了强烈的批判:

我不能进一步知道天赋观念的体系属于谁,属于哪个民族或哪些哲学家;但是这种体系大大地阻碍了推理艺术的进步,这一点我是深信不

---

[1] 伏尔泰:《哲学通信》,高达观等译,上海人民出版社,1961年版,第51-52页。
[2] 《形而上学论》,见《十八世纪法国哲学》,商务印书馆,1963年版,第66页。
[3] 孔狄亚克:《人类知识起源论》,洪杰求、洪丕柱译,商务印书馆,1989年版,第9页。

疑的。[1]

看得出来，孔狄亚克认为那些坚持天赋观念论的人一定会将那些他们找不到起源或者原因的东西通通归之于天赋观念，即这就是上帝置于我们心中的，是一种"懒汉思想"。而在他看来，这是不正确的，我们不能将任何知识归之于天赋，而要进入更加深入的推理，这样才能找到真理。因此，从这个角度上去发，他便认为天赋观念"大大地阻碍了推理艺术的进步"。

孔狄亚克还说天赋观念论者们把世界解释得玄之又玄，似乎建立了伟大的思想体系，但这些东西根本算不上是知识：

我们可以得出结论说，哲学家们从假定天赋观念出发，开头就铸成大错，是不能得到真正的知识的。他们那些应用在抽象名词上的原则，只能产生出一些荒唐可笑的意见，只能凭借那种必然围绕着它们的蒙昧来负隅顽抗，抵制批判。[2]

这样的批判显然是没有道理的，只要看看笛卡尔或者哲学史的事实就是了，笛卡尔和莱布尼茨相信天赋观念，但他们是懒汉吗？他们阻碍了艺术的进步吗？他们的思想是荒唐可笑的吗？简直是扯淡吧！

孔狄亚克之外的另一个十八世纪法国哲学的唯物主义者霍尔巴赫也同样反对笛卡尔的天赋观念论，他也认为关于上帝的观念不是先天就有的，而是后天获得的：

上帝的观念是一个获得的概念而不是一个先天的观念。[3]

具体而言，霍尔巴赫说，这个后天的上帝观念乃是由教育而成的。由于西方人的父亲都是基督徒，于是在孩子们生下来的时候，就给他们

---

[1] 《十八世纪法国哲学》，商务印书馆，1963年版，第110页。
[2] 同上书，第112—113页。
[3] 霍尔巴赫：《自然的体系》，管士滨译，商务印书馆，1977年版，第78页。

施行洗礼，成为基督徒，然后从童年起就进行大量的宗教教育，教导他们上帝的存在、至善与万能之类，这样一来，人们从童年起就形成了关于上帝的观念，有了对上帝的信仰，以霍尔巴赫的话来说：

上帝信仰无非是童年以来一种根深蒂固的习惯。[1]

显然，霍尔巴赫的这个批判和前面洛克、伽森狄、孔狄亚克的批判一样，表面上都是有道理的，符合于常识。但在我看来，这些批判正是在这里表达了批判者哲学上的缺陷，即哲学之为哲学，常常必须是脱离感觉与常识，而走向思维的。甚至可以说，正是在违背常识与感觉这样的特点之上，表达出了哲学思想的深邃与哲学家的伟大。

——也可以说，笛卡尔之所以比伽森狄、孔狄亚克、霍尔巴赫甚至洛克伟大，原因正在于此。

---

[1] 霍尔巴赫：《健全的思想》，王荫庭译，商务印书馆，1966年版，第35页。

第十章　松果腺与身心二元论

身心二元论是笛卡尔最为重要且著名的理论之一，对他之后的哲学产生了巨大影响，就如维也纳学派的领袖石里克所言：

这个问题大约从笛卡尔以来就一直占据全部形而上学的中心位置。这就是心理的和物理的、心灵和身体的关系问题。[1]

为什么这样呢？最明显的原因就是我们前面说过的，笛卡尔是近代西方哲学中唯心主义与唯物主义这两大流派共同的始祖，而他之所以能够拥有这样既崇高又有些怪异的地位，主要就是因为他提出了本身就有些怪异的身心二元论。

由于这个理论比较复杂，我不妨先用简洁的语言进行整体的描述，然后再比较深入、具体地分析之。

身心二元论顾名思义，就是认为物质与精神之间、身与心之间互不相干。

前面我们说过，当笛卡尔说"我思，故我在"时，他是从"思"出发的，然后得到了"我"的存在。而他这个"我"又是个什么样的我呢？他认为："我"是一个实体，这个实体的全部本质或本性只是思想，它并不需要任何地点以便存在，也不依赖任何物质性的东西，因此这个"我"亦即我赖以成为我的那个心灵，是与身体完全不同的，纵然身体并不存在，心灵也仍然不失其为心灵。

这样，笛卡尔把人当作了一种精神性而非物质性的存在，并视之为人的本质。

---

[1] M.石里克：《普通认识论》，李步楼译，商务印书馆，2005年版，第350页。

他这方面的思想后来被马勒伯朗士等人接过来,加以改造,变成了彻底的唯心主义。

这个改造其实并不难,就是把笛卡尔有唯物主义嫌疑的松果腺去掉,让神插进来,不但把神看作唯一的实体,还看作身与心的主宰。并且在身与心之间,又把心提高为肉体的主宰。如此一来,二元论中唯物主义的水分就被榨得一干二净了。

然而我们前面也讲过,在强调"我"是精神性的东西时,笛卡尔的身心二元论又认为身体是一个完全独立运作的东西,它不依赖于心灵、也不受心灵的控制,换言之就是说,精神并不能决定物质,物质是独立自由的,这不是唯物主义思想又是什么呢?

另外,笛卡尔还有一个趋向,我们用黑格尔的话来表达:"笛卡尔把有机体、动物看成机器,认为它们是被别的东西推动的,并不包含主动的思维原则。"[1]

黑格尔的这句话简而言之就是认为人是机器。这个观点对后来的唯物主义者们产生了巨大影响,例如拉美特里,他就写了一部《人是机器》,在其中明确地说:"人体是一架会自己发动自己的机器,一架永动机的活生生的模型。"[2] 不过"比最完善的动物再多几个齿轮,再多几条弹簧,脑子和心脏的距离成比例地更接近一些。"[3] 如此而已。

总而言之,笛卡尔之后,无论是唯心主义者还是唯物主义者,都从他的思想里找着了锐利的武器,而他自己也因此成了两个誓不两立的哲学之敌的共同父亲!

看完了这个,我们就会对笛卡尔的身心二元论核心内容及其影响有

---

[1] 黑格尔:《哲学史讲演录》(第四卷),贺麟、王太庆译,商务印书馆,1978年版,第92页。
[2] 拉美特里:《人是机器》,顾寿观译,商务印书馆,1959年版,第20页。
[3] 同上书,第52页。

一个大致的认识了,倘若不想对之有很深入的理解,读到这里就行了。

若想有深入的了解,就请听下面分解。

第一节 什么是身与心?

早在 1643 年 6 月写给伊丽莎白公主的一封信中,笛卡尔就提出了三个基本概念:灵魂、肉体及二者的结合。[1] 也就是说,这时候笛卡尔已经在深入思考身心关系了。后来,笛卡尔在 1649 年出版了《论灵魂的激情》,这时候他已经快要走到人生的尽头了。因此可以说,《论灵魂的激情》在某种程度上应该是笛卡尔一生思想的一种总结性表达。而《论灵魂的激情》的主要内容就是身心关系,因此可以说,笛卡尔在人生的最后阶段主要就是在探索身心关系。

要理解笛卡尔的身心关系理论,我们首先要来理解一下笛卡尔是如何理解身还有心的。

我们先来看身。

这里的身当然就是人的身体了,在笛卡尔看来,人的身体就是一架机器。

这种思想他在《谈谈方法》中就说得相当清楚了,例如他在书中说到心脏运动,说它是由那种"可以用眼睛在心脏里看到的器官结构"引起的,"正如时钟的运动是由钟摆和齿轮的力量、位置、形状必然引起的一样。"[2]

我们知道,人体中最重要的生理运动之一就是心脏的运动了,心脏

---

[1] 参见汤姆森:《笛卡尔》,王军译,中华书局,2002年版,第121页。
[2] 参见笛卡尔:《谈谈方法》,王太庆译,商务印书馆,2000年版,第40页。

一旦停止跳动，人很快就会死亡。在笛卡尔看来，心脏运动就是一种如同钟表似的机械运动，那么整个人体也就可以这样言之了。这个观点在这段话中说得最为明显：

> 我们知道人的技巧可以做出各式各样的自动机，即自己动作的机器，用的只是几个零件，与动物身上的大量骨骼、肌肉、神经、动脉、静脉等等相比，实在很少很少，所以我们把这个身体看成一台神造的机器，安排得十分巧妙，做出的动作十分惊人，人所能发明的任何机器都不能与它相比。[1]

这段话和我们前面引用过的拉美特里的话几乎如出一辙，当然拉美特里是从笛卡尔这里学来的，而不是相反。

除心脏的跳动外，在《谈谈方法》里我们还可以看到笛卡尔对人体有各种详细的描述，例如血液循环，他认为在动脉的末梢上有许多细微的通道，经过这些通道，从心脏流来的血液就会进入静脉的毛细分支，再重新流向心脏，"它的行程只是一个永远不停的循环。"[2] 这已经是对血液循环很科学的描述了，和今天的认识已经相差无几。

不过，笛卡尔对人体的认识也有一些和今天的认识是大不相同的，典型者就是他所谓的"元气"了。

元气是笛卡尔想象出来的一种生理现象，他将元气描述为"好像一股非常精细的风，更像一团非常纯净、非常活跃的火，不断地、大量地从心脏向大脑上升，从大脑通过神经钻进肌肉，使一切肢体运动。"[3]

不难看出来，笛卡尔所称的元气乃是身体中的一种特殊的成分或者说元素，它们就像一股风一样在人体内流动，这就是我们的身体能够运

---

1 笛卡尔：《谈谈方法》，王太庆译，商务印书馆，2000年版，第44页。
2 同上书，第41页。
3 同上书，第43页。

动的原因。这个说法在今天的科学看来显得有些荒谬，是错误的，但想到笛卡尔是在三百多年前提出这个理论来的，并且他不但是科学家，更是哲学家，这样说也便不足为奇了。

笛卡尔不但在《谈谈方法》中说到了这个元气，他在《第一哲学沉思集》中也说到过：

即使在我们人里边，直接使外部肢体运动的并不是精神（灵魂），而仅仅是精神规定那个我们称作动物元气的非常稀薄的液体的流动，这种液体不断地从心脏通过大脑而流向肌肉，它是我们肢体一切运动的原因，并常常引起许多不同的运动。[1]

这里所说的意思和《谈谈方法》中是一样的，即元气也是身体运动的原因，不同之处是他在这里将这种元气比作液体而非气体，但含意是差不多的。

不过，笛卡尔将这种元气说得最多最深入的还是在《论灵魂的激情》里，例如他在这里提出，人的激情如同人的运动一样，就是由精气引起的：

所有别的激情的情况也大致如此，即它们基本上是由包含在大脑腔道中的动物精气所引起的。[2]

他在这里还更为具体地解释了这种精气所在的位置，认为它们是位于神经之中，并且是运动的产生者：

人们知道所有的身体运动，就像所有的感觉都相关于身体的神经，这些神经就像一些细小的丝线，或者一些细小的管道一样全部来自于人的大脑，它们和大脑一样，当中含有一些空气或者说非常精细的微风，

---

[1] 笛卡尔：《第一哲学沉思集》，庞景仁译，商务印书馆，1986年版，第232-233页。
[2] 笛卡尔：《论灵魂的激情》，贾江鸿译，商务印书馆，2013年版，第30页。

人们把它们命名为动物精气。[1]

笛卡尔还将运动分成两类，一类是有我们的意志参与的，另一类则没有，可以看作有类于我们今天的无意识动作或者本能的生理运动，如心脏的跳动等，甚至包括所有动物都能够有的运动，笛卡尔认为这些运动就是由精气去负责完成的，"仅仅取决于我们的肢体构造以及那些被心脏的热量所激发的动物精气"。[2]

由上面这些论述可以清楚地看到，笛卡尔是将人体看成一架机器的，并且试图像描述一架机器那样去描述人体，包括其各种生理功能，这已经是一种相当典型的机械论思想了。

还有，我们也当看到，笛卡尔之所以认为人的身体就是一架机器，不仅仅是一种哲学推理的结果，同样是一种科学性的认知，因为笛卡尔不像一般哲学家，只是通过思维去了解世界包括人体，他同时也是一位科学家，并且是一位伟大的科学家，他感兴趣的众多科学之中就包括解剖学，例如他曾解剖过人体，并绘制了相当精美的人体解剖图，至少据外表看不亚于今日专业教科书上的图示，这表明笛卡尔还有一样了不起的本事——绘画。[3]

笛卡尔连人都可以解剖，其他动物自然不在话下，例如他还解剖过兔子、狗、鳗鱼、牛，等等。他还曾经在写给朋友的信中这样说过："我很怀疑，是否还有像我这样做过如此细致观察的医生。"有一次他还说："现在，我正在解剖不同动物的头颅，希望从中发现想象和记忆等等是由什么构成的。"[4]

---

[1] 笛卡尔：《论灵魂的激情》，贾江鸿译，商务印书馆，2013年版，第7-8页。
[2] 同上书，参见第16页。
[3] 参见萧拉瑟：《笛卡尔的骨头——信仰与理性冲突简史》，曾誉铭、余彬译，上海三联书店，2012年版，第26页。
[4] 同上书，参见第46页。

所以，当我们理解笛卡尔的身心二元论时，一定不要只从哲学的或者说纯粹思辨的角度去看，而要从实实在在的身体上去看，甚至不妨想象一下我们曾经看见过的各种动物尸体包括人的尸体，这时候就会更加深刻地理解笛卡尔为什么会这么说了！

身之后我们再来看心。

对于这个心，我们首先要说的是：在笛卡尔看来，心乃是不同于身的，是独立存在的，这也是他的身心二元论的基础，甚至于从某个角度上说是他整个哲学的基础。

这样说的原因很简单，我们知道，笛卡尔的哲学是从思维出发的，而心与思维显然是联系在一起的，倘若他不将心独立出来，也就是不将思维独立出来，那他如何可以从思维出发呢？这样一来，他的整个哲学都将失去基础，将成为无根之树、空中楼阁。

正因为笛卡尔提出了心是独立于身的，心是一个独立自存者，这用专业哲学术语来说，他是个"心灵实在论者"，就像《笛卡尔与〈第一哲学的沉思〉》中所言：

笛卡尔是心灵实在论者，他是最大的心灵实在论者，因为他设定独立的心灵实体。[1]

"心灵实在论者"乃是笛卡尔一个很重要的标签，我们一定要注意，以后讲到笛卡尔是什么样的人时，就可以说他是一个"心灵实在论者"，这可以对他具体的哲学身份有一个相对比较准确的描述。

说明了笛卡尔是个"心灵实在论者"之后，我们下面要来进行一下概念的分析，以指明在笛卡尔这里，灵魂、思维、心灵、精神这些概念当如何使用。

---

[1] G.哈特费尔德：《笛卡尔与〈第一哲学的沉思〉》，尚新建译，广西师范大学出版社，2007年版，第340页。

答案就是：这几个概念是可以混合使用的。

在为《谈谈方法》写的前言"笛卡尔生平及其哲学"中，王太庆先生说：

但是他把"我"这个思维者叫做灵魂或心灵，认为是一种实体，最后的支持者或底子，而且说灵魂比形体更清楚地被我们所认识。[1]

这里说得很清楚，在笛卡尔那里，我的思维与我的心灵的含义是一样的，又由于思维、心灵与身体是相对而言的，所以当他说灵魂比形体更清楚地为我们所认识之时，也就说明了灵魂与心灵与思维是在一起的，至于精神，就像意识一样，它与思维本来就是一体的，不好分离，这应该是我们哲学分析的一种常识了。

不过，这里要说明的是，在这四个概念之中，灵魂还是比较独特的，具有最为根本的含义。

为什么呢？在这里不好细说，但我们从哲学史的整体就可以比较清楚地认识这一点。

我们知道，在西方哲学中，灵魂乃是一个最为基本的概念之一，从柏拉图开始就具有了极为重要的地位，后来到了基督教神学那里就更是如此了，因为它乃是基督教信仰的基础，没有灵魂也就不会有基督教信仰了。原因很简单：基督教信仰的核心就是人必须信仰上帝，否则死后就会下地狱，遭受各种的苦难，而下地狱的是何者？当然是灵魂了。所以，没有灵魂也就没有地狱，也就没有上帝的惩罚，也就不会有基督教的信仰了。

所以从这个角度上来说，思维是从属于灵魂的，对此笛卡尔也是说明了的：

---

[1] 参"笛卡尔生平及其哲学"，见笛卡尔：《谈谈方法》，王太庆译，商务印书馆，2000年版，第xiii-xiv页。

由于我们从不会认为身体可以以任何方式进行思考，我们就有理由相信，我们中所有种类的思维都属于灵魂。[1]

思维如此，精神与心灵当然同样如此了，因为这三者的含义才是更为一致的。

然而，虽然灵魂具有更为基本的含义，但我们也要看到，在笛卡尔那里，灵魂的意义事实上主要就是思维，甚至基本上可以说就是思维，所以肯宁顿在《笛卡尔灵魂中的"自然教诲"》中说：

对于笛卡尔来说，灵魂只执行一种功能，它是一个"思维着的东西"、一个心灵或一种"意识"。[2]

在这里，灵魂不但是思维，而且是意识、心灵了。

总之，对于笛卡尔而言，灵魂、思维、意识、精神、心灵这些概念的含义是一致的，在以后的分析之中，若不特别说明，它们就是这样的含义。

第二节　互不相干的身与心

分析完身与心这两个基本概念之后，我们就要来谈笛卡尔的身心二元论了。

所谓身心二元论，其基本含义当然是说身心是二元的，即它们互不相关，用一句成语来说就是"形同陌路"，就如笛卡尔所言：

在肉体的概念里边不包含任何属于精神的东西；反过来，在精神的

---

[1] 笛卡尔：《论灵魂的激情》，贾江鸿译，商务印书馆，2013年版，第4页。
[2] 参见《笛卡尔的精灵》，华夏出版社，2009年版，第31页。

概念里边不包含任何属于肉体的东西。[1]

这一句话是身心二元论最简洁而深刻的表述,不但说明了身心二元论的基本含义,即身心之间互不相关,而且说明了它们之间不相关的最为直接的表现,就是在身与心之间没有任何内容是相互重合的,即没有任何东西既属于身又属于心。

为什么会这样呢?我们只要想象一下:有没有什么东西既是物质、又是意识?或者既是我们身体——肉体——的一部分,又是心灵——思维——的一部分?肯定是没有的,因为倘若有的话,那就是说有某样东西既是物质,又是意识,这显然是不可能的,至少现在我们没有发现任何这样的东西,这乃是一个事实。——不过,在我们讲身心二元论的最后,我会提出一个不同的见解,那也许可以对这一事实作出变更吧。

我们不妨在这里将身心之间的关系比作数学集合论中的两个集合之间的一种关系——相离。所谓相离,就是说两个集合之间没有任何元素是两个集合所共有的,这乃是对身心之间这种关系一种最形象而科学化的描述。

其实,在身心关系的哲学概念中也有一个专门的术语是用来描述这种"相离"关系的,那就是平行,笛卡尔的身心二元论于是也可以用另一个词来描述,就是"心物平行论"。

用"平行"来描述,它的意思是说:身心之间就像两条相互平行的直线一样,虽然距离并不遥远,但却永远会有距离,永远不会交叉,更不会重合。

这个心物平行论的含义与上面的描述是相似的,只是角度有所不同而已。前面主要是从实际的存在者或者说事实的角度说的,平行论则主要是从逻辑的角度来说的。在这里是说,心与物分别归属于两个不同的

---

[1] 笛卡尔:《第一哲学沉思集》,庞景仁译,商务印书馆,1986年版,第228页。

概念系统，因此当我们想认识它们之时，必须从不同的逻辑角度进行分析，这样才能正确地认识之，就如石里克在谈到笛卡尔的心物平行论时所言：

我们应当非常清楚地了解这种平行论的性质。它……是两种概念系统（即一方面是心理的概念系统，另一方面是物理的概念系统）之间的认识论的平行论。[1]

所以，当我们说到笛卡尔的身心二元论时，若想全面地理解之，最好从上面所说的三个角度去理解，即事实的角度、数学的角度与逻辑学的角度，只有这样才能比较全面而准确地认识之。

在笛卡尔看来，身心之间不但没有任何共同的元素，甚至是相互对立的。这种对立性主要就表现在它们的具体属性之上。因为身体是物质，具有广延性，而心即思维乃是一种意识，因此身心之间的关系换言之就是物质与意识之间的关系。

我们知道，物质与意识之间可以说是一种相互对立的关系，就像唯物主义与唯心主义之间具有一种对立关系一样，对此梯利是这样说的：

精神和肉体是完全对立的。肉体的属性是广袤，肉体是被动的，而精神的属性是思维，精神是主动而自由的。这两种实体绝对不同：精神绝对没有广袤，肉体不能思维。[2]

"肉体的属性是广袤"就是说肉体乃是一种物质，精神的属性是思维就是说精神乃是一种思维、一种意识。从这个角度去理解身心关系也是很重要的，因为它可以令得我们站在一个更高的角度去理解身心关系，这就是哲学中两大主要阵营之间的对立，我们对身心关系的认识明显是关系到这两大阵营的：我们如何判断身心关系，就决定了我们的思

---

[1] M.石里克：《普通认识论》，李步楼译，商务印书馆，2005年版，第364页。
[2] 梯利：《西方哲学史》，葛力译，商务印书馆，1995年版，第315页。

想是属于唯物主义还是唯心主义。若认为身决定心，那么就是唯物主义，相反则是唯心主义。

正由于身心之间是没有关系的甚至是相互对立的，我们前面也分析过，在笛卡尔那里，灵魂、心灵、思维等这几个概念的含义是一致的，所以笛卡尔顺理成章地提出来了一个观点，就是认为灵魂可以脱离肉体而存在，他说：

虽然我有一个肉体，我和它非常紧密地结合在一起，不过，一方面我对我自己有一清楚、分明的观念，即我只是一个在思维的东西而没有广延，而另一方面，我对于肉体有一个清楚、分明的观念，即它只是一个有广延的东西而不能思维，所以肯定的是这个我，也就是我的精神或我的灵魂，即我之所以为我的那个东西，是完全、真正跟我的肉体有分别的，它可以没有肉体而存在。[1]

在这段话里，笛卡尔所说明的就是我们上面分析过的，即我这个有广延的、作为物质的肉体是不能思维的，当然与我的能思维的思维是完全不同的、没有交集的，这样一来，就自然而然地可以得到这样的结论：我们这个独立自存的思维——灵魂——是可以脱离肉体而独立存在的。

要理解这一点很容易，我们前面说过，身心之间是相互平行的，没有任何交集，这里不但说明它们之间没有共同的元素，而且说明它们之间不会相互影响，这也是身心二元论的主要含义之一。这样一来，就可以推断出来它们之间必然地一个可以脱离另一个而存在，因为倘若不能，即一者不可以脱离另一者而独立存在，那么就说明它们之间有相互依赖的关系，那么就不根本是身心二元论了，而是一元论了！所以，从身心二元论这个概念就可以推断出来，心灵、思维或灵魂是可以脱离肉

---

[1] 笛卡尔：《第一哲学沉思集》，庞景仁译，商务印书馆，1986年版，第135-136页。

体而独立自存的。

进一步地，笛卡尔认为，由于身与心之间是相互独立的，思维——灵魂——可以脱离身体而独立存在，所以身体的死亡跟灵魂其实是没有关系的：

死亡的到来从来不是由于灵魂的缺失，而只是由于身体的一些基本部分坏掉了，并且，我们判断一个活人的身体与一个死人的身体的区别就如同是判断一块状态良好的手表或一台别的自动的机器与已经损坏的手表或机器的区别一样，当一块手表或别的机器装备良好，并且它自身具有物理运动的原动力（正是为此它才被组装了起来），拥有一切行动的条件的时候，它就好比是我们活的身体，而当它断裂了，并且它的原动力不再起作用时，就变成了和人们死亡的身体一样的东西了。[1]

在我看来，笛卡尔的这个思想是非常重要的，是对死亡一种非常深刻的理解。

我们知道，此前人们对灵魂的一般理解就是认为当人的灵魂离开身体之时，人就死了，所以灵魂的脱离肉体与否就直接决定了人是否可以活着。但笛卡尔通过他的身心二元论否定了这种古老的说法，认为人的肉体的死亡与灵魂一点关系也没有，肉体的死亡就像一架机器坏了一样，当其中的某些部件坏了后，整个机器就坏了。就像一辆汽车，若发动机坏了，它当然也就整个儿报废了。不难看出，这个思想是与笛卡尔前面认为人的身体不过是一架机器一脉相承的，也说明了笛卡尔思想的前后一致性。

其实，笛卡尔得到这个结论是必然的，因为我们只要想想：倘若人的死亡是因为灵魂离开了肉体，那么岂不等于说人的肉体的生命要依赖于人的灵魂吗？殊知人的肉体也是有生命的，就像动物与植物也有生命

---

[1] 笛卡尔：《论灵魂的激情》，贾江鸿译，商务印书馆，2013年版，第5-6页。

一样，这是显而易见的。于是若人的灵魂离开了肉体人就死了，这岂不是等于说肉体也是依赖于灵魂的吗？要是这样，那笛卡尔的整个身心二元论或者说心物平行论就自相矛盾了、不能成立了！

笛卡尔当然是不会犯这样的错误的，也因此必然提出来人的死亡是与灵魂无关的。

第三节　身与心为何分离？

上面我们分析了笛卡尔身心二元论的基本内容，即身与心不是互相联系的，而是互不相关的。

这时候，也许有人会问：为什么身心无关呢？理由何在？

这个问题就比较复杂了，可以从多个角度去回答，例如可以说身体是物质、心灵是意识，当然是无关的甚至对立的，但这样的解释并没有从根本的层面解释清楚，若从根本的层面上来说，一个最好的答案也许是上帝，即是上帝使得身与心之间无关甚至对立，就像《劳特利奇哲学百科全书》所言：

……作为笛卡尔形而上学中心的是身心之间的区分，从此开始心与身之间就被清楚而彻底地分隔开来了，上帝能够一个一个地分别创造它们，因而它们是完全不同的东西。[1]

看到这个答案，也许有人会立即反驳说：《圣经》中不是说了吗，神是分六天创造了世界万物的，每天制造的东西都不一样啊，但这些上帝一个一个地制造的东西并没有你所说的这种身体与灵魂之间的不同与

---

[1] *Routledge Encyclopedia of Philosophy*,Version 1.0,vol.3,London and NewYork:Routledge,1998,p.1.

对立，因为上帝所创造的乃是物质的整体呢！从日月星辰到飞禽走兽哪个不是物质呢？

这样的反驳诚然是有道理的，但我们当看到的是，在这里的"上帝能够一个一个地分别创造它们"指的乃是有类于柏拉图与斐洛的神创。在柏拉图看来，神之创造理念与万物是完全不一样的，而在斐洛那里，神的创造过程实际上是分两步走的：先创造了理念，然后再创造了万物，因此理念与万物当然是不一样的。而笛卡尔这里的灵魂就有类于这样的理念，实际上，灵魂本身就可以看作是一种神创的理念。

我们在这里谈了许多身心的分离，但还有一个问题，就是根据我们的常识，身心乃是结合在一起的啊，例如我的心可以命令我的身去做这做那，就像我此刻身的一部分手正在打字，身体自己会打吗？当然不会，它又不会思维，乃是心——思维——叫它打的，是心在命令它！所以，你笛卡尔这样说是不尊重常识呢！

对于这样的质疑，笛卡尔也说明了，他说，我们之所以想当然地认为身心是结合在一起的，是因为我们有这样的坏习惯，而且这个习惯对于人类而言是古已有之、对于每个人而言也是久已有之，因此，"虽然不少人也已经说过，为了很好地理解非物质的或形而上的东西，必须把精神从感官摆脱出来"，但还没有人指出过用什么具体的办法才能做到这一点。

笛卡尔又赶紧说，不用急，他已经找到一个"真正的、唯一的办法"了，这个办法就是要努力改变我们那古已有之、久已有之的旧习惯，只要做到了这一点，就可以在思维之中将身心分离了。

还有，笛卡尔认为，由于人们长久以来都习惯于将精神的东西与物质的东西混为一谈，因此要改变这个习惯是很不容易的，需要一次一次地用、长时间地用，"以便把精神的东西和物体的东西混为一谈的习惯

（这种习惯是在我们心里扎根一辈子的）抹掉。"[1]

至于怎样抹掉，笛卡尔也提出了他的办法，这个办法还是得依靠我们的心，就是要努力依靠我们的心去想象身与心之间是可以分离的，只要我们努力地去想象——去领会，就可以使我们明白身与心是可以分离的，也应该分离。

那么又怎样去领会呢？笛卡尔在《第一哲学沉思集》中这样说：

在我仅仅想到物体是一个有广延的、有形状的、可动的、等等的东西时，我完整地领会什么是物体（也就是说，我把物体本身领会为一个完整的东西），尽管我否认在物体里有属于精神的本性的一切东西，我也领会精神是一个完整的东西，它怀疑，它理解，它想要，等等，尽管我不同意在它里边有任何包含在物体的观念里的东西。如果在物体和精神之间没有一种实在的分别，这是绝对做不到的。[2]

后面他还说：

因为，实在说来，我从来没有看见过，也没有了解过人的肉体能思维，而且看到并且了解到同一的人们，他们既有思维，同时也有肉体。而且，我认识到这是由于思维的实体和物体性的实体组合到一起而造成的。因为，单独考虑思维的实体时，我一点都没有看到它能够属于物体，而在物体的本性里，当我单独考虑它时。我一点没有找到什么东西是能够属于思维的。[3]

这两段话所表达的含意是一样的，就是要通过思考与想象去领会身与心之间乃是分离的。我们在此不妨按照笛卡尔所说的做件这样的事：我们闭上双眼，然后仔细地想象我们的身体，看它是不是一个完全独立

---

[1] 参见笛卡尔：《第一哲学沉思集》，庞景仁译，商务印书馆，1986年版，第135页。
[2] 同上书，第123-124页。
[3] 同上书，第427页。

的个体，是不是与心完全的不同。

——我相信这是可以的，因为身与心本来就根本不同，一个是意识，一个是物质，一个无形无影、看不见摸不着，一个有形有影、看得见摸得着。然后，我们就会领会到身与心之中没有任何东西是相互重合的，即我们找不到任何东西既属于心又属于身，这同样是不可能的，就像找不到什么东西既是物质又是意识一样。这时候，我们就可以"把肉体清楚地领会为一个完全的东西，用不着任何一种属于精神的东西"。[1]

这样一来，我们将可以领会到：身心之间本来就是互不相干的，就像两个相离的集合一样、两条平行线一样，永远没有相聚、相交的一天！

此外，在《第一哲学沉思集》的命题四里，笛卡尔还证明了一番"精神和肉体实际上是有区别的"，他证明的方式看上去挺晦涩的，实际上就是我们上面这个例子中的一样，通过沉思去"领会"，然后就会理解身体与心灵是可以分离的了。而且他还说明了，分离的根本原因也如我们上面所说的，乃是由于"上帝的全能"。[2]

我们可以相信，笛卡尔自己正是经过了这样的沉思才领会到了身心是二元的、是互不相干以至于相互对立的。

笛卡尔甚至还告诉了我们这种领会的一些后果，例如可以领会到身与心或者说灵魂与肉体都是两个很完整的实体，就如索雷尔所言：

笛卡尔相信，去除了一切牵涉体的属性，心仍是完整的；与此类似，摆脱了一切依赖心的属性，体也是完整的。[3]

笛卡尔自己则是这样说的：

---

1 笛卡尔：《第一哲学沉思集》，庞景仁译，商务印书馆，1986年版，第227页。
2 同上书，参见第170-171页。
3 索雷尔：《笛卡尔》，李永毅译，译林出版社，2010年版，第84页。

我理解在思维的实体是一个完全的东西,并不比我理解有广延的实体是一个完全的东西差。[1]

笛卡尔在这里明确地说:精神与肉体分离之后,依然是两个"完全的东西",即它们本来就是两个各自独立,又很完整的整体、实体。换言之就是说,我们平常所想当然地认为的身体与心灵是一体的乃是错误的,只是一种想当然的错觉或者幻觉而已。

此外,我们还可以发现灵魂与肉体之间有一个大大的不同,例如我们知道,人的肉体是可以分成不同部分的,例如可以分成头部、躯干与四肢,甚至可以砍掉一部分——如一只手或者一只脚——而人依然活着,但灵魂就不一样了,灵魂乃是一个不可分的整体,就如肯宁顿在《笛卡尔灵魂中的"自然教诲"》中说的:

对于笛卡尔来说,灵魂……是整一的,或者说它不由部分组成。[2]

笛卡尔自己则是这样说的:

我们把一切物体都领会为是可分的,而精神或人的灵魂只能被领会为是不可分的,因为,事实上我们决不能领会半个灵魂,而我们却能够领会哪管是最小的物体中的半个物体,因此物体和精神在性质上不仅不同,甚至在某种情况下相反。[3]

这就是说,即使是最小的物体也可以再分,即物体是无限可分的,就像庄子所说的:"一尺之棰,日取其半,万世不竭。"[4] 但灵魂就不一样了,是不可分的,哪怕分出一半也不成。

在《论灵魂的激情》里,笛卡尔也说,灵魂的本性就是它"与广延没有任何关联",因此,"我们根本不能领会一个灵魂的所谓的二分之

---

[1] 笛卡尔:《第一哲学沉思集》,庞景仁译,商务印书馆,1986年版,第226页。
[2] 参见《笛卡尔的精灵》,华夏出版社,2009年版,第31页。
[3] 笛卡尔:《第一哲学沉思集》,庞景仁译,商务印书馆,1986年版,第11页。
[4] 《庄子·天下》。

一或三分之一，也不能说它占据着怎样的空间。"[1]

笛卡尔还说，精神与肉体之间的不可分与可分乃是他首先看出来的差别：

> 我首先看出精神和肉体有很大差别，这个差别在于，就其性质来说，肉体永远是可分的，而精神完全是不可分的。[2]

他认为这个区分是极为重要的，因为仅仅从这一点就"足以告诉我人的精神或灵魂是和肉体完全不同的。"

灵魂的这个不可分性对于基督教哲学是很重要的，也是哲学家们一个比较共同的观点，例如在邓斯·司各脱看来，即使上帝也无法将人的感觉灵魂与理性灵魂分割开来——虽然它们之间可以有一种"形式区分"，但只是形式而已，而不是实际的分割。

笛卡尔在这里还说了与灵魂之不可分相联的就是它不占有空间，这也是灵魂一个重要的特点，与其是一种思维是相联系的，因为思维也是同样不占空间的。

笛卡尔还说，肉体与灵魂之间另一个大大的区分是肉体是可灭的，而灵魂则是不灭的，即"人的肉体很容易死灭，但是精神或人的灵魂（我认为这二者是没有区别的），从它的本性来说是不灭的。"[3]

看到了吧，笛卡尔在这里清楚地说明了我们前面分析过的几个名词的含义，即精神与灵魂是没有区别的，思维等当然也同样如此。

当然，我们知道，灵魂不灭乃是基督教中一个最基本的常识，作为虔诚的基督徒，笛卡尔当然不会否定，这其实是不言而喻的。

前面我们谈了许多要将身心分开，也许有人会问：为什么要将身心

---

[1] 参见笛卡尔：《论灵魂的激情》，贾江鸿译，商务印书馆，2013年版，第25页。
[2] 笛卡尔：《第一哲学沉思集》，庞景仁译，商务印书馆，1986年版，第90页。
[3] 同上书，第12页。

分开呢？有必要这样做吗？

笛卡尔的回答是有必要。他认为，身心是可以分离的，互不相干，这就意味着我们的精神是可以独立行动的，根本不需要肉体的帮忙：

精神可以不依靠大脑而行动，因为，毫无疑问，当问题在于做一种纯智力活动时，大脑一点用处也没有，只有在感觉或想象的时候，它才有用处。[1]

这个说法看上去有些怪异，智力活动不是在大脑中进行吗？怎么说它对智力活动——这里指的就是精神活动了——一点用处也没有呢？

答案就在于，实际上笛卡尔在这里的大脑指的乃是这个头部即脑袋，它当然也是身体的一部分。在笛卡尔看来，这个头也是与思维活动无干的，这可以说是从他前面的那些理论所必然得出来的结论，原因很简单：因为人的脑袋也只是身体的一部分，就这个角度而言，它当然是与心即思维完全无关的。

还有，笛卡尔在这里也说明了，人的脑袋对于感觉与想象是有作用的，这又是什么意思呢？笛卡尔在这里实际上是将纯粹的思维与感觉与想象区分开来了。在他看来，感觉与想象是与脑袋相关的，而思维则不是这样，即存在着一种纯粹的独立之思维——这就是身心中的"心"了。但感觉与想象则是一种具体的活动，它们并不是纯粹之思，而是要依靠身体的，例如眼睛就是这样的感觉器官，人要有视觉，单单有头脑是不行的，还得有感觉器官，这是不难理解的。但我们一定要注意，从这个意义上说，身与心又是相关的，这我们后面马上会还说到。

笛卡尔甚至说，他在很早时候就已经发现了，人们正由于不区分身心或者说精神与肉体，才导致了认识之中的大量错误：

自从我最幼年时期起，我把精神和肉体（我模糊地看到我是由它们

---

[1] 笛卡尔：《第一哲学沉思集》，庞景仁译，商务印书馆，1986年版，第361页。

组合成的）领会为一个东西；而把许多东西合成一个，把它们当成一个东西，这是一切不完满的认识差不多一般的毛病；这就是为什么必须在以后要不惮其烦地把它们分开，并且通过更确实的检查，把它们互相区别开来的缘故。[1]

这段话是很重要的，它说明了身心二元论乃是笛卡尔最早形成的理论之一，甚至也许就是最早形成的理论，因为这时候他还是"幼年"，可以形成多少哲学理论呢？特别是有创见的哲学理论！由此我们甚至可以说，笛卡尔不但是哲学的天才，而且是哲学的"神童"呢！

第四节 不可分离的身与心

至此我们花大量的篇幅讲了笛卡尔的身心二元论，其核心就是身心之间是无关的，甚至是相互对立的，它们之间不但可以分开，而且应当分开，甚至必须分开，因为不分开会导致许多的问题，相反分开则可以有种种的好处。

但是，这能说明笛卡尔认为身心之间真的是无关的，真的是完全相互对立的吗？

笛卡尔说，不是这样的！

为什么呢？归根结底还是因为那个常识：我们明明看到身心是不可分离的嘛！是合为一体的嘛！例如我现在不在打字吗？我不活着吗？倘若我们的身心分离了，或者说分离是好事，那么岂不是说我死了还是好事吗！甚至说我现在就是死的，因为笛卡尔不是说了吗：身心是分离的，而心就是灵魂，身心分离就是说身与灵魂是分离的，这样一来不等

---

[1] 笛卡尔：《第一哲学沉思集》，庞景仁译，商务印书馆，1986年版，第428页。

于说我是死人吗?

但我明明是活着的!

所以笛卡尔在胡说!

倘若根据上面的描述,这样的推理诚然是成立的。

但笛卡尔不会这么傻,他是尊重常识的人,就像他尊重社会的传统与规章制度一样。

所以,我们现在要讲的是,虽然笛卡尔认为身心之间是无关的甚至对立的,但那只是就理论而言,是从纯粹哲学的角度去分析的。但实际上,对于我们每一个人或者说活着的人,身心又是结合在一起的,是不可分离的,甚至是融为一体的!

这个观点笛卡尔在《第一哲学沉思集》中说得很清楚,在这里他简明扼要地说:"精神在实质上是同肉体结合在一起的。"[1]

此外,在《论灵魂的激情》中他也说道:

我们完全不能说灵魂是存在于身体的某个部分而不是别的部分中,因为身体就是一个整体,并且以某种方式是不可分的。[2]

看到了吧,笛卡尔清楚地认识到了,虽然身心之间是互不相干甚至相互对立的,但它们事实上又是结合在一起的,是不可分离的,甚至是一个整体,即身心是完全融合在一起的,是一种水乳交融的关系,是根本不可能分割开来的,它们共同构成了整体的人。

此外,在《谈谈方法》里,他还指出,灵魂与身体之间的关系并不是像舵手驾驶船舶一样的关系,即我们的身体就像一艘船儿,我们的灵魂则居住在我们的身体里,就像舵手站在船上一样:

理性灵魂,……我们不能光说它住在人的身体里面,就像舵手住在

---

[1] 笛卡尔:《第一哲学沉思集》,庞景仁译,商务印书馆,1986年版,第231页。
[2] 笛卡尔:《论灵魂的激情》,贾江鸿译,商务印书馆,2013年版,第25页。

船上似的，否则就不能使身体上的肢体运动，那是不够的，它必须更加紧密地与身体联成一气，才能在运动以外还有同我们一样的感情和欲望，这才构成一个真正的人。[1]

这里的理性灵魂实际上就是灵魂，因为灵魂是一个整体，理性灵魂的意思就是说，灵魂是理性的，因此是理性灵魂，这也是当然的，因为灵魂也是一种纯粹之思，是一种理性的思维，所以即是理性的。

笛卡尔的这个否定性比喻是很重要的，因为许多人正有这样一种错觉，认为灵魂是身体的指挥者，它生活在身体里正像我们住在屋子里一样，笛卡尔认为这恰恰是错误的。因为身心之间事实上不是这样的貌似结合而实际上分离的关系，而是实实在在的融为一体，不是如舵手与船儿，而是如清水与牛奶的混合，是水乳交融、融为一体的关系。

笛卡尔在《第一哲学沉思集》里同样提到了舵手与船儿这个比喻，还说得更清楚：

自然也用疼、饿、渴等等感觉告诉我，我不仅住在我的肉体里，就像一个舵手住在他的船上一样，而且除此而外，我和它非常紧密地连结在一起，融合、掺混得像一个整体一样地同它结合在一起。[2]

笛卡尔在这里是从生活的实例去说明为什么身与心要结合得那么紧密，例如当我们的身体有各种感觉如口渴或者肚饿之时，我们的心马上就会有知觉，二者之间可谓配合得天衣无缝，因此身心或者说灵魂与肉体也结合得天衣无缝、妙到毫巅。

他在后面还举了例子，说倘若身心不是结合得那么完美，那么当我的肉体受了伤的时候，那思维的我就不会因此感觉到疼，而只会用理智去知觉这个伤，就如同一个舵手用视觉去察看是不是在他的船上有什么

---

[1] 笛卡尔：《谈谈方法》，王太庆译，商务印书馆，2000年版，第46-47页。
[2] 笛卡尔：《第一哲学沉思集》，庞景仁译，商务印书馆，1986年版，第85页。

东西坏了一样。但事实上当然不是这样,当我的肉体受了伤时,我们立马就会感觉到痛,这是一种"直截了当"的认识,由此可见,身心之间的结合不是如舵手与船儿的结合而是水乳交融的融合。

笛卡尔在《第一哲学沉思集》里还分析了身心是如何地水乳交融的。他认为精神是在肉体里铺开,是"整个地在整体里,整个地住每一个部分里。"[1]这就明显是一种水乳交融的关系了,就像每一个乳分子都在水里面分散开来,和水分子紧密地结合在一起一样。

笛卡尔还认为,倘若我们想理解身心之间的这种结合,一条好途径是通过了解激情。因为激情是在灵魂中的,但同时又是一种身体上的行动,即其将身与心牢牢地结合在一起,从而也是分析身心关系之紧密结合的很好途径,他说:

每一个主体对我们的灵魂采取行动要比对身体——灵魂是与之相联的——采取行动更为直接。并且,由此,我们应该想到在灵魂中的激情一般地就是身体上的行动。[2]

这是他在《论灵魂的激情》中第二条就提出来的说法。

当然,这里必须得说明的是,身心结合归结合,但笛卡尔也说明了,这并不会影响到从本质上而言,身心关系乃是一种身心二元论,即身心之间是互不相干甚至相互对立的,尤其是我们的精神乃是一个完整而独立的实体,对此他说:

(精神与肉体)这种实质的结合并不妨碍我们能够对于单独的精神有一个清楚、分明的观念或概念,认为它是一个完全的东西。[3]

这个观点才是笛卡尔关于身心关系之理论根本,当我们分析身心结

---

1 参见笛卡尔:《第一哲学沉思集》,庞景仁译,商务印书馆,1986年版,第425页。
2 笛卡尔:《论灵魂的激情》,贾江鸿译,商务印书馆,2013年版,第3-4页。
3 笛卡尔:《第一哲学沉思集》,庞景仁译,商务印书馆,1986年版,第231页。

合的时候,一定不要忘了这一点!

为什么这样呢?道理当然很简单:虽然身心结合在一起,但毕竟是两种不同东西之间的结合,因此结合可并不说明身心就是一样的东西:

虽然精神结合全部肉体,这并不等于说它伸展到全部肉体上去,因为广延并不是精神的特性:它的特性仅仅是思维,它并不用它里边的广延形象来领会广延,虽然它把它自己结合到有广延的物体性的形象上来想象广延,就像我以前说过的那样。因此,虽然精神有推动肉体的力量和性能,但它并不必然是属于物体一类的,它不是物体性质的东西。[1]

笛卡尔在这里说得很清楚,还是像我们前面说过的一样,心灵乃是思维的东西,是没有广延的,不占有空间,但肉体则是物质,是有广延的,它们是两种本质不同的东西。

我们依然可以将身心之间的这种关系用牛奶与水的结合来形容:水和牛奶虽然牢牢地结合在一起,但是毕竟牛奶是牛奶,水是水,牛奶并不因为和水结合就成了水,水也并不因为和牛奶结合就成了牛奶。

第五节　著名的松果腺

我们上面说,身心既是分离的,但又是结合的,并且它们之间的结合是两个本质不同的对象之间的结合。

这时候,可以自然而然地问这样一个问题:既然身与心是两个本质相异的东西,它们怎么能够结合在一起呢?它们又是怎样结合到一起的?

现在我们就要来回答这个极为重要的问题了,笛卡尔也正是在这里

---

[1] 笛卡尔:《第一哲学沉思集》,庞景仁译,商务印书馆,1986年版,第386页。

提出了他的身心二元论中那个最著名的东东——松果腺。

我们上面的问题是：身心是结合在一起的，它们是如何结合在一起的呢？

这个问题是至关重要的，因为我们前面说过，身与心是互不相干甚至相互对立的，后面又说身心是水乳交融、合为一体的，这里面有着一个明显的矛盾。因为根据前者，身心之间是不能直接沟通的，这就是心物平行论的含义，但现在你又说身心是相互结合甚至要融为一体的，而且这也符合于我们的常识，例如手指被刺了，就会感到疼痛。这岂不说明身心之间是可能沟通的？因此，笛卡尔在这里就产生了明显的自相矛盾，笛卡尔倘若不想陷入这个自相矛盾的窘境，就必须解决这个问题。

笛卡尔解决了这个问题，他的具体办法就是提出了一个崭新的概念——松果腺。

他认为，身心是通过松果腺而结合在一起的。

早在《哲学原理》里，笛卡尔就提出来了与松果腺有关的想法，不过没有那么明确，他只这样说：

人的灵魂虽与全身结合着，可是它的主要位置仍在脑部；只有在脑部，它才不但进行理解、想象，而且还进行知觉活动。它的知觉是借神经为媒介的，至于神经，则如一套线索似的由脑起遍布于身体的其他一切部分。[1]

笛卡尔在这里说明了，人的灵魂虽然位于全身，因为如我们前面所说，身心之间是水乳交融的关系，是融为一体的。但灵魂主要还是生活在脑部，它在这里借助着神经的帮助而与全身交融，也控制着全身。但并没有具体地指出在脑部有个什么特别的东西。

在《第一哲学沉思集》，笛卡尔也提出了相似的说法：

1　笛卡尔：《哲学原理》，关文运译，商务印书馆，1958年版，第49页。

第十章　松果腺与身心二元论　263

精神并不直接受到肉体各个部分的感染，它仅仅从大脑或者甚至大脑的一个最小的部分之一，即行使他们称之为"共同感官"这种功能的那一部分受到感染，每当那一部分以同样方式感受时，就使精神感觉到同一的东西。[1]

在这里，笛卡尔说明了精神主要是通过大脑中某一个很小的部分而与整个身体沟通的，他称之为"共同感官"，即身与心之间在这里有着共同的感觉，而这个感觉来自于这个"共同感官"。

将这两种说法结合起来，就是这时候笛卡尔已经认为在人的头脑之中有一个小小的部分，它可能是某种器官，身与心正是由之而结合起来、产生各种身心效应的，例如当我们的脚被刺了时，就会感到疼痛。

到了《论灵魂的激情》那里，他就说得更清楚了，他说这个器官乃是一个"腺体"：

在大脑当中有一个小腺体，灵魂在那里要比在别的部位更特别地发挥着它的作用。[2]

在后面，他更清楚地描述了这个小腺体：

那个灵魂即时地实施其功能的身体部分既不是心脏，也不是整个大脑，而仅仅是大脑中最深处的一个部位，一个非常小的腺体，这个腺体位于大脑实体的正中央，悬挂在一个导管的上方。[3]

不用说，这个腺体就是著名的松果腺了！

笛卡尔说，正是这个松果腺使得本来是互不相干甚至相互对立的身与心之间变成水乳交融、融为一体！

笛卡尔在后面还解释了他为什么认为有这样一个松果腺，并且是位

---

[1] 笛卡尔：《第一哲学沉思集》，庞景仁译，商务印书馆，1986年版，第90-91页。
[2] 笛卡尔：《论灵魂的激情》，贾江鸿译，商务印书馆，2013年版，第25页。
[3] 同上书，第26页。

于大脑的正中央而不是其他位置。他说,那是因为除了大脑正中央外,大脑甚至身体其余地方的器官都是成双成对的,例如我们有两只眼睛、两只手、两只耳朵,这些都是感觉的器官。也就是说,我们的这些感觉器官都是成双的,这样一来就是说我们在感觉之时实际上是同时得到了两个感觉,例如当我们看见一朵红花时,我们实际上是看了两次、看到了两朵,因为我们有两只眼睛嘛!但与此同时,我们却只产生了一个相应的视觉,即只看到了一朵红花。这样一来,就必须有某个地方,在那里来自我们两只眼睛的两个影像会重合为一,而且要在到达灵魂之前就完成这样的重合,因为到了我们的灵魂后就形成视觉了,而我们的视觉可是只看到了一朵红花而不是两朵。于是,笛卡尔经过沉思就想到了,在我们的大脑的正中央一定有某一个小器官、一个小腺体,它能够将由眼睛得来的两个影像合而为一,此后再把它传往灵魂,这样一来,我们的灵魂就只形成一个视觉影像,即只看到一朵红花了。[1]

还有,他认为灵魂主要就是生活在这个小腺体里的,在这里,它通过我们前面说过的身体中的精气,还有神经与血液等而影响全身。

笛卡尔认为,我们对外物的感觉就是这么形成的,因为我们的灵魂可以通过这腺体——松果腺——接受各种各样的运动,如视觉、听觉、触觉,等等。这些都是我们的感官产生的印象,当这些印象经由松果腺到达我们的灵魂之时,灵魂马上就会产生各种感觉了。例如看到一朵红花或者感觉到疼痛就是这么形成的,总之,"有什么样的运动达到这个腺体,它就有什么样的知觉。"[2]

他还具体地举了一个这样的视觉形成的例子,例如我们看到某个动物朝我们走来,这个动物身体就会反光,这些光传送到我们的眼睛里

---

1 参见笛卡尔:《论灵魂的激情》,贾江鸿译,商务印书馆,2013年版,第26-27页。
2 同上书,第28页。

后，就会形成两个相关的影像，并各自进入我们的两只眼睛，这两个影像通过视神经的中介就在"大脑正面对着这些凹面性视神经的内表层上形成了两个不同的影像",然后往松果腺传去,而松果腺周围是充满了"精气"的,这些影像就向这个由动物精气包围的小腺体发射过来,到达松果腺之后,这两个影像就变成了一个唯一的关于这个动物的影像,这一影像马上会影响到灵魂,于是灵魂就让我们"看到了这个动物的形象"。[1]

看到了吧,通过这种方式,不但感觉形成了,原来互不相干甚至相互对立的身与心就这么相互影响、甚至融为一体了!

至此,笛卡尔就解决了他的身心二元论中存在的矛盾。

不能不说,这是一个了不起的解决方案!是笛卡尔伟大的哲学创造!

第六节　身心二元论的反对者与支持者

前面我们讲述了笛卡尔的身心二元论,这种身心二元论对后世产生了巨大的影响,这种影响可以说一直及于今天,下面我们要专门来分析一下这个影响。

这个影响当然首先表现在有人支持、也有人反对笛卡尔的身心二元论。

相对于笛卡尔反对者众多而支持者较少的天赋观念论,他的身心二元论倒似乎是反对者较少而支持者倒较多了。

我们先来看反对者,这当中有剑桥柏拉图学派的亨利·莫尔,这位

---

[1] 参见笛卡尔:《论灵魂的激情》,贾江鸿译,商务印书馆,2013年版,第29页。

莫尔现在不是很有名，但在他的时代是一个有影响的哲学家，他哲学的主要特点是虽然居于以经验主义哲学为主要传统的英国，但他却是属于欧洲大陆派的理性主义者，并且卷入了当时的不少哲学争论，就像《斯坦福哲学百科全书》所言：

> （剑桥柏拉图学派的亨利·莫尔）他也最直接地卷入了当时的哲学争论：他不仅和笛卡尔通信（在1648和1649年间），还写信反对霍布斯，并且是斯宾诺莎最早的英国批评者之一。[1]

这当然是事实。其实莫尔一度是十分崇拜笛卡尔的，从1648年12月到1649年10月间，他先后四次和笛卡尔通信，直至笛卡尔去世前夕才停止。在第一封信里，他用这样热情洋溢的句子赞美了笛卡尔："我可以向你保证，在掌握和接受你的原理时我体验到同样的喜悦，在那里我看到你所发现的奇妙的美；你的充满智慧的光辉著作对我来说，就像我自己的著作那样可亲。你在《原理》以及其他著作中所写的一切，有着如此罕见的精确性、合乎比例的美以及同自然的完全一致，不可能找到比这更符合人类理性的壮丽景色了。"[2]

但后来，随着思想的变化，他慢慢地和笛卡尔的理念不一致了，特别是反对他的二元论，甚至由此而反对了整体的笛卡尔哲学。据说后来他称追随笛卡尔的人为Nullibist，意思就是不承认灵魂在空间中存在的人。而对于笛卡尔及其追随者组成的笛卡尔派，莫尔这样评论道：

> 主要的权威和领袖看来是那个可爱的聪明人勒内·笛卡尔。他的滑稽的形而上学沉思使一些人的理性能力受到如此严重的歪曲，脱离了正轨，以致说服了他们相信某些东西对他们来说是最真实最清楚的。这些

---

[1] http://plato.stanford.edu/entries/henry-more/
[2] 《笛卡尔全集》第10卷，库赞法文版，第179页。转引自胡景钊、余丽嫦：《十七世纪英国哲学》，商务印书馆，2006年版，第247页。

人在别的方面很有理智和才思敏捷，但在这一点上却由于不小心过于敬重笛卡尔。他们部分地被他的虚伪的和诡诈的狡猾所欺骗，部分地被他的权威所欺骗。如果他们不受这个偏见的蒙蔽，他们永远也不会像他们已经想过的那样想得那么多。[1]

在这样的句子里已经丝毫看不见对笛卡尔的支持与敬慕了，甚至变成了反对与轻蔑，反差真是巨大啊！

不过，笛卡尔的这个身心二元论思想获得的支持还是很多的，特别是有两位了不起的哲学大师支持他：一个是马勒伯朗士，另一个是莱布尼茨。

我们先来看马勒伯朗士。

作为忠实的笛卡尔主义者，马勒伯朗士继承了笛卡尔的心物平行论，他在《形而上学对话录》里有这样一段意味深长的话：

我思维，所以我存在。在我思维的时候，这个在思维的我是什么？我是一个物体吗？是一个精神吗？是一个人吗？我还都不知道。我只知道在我思维的时候，我是一个在思维的什么东西。但是让我们看一看，一个物体能思维吗？一个带有长、宽、高的广延能推理、希望、感觉吗？显然不能。因为这样一种广延的一切存在方式仅仅在于一些距离的关系；而这些关系决非知觉、推理、快乐、希望、感情，一句话，思维。……所以这个在思维的"我"，我自己的实体，不是一个物体，因为我的知觉肯定是属于我的，它们和距离的关系不同。[2]

这段话的内容十分深刻。它首先引用了笛卡尔的名言"我思，故我在"，然后作出了进一步的分析。"我思，故我在"这是肯定的，我当

---

1 《形而上学手册》，伦敦1671年英文版，第27章。转引自胡景钊、余丽嫦：《十七世纪英国哲学》，商务印书馆，2006年版，第249页。
2 《形而上学对话录》，第26—27页。见钟宇人、余丽嫦（编）：《西方著名哲学家评传》（第四卷），山东人民出版社，1984年版，第232页。

然在——存在，但问题是，这个在的是什么呢？这个思维的又是什么呢？是一个物质的人在思维吗？还是一个心灵或者说精神在思维呢？他认为，那个物质性的身体是肯定不行的，不是它在思维。这样一来，那个思维者就出来了，那就应该是心灵，是心灵在思维，而不是身体在思维。于是，这个"我思，故我在"到了马勒伯朗士这里，推出来的不是抽象的我在了，而是一个更加具体的我——思维之我！

可以说，这是马勒伯朗士对笛卡尔哲学一个重要的发展。

至于这个思维之我或者我之思维，它与身体之间是什么样的关系呢？马勒伯朗士的答案就是：平行关系，即两者是各自独立的，各自走各自的路。

对于这一点，马勒伯朗士还举了一个很形象的例子。在人的常识之中，心与物是一致的，其间有着清楚的因果关系，例如我的心中有了一个念头，我要摆一下手臂，于是我的手臂就摆动起来了，二者间的关系是很清楚的吧！还有，我的手不小心被刺了一下，冒出了血，我叫了起来："妈呀，痛死我了！"这也表明了这痛的感觉——痛觉——和前面那个被刺的手指之间有着清楚的因果关系。这些因果关系在我们的常识看来是再明显不过的，根本用不着怀疑。然而马勒伯朗士却不这么认为，在他看来，无论是在我有摆手臂的念头和摆动手臂的动作之间还是在手被刺和痛感之间，都没有什么因果关系。就如我们在前面说过的一样，心灵的感觉与外物之间是不可能互相联系的，它们之间什么关系也没有。

那为什么似乎有关系呢？那原因很简单，就是上帝使然，马勒伯朗士说：

一个形体和另一个形体没有任何因果关系，一个精神和一个形体，一个形体和一个精神，一个精神和另一个精神都没有任何因果关系。您认为是您的心灵移动了您的手臂，不对！在形体和心灵之间没有任何直接的联系。您的手臂被摆动,是上帝推动了它,或更准确地说,既然创造是连续的,那么是神现在创造出的在运动中的手臂。我刺您的手,您感到疼痛,这不是您的形体在您的心灵中产生一个痛的感觉,而是神,通过这个感觉,向您昭示在您之外发生的事情。[1]

这就是说,之所以在我们想摆动手臂与手臂真的摆了之间、在我们的手被刺伤了与我们感到疼痛之间貌似有因果关系,乃是上帝让我们产生这种因果关系的联想,或者说是上帝使我们觉得有这样的因果关系,而事实上是没有的。这就是马勒伯朗士对心物之间因果关系的认识。

他还举了我们大脑的例子。他一方面承认思维是在大脑之中进行的,也承认大脑即人的头是一种可感之物,但他指出我们可不要以为作为可感之物的大脑和大脑之中的思维是一回事,他说:

我们的知觉不是我们大脑的变化(大脑不过是成为不同形状的广延),而仅仅是我们的精神——能够思维的惟一实体,这一点是肯定的。不错,我们在思维时,总是通过我们的大脑,因此可以断言我们的精神同我们的大脑是结合在一起的,不过绝不能说我们的精神和我们的大脑不过是同一的一个单一的实体。[2]

马勒伯朗士的意思就是说,虽然思维与大脑是在一起的,但它们却是两个不同的实体,这是断乎不能混淆的!可以打个这样的比喻:大脑就像碗,思维就像水,请问碗和水是一回事吗?当然不是的!水是水,碗是碗,一者是固体,一者是液体,大不一样。在思维与大脑之间的差别比水与碗之间的差别还要大得多,因为一者是可感之物,另一者是不

---

[1] 转引自庞景仁:《马勒伯朗士的"神"的理念和朱熹的"理"的观念》,冯俊译,商务印书馆,2005年版,第66页。

[2] 马勒伯朗士:《一个基督教哲学家和一个中国哲学家的对话——论上帝的存在和本性》,庞景仁译。见庞景仁:《马勒伯朗士的"神"的观念和朱熹的"理"的观念》,冯俊译,商务印书馆,2005年版,第209页。

可感知的思维,二者之间的区别就像我们所说的物质与意识之间的区别一样,那可是一种本质性的区别啊!

不难看出,马勒伯朗士这样的说法似乎是有问题的,因为它和我们的常识不符、简直太不符了,对于我们的常识而言,在心灵与万物之间似乎有着清晰的因果关系,就像上面的两个例子一样,而心灵也显而易见是可以认识万物的,但现在马勒伯朗士却否定这一点,实在看上去有些荒唐。

事实上不是,我们且来看看马勒伯朗士是怎么解释他看上去有些荒唐的观念的。

对于心灵为何似乎可以认识万物,或者说像上面的例子中一样,为什么在我的手臂动和有这个动的念头之间似乎有所关联呢?

对于这个问题,马勒伯朗士也作了分析。

他认为,这原因主要就在于上帝的作用是一般人所感觉不出来的,因为那作用本身对于我们来说"不是很鲜明的"。相反,大脑对于外物的感知与作用却似乎是很鲜明的,两相比较,人就很容易把在我们心中形成的关于万物的种种观念通通归之于大脑的感知,即认为大脑与可感之物直接接触,然后理解之。但是,马勒伯朗士强调说,这是错的,"其实物体本身是你知觉不到的。所有这些都是由于灵魂与肉体相结合的一般规律所做成的。"[1]

在这里,马勒伯朗士不但说明了我们的大脑或者说意识是不可能知觉到可感之物本身的,还说明了感知产生的原因,那是灵魂与肉体相结合的一般规律。

---

[1] 马勒伯朗士:《一个基督教哲学家和一个中国哲学家的对话——论上帝的存在和本性》,庞景仁译。见庞景仁:《马勒伯朗士的"神"的观念和朱熹的"理"的观念》,冯俊译,商务印书馆,2005年版,第206页。

什么是这个"一般规律"呢？马勒伯朗士说，这就是万能的上帝之杰作了，是上帝给我们创造了这样的规律，从而使我们觉得在可感之物与我们的感觉之间有着联系与因果关系的。

还是举例说明吧，如现在我的头脑中产生了要动一下胳膊的意识，我的胳膊肘马上就真的动了起来。这里面似乎有着明显的因果关系，但马勒伯朗士说，不是这样的，这种似乎有的因果关系实际上乃是上帝制造出来的一个规律而已，它使得我们的意识与动作之间似乎有着密切的联系甚至因果关系，但实际上二者之间是没有什么联系的。倘若不是上帝的意旨以及为我们制定的这个一般规律，光靠我们自己的头脑、精神或者意志，不但胳膊肘，我们连一个指头都动不了：

精神连世界上最小的物体都动不了；因为，显然在我们所有的意志——比如说动一下我们的胳臂——与我们的胳臂的运动之间没有必要的联系。不错，胳臂是在我们想要它动的时候它才动；因此，我们是我们的胳臂的运动的自然原因。然而自然原因并不是真正原因，它们不过是一些机缘原因，它们是由于上帝的意志的力量和有效性而起作用的。[1]

不用说，这样的思想是够惊人的，但却是最具特色的马勒伯朗士的思想，不理解这个就不会理解马勒伯朗士；而要理解这个，首先理解笛卡尔的身心二元论是相当必要的。因为只要我们稍加思索就会发现，马勒伯朗士不过是在身心二元论的基础之上将松果腺去掉，而让上帝去决定一切罢了！

到了莱布尼茨那里，他也提出了相似的观点，即身与心之间是互不相干甚至相互对立的。

但之所以这样，莱布尼茨所提出的原因却和笛卡尔大不一样，而与

---

[1] 《真理的探索》第6卷，第329页。见钟宇人、余丽嫦（编）：《西方著名哲学家评传》（第四卷），山东人民出版社，1984年版，第252页。

莱布尼茨的基本思想即单子论相关。

莱布尼茨认为。世界是由单子构成的,而单子是没有窗户的,也就是说,构成万物的单子之间是没有相互的沟通的,更不会相互决定,以致产生因果的关系。这种观念也可用之于分析灵魂与肉体。在莱布尼茨看来,灵魂与肉体之间并没有相互的决定与控制,或者说,灵魂并不决定或控制肉体,当然肉体也不能决定或控制灵魂。至于貌似的灵魂控制肉体或者说心控制身的一些行为,例如我的心想着要胳膊肘动时,胳膊肘就动了,莱布尼茨说,那只是上帝的安排而已,但他的这种上帝之安排和马勒伯朗士又不是一样的,而是莱布尼茨所提出来的另一个重要理论,即他的前定和谐理论,在莱布尼茨看来,这种前定和谐就是上帝所安排的。

这就是莱布尼茨对身心关系的看法,他的看法简而言之就是:灵魂与肉体之间是不能相互影响的,但同时它们之间处于一种极其和谐的关系,但这种和谐乃是由上帝决定的,这就是前定和谐。

关于身与心之间、灵魂与肉体之间的这种关系问题,莱布尼茨还打过一个有名的比喻,他把上帝比喻为一个钟表匠,祂打造了两个一模一样的钟表,它们的时间都很精确,因此当然是同步的。灵魂与肉体之间的关系就像这两个钟表一样,之所以显示出和谐的关系,包括因果关系,都是像这两个钟一样,是上帝制造与决定的结果。两个钟表之间就像身与心之间一样,实际上只是有一种外在协调的关系而已,并无相互决定的关系,对此莱布尼茨说:

我曾经解释过灵魂与形体之间的一致,用的方法是把这两者之间的一致比作两个构造不同而永远精确地一致的时钟,以便指明同一时间中的同一钟点。这种一致可以由三种方式造成:(1)把它们这样联系在一起,使它们不得不同时振动;(2)特地叫一个人看管着调整,使它们一致;(3)开始就把它们做得极其准确极其好,使它们能够由于本身的结构就能相互一致。这无疑是最好的方式。因此,灵魂与形体的能够一致抑或是:(1)由于彼此影响,这和诸经院学派的共同见解相符,但这是无法解释的;(2)由于上帝的操心连续不断地使它们相一致,如按照偶因系统说所说的,灵魂和形体两者之一的状况给上帝一个机缘,使他在另一个上面造成相应的印象,这是一种和神圣的智慧及事物的秩序相合的恒久的奇迹;(3)由于两者各自的精确的规律,使它们能够由于自己原有的本性而彼此一致,这是最美而且最配得上上帝的尊严的方式,而这就是我的"前定和谐"的系统。[1]

这个比喻是非常生动的,堪称史上对身心关系最好的描述之一,由于篇幅有限,我们在这里不再多说,但我们可以好好地读读、想想莱布尼茨这段话,它并不难懂。

前面我们分析了笛卡尔、马勒伯朗士与莱布尼茨的身心关系理论,他们都是一种二元论,只是二元的方式不一样,但更进一步地,倘若我们从更加宏观的角度看,就会发现在笛卡尔、马勒伯朗士与莱布尼茨之间虽然表面上不同,实际上是有着内在的紧密相关性的,是同而有异的:

同者,三人都认为在身心之间并没有直接的联系,互相不能直接地影响。但他们又不能否认一个基本的事实,即在身心之间有着一种明确的关系,具体来说是因果关系,心之动似乎导致了身之动。对此如何解释呢?就是他们三人之间的异了。

这个异就是:在笛卡尔看来,这种关系是二元的,即身心之间没有直接的联系,就像我们刚说过的,联系之产生在于有一个松果腺,正是它协调身心之间的互动;在马勒伯朗士看来,松果腺是没有的,只是一种臆测。身心之间没有因果关系,二元是绝对二元的,使之表面上有因

---

[1] 莱布尼茨:《新系统及其说明》,陈修斋译,商务印书馆,1999年版,第78页。

果关系的乃是上帝的意志，是上帝随时在决定着一切；莱布尼茨则认为身心之间的互动关系，或者说因果关系乃是上帝在创造万物之初就决定了的，一切都是"前定和谐"了的。

打个比方吧，我的手指被针刺了一下，冒出血来，我叫道："妈呀，痛死俺了！"对此行为的解释，在笛卡尔看来是松果腺让我们的心知道手指被刺了，将这个消息传递给了心，心便喊起痛来；马勒伯朗士则认为是上帝让心知道手指被刺了，并且要喊痛，于是身就喊起痛来；莱布尼茨则认为上帝在创造万物之初就决定了我们将会存在，将在此一时刻我的手指会被针刺，而与此同时，我们的心会有被刺的感觉，并且会喊起痛来。

显而易见，这三种观点之间是有着密切的内在联系的。同样显然地，根据我们的常识来看，他们所说的都是错误的甚至是荒谬的，但我们不妨自问：为什么他们都这么说呢？都会犯这么"低级"的错误呢？难道他们仨都是傻瓜不成？显然不是。相反，他们都是天才，都是人类历史上最博学多才的人物之一。他们这样说必定有他们的道理，倘若我们不懂，应该想想是不是我们自己不对、自己太肤浅，因而无法理解深刻的思想才对。就像爱因斯坦的相对论一样，有几人真的懂得？但我们能够因为不懂而说他荒谬吗？那是不行的，广岛和长崎的惨状告诉我们相对论必定是有道理的，这里也是相类的情形。

上面我们用相当长的篇幅分析了笛卡尔身心二元论的影响，实际上这个影响在近代西方哲学中一直存在，直到现代西方哲学甚至直到今天还没有消失，一直有人在试图推翻或者解决笛卡尔身心二元论中明显存在的那个矛盾，例如有哲学家认为对身心二元论有一种简单易懂的论证，即如果有两种最一般的存在方式，并且又具有它们各自相对应的事物，那么就能直接推出两种实体的存在。就像笛卡尔所论证的：对于人而言，思维是一种能思维的东西、一种能够不依赖于其身体而存在的东西，我们对此有清楚、分明的理解；与此同时，对于物体，其是一种拥有广延即体积的东西，在没有思维时也能存在，这同样是清楚、分明的。正是基于这样的认识，笛卡尔才说思维和广延是两种截然不同的范畴，由此便产生了身心之间互不相干甚至相互对立的身心二元论。

《心灵哲学》中亦指出，这种论证无疑是有效的：如果它的前提正确，它的结论必然正确。但它最弱的前提是这个假设：不同种类的实体必定只有一种范畴属性。即心灵只能是思维的，而物体只能是广延的，但事实上并不是这样。同一个实体可以同时拥有这两种属性。于是到了斯宾诺莎那里，他就认为：恰恰由于心理属性和物质属性是概念上无关的，因此推断一种实体拥有两种属性是没有什么障碍的。[1]

具体而言，斯宾诺莎认为广延、思维、实体与上帝通通都是统一的，这就是他著名的大统一理论了！不过，我们也不要忘记了：斯宾诺莎正是在笛卡尔的身心二元论基础之上产生这个理论的，因此他的思想也是来自于笛卡尔的，是笛卡尔的思想之子，犹如马勒伯朗士一样。

甚至于到了现在，到了现代的理查德·泰勒，他也看到了笛卡尔身心二元论这个问题之中依然存在的巨大挑战与魅力：

很清楚，如果一个人把他的身体和心灵当作两种不同的东西区分开来，就会产生如此巨大的难题，以至任何荒诞不经的理论，只要提供某些关于消除这类难题的希望，就显得似乎有理。一旦把身体和心灵割裂开，就会产生足以使哲学家们世世代代去研究的种种问题。实际上，无论多么怪诞的理论，有时也能够从最有才智的思想家中找到坚定的捍卫者。[2]

---

[1] 参见斯蒂克、沃菲尔德（主编）：《心灵哲学》，高新民等译，中国人民大学出版社，2014年版，第20页。
[2] 理查德·泰勒：《形而上学》，晓杉译，上海译文出版社，1984年版，第17页。

泰勒显然是将马勒伯朗士、莱布尼茨与斯宾诺莎都看成是这样的捍卫者了，但他这里说得是很正确的，"一旦把身体和心灵割裂开，就会产生足以使哲学家们世世代代去研究的种种问题"。的确如此！

所以，直到今天，笛卡尔的身心二元论还在为人们所津津乐道，而身心关系问题也依然是从科学到哲学所要解决的主要问题之一。

第七节　身心二元之解决方案

关于身心二元论我们最后要分析的是它的三个新型的解决方案。

对于身心二元论中间明显存在着的矛盾，不但有前面笛卡尔、马勒伯朗士与莱布尼茨甚至斯宾诺莎提出的传统解决方案，还有其他的不一样的新型的解决方案。我这里举出三个，一个是威廉·詹姆士的，一个是罗素的，最后一个是我自己的。

关于威廉·詹姆士的解决方案，他是这样说的：

与这种二元论的哲学相反，我（在第一篇论文里）曾试求指出：思维和事物，就它们的质料来说，绝对是同质的，它们的对立仅仅是关系上和功能上的对立。我曾说过，没有什么与事物素质不同的思维素质；不过同一的一段"纯粹经验"（这是我给任何事物的原材料所起的名称）既可以代表一个"意识事实"，又可以代表一个物理实在，就看它是在哪一个结构里。[1]

威廉·詹姆士的这个观点简言之就是，他认为可以通过经验来解决这个问题，即经验既是思维的，又是物质的，于是就这么将身与心统一起来了，他也认为就此解决了身心关系问题，也以他这种"身心一元

---

[1] 威廉·詹姆士：《彻底的经验主义》，庞景仁译，上海人民出版社，1965年版，第74页。

论"驳倒了笛卡尔的身心二元论。

至于罗素,他的观点其实和威廉·詹姆士有着质的相似,他是这么说的:

> 感觉是否基本上是具有关系性,这个问题所影响到的一个最重要的问题是这样一个学说,名为"中立一元论"。只要是还保留"主体",就有一个"心理"的实体,在物质的世界中完全没有和它相类似的东西。但是如果感觉基本上不是具有关系性的事件,就无需乎把心理上的和物理的事看作基本上是不同的。很有可能把心和一块物质都看作是逻辑的构成品,这种构成品是由无大分别或实际上是相同的材料形成的。可以认为,生理学家认为是脑中的物质的那种东西,实际上是由思想和感情而成。心和物的不同不过是一种排列上的不同。……一个感觉可以藉一个记忆连锁和一些别的事项归为一类,那样,它就成了心的一部分;也可以和它的因果上的前项归为一类,那样,它就是物理世界的一部分。这种看法就把事情弄得非常简单。当我意识到放弃了"主体"就可以承认这种简单化的时候,我很高兴,认为传统上心和物的问题算是完全解决了。[1]

罗素还用邮局人名簿做了个类似的比喻,他说,邮局人名簿用两种方法来把人加以区分:一是按字母表的次序,一是按地理上的位置。第一种排列是,一个人的近邻是那些在字母表上挨着他的人;在另一个排列中,是那些隔壁的邻居。但实际上是同一些人,心与物亦是如此!

显然,罗素在这里提出来的"中立一元论"和威廉·詹姆士的"经验一元论"相似,甚至和更早的斯宾诺莎的大统一理论也是相似的。只是罗素将经验变成了另一种统一体,即不分主体与客体地统一起来,将物理世界与心理世界统一起来,认为其既非主体,亦非客体,不过是从

---

[1] 罗素:《我的哲学的发展》,温锡增译,商务印书馆,1982年版,第124-125页。

不同的角度看同一个对象而已。就像一枚五毛硬币一样：从一面看是荷花，从另一面看是数字，但它们其实是统一的一枚硬币，是不可分离的。

更简单地说，斯宾诺莎、威廉·詹姆士、罗素的解决方案本质上都是一样的，都是否定了笛卡尔身心二元论之间身与心的对立，认为它们是统一的，只是统一的名目不同而已！

最后，我来提一下自己的一点认识，也许与上述几位都有所不同。

首先要说明的是，在我看来，身心关系也许的确是哲学中一个不可能得到根本解决的问题，因为它实在太复杂了，就如帕斯卡所言，人这种精神与肉体的二元结构乃是最难理解的，也是最玄妙的，他说：

人对于自己，就是自然界中最奇妙的对象；因为他不能思议什么是肉体，更不能思议什么是精神，而最为不能思议的则莫过于一个肉体居然能和一个精神结合在一起。这就是他那困难的极峰，然而这就正是他自身的生存。[1]

这段话意味深长，难以尽叙，倘若我们沉思一下，就会发现帕斯卡所说的多么在理了。是啊，我们有肉体，有精神或者说思想，肉体与思想显然是截然不同的，但这二者却又如此紧密地结合在一起，如此地无缝连接、融为一体，这是为什么呢？何以能如此呢？

这个问题，我想归根结底是不可能解释的。

但是，在我看来，或许有一个可能的解释，即有一种办法将精神与肉体、物质与意识统一起来，那就是意识的物质化。

我们知道，意识就是思维对于物质的反映，当思维与某个物体接触时，就会在他身体里的某个地方，主要是他的头脑里，形成某种反映，它可能是一个映像或者是某种记忆，例如对某种触觉、味觉或者声音的记忆，这时候就形成了意识。

1　帕斯卡：《思想录》，何兆武译，商务印书馆，1985年版，第36页。

于是我们可以问这样一个问题：这个意识需要占有空间吗？

也许可以回答：为什么不呢？也许这些意识在人的身体里是占有空间的。只是这个空间现在人类的科技无法测量而已。等到有一天，当人类的科技水平发展到一定高度之后，说不定会发现意识的秘密。这个秘密就是每一个意识都在人的脑海里的某个位置占有一个特定的空间与位置，现在科学家们不是已经发现了大脑的不同部分有不同的功能吗？例如从人的大脑皮质结构上看，围绕着言语的机能，人脑左半球侧分化出了许多高度专门化的区域，如在颞叶有对语音进行分析综合的专门区域，威尔尼克区就是如此；在枕叶又分化出了对感受言语的视觉成分进行分析综合的区域；在顶下区有对作为发音之基础的皮肤-动觉感受的分析综合区域；在额叶前区后部则有把口头语分节音改变成复杂的顺序性综合体区域——布洛卡区，如此等等。这些表明人的大脑犹如一个仓库或者一个图书馆，里面的东西也是分门别类地存放的，而且每个意识就像一本书或者一本书中的某个章节甚至某个字一样，是占有固定空间的，一旦某个意识产生，就会在那里占有某个固定的空间，当然这个空间可能是极其微小的，但总是有一个空间。因此，传统哲学中所说的意识并不需要占有空间未必是正确的。

我认为这种说法是有一定道理的，也许有一天，科技真的会发现意识在人的身体里并不只是一个单纯的映象而已，就像物体在镜中所成之像，而是的确在大脑里或者身体的什么地方占有某个特定的空间，就像图书馆里的一本书或者一页书中的一个字一样，总之占有一个固定的小小的空间。

其实，有一个科学理论可以佐证这个观点。现在科学家们已经发现人脑的容量是有限的，尽管它十分的庞大，例如一个普通人的大脑就足以容纳十个美国国会图书馆的信息量。然而哪怕是一百个，也毕竟是有限的，既然是有限的，就说明意识在大脑里必须占有一定的空间，因为如果它真的不占有的话，怎么会有容量的限制呢，应该是大脑有无限的信息容量才对，因为反正它不占有空间，即只有占有"0"空间，大脑虽小，对于体积为"0"的意识来说，应该是它的无限倍。因此，大脑应当可以容纳无限的信息，而不应该只限于多少个美国国会图书馆的信息容量。而既然只有固定的、有限的容量，那就说明大脑中的意识是占有一定空间的。这是一种并不复杂的逻辑。

在此基础上，我们可以更进一步地思考，看这时候会产生什么样的后果。

这个后果就是意识的物质化。

道理很简单，既然意识是占有空间的，一个个的意识就占有一个个的空间，哪怕这个空间只是人的身体例如大脑里极小的一个角落，就像庞大图书馆里的一本书、一页书甚至一页书中的一个字一样小的空间，这个空间对于庞大的图书馆而言当然是微小的。然而，只要它确实占有这样一个小小的空间，那么意识就不再是我们前面所分析过的纯粹精神化的、不占有任何空间的意识，而是某种占有空间的物质化的东西了。

道理很简单，一个占有一定空间、甚至于还有长宽高等性质的事物能够不是物质吗？当然是的。只是体积小的物质而已。要知道物质之为物质是不以其体积的大小为限的，哪怕再小，只要其有体积，就必然是物质，例如原子算小吧！组成原子的质子中子电子等算小吧，它们不是物质吗？还有比质子中子电子等更小的夸克算小吧？但它依然是物质。如果意识真的占有空间，那么我想这个空间大概不会比一个夸克的体积小。如果以大脑的体积算来，它可能包含的夸克的数量恐怕不止于十个美国国会图书馆的信息容量呢。

这样一来，我们就无法区分物质与意识了，前面对于物质与意识的划分也就不再成立了。

又由于整个哲学以及哲学史的基本点之一是对于物质与意识之对立

性的划分。在将意识物质化之后，这种划分就没有意义了。

于是，整个哲学也要因此而重新改写了，要诞生一种新哲学了，这种新哲学的起点之一应该是将整个世界称之为物质世界，而否定独立的非物质的或者与物质的特点相对立的意识之存在，而将意识归入物质或者划为一种比较特别的物质形式。

倘若如此，那么也就回答或者说推翻了笛卡尔的身心二元论了，从而同样以一种与前面几位伟大哲学家不同的方式、一种有类于科学的方式解决了身心二元论的问题——至少提供了一个在未来可能的解决方案。

第十一章　求知之路

我们前面在讲一切从怀疑开始时，就说过在获得知识与真理的过程之中，方法很重要，为此笛卡尔还批判了两种旧方法，即传统的思辨方法与三段论。

此外，对于如何获得知识，笛卡尔也指出过一个总的办法，就是他将过往的知识或者说智慧分成五个级别，相应地也有不同的知识以及获取知识的不同的方法。例如第一级是最简单的、自明的意念；第二级知识指的主要是感官经验以及由之而得来的知识；第三级则是那些不是通过我们自己的感觉而是通过语言而得来的知识，第四级知识是通过读书而得来的；第五条达到智慧的道路则是先要找到"第一原因"，然后从这个第一原因起去建立起知识的大厦。

以上这些也是笛卡尔追求知识的方法，但那时候的这些分析实际上并不是为了获得知识本身，而是要为整个笛卡尔哲学找到一个起点，这个起点就是一切从怀疑开始了，此后通过怀疑就找到了"我思，故我在"这个第一原因，即从思维出发去构建整个的笛卡尔哲学。

现在这个任务已经完成了，但还有一个任务并没有完成，就是如何获得具体的知识与真理，这里的目的已经不是找到整个笛卡尔哲学的那个切入点了，而是实实在在地，笛卡尔认为我们当如何获得真理或者说知识本身呢？

现在我们就来分析这个问题。

第一节　从简单事物入手

在讲这个问题之前,也许我首先要提笛卡尔所说的三段内容似乎相互矛盾的文字。

第一段是:

探求真理正道的人,对于任何事物,如果不能获得相当于算术和几何那样的确信,就不要去考虑它。[1]

第二段是:

一般哲学中从来不可能有任何论断足够明显而确切,不致遭到任何争议。[2]

第三段是:

实际上,最徒劳无益的莫过于研究光秃秃的数学和假想的图形,好像打算停留于这类愚蠢玩艺的认识,一心一意要搞这类肤浅的证明。[3]

这三段文字都出于《探求真理的指导原则》,它们的内容看上去明显是相互矛盾的,在第一段里,笛卡尔说倘若我们要追求真理,就一定要追求那些如几何一般精确而明白、可以确信无疑的真理。在第二段里,他却说在哲学中从来没有任何东西是清楚明白、没有争议的。这样一来,就是说我们在哲学之中根本追求不到真理,因此也就不必搞哲学研究了!到了第三段,他甚至说研究数学尤其是几何是既愚蠢又肤浅的,这里又推翻了第一段中的说法,或者说笛卡尔认为追求真理是愚蠢

---

[1] 笛卡尔:《探求真理的指导原则》,管震湖译,商务印书馆,1991年版,第7页。
[2] 同上书,第9页。
[3] 同上书,第16页。

又肤浅的，这简直是"岂有此理"了吧！倘若就这样去理解，那么我们下一步就不要动作了，一则根本追求不到什么真理，二则即使追求到了清楚明白的真理也是既愚蠢又肤浅的，为什么还要去干这些蠢事呢？

当然不是这样的，笛卡尔不会这么自打嘴巴。他在上面说的意思不能统一起来看，而要看具体的语境。例如第一段中，他的意思只是认为当我们要追求真理之时，一定要追求那些清楚明白的真理，因为这样的真理才是可以确信的，这当然没错。第二段则是讲哲学中存在的实际情形，就是没有任何理论是没有争议的，这也是事实。这两段结合起来，笛卡尔的意思就是说，他笛卡尔的哲学理论一定要避免这样的争议，要尽量做到像几何学一样清楚明白，可以确信——他此后正是根据这样的设想去构建他的理论体系的。第三段则是说，我们既然要研究哲学，可千万不要停留在几何学这样的东西上，因为这些毕竟只是枯燥的、干巴巴的图形，而我们生活于之的世界可是丰富多彩的，我们必须面对这个世界本身去研究之，以求得真理。而倘若只停留于几何学这些图形之类上面，对我们面前广阔的世界视而不见，那诚然是愚蠢的，我们从几何学中获得的真理与从这个广阔的世界之中获得的真理比起来，那也的确是肤浅的。

这三段话综合起来还可以看出，它们实际上是笛卡尔针对自己说的。我们知道，笛卡尔一开始是研究几何学的，后来才将目光投入了广阔的世界，对世界进行哲学的探讨。但他并没有为此抛弃几何学，而是力图使他的哲学理论具有几何学一样的明晰性，以避免过去哲学研究中一直存在着的广泛的争议。理解了这个，就理解了当笛卡尔投入到追求知识与哲学之真理的过程时所抱持的胸怀了。

现在我们再来看笛卡尔具体是如何追求真理或者说知识的。

对于追求真理而言，笛卡尔一个总的指导原则或许是他认为追求真理必须得讲究方法，就像他所言：

方法，对于探求事物真理是（绝对）必要的。[1]

这诚然是正确的，不但追求真理，就是想做任何事情，要想做得对、做得好，那是都要讲究方法的，否则是做不好的。

此外，我们上面说过，知识与真理从哪里来？当然是从广阔的世界中来，更具体地说，是要从探讨这个广阔世界的具体事物中来，是要"面对事物本身"去追求知识。这时候，笛卡尔就提出了另一个基本的原则，就是认为在了解事物以获得真理与知识的过程之中，一定要注意有秩序，要从最简单的、最容易了解的事物入手开始研究。对此他说：

我探求认识事物的时候，下定决心坚决按照一定的秩序进行，那就是，永远从最简单、最容易的事物入手。[2]

他还说，我们要经常地这样做、不断地这样做，经常、不断地从最简单的事物入手去认识，以形成这样的习惯：

应该把心灵的目光全部转向十分细小而且极为容易的事物，长久加以审视，使我们最终习惯于清清楚楚、一目了然地直观事物。[3]

形成习惯的好处是很明显的：形成了这样的习惯之后，当我们想认识任何事物之时，都会自然而然地从最简单的事物入手，以为整个的认识打下最可靠的基础。

笛卡尔还看到了，在世界之中，简单的事物毕竟是很少的，大部分的事物都是比较复杂的，甚至错综复杂，于是他说，即使我们面对的是复杂的事物，也要先将复杂的事物简单化，然后再从这些简单的事物入手开始研究，然后步步推进：

要从错综复杂事物中区别出最简单事物，然后予以有秩序的研究。[4]

1　笛卡尔：《探求真理的指导原则》，管震湖译，商务印书馆，1991年版，第13页。
2　同上书，第19页。
3　同上书，第42页。
4　同上书，第23页。

这些话都是很好懂的，但对于我们了解笛卡尔是如何探讨真理、获得知识是极为重要的，理解了这些，就对我们下面的进一步分析打下了相当牢固的基础。

笛卡尔也正是在这样的基础之上开始他的真理之探讨的。

第二节　获得知识的基本方法——直观

我们上面说，笛卡尔说要从最简单的事物入手开始研究，下面我们的第一个问题就是：要怎样认识这些简单的事物呢？

笛卡尔说，通过直观或者说直觉去认识。

所以我们要讲的笛卡尔第一个认识方法就是直觉，这也是笛卡尔极为重要的方法。

笛卡尔认为，我们要求得真理，一个最重要的或者总的办法就是先研究简单的对象，倘若对象不简单的话，就要先将所研究的对象简化。所谓简化当然不是纯粹的简单化，这是不行的，因为这样做的话是不可能全面认识事物的，只能认识其简单的甚至肤浅的一面。因此，简单化的正确含义是使所研究的事物呈现出一种由简单到复杂的秩序，然后从简单的地方入手，在此基础上逐步过渡到复杂之处。

对应地，从研究的结果而言，就是在前面研究简单事物的过程当中，获得了一些简单命题，然后从此出发，逐步获得更加复杂的命题，这样就能够获得对事物的完整认识。

在这个认识过程之中，第一个所要采用的具体的认识方法是什么呢？笛卡尔说，那就是直观。即倘若我们要去认识上述认识秩序中的那个第一步即最简单的事物或者复杂事物中最简单的一面，就要通过直观。对此笛卡尔是这样说的：

全部方法，只不过是为了发现某一真理而把心灵的目光应该观察的那些事物安排为秩序。如欲严格遵行这一原则，那就必须把混乱暧昧的命题逐级简化为其他较单纯的命题，然后从直观一切命题中最单纯的那些出发，试行同样逐级上升到认识其他一切命题。[1]

我们上面所述的实际上就是对这段引文的分析了，笛卡尔在此段后还有这样的说明：

只有这里面才包含着整个人类奋勉努力的总和，因此，谁要是想解决认识事物的问题，就必须恪守本原则，正如泰色乌斯想深入迷宫就必须跟随他面前滚动的线团。[2]

这里的泰色乌斯是古希腊神话中的人物，现在一般译为忒修斯。神话中，宙斯的私生子弥诺斯王建了一座迷宫，关他的老婆同一头白公牛配种生的半牛半人的怪物弥诺陶洛斯，这座迷宫里的道路极其复杂，人一进去就休想出得来。但这座迷宫后来被忒修斯破掉了：他走进迷宫，找到怪物，杀死它，又顺利地走了出来。他是凭什么做到这点的呢？是因为弥诺斯王的美丽女儿阿里阿德涅爱上了英俊的忒修斯，给了他一根红线，让他循着红线走，这样他在迷宫里就不致迷失方向。

看到了吧，笛卡尔将上面这个由浅入深的秩序、从直观开始的研究方法看成是我们认识事物一个总的、最根本的原则，将之视为一根将我们导向真理与知识之迷宫的红线，并且认为若想正确地认识事物就必须从此入手。

直观既然这么重要，我们现在且来稍微解释一下究竟何为笛卡尔的直观吧！

对什么是直观，笛卡尔曾作过这样的解释：

---

1 笛卡尔：《探求真理的指导原则》，管震湖译，商务印书馆，1991年版，第21页。
2 同上书，第22页。

我用直观一词，指的不是感觉的易变表象，也不是进行虚假组合的想象所产生的错误判断，而是纯净而专注的心灵的构想，这种构想容易而且独特，使我们不致对我们所领悟的事物产生任何怀疑；换句话说，意思也一样，即，纯净而专注的心灵中产生于唯一的光芒——理性的光芒的不容置疑的构想，这种构想由于更单纯而比演绎本身更为确实无疑……人人都能用心灵来直观（以下各道命题）：他存在，他思想，三角形仅以三直线为界，圆周仅在一个平面之上，诸如此类，其数量远远超过大多数人通常注意所及。[1]

此外，在《探求真理的指导原则》的附录里，译者也解释了直观：

直观，原文作 intueri（动名词），或 intuitio（名词，拉丁文原意为"直觉"），那么，动词可译为"以直觉察看"或"以直觉察知"。[2]

对直观的这两个解释都不难懂，实际上和我们日常生活中对直观的了解是相似的，大意就是一种直接的、不依赖于任何理性思考的"观看"。例如我们看到一朵红花，我觉得这是一朵红花，或者这朵花是红的，或者它是存在着的，不是幻觉，这些都是直观。这直观中的"观"表明我们从直观获得的知识大都是通过眼睛的"观看"而获得的，这也是直观的一个重要特点。为什么呢？当然因为看是我们认识事物最主要方式，我们所获得的知识也有绝大部分是通过观看或者说视觉而得来的，观看乃是知识最主要的基础。因此之故，直观作为获得知识一个最基本的途径，必然会与"观看"联系在一起的，即是"直观"而不是"直听"或者"直嗅"。

还有，笛卡尔认为，通过直观获得的可不是简单的知识——例如"看到一朵红花"获得的知识就是"这花是红的"——这么简单，还可

---

[1] 笛卡尔：《探求真理的指导原则》，管震湖译，商务印书馆，1991年版，第10页。
[2] 同上书，第107页。

以获得更为复杂的知识。像笛卡尔上面所举的例子，如三角形仅以三直线为界，意思就是说三角形是三条直线为边界围成的图形，这当然可以通过直观而得到，为什么呢？因为一"看"就明白了，根本不用分析，也不用动脑子。所以，这个"一看就明白了"就是直观最简单而明白的含义。最典型者就是我们前面提过的欧几里得的五个公设了，如给定两点可连接一线段、线段可无限延长等等，和笛卡尔在这里举的例子很相似，都是几何学的例子，也是一看就明白其真理性的例子。

还有，这里的"一看就明白"虽然对于直观是非常重要的，但我们也要注意，有些貌似一看就明白、也很直观的命题实际上并非如此，我们只要认真分析就可以知道这一点了。但这时候里面往往就大有文章可做了，甚至可能包含着极深刻的知识。典型的例子就是欧几里得的五个公设中的第五个了：

如一直线与两直线相交，且在同侧所交的两个内角之和小于两个直角，则这两直线无限延长后必定在该侧相交。

这个公设又可以写成：

通过直线外一点，有且只有一条直线与已知直线平行。

这个公设看上去是很明显的，也是"一看就明白"，然而实际上不是，它并不一定是正确的。于是后来两位杰出的数学家正是从对这个公设的怀疑入手得出来了另外一种全新的几何学——非欧几何。它包括两种类型，第一种的基础理论就是：通过已知直线外一点，不能作出一条直线与已知直线平行——这是黎曼几何；另一种的基础理论则是：通过已知直线外一点，能作出两条直线与已经直线平行——这是罗巴切夫斯基几何。

这两个理论虽然看上去是相左的：一个是有，一个没有，但从本质而言是一致的，达到的结论也是一致的，都被称为非欧几何。

再来说笛卡尔，基于上面的认识，笛卡尔认为直观方法是大有好处的，因为它虽然简单，却可以使我们对事物有全面而准确的认识，他说：

直观之所以那样明显而且确定，不是因为它单单陈述，而是因为它能够全面通观。[1]

我们也知道，直观的对象总是简单的，因此这也带来了另一个好处，就是认识起来时，我们"无需花很大力气去认识这些简单物"，我们只要"以心灵的目光"逐一地加以注视这些简单之物，力求得到清晰的直观就可以了。[2]

进一步地，我们上面还说过，复杂的事物也可以分解成简单的事物，使其成为一个秩序，进行有序的研究，在这个秩序之中，可以说每个事物都是简单的，这些简单事物通过一种有序的方式结合而成为其他的事物。笛卡尔指出，只要我们努力直观这些简单事物，发现它们是如何相互协作地组成其他事物的，我们就可以得到"一切真知"：

人的一切真知，只在于清晰地看出：这些简单物是怎样互相协力而复合为其他事物的。[3]

这个说法是很有道理的，例如欧氏几何，它的全部理论基础就是五个简单的公设，我们前面讲了实际上不那么正确的第五个，其他四个是这样的：

1、给定两点，可连接一线段。

2、线段可无限延长。

3、给定中心和圆上一点，可作一个圆。

4、所有直角彼此相等。

---

[1] 笛卡尔：《探求真理的指导原则》，管震湖译，商务印书馆，1991年版，第10页。
[2] 同上书，参见第64页。
[3] 同上书，第65页。

很简单直观吧,但就是从这里入手建立了整个复杂的欧几里得几何学大厦。

这换言之就是说,只要我们看到了怎样由这几个简单的公设协作而组成了其他的几何学定理,我们就可以得到一切的几何学知识即几何学的"一切真知"了。

——只要我们愿意努力去做,这是一定可能的,因为所有的几何学定理的确是从这几个简单的公设出发步步为营地推理出来的,每一个复杂的几何定理实际上都是这些公设相互协作的结果。

当然,真的要获得全部的几何学知识,仅仅有直观是不够的,还要有演绎。

第三节　悟性与经验

所谓演绎就是在直观所得到的公设的基础上进行演绎推理。笛卡尔认为,直观与演绎相结合乃是获得真知的全部方法,且舍此别无他法,对此他说:

关于打算考察的对象,应该要求的不是某些别人的看法,也不是我们自己的推测,而是我们能够从中清楚而明显地直观出什么,或者说,从中确定无疑地演绎出什么;因为,要获得真知,是没有其他办法的。[1]

所以下面我们应当讲获得真知的另一个方法即演绎了。

不过在讲演绎之前,我们还要分析一下两个与直觉相关的概念,一个是悟性,另一个是经验,理解这两个概念也是比较重要的,在此基础上我们才能更好地理解演绎。

1　笛卡尔:《探求真理的指导原则》,管震湖译,商务印书馆,1991年版,第8页。

悟性 我们先来看笛卡尔的这段话：

悟性绝不可能为任何经验所欺，只要悟性仅仅准确地直观作为悟性对象的事物，从而或者掌握该事物本身或者其幻影，而且只要悟性不认为想象可以忠实反映感觉对象，也不认为感觉可以再现事物的真正形象，也不认为外界事物始终是它们表现的那样。[1]

从这里可以看出来，在笛卡尔这里，悟性与直观是相关的，但又不是直观，它所说的是在直观基础之上的一种理解，但这种理解又不是一般的所谓"深刻的理解"，即努力以复杂的方式去理解事物复杂的内容，而是一种直接的理解，即一看到什么，一下子就得到了关于它的某个真理，并且很可能是深刻的真理，这就是"悟"的含义了。

实际上，在汉语之中它也正是这样的含义。因此，所谓悟性简言之就是人通过直观某种事物而得到一种直接、简单但又不失深刻的真理之能力，典型者就是我们中国佛学传统中的"悟"。就像六祖慧能那著名的偈子一样：

菩提本无树，明镜亦非台。

本来无一物，何处惹尘埃。

这也是慧能直观得来的见解，却揭示了对世界万物一种深刻的理解，这就是真正之"悟"了！也是成语"恍然大悟"中的"悟"了。

还有，这里的"深刻"的意思就是说，我们可不要以为这个经由悟性获得的直接而简单的真理是很容易理解的，有时候它恰恰是一般人难以理解的。实际上，经由悟性得来的真理虽然看上去往往是简单的，但从另一个角度上说也是很复杂的。例如笛卡尔的上述引文中就包括着一个这样的深刻之真理：我们所直观到的对象也许是有这样的事物，也许只是一种幻象而已，这都是可能的，因此我们不要以为我们得到的这个

---

[1] 笛卡尔：《探求真理的指导原则》，管震湖译，商务印书馆，1991年版，第62页。

映像反映了外界事物的本来面貌，是事物的"真正形象"。

——而这也正是慧能这幅偈子中所表达的含义，这个含义并不是那么容易理解的，有慧根者一眼就能明了，无慧根者一辈子也不会明白。

笛卡尔这种认识是极为深刻的，后来到了洛克那里，被他进一步发展就成了他的"第二性质"理论。根据这个理论，事物的第二性的质即温度、声音、滋味、颜色和气味等根本不是事物本身的属性，而只是由于身心之间的相互作用而存在于心灵之中的某种观念而已，并且可能只是一种主观臆测的观念而已，至于对象本身完全可能没有这样的性质，例如没有颜色，也没有气味，如此等等。因此，《笛卡尔与〈第一哲学的沉思〉》中才说：

常常有人主张，笛卡尔将思想和知觉看作表象，其中包含了"知觉幕布"怀疑论，意思是说，无人知道世界，因为人们所能知道的都是自己的观念。[1]

类似地，罗素亦指出：

笛卡尔说，最常见的错误就是以为自己的观念与外界事物相像。[2]

汤姆森则说得更清楚：

笛卡尔的物质观还有一个更重要的推论，即对后来被洛克称为第一性的质和第二性的质做出了区分。根据这一观点，所谓的第二性的质，诸如温度、声音、滋味、颜色和气味等，根本不是客体的属性。它们只是由于身心之间的相互作用而存在于心灵之中的令人迷惑的观念。严格说来，物质根本没有颜色。[3]

这些说法诚然是正确的，因为笛卡尔的确有这样的认识，事实上，

1　G.哈特费尔德：《笛卡尔与〈第一哲学的沉思〉》，尚新建译，广西师范大学出版社，2007年版，第343页。
2　罗素：《西方哲学史》（下卷），何兆武、李约瑟译，商务印书馆，1976年版，第89页。
3　汤姆森：《笛卡尔》，王军译，中华书局，2002年版，第92页。

在《哲学原理》中他对此还有更加清楚的说明：

> 说我们知觉到物象中的一些颜色，那实际就等于说，我们在物象中知觉到某种东西，不过不知道它是什么，只知道它是在我们心中激刺起某种很明白、很活跃的感觉，即激刺起我们所谓颜色的感觉来的一种东西。……存在于对象中的所谓颜色是和我们所知觉的颜色完全相似的一种东西，而且我们此后还会认为，我们对于自己所完全不知觉的这种颜色有明白的知觉。实则我们自己并不知道我们所谓颜色究竟是什么，而且亦不能存想，我们认为在物象中存在的那种颜色，和在感觉中所意识到的那种颜色，有任何相似之点。……因此，我们就很容易陷入错误，认为对象中的所谓颜色，是与我们知觉到的颜色完全相似的东西，因而便认为我们清楚地知觉到我们所不能知觉的东西。[1]

笛卡尔的这个思想是非常深刻的，甚至可以说在我们面前展开了一幅关于事物的全新的图画，通过这幅图画，我们将对事物产生崭新的认识。

回过头来说悟性，笛卡尔认为，只要我们尊重悟性，那么我们就不会犯错，这是比经验或者演绎之类更加可靠的：

> 对于事物，纵有经验，也往往上当受骗，如果看不出这一点，那就大可不必从一事物到另一事物搞什么演绎或纯粹推论；而凭持悟性，即使是不合理性的悟性，推论或演绎是绝不可能谬误的。[2]

笛卡尔在这里质疑了经验，关于它我们后面马上要说。笛卡尔在这里所说的道理似乎比较难懂，就是说只要有了悟性，即使这个悟性所得来的结论不是经由理性而得到的，但只要有了它，后面的推论与演绎就不会错。为什么会这样呢？我们可以这样理解：当然是因为悟性所得到

---

[1] 笛卡尔：《哲学原理》，关文运译，商务印书馆，1958年版，第29页。
[2] 笛卡尔：《探求真理的指导原则》，管震湖译，商务印书馆，1991年版，第6页。

的认识是最正确的，因为它是"悟"的结果嘛！甚至可以说是神赐的灵感之结果，因而是肯定不会错的，而它只要不错，建立在它之上的推论自然也不会错。

关于悟性的可靠，笛卡尔还说过这样的话：

在这一切方面，我们常常有错误。这就好比有人对我们讲一则神话，我们却以为它是过去时代的（真实）伟绩；又好比一个人得了黄疸病，把一切都看成黄色的，因为他的眼睛染成了黄色；也好比忧郁病患者常常由于自己的想象是病态的，就认为想象所产生的幻影中的混乱就是真实事物的再现。然而，同样的事物是骗不了智者的悟性的。[1]

笛卡尔在这里说得很清楚，什么样的错误都骗不了悟性，也就是悟性是不会犯错的。当然他也具体说明了，这必须是智者的悟性。为什么呢？因为悟的准确与否也得看人的，一个傻瓜即使有悟一般也是乱悟的，并不可靠，实际上并不是真正的悟。其实就一般而论，当我们说悟时指的就是智者之悟，傻瓜甚至普通人是很难有"悟"这样的高级体验的，只有六祖慧能或者笛卡尔、维特根斯坦等等这类的天才人物才能有真正的悟。

经验　悟性之后我们再来看经验。

关于经验，在这里尤其要注意，因为一般而论，经验是与感觉相关的，即感觉经验。例如在培根与洛克那里就是这样，但在笛卡尔这里却是有所不同的，他的经验也与感觉有关，但更重要的却是直觉，即他的经验主要是通过直觉而得来的经验。

对于这样的经验，笛卡尔当然是很重视的，因此他说：

忽视经验，认为真理可以从他们自己的头脑里蹦出来，就像米纳娃

---

[1] 笛卡尔：《探求真理的指导原则》，管震湖译，商务印书馆，1991年版，第62页。

从朱庇特头脑中蹦出来一样,这类哲学家也是这样。[1]

这里的米纳娃现在一般译为密涅瓦,也就是古希腊神话中的雅典娜,据说她是从父亲神王宙斯的额头里蹦出来的。

笛卡尔在这里表明了他对经验的重视,认为人要得到知识必须有经验,也要重视经验。

在下面他说得更清楚:

我们从经验中得知我们通过感觉而知觉的一切,得知我们听见别人所说的一切,概括而言,就是得知或者经由其他途径、或者从对自己沉思静观出发而达到我们悟性的一切。[2]

笛卡尔在这里所说的简言之就是,一切都认识都要通过经验。至于原因可以这样理解:我们的任何知识是不是最初都要通过感觉而来?最后又要归于感觉?例如最深刻的哲学知识,我们一开始要么是通过观察天地万物而得来的,要么是通过听取贤哲的教导而来的。而且,我们一切最深刻的思想,最好也要通过类似的感觉表达出来,例如写出来或者说出来,以传递给他人,而这些都是感觉。并且是最简单的感觉经验。所以从这个角度上说,经验或者说感觉经验乃是获得知识不可或缺的一环。

在笛卡尔看来,经验不但很重要,而且内容也是很丰富的,所以在《探求真理的指导原则》之注释中对笛卡尔的经验是这样解释的:

经验,按笛卡尔的用法,是指感性经验、听闻、偶然意念,甚至思考,尤其是直观。他认为直观是经验中唯一没有失误危险的形式。[3]

不难看出,这里说明了笛卡尔所称的经验内容是很广泛的,直观也

---

[1] 笛卡尔:《探求真理的指导原则》,管震湖译,商务印书馆,1991年版,第22页。
[2] 同上书,第62页。
[3] 同上书,第8页。

是经验的一种，即直观经验。这是好理解的，因为直观本来就是一种经验，犹如直观中的"观"是看一样，看所得到的当然是经验并且是感觉经验了，并且可以说是最简单的经验。

经验既然与直观相关，笛卡尔对经验当然很重视了。例如他认为倘若我们要对事物有更可靠的看法，就要靠经验，要对事物进行多方面的观察以获得尽量多的经验，这样才可以获得正确的认识，对此他在《谈谈方法》中说：

我断定自己的某种看法根据不足，把它取消不要的时候，总是从各方面观察，取得若干经验，这些经验后来都有助于建立更可靠的看法。[1]

还有，从下面这段话里可以更清楚地看出来笛卡尔的经验是与直觉相关的：

为了更细心推敲何以如此的缘故，必须注意，我们达到事物真理，是通过双重途径的：一是通过经验，二是通过演绎。[2]

笛卡尔在这里说明了要获得真理必须通过两条途径，一是经验，二是演绎，二者不可或缺。还有，我们前面说过，笛卡尔认为认识的基础是直观，现在他将经验放到了第一位，可见他的经验之中必然要包括直观了。

第四节　获得知识的第二条途径——演绎

讲完获得真理必须经过的第一条途径直观以及与之相关的悟性与经验之后，我们现在来讲获得知识的第二条大的途径——演绎。

1　笛卡尔：《谈谈方法》，王太庆译，商务印书馆，2000年版，第23-24页。
2　笛卡尔：《探求真理的指导原则》，管震湖译，商务印书馆，1991年版，第6页。

演绎也是笛卡尔很重视的方法。

我们知道,演绎的基本方式是三段论,其中最重要的又是大前提,因为这是能够演绎的第一个基础,而此前通过直觉而得来的结果恰恰在这里可以作为演绎的大前提。

对了,我们前面讲一切从怀疑开始时,笛卡尔曾经批判过三段论,他在那里批判的实际上只是中世纪经院哲学中的三段论,他认为这样的三段论是不能够获得真理的,对于三段论本身或者其从属于之的演绎法,笛卡尔可是不会批判的,相反,这乃是他主要的探求真理的方法呢!就像柯普斯登所言:

虽然他(笛卡尔)确实让实验在我们的科学的世界知识之发展中担任一个角色,又虽然他承认我们没有感官经验之帮助就事实上不能发现新的特殊的真理,但他的理想仍然是纯粹演绎。[1]

这里的意思是说,笛卡尔虽然也承认科学实验与感觉经验等对于发现新知识的重要性,但他最为重视的发现新知识的理想之方法依然是演绎。

这是诚然如此的,就像笛卡尔自己所言:

凡属直接得自起始原理的命题,我们可以肯定说:随着予以考察的方式各异,获知这些命题,有些是通过直观,有些则通过演绎;然而,起始原理本身则仅仅通过直观而得知,相反,较远的推论是仅仅通过演绎而获得。

这两条道路是获得真知的最确实可靠的途径,在涉及心灵的方面,我们不应该采取其他道路。[2]

---

[1] 柯普斯登:《西洋哲学史》(第四卷),邝锦伦、陈明福译,黎明文化事业股份有限公司,1990年版,第93页。

[2] 笛卡尔:《探求真理的指导原则》,管震湖译,商务印书馆,1991年版,第11页。

笛卡尔指出来了两条可靠的认识之路,一条是直观,这前面我们已经说过了,另一条就是演绎了。他认为那些比较复杂的推论都必须靠演绎得来,这也是当然的,因为直观毕竟只能直观到简单的认识。而这就说明实际上我们的大部分认识都是通过演绎得来的,因为这些认识大部分都是比较复杂的,通过直观是得不来的,必须得在直观的基础之上通过演绎才行。

我们不妨将认识事物的推理过程看成是一个三段论,这里的大前提就是通过直观而得来的,此后所得到的认识就必须通过大量的演绎得来了,就像根据五个可以直观得到的公设而得出整个的几何学理论体系一样。笛卡尔对此也有清楚的说明,他在谈到如何使用演绎的方法时说:

演绎的方法:我们指的是从某些已经确知的事物中必定推演出的一切。我们提出这一点是完全必要的,因为有许多事物虽然自身并不明显,也为我们所确定地知道,只要它们是经由思维一目了然地分别直观每一事物这样一个持续而丝毫也不间断的运动,从已知真实原理中演绎出来的。这就好比我们知道一长串链条的下一环是紧扣在上一环上的,纵使我们并没有以一次直观就把链条赖以紧密联结的所有中间环节统统收入眼中,只要我们已经相继一一直观了所有环节,而且还记得从头到尾每一个环节都是上下紧扣的,[就可以演绎得知]。[1]

笛卡尔在这里所表达的意思是,只要我们有直观得来的可靠基础,就可以根据演绎的原则,一环紧扣着一环地推论出有关这个事物的一切认识。而且这个演绎是必要的,因为"有许多事物自身并不明显",也就是不能够通过直观而得到认识,因此就必须得有演绎了。

对于直观同演绎的区别,笛卡尔在这里还作了这样的说明:

心灵的直观同确定的演绎之区别就在于:我们设想在演绎中包含着

---

1 笛卡尔:《探求真理的指导原则》,管震湖译,商务印书馆,1991年版,第11页。

运动或某种前后相继的关系，而直观中则没有；另外，明显可见性在演绎中并不像在直观中那样必不可少。[1]

这是好理解的，须知演绎就是推理，是一个过程，作为一个过程，当然是运动的，并且在推理前后的命题之间当然是有着密切关系的、是前后相继的，这是可以推理的基础。而直观之中则没有这样的过程，它是直接地得到结论的。而且，演绎是一种推理，之所以需要推理，就是因为推理所得到的结论不如直观那么简单明了。

还是举欧几里得几何为例吧，其公设当然是简单明了的，如"与同一个事物相等的事物相等"。但由之推理出来的别的几何定理就并非如此了。例如第一卷第一节中记载了五个公设，第二节中则提出了与平行四边形、三角形相关的各命题，其中第47个命题就是著名的毕达哥拉斯定律即我们所称的勾股定理，它是这样表达的：在直角三角形斜边上的正方形面积等于直角边上两正方形面积之和可以表示为 $a^2+b^2=c^2$。请问这个可以一看就懂吗？当然不！而要通过学习、思考与推理才能理解之。这就是演绎与直观最显明的区别了。

我们又知道，逻辑学中有两类基本方法，一是演绎，二是归纳，比笛卡尔略早的培根是最重归纳的，他的研究方法主要就是归纳法，对演绎他是相当轻视的。但笛卡尔则相反，他重视演绎，相对而言就比较轻视归纳了。这就如冯俊教授在《笛卡尔第一哲学研究》中所言：

笛卡尔虽然并不否认归纳，并且认为方法归根到底只是直观和归纳两种，但归纳在他的方法中只是处于从属的地位，仅是整个方法的补充形式。[2]

归纳法的内容是很简单的，这里就不多言了，简言之就是从一些现

---

1 笛卡尔：《探求真理的指导原则》，管震湖译，商务印书馆，1991年版，第11页。
2 冯俊：《笛卡尔第一哲学研究》，中国人民大学出版社，1989年版，第55页。

象之中总结出对事物的规律性认识。

关于归纳,笛卡尔说过这样的话:

当演绎是简单而一目了然的时候,我们用直观就可得知,当它是繁复错综的时候则不能;后者,我们称为列举,又称归纳,因为这时候悟性不能一下子全部把它囊括,要确证它,必须在某种程度上依靠记忆,其中必须记住对于所列举的每一部分的判断,根据所有各部分的判断就可以综合为另一个单一判断。[1]

笛卡尔在这里说明了,归纳只是一种辅助性的工具,就是当所要探讨的内容比较复杂时不能通过直观或者悟性一下子认识之,这时候就要用归纳将要研究的对象一一列举出来,然后对每一个部分都进行判断,最后再得到另一个总的单独的判断。而下这个总判断之时,当然还是得依靠直观或者演绎的,归纳法只是其中一个辅助性的环节而已。

还有,笛卡尔在这里也说明了,他的归纳法实际上只是一种列举法,而且是一一列举,也就是完全归纳法。对于这样的列举,笛卡尔认为它对获得真知也是"必需的":

要完成真知,列举是必需的,因为,其他准则固然有助于解决许多问题,但是,只有借助于列举,才能够在运用心智的任何问题上,始终作出真实而确定无疑的判断,丝毫也不遗漏任何东西,而是看来对于整体多少有些认识。[2]

这里的列举可以理解为举例,尤其是举实例。笛卡尔的意思是说,我们要获得真理性的知识,这个知识就必须是能够正确地解释世界的,那么如何能够确定其是否正确地解释了世界呢?那就要举实例了,即有关具体事物的例子,例如我们如何能够知道牛顿的自由落体定律是真理

---

[1] 笛卡尔:《探求真理的指导原则》,管震湖译,商务印书馆,1991年版,第50页。
[2] 同上书,第30页。

呢？当然必须通过实例证明，例如像伽利略那样丢一大一小两个球。

笛卡尔这样的列举法实际上是有问题的，因为他要求一一列举，但这实际上是很难行得通的，因为在我们的认识中往往有很多对象，甚至成千上万，不可能一一列举的，笛卡尔当然也会认识到这一点，对此他这样说：

常有这样的情况：或者是由于要研究的事物数量过大，或者是由于要研究的同一事物出现过于频繁，如要一一通观有关的每一单个事物，任何人的寿命都是不够的。[1]

至于怎么办，笛卡尔的办法是将这大量的对象根据不同的性质分成不同的类，这样的类就是有限的了。然后只要在每一类中找一个对象进行分析就可以了。这样一来，每个对象的一一列举就变成了一类一个对象的列举，这种一一列举当然就是可以的了。举例说明吧，现在统计每个电视节目的收视率时，不可能询问每一个观众，而只要举出一些典型的观众类型就可以了，例如中年男性、中年女性、青年女性、青年男性，或者再加上各种的文化程度，将这些人分成多至上千、少则数十个类别，再从中选择一个或几个人调查问询，就可以进行合理的收视率统计调查了。

显然，培根与笛卡尔分别代表了两种不同的认识方法，培根代表了归纳法，他之所以重视归纳法，是因为他深切地发现，以前的哲学家们虽然提出了一大堆命题，可它们中许多概念是雾里看花、朦朦胧胧，这就使得其整个的论证也失去了证明的力量，就像一座大厦因为使用了伪劣的原材料而脆弱了一样。因此他说出了这样的话：

三段论式为命题所组成，命题为字所组成，而字则是概念的符号。所以假如概念本身(这是这事情的根子)是混乱的以及是过于草率地从

---

1 笛卡尔：《探求真理的指导原则》，管震湖译，商务印书馆，1991年版，第32页。

事实抽出来的，那么其上层建筑物就不可能坚固。所以我们的惟一希望乃在一个真正的归纳法。[1]

与培根相反，笛卡尔代表了演绎法，他的这个演绎法正是奠基于直观与三段论之上的，他们之中哪个更具正确性呢？尤其是在科学研究中的正确性。一般来看似乎培根是正确的，因为科学研究中的确很少采用演绎法，一般都是归纳法，尤其是科学归纳法。但孙卫民教授指出，到了现代、二十世纪，这种局面已经改变了，笛卡尔的方法已经重新站到了上风，至少在某些领域是如此，他说：

二十世纪初的科学革命导致了一批无法从经验中直接归纳的理论（例如相对论和量子理论），结果是杰出科学家如爱因斯坦和庞加莱等大力维护从基本原则或假设出发的科学方法。从这个角度上说，笛卡尔是最后的胜利者。[2]

这个说法是符合事实的，因为量子力学和爱因斯坦的相对论的确都不是从归纳法得来的，而是首先基于一种科学的假设，然后在假设的基础上建立了理论的体系，最后再加以验证。如广义相对论是这样来的，爱因斯坦先提出假设——这种假设可以说来自一种天才式的直观，然后以之建立了相对论的理论体系，并且提出了三大预言，即水星近日点的进动；从大质量的星球射到地球上的光线，其谱线会产生红移；强大的引力场会引起经过它的光线的弯曲。最后这些预言得到了验证，于是相对论之后才得到了广泛的承认。

不难看出，爱因斯坦发现相对论的方法是笛卡尔式的，与此前传统的牛顿式科学研究方法大不相同。所以，如孙教授所说，在这场科学方法的争论之中，至少从某个角度上说笛卡尔乃是最终的胜利者。

---

1 培根：《新工具》，许宝骙译，商务印书馆，1984年版，第11页。
2 孙卫民：《笛卡尔——近代哲学之父》，九州出版社，2013年版，第243页。

第五节　知觉与感觉

上面我们从逻辑的角度探讨了笛卡尔是如何探求知识与真理的,下面我们再从实践的角度去探讨之。

所谓实践的角度就是当我们探究知识时具体的行为,具体而言就是平常所说的感觉、知觉、感性与理性之类,这些都是比逻辑更为具体的认识方法,或者说,它们才是认识活动本身。

我们前面谈过了悟性,它和感觉一样是一种认识行为,笛卡尔认为由悟性可以得到真理性的认识,但他也承认,仅有悟性是不够的,还必须有其他的认识行为:

为了认识事物,只需掌握两个项,即,认识者:我们;和应予认识者:事物本身。在我们身上仅仅有四个功能是可以为此目的而用的,那就是,悟性、想象、感觉和记忆。固然,只有悟性能够知觉真理,但是它必须得到想象、感觉和记忆的协助,才不至于使我们的奋勉努力所及者随便有所遗漏。[1]

这一段是笛卡尔对我们的认识一个很好的整体性概括:在前面他说明我们的认识活动只要包括两部分——认识者和认识对象。在后面他则进一步概括了四种具体的认识行为,即悟性、想象、感觉和记忆。其中悟性显然是最基本的,也是最重要的,我们前面已经说过了。但笛卡尔也说了,想象、感觉和记忆同样重要,是对悟性必要之协助。

这是不用说的,仅仅靠悟性肯定不能得到真理,还需要有别的方法的帮助,例如想象、感觉和记忆等,而后面这些认识行为,笛卡尔有时

---

[1] 笛卡尔:《探求真理的指导原则》,管震湖译,商务印书馆,1991年版,第53页。

候统称为知觉,例如他曾这样说过:

我们只有两种思想方式,一为理解的知觉作用,一为意志的动作。

因为我们所能意识到的一切思想方式可以分为概括的两类,一类是理解的知觉作用或效力,一类是意志的作用或效力。就如,凭感官而进行的知觉作用、想象作用、或对纯粹仅能用智力了解的事物的概想作用,都是知觉的各种不同的情状,至于欲望、厌恶、确认、否认、怀疑等,都是意欲的各种不同的情状。[1]

显然,在这里笛卡尔的知觉的内容是很广泛的,除了我们后面要说的意志之外的一切认识或思想的行为都是知觉,想象、感觉和记忆都应算在其内。不过,这里和笛卡尔前面说过的话也有些不对劲,因为没有了直观与悟性,而代之以意志。这个确实不好理解,不过,倘若我们仔细地观察一下,会发现笛卡尔对意志的描述至少貌似和直观是有些相似的,表现的也许是直观之时所带有的一些情绪吧,如确认、否认、怀疑都是可以从直观这种认识行为得到的,例如我们直观得到这是一朵红花,那么这就是一种确认了,同时也是一种直观。或者我们同时也否认了这是一朵白花,还可以怀疑这朵红花是一朵大红花呢还是一朵淡红花,或者是一朵红玫瑰呢还是一朵红月季,如此等等。

当然,另一种可能是笛卡尔在思想的不同阶段采取了不同的思考方式,从不同的角度进行认识,也得到了不同的结论,这同样是可能的。

这些我们且不说,但他将想象、感觉和记忆等都总称之为知觉却是差不多的,这样一来,这个知觉就是想象、感觉和记忆等的结合了,这些词的具体内容不用解释,我们都很清楚。

还有,在《哲学原理》里,笛卡尔指出人是只在头脑中进行知觉的:

---

[1] 笛卡尔:《哲学原理》,关文运译,商务印书馆,1958年版,第13页。

心灵之从事知觉，并不在于身体的各部分，只是在于脑中，因为外界各种物体在刺激了神经所在的身体的各部分以后，其所发生的各种动作都借神经的运动传到脑中。[1]

这个和我们前面说过的身心二元论中的松果腺是相关联的，不妨这样理解：知觉也是一种心灵的认识活动，是一种思维，而这当然是要通过松果腺来进行的，松果腺是位于头脑内的，因此知觉当然只要头脑之中进行。

不过，在组成知觉的想象、感觉和记忆等这些成分之中，现在要挑出其中一种来单独说一说，这就是感觉。

这样做的理由很简单，一方面，感觉是一切认识行为之中我们最为熟悉的，另一方面，它也在哲学史中占有重要地位，从古希腊到中世纪直到近代甚至现代，哲学家们都对之有大量的分析，这也说明了其独特的重要性，笛卡尔这里当然也不能例外。

至于笛卡尔怎样看待感觉，我们在前面讲一切从怀疑开始时已经说过了，笛卡尔首先怀疑的就是感觉，但这是不是说明他不重视感觉呢？不是！笛卡尔在那里之所以要怀疑感觉，就像他的一切从怀疑开始本身并不是怀疑主义一样，只是为一切的认识提供一个最初的出发之点、找到一个第一原因而已。实际上，对感觉本身笛卡尔是相当重视的，就如在为《谈谈方法》写的前言"笛卡尔生平及其哲学"中，王太庆先生所言：

笛卡尔从来没有要求完全否定感觉，正好相反，他是科学家，一辈子从事科学试验，在许多科学部门中都有重大贡献，并不是空想家，天天躺在床上猜测。他只是认为感觉经验有片面性，单凭感觉得不到普遍

---

[1] 笛卡尔：《哲学原理》，关文运译，商务印书馆，1958年版，第53页。

的科学真理。必须更上一层楼，在全面的理性指导下批判地总结才行。[1]

这时的意思简言之就是，笛卡尔不可能完全否定感觉，就像他不可能否定归纳法一样，只是重视的程度不同而已。

此外，笛卡尔虽然在一切从怀疑开始时大大地怀疑了感觉，但那只是一种理想性的怀疑，而非实际的怀疑。在实际的认识活动中，笛卡尔认为感觉在大多数情形之下是真实的。而且，即使感觉发生了错误，我们的理智也不难发现之，因此我们也就无需害怕自己的感觉会犯错，因为即使它犯了错，我们也不会上当。对此他说：

知道了在有关身体的合适或不合适的东西时，我的各个感官告诉我的多半是真的而不是假的，它们差不多总是用它们之中几个来检查同一的东西以便为我服务。而且，除此之外，它们还能利用我的记忆把当前的一些认识连接到过去的认识上去，并且还能利用我的理智。因为我的理智已经发现了我的各种错误的一切原因，那么从今以后我就不必害怕我的感官最经常告诉我们的那些东西是假的了。[2]

这样的分析大体是基于常识的，容易理解。举个例子吧，如我看到墙壁上有一个斑点，但那也许是只蜘蛛，我认为是个斑点也许错了。要纠正这个错误是很容易的，走近再仔细看看就可以了。又如水中的棍子看上去是弯的，究竟是不是弯的很容易，拔起来看看就是了。总之，至少一般而论，纠正感觉的错误是相当容易的。所以笛卡尔的怀疑感觉实际上只是基于一种理论的需要，而不是实际上不相信感觉，这是我们一定要弄清楚的。

但与此同时，我们还是不要忘记了，就认识活动的整体而言，笛卡尔对感觉是不大重视的，关键在于他认为感觉并不能让我们真实地认识

---

[1] 笛卡尔：《谈谈方法》，王太庆译，商务印书馆，2000年版，第xi页。
[2] 笛卡尔：《第一哲学沉思集》，庞景仁译，商务印书馆，1986年版，第93页。

事物,或者说认识事物的本质,就像他在《哲学原理》中所说的一样:"感官的知觉并不能使我们了解事物的真相。"[1]

这里的真相当理解为本质或者至少是对事物深刻的认识,笛卡尔认为,仅仅凭感觉是不能获得这样的认识的,这也是成立的。

同样是在《哲学原理》里,笛卡尔还对感觉进行了比较仔细的研究,例如他说人的神经可以分成七种,它们都和感觉相关,其中两种属于内在感觉、五种是属于外在感觉,后面还分别简单分析了五种外在感觉,即视觉、触觉等,至于内在感觉,他是这样说的:

内在的感觉,也就是人心的感受(情感)和自然的嗜欲。[2]

显然,笛卡尔的内在感觉就是我们一般所指的情感与欲望,这也是我们下面马上要讲述的内容。

第六节 意 志

我们上面说到,笛卡尔的内在感觉就是我们一般所指的情感与欲望,这种情感与欲望笛卡尔又将之称为意志,并且认为它也是一种很重要的认识活动。

还有,我们在前面引用过一段话,在那里笛卡尔指出我们只有两种思想方式,一种是知觉,另一种就是意志。上面我们已经说过了知觉,其中包括感觉,现在要说的则是包括情感与欲望在内的意志了,就像他所说的一样:"厌恶、确认、否认、怀疑等,都是意欲的各种不同的情

---

[1] 笛卡尔:《哲学原理》,关文运译,商务印书馆,1958年版,第35页。
[2] 同上书,第50页。

状。"[1]

这里的意欲所指即意志，笛卡尔在这里清楚地说明了他所说的意志就是指人们的各种情感与欲望等。这是好理解的，因为意志最基本的含义就是"意愿"，我的意志就是我的意愿，是我的愿望。我想要干什么，我就有什么样的意志，这是很清楚的。笛卡尔在这里大概是指有了这种意愿之后或者还采取了相应的行为之后所得到的各种情感。例如我有吃饭的愿望，我便吃了，吃的还是美味，结果我就感到很高兴，这种高兴在笛卡尔看来也是一种意志。

在《论灵魂的激情》中，笛卡尔还将意志分成两种类型：

我们的意志有两种类型，其中的一种灵魂的行动是在灵魂自身中完成的，比如当我们希望爱上帝或通常把我们的思维运用于某些非物质的对象上的时候，就是这样。另外一种是那些需要在我们的身体上完成的灵魂行动，比如，只是我们意愿要散步，我们的腿就会移动，我们也就会行进了。[2]

这里的意志明显就是意愿，笛卡尔在这里又将灵魂与意志结合在一起，这是与他的身心二元论相关的，在前一种意志里，这只是在思维之内完成的意志，不需要涉及身体的活动，例如我们的爱上帝，就是在心灵之中的爱而已，或者我们想象一只九头鸟，它也只要通过思维来完成。

对了，我们前面说过，在《论灵魂的激情》里，笛卡尔是将灵魂与思维、精神等合在一起使用的，这里所说的灵魂也可以替换成思维，这样意思可以看得更清楚。至于第二种意志，就是要借助于身体才能完成的了，例如我现在要打字，这是一个意志即意愿，这时候我就必须抬起

---

1 笛卡尔：《哲学原理》，关文运译，商务印书馆，1958年版，第13页。
2 笛卡尔：《论灵魂的激情》，贾江鸿译，商务印书馆，2013年版，第17页。

手来打字才能实现这个意志。这些都是很好理解的。

在《论灵魂的激情》里笛卡尔还具体地分析了一些意志的功用,例如他说当人的灵魂想要回忆某个事物的时候,这就是一种意志,这时候他就要使松果腺通过不断地转向不同的方向,从而把人体中那种"动物精气"推向大脑的各个不同区域,直到它们到达那个我们想要回忆的事物在大脑中遗留下来的印迹所在的区域为止。[1]

在这里我们不妨将笛卡尔的这种回忆比作一个手电筒,当我们要在黑暗之中寻找什么东西的时候,就会用它来照向我们的周围,直到照亮我们想要找见的东西所在的区域为止。

显然,这个回忆的意志是第一类意志,可以在头脑中完成。至于第二类意志,笛卡尔也举例说:

当人们想要行走或以别的方式驱动自己的身体时,这种意志就会使这个小腺体把动物精气推向那些可使得这些身体行动起来的肌肉上。[2]

还是得依靠松果腺,当我们想要运动肢体的时候,正是它驱动松果腺将我们体内的动物精气推向那些我们想要之动作的肌肉上面,这时候相应的部分例如手指脚趾就会有与意志相应的动作了。

现在我们再来看笛卡尔的意志有什么样的特点。

意志的第一个特点是它是自由的,这笛卡尔说得很清楚:

意志的本性就是自由,它从不会被限制。[3]

在《哲学原理》里他甚至说:

我们意志的自由是自明的。[4]

这样的自由几乎有类于我们今天的政治权利意义上的自由了。事实

---

[1] 参见笛卡尔:《论灵魂的激情》,贾江鸿译,商务印书馆,2013年版,第33页。
[2] 同上书,第34页。
[3] 同上书,第32页。
[4] 笛卡尔:《哲学原理》,关文运译,商务印书馆,1958年版,第15页。

上，笛卡尔正是这样认为的，在他看来，我们的意志自由会赋予我们天然的权利，只要我们保持坚强，好好地保有这些权力，我们就不但是自由的，而且是自己的主人：

只要我们不会因为自己的软弱而丧失了自由意志赋予我们的权利，我们就可以成为我们自己的主人，这就会使我们看起来与上帝有些类似。[1]

笛卡尔这番话有两重的意思，一方面是说，我们的自由意志是可能丧失的，例如当我们比较软弱的时候，这时候，随着自由意志丧失的就是我们由自由而来的各种权利了；另一方面则说，倘若我们坚强起来，拒绝软弱，我们也就拥有了意志自由，从而也拥有了由自由意志而来的各种权利。而倘若我们做到了这一点，我们甚至从某个角度而言和上帝一样伟大崇高了！

我想，这番话直到今天都是很有意义的，值得我们好好玩味，所以黑格尔说，笛卡尔这样的观念是"完全正确的"：[2]

笛卡尔也讨论到思维的另一方面；他谈了人的自由。他这样证明自由：灵魂是思维的，意志是不受限制的，这就构成了人的完满性。这是完全正确的。

这里的意志的不受限制当然就是意志的自由了，换言之就是我们每个人都拥有自由意志，正是由于我们人拥有了这样的自由意志，我们才拥有了完满的人性。

在笛卡尔那里，意志的第二个特点是，意志对于所有人都是平等的。这个笛卡尔也说得很清楚，例如在《哲学原理》的献辞里，他就指出：

---

[1] 笛卡尔：《论灵魂的激情》，贾江鸿译，商务印书馆，2013年版，第121页。
[2] 黑格尔：《哲学史讲演录》（第四卷），贺麟、王太庆译，商务印书馆，1978年版，第92页。

只有在意志方面，一切人都有平等的天赋能力。[1]

笛卡尔在这里说只有在意志方面所有人都是平等的，言下之意就是在其他方面人就不平等了，这当然是的，例如在智力方面。这样说吧，所有人都想要钱、想要知识，但各人之间挣钱与学得知识的本事可是不一样的，这就主要是因为他们之间智力的不平等。但在意志或者说意愿方面是很可以平等的，即都有这样的意愿或者说意志。

在笛卡尔那里，意志的第三个特点比较特别，就是笛卡尔认为，意志乃是错误的来源，他对此说得很清楚：

我们决非有意要犯错误，可是我们的错误仍由意志而来。[2]

那么，意志为什么容易犯错误呢，关于这个笛卡尔在《第一哲学沉思集》里是这样解释的：

我认识到，我错误的原因既不是意志的能力本身（它是我从上帝那里接受过来的），因为它本性是非常广泛，非常完满的；也不是理解的能力或领会的能力，因为，既然我用上帝所给我的这个能力来领会，那么毫无疑问，凡是我所领会的，我都是实事求是地去领会，我不可能由于这个缘故弄错。那么我的错误是从哪里产生的呢，是从这里产生的，即，既然意志比理智大得多、广得多，而我却没有把意志加以同样的限制，反而把它扩展到我所理解不到的东西上去，意志对这些东西既然是无所谓的，于是我就很容易陷于迷惘，并且把恶的当成善的，或者把假的当成真的来选取了，这就使我弄错并且犯了罪。[3]

这一长段话中，笛卡尔说明了意志的犯错误究竟在哪里和不在哪里，不在哪里我们且不说，在哪里呢？——就在于意志的领域比理智要

---

[1] 笛卡尔：《哲学原理》，关文运译，商务印书馆，1958年版，第xxiii页。
[2] 同上书，第16页。
[3] 笛卡尔：《第一哲学沉思集》，庞景仁译，商务印书馆，1986年版，第61页。

大得多、广得多，而我们却没有把意志进行限制，使之囿于理智的领域，而是反而将之扩展，到了我们所理解不到的东西上。这样一来，错误就发生了。

还是举例说明吧，我们人的意志或者说意愿、欲望可以说是无穷无尽的，例如我此刻想要了解太阳的核心，想知道那里有什么样的物质，请问我的理智——这里的理智就相当于智力或者说理解力——做得到吗？当然做不到。就像我现在想要掌握所有的知识，我的智力根本做不到一样。但我这样的意志并不会因此而收敛，而是可能坚持自己的欲求。这样的结果就是臆测了，例如古人想知道月亮上究竟有什么，但那时候他们的理解力还难以做到，他们又不愿意收手，结果就是臆测了，捏造出了许多的神话故事，如中国人认为月亮是和大地差不多样子的，上面也有宫殿——广寒宫，宫里住着寂寞的美女嫦娥和一只兔子。哪怕是西方的哲人们，他们同样不能正确地认识月亮，还是不放弃这个意志，结果也是臆测了，如阿那克萨戈拉认为太阳的大小和希腊的伯罗奔尼撒地区差不多大，属于后期希腊哲学的伊壁鸠鲁更认为太阳和我们见到的一样大，也就是一个篮球大小，相当荒谬吧！这就是人的意志超越理智去认识事物的结果，那结果就是错误了。

甚至于在某些情形之下，例如当涉及到善与恶之时，倘若意志同样不收敛，而是执意而为，就真的有可能不但犯错，甚至会犯罪了。举个假想但可能成立的例子吧，如某个少年人，对男女之事很感兴趣，想知道那究竟是怎么回事，但他还只是个少年人，并没有这样的理解力，但他的意志却不肯放弃，结果就是去找黄片看了，他也许并不知道这是看不得的，因此才看了，但已经犯下大错了。甚至于有一天邻居的小姑娘来找他玩，他刚看了黄片，冲动之下强奸了小姑娘。这就是由意志导致的犯罪了！

所以，笛卡尔在《哲学原理》里才说：

意志较理解的范围为大,这就是我们错误的来源。[1]

笛卡尔进一步指出,正因为我们有着自由的意志,而意志又容易犯错误,所以意志在人身上也有着两面性:

> 人的主要的完美之点,就在于他能借意志自由行动,他之所以应受赞美,或应受惩责,其原因也在于此。[2]

看到了吧,人因为拥有自由意志与意志自由既要受到赞美,又要受到责备甚至惩罚。这道理当然是好懂的,只要看上面所举的具体例子就可以了。在此不妨还举一个,例如有一天我站在马路边,看到一个老人家倒在马路上,我要不要去扶呢?我的意志要我去扶,哪怕因此蒙受损失甚至不白之冤——说老人家是我撞倒的——也要去,这时候,我就因为拥有这样的自由意志而应当受到赞美。但倘若相反,我因为种种原因不理老人,自顾自走了,这同样是我的自由意志,但我这时候就要因为这样的自由意志而受到责备了,甚至惩罚,因为这也是一种见死不救呢!

那么,我们要怎样做才不至于因意志自由而受到惩责呢?《谈谈方法》中的这段话也许可以提供帮助:

> 我的意志所能要求的,本来只是我的理智认为大致可以办到的事情,如果我们把身外之物一律看成由不得我们自己作主的东西,那么,在平白无故地被削除封邑的时候,就决不会因为丧失那份应当分封给我这位贵族的采地而懊恼,就像不会因为没有当上中国皇帝或墨西哥国王而懊恼一样。[3]

笛卡尔在这里举了一个贵族的例子,他被无缘无故地剥夺了封地,

---

1 笛卡尔:《哲学原理》,关文运译,商务印书馆,1958年版,第13页。
2 同上书,第14页。
3 笛卡尔:《谈谈方法》,王太庆译,商务印书馆,2000年版,第21页。

按常理来说应当为此懊恼，但倘若他看开一点，将自己的封地看成是身外之物，是不依其意志为转移的，认为得之不足喜、失之不足悲。只要做到了这一点，当他的封地被剥夺之时，他当然就不会因此而懊恼了，更不会因此而犯什么错了。

笛卡尔所说的很深刻，也很有道理，大可以用之于我们每个人的生活。例如，我丢了钱包，里面有几千块，这本来是件令人懊恼之事，但只要这样想想：钱嘛，本来就是身外之物，生不带来，死不带去，丢了又有什么关系呢？这样一想，自然就不会懊恼了。甚至于得了绝症时也可以作这样想：人本来就是要死的，早死几年晚死几年又有什么关系？如果是个虔诚的基督徒，还可以这样想：这不是让我早日上天堂吗！因此不但不会痛苦，甚至会高兴呢！所以笛卡尔的办法实在是相当的高明！

还有，我们不难发现，笛卡尔提出来的使意志不犯错误的方式其实就是约束它，只让它意愿那些可以做到或者控制之事与物，只要做不到的，就不管它，一律认为其理所应当或者没什么大不了，总之是逆来顺受，就像《圣经》中所言："有人打你的右脸，连左脸也转过来由他打。"[1] 而且被打了一点儿也不生气。笛卡尔认为，这样一来，意志就不会犯错了，当然也不会因为什么什么而愤怒懊恼。

倘若真的能够做到这一点，即人的意志能够如此，那么人真的就可以彻底自由了！

关于这个，我们的老子也作过类似的很好的分析，例如他说过这样两句：

故知足不辱，知止不殆，可以长久。

---

[1] 《新约·马太福音》5:39。

祸莫大于不知足,咎莫大于欲得,故知足之足,常足矣。[1]

老子言语中所表达的意思和笛卡尔是一样的,就是要限制我们的意志自由,不要让它变得贪婪,而要懂得知足,要满足于自己拥有的一切东西,对于自己无法拥有的或者拥有后又失去的一切都抱着淡然处之的态度,这样一来,人就不会因为一切的失去而懊恼了,他的人生也就不会灰暗了。

其实,孔夫子所言的"七十而从心所欲,不踰矩。"[2]也是同样的含意。为什么人能从心所欲而不逾越规矩?就是因为他心中将自己的自由意志与规矩完美地结合在一起,根本就不想做任何不合规矩的事,这样一来,他当然是自由的了,因为他可做任何他想做的事——这诚然是自由的最高境界。

老子与孔夫子在这里所表达的也正是笛卡尔自己的人生哲学。例如在《谈谈方法》里,笛卡尔曾经给自己定了三条行为准则,其中第三条是这样的:

永远只求克服自己,不求克服命运,只求改变自己的愿望,不求改变世间的秩序。总之,要始终相信:除了我们自己的思想以外,没有一样事情可以完全由我们作主。[3]

不难看出,这里所表达的含意和老子孔夫子是一样的吧,都是一种十分达观的人生态度。我相信,倘若人有了这样的人生态度,一定可以享受充分的意志自由,决不会因为这种自由意志而受到惩责。

只是要真的做到估计很难!就是笛卡尔和老子、孔夫子恐怕也难以完全做到吧!

---

1 《老子》第44章、第46章。
2 《论语·为政》。
3 笛卡尔:《谈谈方法》,王太庆译,商务印书馆,2000年版,第21页。

第十一章 求知之路

除了指出要努力避免由意志自由而在行动上导致的错误甚至犯罪外，笛卡尔还指出来了人在认识活动之中应当怎样避免受到自由意志的干扰，他说：

自然的光明告诉我们，理智的认识永远必须先于意志的决定。构成错误的形式就在于不正确地使用自由意志上的这种缺陷上。[1]

这里的意思就是，当我们认识事物的时候，要永远将理智放到第一位，即在想认识任何事物之前，先理解一下是否可以理解之，倘若超过了自己的理解能力，那就不要理解了。就像我现在倘若想要理解太阳核心的物质，那么我就先要通过理智评估一下，立即就会发现我做不到，不可能认识之，于是我就赶紧打住，不想作这样的认识了。这样一来我们不会犯错误了。

进一步地，笛卡尔指出，若想得到正确的认识、不犯错误，我们就要"把我的意志限制在我的认识的范围之内，让它除了理智给它清楚、明白地提供出来的那些事物之外，不对任何事物下判断。"[2]

这个意思很清楚，就是我们不但要只认识那些能够认识的东西，而且认识这个能认识的事物之时，也要只认识理智告诉我们可以清楚明白地认识的东西。这样一来，我们也当然不会犯错误了。这就像我现在要认识一朵红花，我只说这是一朵红花，而不是白花，因为这是很清楚的。但我不说它是玫瑰还是月季，因为我并不能确定之，而且也没有分辨玫瑰与月季的能力。这样一来，我们在认识之中当然就不会犯错误了。

还有，笛卡尔在这里又和前面的直观甚至"我思，故我在"的理论相应和了，因为无论在直观里还是在"我思，故我在"里，都要求我们

---

1 笛卡尔：《第一哲学沉思集》，庞景仁译，商务印书馆，1986年版，第63页。
2 同上书，参见第65页。

只断定那些清楚明白的东西。

关于意志自由我们最后要说的一点是，笛卡尔认为对于意志仅仅使其不犯错误是很不够的，意志还当为我们认识事物、获得真理提供切实的帮助。不过，笛卡尔认为这时候意志就需要有悟性的帮助了，对此他说：

谁要是决心认真探求事物的真理，他就必须不选择某一特殊科学；因为，事物都是互相联系、彼此依存的；他必须仅仅着眼于如何发扬理性的天然光芒，——并不是为了解决这个或那个学派纷争，而是为了在人生各个场合，让悟性指引意志何去何从。[1]

这里的"让悟性指引意志何去何从"是关键，因为它将悟性这个笛卡尔十分重视的概念与自由意志结合起来了。

我们前面说过，在认识之中，笛卡尔是最重视悟性的，认为可以依靠它而得到真理。现在，悟性又来指导意志了！悟性当然有这样的能力，首先因为悟性本身是一种直观，并且是一种领悟，因为直观到了真理才是一种悟。这样一来，将悟性与意志结合就等于是给意志指明了一条通向真理而不是谬误的方向，这对于意志诚然是很有意义的，因为意志是有巨大力量的，只是有时候比较盲目而已，就像一个大力士不去干活，而是到处乱闯，倘若有人给他指明了方向，让他好好干活，他一定可以大干一番的。在我们的认识活动之中正是这样，倘若意志能够听从悟性的指导，它就能够走上正确的认识之路。这样一来，自然可以得到真知，倘若我们是有不错的认识能力的人，结果很可能是令我们喜出望外的，就像笛卡尔在上述引文的后面所言：

这样的话，不用多久，他就会惊奇地发现自己取得的进步，远远超过那些研究特殊事物的人，发现自己不仅达到了他们企望达到的成就，

---

[1] 笛卡尔：《探求真理的指导原则》，管震湖译，商务印书馆，1991年版，第2-3页。

而且超过了他们可能达到的成就。

诚如斯言！

第七节　上帝是认识的终极决定者

以上我们从知觉与意志入手讲完了笛卡尔认为应当怎样认识才能获得真知、避免错误，这就是笛卡尔认识论的主体内容了。

此外，或许我们还可以提出一些内容来，即笛卡尔认为要求得真知还必须做到这几点才行，这些内容虽然有些边缘，但也是有其重要性的，甚至是必不可少的。

其中第一条就是要相信权威。

笛卡尔认为，当我们认识之时，不可一味地相信自己的理智甚至悟性，而更要相信权威：

要遵从可算最权威的意见，计算票数是毫无意义的，因为，如果涉及的是一个困难的问题，更可相信的是：可能是少数人发现了真理，而不是许多人。即使多数人的意见全都一致，我们拿出他们的道理来也不足以服人。[1]

笛卡尔在此说明了两点：一是真理往往掌握在少数人手里，因此不要盲目相信多数人的意见。二是倘若是权威的意见，即使这个意见只有少数人理解，我们也要相信并且遵从。简言之就是：不要相信多数，要相信权威。

这番话怎么说呢，在生活之中也许是错的，但在哲学上则很可能是对的。当然，得具体情形具体分析，但一定要好好地理解笛卡尔这样不

---

[1] 笛卡尔：《探求真理的指导原则》，管震湖译，商务印书馆，1991年版，第9页。

是没有道理的。

笛卡尔进一步指出,在这些权威之中,最权威的、最要相信的乃是上帝,对此他说:

> 最要紧的是,我们必须记住一条颠扑不破的定则,就是,上帝所显示的,是比任何事物都确定得无可比拟的。即使我们的理智的见解,极明显地提示出与"神示"相反的事物来,我们也应当相信神圣的权威,而不相信我们的判断。不过在没有神圣启示的事物方面,一个人如果只是人云亦云地接受自己并未认其为真的事物,把它当作是真的,并且只信赖自己的感官,只信赖儿童时期的轻率判断,而不信赖成熟的理性的命令;那他就不够哲学家的身份了。[1]

笛卡尔在这里的意思简言之就是:只要是上帝所启示的,就一定要相信,无论有什么样的不同意见都不要管,因为上帝是至高无上的,祂的指示自然也是至高无上的,我们理当毫不犹豫地信受奉行。

与此相应地,笛卡尔告诉我们,当我们认识世界之时,切不要盲目自大,以为可以认识世界的本质,或者了解上帝的本质,这些都是太过自负的狂妄之举,是一定要避免的:

> 我们留心不要自负太过。我们既不曾根据自然的理性或神圣的启示,确信世界有界限存在,则我们如果以为自己的思想力可以超出于上帝实际所造的事物以外,而给世界立了一些界限,那就似乎自负太过了。我们如果以为上帝创造一切事物是专门为了我们,或者以为只是我们的智力才能了解上帝创世时所怀的本旨,那就更其自负太过了。[2]

这一说法也是很重要的,在我看来,我们每个人都要仔细地聆听笛卡尔的这句话。而这句话也表达出了我们对世界一切认识的另一种本

---

[1] 笛卡尔:《哲学原理》,关文运译,商务印书馆,1958年版,第33页。
[2] 同上书,第47页。

质,这个本质包括两个特点:

一是不要以为自己的认识是绝对正确的。

二是不要以为自己可以认识世界的本质。

我相信一个人越是认识,越是思考,就越会发现笛卡尔的这种观点乃是金玉之言!

这就是笛卡尔的认识论了!很伟大吧!我们越理解、越咀嚼,就越会领会笛卡尔的这种伟大,我甚至可以说,只有领会了笛卡尔的认识论才可能获得对世界本身正确的认识。

我最后要说的一点是,也许大家看到这里时会有些奇怪,为什么笛卡尔在他的认识论中说了感觉,又说了知觉,还有意志,诸如此类的概念都说了,但却没有说到理性呢?笛卡尔不是理性主义哲学家吗?

当然是的,笛卡尔乃是理性主义的代表人物呢,我们在上面虽然没有具体地探讨理性这个概念,但这并不说明笛卡尔的这个认识体系不是理性主义的。当然是的。我们知道,与理性主义相对的经验主义特点是从感觉经验出发去认识事物,理性主义则相反,它是从一些非感觉得来的原理——我们可以称之为理性原则——去获得知识与构建理论的体系。通过前面的分析,笛卡尔不正是这样的吗?他的一切从怀疑开始,然后找到了第一原因,找到了"我思,故我在",然后在这个基础之上建立了他的整个理论体系,他的认识论体系也正是奠基在这个基础之上的。因此当然是理性主义的。还有,我们前面也说过,笛卡尔的认识是从直观出发的,是在直观的基础之上进行演绎的,奠基于感觉经验的归纳法只是辅助性的手段而已,因此其也显而易见是理性主义的。

总之,无论从笛卡尔的整个思想体系还是他的认识论体系来说,笛卡尔的体系都是理性主义的,所以文德尔班这样说:

更为全面的是笛卡儿,他总结了他那个时代的自然,科学运动,用伽利略研究的丰富内容充实经院哲学的概念体系,从而重新建立了理性主义。[1]

柯普斯登则说得更加明白：

笛卡儿的基本目标十分明显，是要用理性来获得哲学的真理。[2]

这才应当是我们对笛卡尔哲学整体的正确的理解。

---

1 文德尔班：《哲学史教程》（下卷），罗达仁译，商务印书馆，1993年版，第514页。
2 柯普斯登：《西洋哲学史》（第四卷），邝锦伦、陈明福译，黎明文化事业股份有限公司，1990年版，第76页。

第十二章　笛卡尔对神的理解

讲完了笛卡尔的认识论之后，我们要来讲笛卡尔对两个具体的特殊对象的认识。

这两个特殊对象就是神与物。

在我看来，这两个对象是几乎任何哲学家都要沉思与述说的，因为一切的哲学主要就是对这两个对象的分析：要么是神，要么是物，要么是神与物结合在一起——这就是世界。

一般哲学家只研究其中的一者，只有少数哲学家同时研究这二者，而对这二者的研究都取得了伟大成就的就更少了。在我看来，古往今来的西方哲学家当中，同时研究这二者并且取得了最伟大成就的就是三个人：柏拉图、亚里士多德与笛卡尔，所以他们三位才可以称得上是最伟大的哲学家。

当然某种程度上来说康德也是，但康德的神不是真正的神，就像斯宾诺莎的也不是一样，因为他们并不相信神的存在，或者说他们所信仰的神与柏拉图、亚里士多德与笛卡尔的神不一样，这三位的神是鲜活的、富有强大生命力的，那两位的神则不是，处于一种若有若无、若存若亡的有无之间。

现在我们就来看笛卡尔是如何理解这神与物的。

前面我们已经说过笛卡尔是如何证明上帝与万物之存在的，因此我们这里所要讨论的不再是上帝与万物之存在，而是其存在已经被证明之后，再如何理解之，即其具有什么样的性质与特征，如此等等。

我们先来看笛卡尔对神的理解。

第一节 笛卡尔——虔诚的基督徒

在谈对神的理解之前,我要先确定一个关于笛卡尔与神之间一个最基本的关系,这种关系也决定了笛卡尔对神的一切理解。

这种关系就是:笛卡尔是一个虔诚的基督徒,虔诚地信仰上帝。

不错,这就是笛卡尔与上帝最基本的关系,甚至是他主要的身份。对此我们不妨想象这样的场景,倘若现在笛卡尔还活着或者他能够起死回生,来到当今之世,若有记者采访他,问他首先是什么身份,他的回答很可能不是他是法国人或者哲学家,而是说:他是基督徒,他虔诚地信仰上帝。更具体地说,他是基督徒中的天主教徒。就像罗素在《西方哲学史》中所言:

(笛卡尔)他是个虔诚的天主教徒。[1]

正因为是虔诚的天主教徒,因此笛卡尔才做出了一些让现代人有些看不明白的事,例如他第一部完成的著作是《论世界》,但他并没有马上将之出版,甚至终其一生也没有出版。这是为什么呢?就是因为其中表达了他相信哥白尼的日心说。他了解伽利略的遭遇,一方面不愿意自己蒙受这样的苦难;另一方面,基于自己的基督徒身份,笛卡尔是很尊重教会的,因此不愿意和教会闹翻。

与《论世界》类似地,正是基于这样的考虑,在《哲学原理》的最后,笛卡尔才说了这样的话:

为了避免自信太过起见,我不敢确说任何事物,我只愿把我的一切

---

[1] 罗素:《西方哲学史》(下卷),何兆武、李约瑟译,商务印书馆,1976年版,第81页。

意见求教于教会的权威和大哲的判断。[1]

在这里，笛卡尔明显地表达了他对教会权威的尊重。还有，他在《第一哲学沉思集》的卷首也专门写了一封"致神圣的巴黎神学院院长和圣师们"的信，其中同样鲜明地表达了这种尊重。

当然，我们说笛卡尔是虔诚的基督徒，并不只有这些口头的证据，更具体的行动上的证据也是有的。例如1623年3月，笛卡尔动身去意大利，在那里旅游了两年多。他最先去的地方之一就是劳莱托圣母教堂，之所以去那里，就是因为此前他曾发愿去那里朝圣，作为1619年领受异象——即他的三个著名的梦——的感恩回报。[2]

看得出来，笛卡尔认为他之所以会做那三个鼎定了未来他的整个哲学体系的梦，乃是因为上帝赐福于他，因此他才要特地去遥远之地表达对上帝的感恩。

对于这一点，即笛卡尔认为他的三个梦是上帝的恩赐，孙卫民教授也说得很清楚：

在笛卡尔看来，这些梦是神谕，是上帝派遣真理的精灵来指引他的人生方向。因此笛卡尔还向圣母许愿说要去教堂参拜。[3]

此外，有一次，他从荷兰回到法国后，经常去教堂礼拜，情形是这样的：

他的朋友们亲眼目睹了这样一位伟大的思想家每天到教堂祷告、忏悔，他进行这些宗教仪式时是那样地自然和虔诚，看不出任何异样和做作。对上帝的信仰，不仅合乎他的理性规则，而且也是他生活的基本原则。[4]

---

[1] 笛卡尔：《哲学原理》，关文运译，商务印书馆，1958年版，第62页。
[2] 参见索雷尔：《笛卡尔》，李永毅译，译林出版社，2010年版，第26页。
[3] 孙卫民：《笛卡尔——近代哲学之父》，九州出版社，2013年版，第6页。
[4] 刘自觉：《近代西方哲学之父笛卡尔传》，安徽人民出版社，2012年版，第311页。

看到了吧，对上帝的虔诚信仰笛卡尔并不只体现在思想之中而已，而且表达在行动之中、生活之中，即在生活行动之中笛卡尔也是一个虔诚的基督徒。

不过对此也有别的说法，例如有人认为笛卡尔的上帝与基督教的上帝是不一样的，只是一种"理性主义"的上帝：

笛卡尔的上帝绝不是宗教的上帝，而是一个理性主义的上帝。上帝是我们认识真理性的最后的保证，是永恒真理的来源，是无限认识的主体。[1]

从某些方面来看这种说法也是可以理解的，例如笛卡尔本来就是一个理性主义者，他的上帝自然也可以说是理性主义的上帝。但从更加宏观的角度看，或者从实际的角度看——从他作为一个虔诚的基督徒的表现来看，笛卡尔的上帝根子上其实就是普通基督徒心目中的上帝，只是由于他是伟大的思想家，因此他对这个上帝的理解较一般虔诚的基督徒更加深刻罢了。但在虔诚的程度上，在所相信的上帝就是基督教的上帝，是作为《圣经》中创造世界的万能的、至善的上帝，诸如此类，他的这些上帝观念却是和所有的普通基督徒并无二致的。

但在这里我要说几句题外话，笛卡尔是虔诚的基督徒，那么他是不是称得上最虔诚的哲学家基督徒呢？

答案是不能，因为还有一个哲学家是比他更加虔诚的基督徒，那就是帕斯卡。

帕斯卡对于上帝的虔诚信仰从他的著作中到处都看得出来，例如他在1648年致裴里埃夫人的信中有这样的话：

只有上帝才是唯一真实的存在。所以上帝之外的一切都不是最后的

---

[1] 冯俊：《法国近代哲学》，同济大学出版社，2004年版，第38页。

目标。[1]

也就是说，帕斯卡将上帝看作是唯一的目标，即是信仰的目标，也是人生的目标，当然更是哲学的目标。

至于生活中他对上帝虔诚信仰的程度，在他于自己病重之时写的一段话说得最动人：

天主，您的心灵在一切事情上都是如此善良和甜蜜，而且您是那么仁慈，以致不仅您的选民身受的幸运，而且甚至灾祸，都是您仁慈的结果，请给我恩宠，不要像异教徒那样行动，而要处于您的正义让我处的状态：作为一个真正的基督徒，不论我处在何种情况下都承认您是我的父和我的上帝，因为我的状况的变化并不引起您的状况的变化，尽管我是容易发生变化的，您却是永远不变的，而且您无论在使人痛苦和施惩罚的时候，还是在安慰人和赦罪的时候都仍是上帝。[2]

总之，对于帕斯卡来说，上帝就是他的一切，他的一切——思想或者生活——都是为了上帝。这些可以说表明笛卡尔与帕斯卡之间有一个很大的不同，就如柯普斯登在对比帕斯卡与笛卡尔时所言：

帕斯卡尔虽是基督宗教思想家，但不像笛卡尔一样只不过是一位信仰基督宗教的思想家。他之为基督宗教思想家，指的是：他所信仰的基督宗教是他思想的泉源，而且统摄着他对这个世界以及人类的观点。[3]

这段话表明了笛卡尔是信仰上帝的，在这方面而言他只是一个基督徒而已，就像别的基督徒那样。但他的思想则并没有浸染在宗教之中，他还是一个独立于宗教的思想家。但帕斯卡不一样，他的整个身心都浸染于基督教之中，沉浸在对上帝的虔诚信仰之中，因此他的思想就是一

---

1 帕斯卡：《能够思想的苇草》，王子今译，上海三联书店，1997年版，第6页。
2 莫里亚克（编）：《帕斯卡尔（文选）》，尘若、何怀宏译，三联书店，1991年版，第134页。
3 柯普斯登：《西洋哲学史》（第五卷），朱健民、李瑞全译，黎明文化事业股份有限公司，2011年版，第211页。

种基督教的思想，他也是一位基督教的思想家。

第二节　上帝对笛卡尔思想的整体影响

我在上面区分了帕斯卡与笛卡尔，认为帕斯卡才称得上是基督教的思想家，但这并不意味着笛卡尔的思想与基督教没有关系或关系不大。事实上可以这样说：

通观笛卡尔的整个思想体系，虽然他称不上是一位帕斯卡式的基督教思想家，但他的思想却是和基督教思想有相当深远的关系的，甚至是受到了基督教神学相当大的影响的。

这从笛卡尔与经院哲学即中世纪神学之间的关系就可以看得很清楚。

这种关系就是一方面，笛卡尔对经院哲学是抱持着一定的批判态度的，但同样重要的是，他对经院哲学并没有彻底抛弃，这是大部分哲学史家和笛卡尔研究者共同的观点，例如肯宁顿在《笛卡尔的"奥林匹克"》中说：

（我们时代的史学家们）主张，笛卡尔并未拒斥整个经院主义，他仅仅是、或主要是拒斥其中的哲学因素或亚里士多德因素，他与托马斯和经院主义的圣经信仰是一致的。[1]

这种说法是符合事实的，我们前面在讲笛卡尔的逻辑学思想时已经说过他批判了亚里士多德的三段论，但他对上帝的信仰与理解却与中世纪神学、尤其是其代表托马斯·阿奎那相当一致，例如他在将《第一哲学沉思集》送交巴黎神学院审查时致院长和圣师们的信中就说，对于信仰基督教的人们，上帝的信仰是不需要证明的，但对于不信仰基督教的

---

[1] 参见《笛卡尔的精灵》，华夏出版社，2009年版，第3页。

人们则是需要有一种理性的证明的。这一思想就受到了托马斯·阿奎那的影响。所以孙卫民教授在谈到笛卡尔与经院哲学的关系时也说：

笛卡尔是现代哲学的创始人，是经院哲学的终结者，但现代哲学是在经院哲学的土壤上长出来的。笛卡尔的哲学是承前启后的，因此如果完全脱离经院哲学来了解笛卡尔的哲学，我们不可能得到完整的理解。[1]

孙教授在这里说得很清楚：倘若我们不理解笛卡尔哲学与经院哲学之间的关联，是不可能完整地理解笛卡尔思想的。这也是我在阅读笛卡尔著作时一个很深的感受。这种说法换言之就是说，倘若我们想要深刻地理解笛卡尔哲学，理解经院哲学也是必要的。

——这也是经院哲学的重要性之一。实际上，不但对理解笛卡尔如此，对几乎整个近代西方哲学都是如此，即倘若我们不了解经院哲学或者说中世纪神学，是不可能全面而深刻地理解近代西方哲学的。因为近代西方哲学中的许多大家都如笛卡尔一样受到了经院哲学很大的影响，而上帝在他们的思想之中也居于重要的地位。例如莱布尼茨、霍布斯、马勒伯朗士、贝克莱、卢梭，等等，都是如此。因此，要了解这些人的哲学，不了解中世纪哲学与神学几乎是不可能的。

正因为如此，梯利在《西方哲学史》的近代西方哲学之开篇中才这样说道：

必须记住，虽然近代哲学兴起而反对陈腐的经院哲学，它却没有、也不可能完全和过去决裂。在后来很长的时期里，它的血统中仍然保留有经院哲学的痕迹。早期近代思想家不断批评经院哲学的方法，经院哲学中许多旧概念却不折不扣地为他们所继承，并对他们如何提出问题和解决问题发生影响。神学的偏见也没有完全消失：培根、笛卡尔、洛

---

[1] 孙卫民：《笛卡尔——近代哲学之父》，九州出版社，2013年版，第23页。

克、柏克莱和莱布尼茨都接受了基督教的基本学说。[1]

此外,我们前面在讲笛卡尔时也已经具体地提到过经院哲学对笛卡尔的影响,例如罗素指出,笛卡尔身上有着一种动摇不决的两面性,一面是他从当时代的科学学来的东西,另一面是拉弗莱舍学校传授给他的经院哲学。正是这种两面性使他富于丰硕的思想并且成为两个重要而背驰的哲学流派的源泉。文德尔班也说,笛卡尔用伽利略研究的丰富内容充实经院哲学的概念体系,从而重新建立了理性主义,这也就是说,笛卡尔的思想不是抛弃了经院哲学,不是与其背道而驰,而恰恰是丰富、充实了经院哲学。

正因为笛卡尔既是虔诚的基督徒,同时也受到了经院哲学即中世纪神学的很大影响,因此上帝在笛卡尔的哲学中必然居于极为重要的地位。

要发现这种影响是轻而易举的,因为在笛卡尔的著作里,关于上帝的论述、对上帝的赞美是经常可见的,他的主要著作之一《第一哲学沉思集》实际上整部书都是为了表达他对上帝的理解而作的,称得上是一部伟大的神学杰作。

甚至有人认为,神乃是笛卡尔哲学中的"顶梁柱":

在后笛卡尔主义者看来,也像笛卡尔本人所见一样,上帝是支撑整个建筑物的顶梁柱。[2]

这里将笛卡尔的思维比为一座大厦,上帝则是这座大厦的顶梁柱。这也就是说,倘若笛卡尔哲学中没有上帝,那就如同一座大厦没有顶梁柱一样,整个儿就崩塌了——事实上房子根本就盖不起来。这其实也说明了倘若我们不从上帝的角度去理解笛卡尔的思想,是不可能真的理解

---

[1] 梯利:《西方哲学史》,葛力译,商务印书馆,1995年版,第282页。
[2] 罗狄-刘易斯:《笛卡尔和理性主义》,管震湖译,商务印书馆,1997年版,第101页。

笛卡尔的。所以梯利也说：

在笛卡尔看来，真正哲学的首要部分是形而上学。形而上学包括知识原理，诸如上帝主要属性的定义，灵魂的非物质性以及人类的全部单纯而清晰的概念。[1]

梯利在这里也说得很清楚，在笛卡尔的哲学里，有关上帝的思想乃是其首要的部分之一。

不过，在我看来，对于上帝在笛卡尔哲学中的重要地位，还是《劳特利奇哲学百科全书》说得最为充分：

……如上可见，上帝的存在在理性的证实性中扮演着主要的角色。但它在笛卡尔体系的另外两个方面同样扮演着主要的角色。后面我们会看到，在笛卡尔的物理学中，上帝是运动的第一因，并且是世界中的运动之维持者。进一步地，由于祂维持运动的方式，上帝构建了运动规律的基础。最后，笛卡尔坚持说上帝乃是所谓永恒真理的创造者。在写于1630年的一系列信件中，笛卡尔清楚地说明了这样的观点：您称之为永恒的数学真理是由上帝置入我们心中的，并且完全依赖于祂而不是祂的其他创造物。（1630年4月15日致梅思纳）[2]

《劳特利奇哲学百科全书》是西方最权威的哲学专业大型工具书，它的观点也代表了现在西方哲学界对笛卡尔哲学的主流。因此它的这个观点也是当今西方哲学界对笛卡尔哲学中上帝之地位的代表性观点。

这个观点的核心简言之就是我们上面所说的了：在笛卡尔的哲学体系中，上帝有着重要的地位，不理解这一点，就很难理解笛卡尔的思维，无论是他的形而上学思想还是自然哲学思想都是如此。

---

1 梯利：《西方哲学史》，葛力译，商务印书馆，1995年版，第307页。
2 *Routledge Encyclopedia of Philosophy*, Version 1.0, vol.3, London and NewYork:Routledge, 1998, p.9.

于是，这也就导致了倘若我们想要认识笛卡尔，那么就要先认识笛卡尔对上帝的认识，然后才可能了解其他。关于这一点，笛卡尔自己在《第一哲学沉思集》中说得很清楚：

> 我说如果我们不首先认识上帝存在，我们就什么都不能确定地知道。[1]

笛卡尔在这里说的是倘若我们想要得到任何确定的知识，首先就要认识上帝的存在，这个认识上帝的存在也就是认识上帝，因为这个认识上帝的存在并不只是简单地知道上帝存在而已，而是要了解上帝为什么存在，而这就是认识上帝。

至于为什么，笛卡尔也说了，那是因为我们要知道的一切都存在于上帝之中，因此倘若不理解上帝，我们自然就不可能知道任何的东西：

> 在上帝里边包含着科学和智慧的全部宝藏。[2]

在此可以打个唐僧取经的比方说，唐僧想要取得真经，以普度众生，请问他要到哪里去取呢？当然只能去西天、去如来佛祖所居的雷音寺，因为只有那里才有真经。知识也是一样，在笛卡尔看来，所有知识都在上帝那里，就像真经在佛祖那里一样。因此要获得任何的真知就必须去上帝那里获取才成。

笛卡尔还认为，不但一切知识都存在于上帝之中，而且知识的可靠性与真实性也取决于上帝，取决于我们对上帝的认识，对此他说：

> 一切知识的可靠性和真实性都取决于对真实上帝这个唯一的认识，因而在我认识上帝以前，我是不能完满知道其他任何事物的。而我现在既然认识了上帝，我就有办法取得关于无穷无尽的事物的完满知识，不仅取得上帝之内的那些东西的知识，同时也取得属于物体性质的那些东

---

1 笛卡尔：《第一哲学沉思集》，庞景仁译，商务印书馆，1986年版，第144页。
2 同上书，第55页。

西的知识。[1]

　　这段话的含意相当丰富，不但说明了笛卡尔认为知识存在于上帝之中，而且知识的可靠性也取决于上帝，具体来就是取决于我们对上帝的认识。换言之就是，倘若我们能够正确地理解上帝，那么我们就可以获得正确的知识，反之则否。还有，只要我们正确地认识了上帝，那么我们就不但可以获得知识，还可以获得无限的知识，这些知识是关于事物的，并且是对事物正确的认识——其基础当然是我们对上帝的正确认识。笛卡尔在这里还特意指明了，这些有关事物的正确知识并非是其与神相关的性质，而是一种与物体性质相关的知识，也就是对事物的科学认识。因此笛卡尔在这里也表达出了这样的思想：

　　所有的科学知识、对事物的科学认识同样是来源于上帝的，具体说是来源于对上帝的正确认识。

　　在我看来，不但笛卡尔认为要先认识上帝然后才能获得知识，而且倘若我们要理解笛卡尔，也必须先认识上帝或者说理解他对上帝的认识。为什么？因为对于笛卡尔的哲学而言，上帝乃是其"哲学的源头"，这也就意味着，上帝对于笛卡尔思想而言，就像一条河之源头一样，河流没有源头，当然就不会有这条河流，笛卡尔哲学也一样，没有上帝，就没有笛卡尔哲学。而且，倘若我们要理解笛卡尔哲学，那么也要从上帝开始，就像我们要了解一条河流，要从它的源头开始一样。所以肯宁顿在《笛卡尔的"奥林匹克"》中说：

　　按照吉尔松（Gilson）的说法，"至少在《奥林匹克》时期，笛卡尔就将某种感召安置在了哲学的源头，他后来从未回到这一感召，既未重申它，也未否定它"。这里所说的"感召"是神性的："笛卡尔体验到的感受是，他被上帝赋予使命，创建科学的主干，并由此建立真正的

---

[1] 笛卡尔：《第一哲学沉思集》，庞景仁译，商务印书馆，1986年版，第74-75页。

智慧。"[1]

在这段文字里，不但说明了上帝乃是笛卡尔哲学的源头，而且说明了笛卡尔当初之所以要创立他伟大的思想体系，就是来自于上帝的召唤，他觉得是上帝将这个光荣而神圣的使命赋予了他，而他也勇敢地担负起了这个神圣的使命，并且完成了它——也就是创立了笛卡尔的思想体系。

这样的说法当然是有理由的，笛卡尔之所以会产生最初的哲学体系之构想，就起源于那三个梦，而他认为那三个梦就是上帝给他的恩赐，这我们上面已经说过了。

进行了上面的分析之后，我们才可以来具体地分析笛卡尔对上帝的具体认识。

第三节 作为创造者与实体的上帝

谈过了上面这些问题之后，我们现在就来具体地分析笛卡尔的上帝，看祂具有什么样的特点。

在笛卡尔看来，上帝的一个特性当然是上帝是创造者，是整个世界、一切万物的创造者，这是不言而喻的，也是作为一个基督徒首先要承认的。对于这个作为创造者的上帝，笛卡尔在《哲学原理》中的这句话表述得最为清楚：

我们在思考上帝这个与生俱来的观念时，我们就看到，他是永恒全知、全能的，是一切真和善的泉源，是一切事物的制造者。[2]

---

1 参见《笛卡尔的精灵》，华夏出版社，2009年版，第2页。
2 笛卡尔：《哲学原理》，关文运译，商务印书馆，1958年版，第9页。

上帝是世界的创造者，当然也是包括他笛卡尔在内的一切人的创造者，就像笛卡尔所说的：“我们不是自己的原因，只有上帝是我们的原因。”[1]

这样的说法是很好懂的，不需要多说，我们继续往下看。

上帝不是罪恶之创造者　笛卡尔认为，上帝虽然是万物的创造者，但却不是罪恶的创造者，对此笛卡尔说了这样一番相当深刻的话：

（上帝）他的意志作用和理解作用也不像我们一样，要借助各种分别的动作，他是借单一的、一律的、最简单的动作来理解、意欲并促动一切实际存在的事物的。他并不希望发生罪恶，因为罪恶只是存在的否定。[2]

笛卡尔的这个思想是非常重要的，不但对笛卡尔重要，对整个神学都很重要。

为什么呢？因为当我们说上帝是万物的创造者、一切的创造者之时，将会面临一个很大的问题，即倘若如此，那上帝是不是罪恶的创造者呢？要知道这个世界上是有各种各样的罪恶的，例如战争、屠杀、强奸、抢劫，诸如此类，这些是不是上帝所创造的呢？倘若说不是，那么上帝就不是万能的创造者了；倘若是，那么上帝就不是至善的了，因为祂创造了罪恶嘛！

这样的质疑显然是有力的，实际上，这个问题也一直是神学中一个很重要的主题，许多重要的哲学家与神学家都提出了自己的回答。例如早在作为基督教神学之源头的新柏拉图主义的创立者柏罗丁那里，其《九章集》第一卷第八篇的名字就叫《论罪恶及其来源》，里面明白地指出：

---

[1]　笛卡尔：《哲学原理》，关文运译，商务印书馆，1958年版，第8页。
[2]　同上书，第9-10页。

罪恶怎样才能被认识呢？当思维离开自身时，物质就发生了。只有抽掉对方，才有物质存在。当我们把理念取去之后，所剩下的东西，我们便说它是物质。[1]

黑格尔在后面加了一句"是罪恶"，也就是说，这时候的物质就是罪恶，这是柏罗丁最具特色的思想之一。

另一位新柏拉图主义的大师、古希腊罗马时代的最后一个重要哲学家普罗克洛也分析了这个问题，认为恶其实只是一种"缺陷"，因为物质乃是从太一所产生的最低一个等级的东西，它分有的作为善之本体的太一的善自然是最少的，这也使得它难免会有这样那样的缺陷，于是就产生了恶。

第一个伟大的神学家奥古斯丁也像普罗克洛一样认为恶是一种缺乏，即善的缺乏，正是这种缺乏导致了恶，例如动物生病了，就是意味着健康的缺乏，生病是恶，健康是善，缺乏健康就是恶，即恶是善的缺乏。他说：

我们称之为恶的东西，除了是善的缺乏外，还是什么呢？在动物的躯体里，疾病和伤口只不过意味着健康的缺乏。[2]

在奥古斯丁的名作《忏悔录》里，他对恶的来源有更清楚的分析：

至于"恶"，我所追究其来源的恶，并不是实体；因为如是实体，即是善；如是不能朽坏的实体，则是至善；如是能朽坏的实体，则必是善的，否则便不能朽坏。

我认识到，清楚认识到你所创造的一切，都是好的，而且没有一个实体不是你创造的。可是你所创造的万物，并非都是相同的，因此万物

---

[1] 转引自黑格尔：《哲学史讲演录》（第三卷），贺麟、王太庆译，商务印书馆，1959年版，第201页。

[2] 转引自周伟驰：《奥古斯丁的基督教思想》，中国社会科学出版社，2009年版，第197页。

分别看，都是好的，而总的看来，则更为美好，因为我们的天主所创造的，"神看着一切所造的都甚好。"[1]

上面最后一句引文系奥古斯丁引自《旧约·创世记》第一章第 31 节。

奥古斯丁的结论大致是这样的：恶是客观存在的，但并不是上帝所创造的，上帝所创造的一切都是好的。至于为什么会有恶，奥古斯丁认为，首先上帝绝对不是恶的原因，即恶不是由上帝创造的，上帝是没有创造恶的，也没有决定人去为恶。在他的《论自由意志》里，卷一第一章的名字就叫《上帝是恶的原因吗？》并且作出了否定的回答。[2]

不难看出来，上面笛卡尔的观点与柏罗丁、普罗克洛和奥古斯丁是大体一致的，这种一致性主要表现在两点：一是他们都认为上帝不是恶的来源，二是认为罪恶对于上帝而言是不存在的，只是一种存在的否定。

笛卡尔认为，上帝不但不是罪恶的原因，同样地，上帝也不是我们错误的原因，对此他说：

这里我们所应当考察的上帝的第一种品德，就是，他是绝对真实不妄的，而且是一切光明的泉源。因此，要说他会欺骗我们，或者完全是使我们陷于自己所能意识到的那些错误的原因，那分明是矛盾的说法。因为欺人之技，在人类中间虽可以表示人心的巧妙，可是那种欺人的意向，无疑是由恶意、恐惧或怯懦来的，因此，它是不能委于上帝的。[3]

在这里，笛卡尔说上帝的"第一种品德"就是真实，也因此，上帝是不可能欺骗我们的，也不会使我们陷入错误之中。那么我们为什么会

---

[1] 奥古斯丁：《忏悔录》，周士良译，商务印书馆，1963年版，第136页。
[2] 参见奥古斯丁：《论自由意志》，成官泯译，上海人民出版社，2010年版，第72-73页。
[3] 笛卡尔：《哲学原理》，关文运译，商务印书馆，1958年版，第11-12页。

犯错误呢？那是因为人自己是有缺点的，尤其是品德上的缺点，如恶意、恐惧或怯懦等等，这些才是人的错误的来源。

除了这个来源外，笛卡尔还指出了我们错误的另一个来源，就是我们能力的有限性，正是这种有限性使我们不但不能完整地理解事物，而且容易犯错误，对此他说：

> 我们的错误不能委诸上帝。上帝虽然没有给我们以一个全知的理解，我们却万不能因此就说他是我们错误的造成者，因为被创造的智力其本性就是有限的，而有限的智力其本性就是不能把握一切事物的。[1]

不难看出，这两个错误的原因之中，前一个是故意的，即人因为各种的邪恶品质而故意犯错与犯罪，后一个则是非故意的，是因为人的能力有限，难免出错。用两个成语的典故来打比方说，人所犯的"指鹿为马"这种错是故意的，是人类的怯懦与虚伪所致，但"杯弓蛇影"却不是的，是人类因为认识能力有限而导致的无心之错。

上帝创造了自然规律　　上帝创造了万物，除了这些具体之物外，笛卡尔认为上帝还创造了另外一样非具体之物，但和具体之物一样重要，那就是自然的规律。例如他在《谈谈方法》中说：

> 我不仅找到窍门在很短的时间内满意地弄清了哲学上经常讨论的一切主要难题，而且摸出了若干规律，它们是由神牢牢地树立在自然界的，神又把它们的概念深深地印在我们的灵魂里面。所以我们经过充分反省之后就会毫不犹疑地相信，世界上的万事万物无不严格遵守这些规律。[2]

笛卡尔在这里表达了三个意思：一是上帝创造了自然规律；二是上帝还将这种自然规律嵌入我们的思维或者说灵魂之中，这就是我们能够

---

[1] 笛卡尔：《哲学原理》，关文运译，商务印书馆，1958年版，第14页。
[2] 同上书，第34页。

认识自然规律的根本原因；三是万物都严格地遵照这些自然规律而存在、运行。这三个意思都好懂，不必解说。

此外，笛卡尔在《论世界》中还说：

倘若上帝始终以同一方式行为，因而始终产生相同的效果，那么，这种效果的众多差异，就好像是偶然发生的。很容易承认，上帝正如人所共知的那样，是永恒的，始终以同一方式行为。然而，我不打算深入这些形而上学的考察，仅提出两三条基本准则，借此必然相信，上帝驱使这个世界的性质发生作用，我相信，它们足以使你了解所有其他规则。[1]

这段话比较隐晦，实际上的含义和上面一段是相似的，这里的规则与准则指的就是自然规律，"倘若上帝始终以同一方式行为，因而始终产生相同的效果"就是说自然规律乃是上帝创造的，并且其本质特征就是事物以同样的方式运行，并且产生同样的结果。笛卡尔在这里还说明了，万物的运动与万事的发生看上去可能显得是偶然的，但倘若我们深入考察，就会理解它们乃是永恒不变的。

在这些自然规律之中，笛卡尔还指出了一种最明显的规律——力学的规律，说它是由上帝所创造，并且置于自然之中的。在给梅思纳的一封信中，笛卡尔这样说：

动物的神经、血管、骨头和其他组成部分的众多和秩序并不表明大自然不足以形成它们，只要我们假定大自然作用于一切，依据的是力学的精确规律，而这些规律是上帝加之于大自然的。[2]

这里笛卡尔其实还说明，不但大自然的，有关人的一切，只要其是有秩序即有规律的，都是由上帝所创造的，是由上帝加之于一切的，使

---

[1] 转引自G.哈特费尔德：《笛卡尔与〈第一哲学的沉思〉》，尚新建译，广西师范大学出版社，2007年版，第20页。
[2] 皮埃尔·弗雷德里斯：《勒内·笛卡尔先生在他的时代》，管震湖译，商务印书馆，1997年版，第311页。

一切——自然或者我们人——都根据这种规律去运行。

与此相应地，在1630年写给梅思纳的另一封信中，笛卡尔知道梅思纳可能因为宣传他的观点而遭到抨击，他就说：

他们可能告诉你如果是上帝创造了这些真理，他就能够改变它们，就像一个国王能够改变他的法律一样。对此你可以这样回答：不错，倘若祂的愿望可能改变的话。但是我将它们理解为永恒的并且不可改变的，就像我对上帝也持同样的看法一样。[1]

这里所说的真理就是自然的规律，笛卡尔在这封致梅思纳的信中所谈的就是上帝为自然所创造的规律，在信中笛卡尔还说，上帝创造了永恒的真理——所指的就是自然原规律——就像一个君王在他的国家里制定了法律一样。这个比喻容易引起误会，因为君王是可以改变他所制定的法律的，于是便以为笛卡尔认为自然规律也是可以改变的，但事实上笛卡尔并不是这样，他认为自然规律并不具有这样的可变性，因此才在信中对梅思纳说了这样的话。其中心意思就是否认自然规律的可变性。

上帝创造自然规律，这不难理解，倘若有人问：为什么上帝要创造这些自然规律呢？对于这个问题，要说难很难，因为我们不可能真的知道上帝为何这么做，但要说容易也容易，那是因为自然规律实际上表达着一种不变性、稳定性与有序性，这当然是上帝所乐见的，因为上帝自身就是如此，因此梯利在谈到笛卡尔的这个思想时，说：

因为上帝是不变的，物体世界的一切变化必然遵循恒常的规律或自然律。[2]

对于自然规律的产生，甚至自然规律是否客观存在，在西方哲学史

---

[1] Donald Borchert(ed.): *The Encyclopedia of Philosophy*, 2nd Edition,vol.2,Macmillan Reference USA,2006,p.730.
[2] 梯利:《西方哲学史》，葛力译，商务印书馆，1995年版，第315页。

上也是一个很有影响的问题，许多哲学家都提出了自己的观点，有的观点和笛卡尔还是相似的，例如贝克莱，他深深地折服于这个世界的壮丽与有序，承认存在着自然规律：

在自然现象或显现中的确存在着确定的类似性、恒常性和齐一性，它们是一般规律的基础，而这些规律又是理解自然的一种语法规则，或者说是可见世界的这样一种结果系列，正是借助它我们才能够预见在事物的进程中将有什么事物发生。[1]

在这里，贝克莱不但说明存在着自然规律，还说明了这种规律的作用就在于使我们能够预见到什么事情将要发生。举一个简单的例子说，地球是有自转的，还有公转，即围绕太阳运转，这些就是基本的自然规律，由于掌握了这个规律，我们便知道了昼夜的轮流交替，知道了四季的循环，知道了春天过后就是夏天，而冬天一旦来临，春天就不会遥远了！这些都是自然规律告诉我们的，也是自然规律的本质性意义之所在。

贝克莱还说，这些自然规律是真实的，并且是其来有自的，那来源当然不是我们人，而是上帝，是上帝将这样的观念刻印在我们的精神之中的，于是我们就形成了这样的自然有序之观念。或者说，是神创造了秩序，并且将之以观念的形式刻印于我们的心灵之内，使我们产生了自然有序的观念，这就是自然规律的来源，对此贝克莱说：

我们所依靠的那个"心灵"，在我们心中刺激起感觉观念来时，要依据一定的规则或确定的方法，那些规则就是所谓自然规律。这些规律是由经验得来的，因为经验可以告知我们，在事物的日常进程中，某些一定的观念是常会引起某些一定的其他观念的。[2]

---

[1] 贝克莱：《西利斯》，高新民、曹曼译，商务印书馆，2000年版，第150页。
[2] 贝克莱：《人类知识原理》，关文运译，商务印书馆，2010年版，第36-37页。

这里我们所依靠的那个"心灵"就是上帝了！在这段话的前面说的是自然规律的来源在于上帝，是上帝将之刻印在我们的心灵之中的。这些观点显然和笛卡尔是一致的。

不过，在此段引文的后面，贝克莱说的则是我们如何得知这些规律，答案是通过经验。通过经验我们知道，一些观念之后会有另一些观念，用我们日常的话来说，就是在一件事情发生、一个事物出现之后，会有另一件事情发生、另一个事物出现。例如夜晚过后，我们知道明天太阳会出来。春天百花盛开后，到秋天累累硕果就会结满枝头。我们如何会知道这一切的呢？就是通过经验。所谓经验，就是我们看得多了，就有了这样的印象，就是成语所谓的"经验之谈"，即在贝克莱看来所有自然规律都是经验之谈，也只是经验之谈。

既然只是经验之谈，也就意味着，在贝克莱看来没有什么客观的规律，自然规律本质上只是上帝刻印在我们心中的一些观念而已，并非客观存在的东西。这就和笛卡尔不一样了，因为笛卡尔认为自然规律是客观存在的，就像万物之存在一样，在其客观存在性上上帝是不会欺骗我们的。但在我看来，贝克莱在这一点上的思想也许更加深刻，值得我们深思。

关于上帝的创造笛卡尔还有一个观点也是很有意思的，值得一说，就是他认为上帝在创造之先已经预先知晓了一切：

上帝的权力是无限的；他不但可以凭其权力永远知道现在或未来，而且他可以意欲它或注定它。[1]

他还说：

我们还确乎知道，上帝预先规定了一切。[2]

---

1 笛卡尔：《哲学原理》，关文运译，商务印书馆，1958年版，第15页。
2 同上。

笛卡尔对这个思想只是简单地表述了一下，但实际上是有着重要意义的，是对上帝创造万物之特点一种极为重要的理解，对后来的哲学家也产生了巨大的影响，例如莱布尼茨，他对于上帝创造万物一个著名的论断就是前定和谐说，其思想的源头可以直指笛卡尔的这一思想。

所谓前定和谐，顾名思义，前定和谐首先是一种和谐，然后这种和谐乃是前定的，前定，就是注定，即这种和谐是早就注定的，这就是前定和谐的基本含义。

我们还可以从发展的角度去理解前定和谐。就是说，整个宇宙及其万物在被创造之初就决定了其是和谐的，这样一来，上帝创造万物之后，万物整个的发展，哪怕是最细小的变化，都已经在上帝的预先设定之中，上帝明察秋毫，预知了一切，掌控着一切。——显然，这和笛卡尔的思想是很一致的。

当然，莱布尼茨也在笛卡尔的基础上更进了一步，例如他论述了为什么上帝在创造世界之初就预知了一切。

我们知道，莱布尼茨最著名的理论就是单子论，在莱布尼茨看来，每个单子都是不一样的，是一个小宇宙，在它里面囊括了一切：它过去、现在与未来的一切发展都早已经预定在其内，就像上帝所创造的整个宇宙一样。单子的这种内在拥有一切的特性，莱布尼茨称之为是一种原初力。[1]

既然单子是一个小宇宙，其一切发展都已经内在地决定，单子之间本质上也是没有任何交流的，即单子是"无窗的"，而任何个体之物都是由无数个单子构成的，那么每一个都有如一个独立之小宇宙的单子如何能够构成个体之物呢？

对于这个问题，莱布尼茨回答道，那乃是上帝的"前定"，即上帝

---

[1] 参见莱布尼茨：《新系统及其说明》，陈修斋译，商务印书馆，1999年版，第3页。

在创造世界之初，就决定了这些单子要这样地构造万物，上帝不但创造和决定了单子本身，同样决定了单子如何构造万物。在整个宇宙的发展过程之中，当无数的新事物诞生之后，也是遵循着上帝早就决定了的那个发展程序的。又，这个"前定"既然是万能与至善之上帝所决定的，那么当然是和谐的了，亦其必定是"前定和谐"了。

莱布尼茨这个前定和谐的思想显然是源于笛卡尔的，并且对笛卡尔的思想作了大大的发展。

上帝：完满之实体　以上我们分析了上帝创造了什么，但对上帝究竟是什么样的，我们还没有说，这当然是必须要说说的。

不过要说的也没有多少，而且是一些比较常识性的东西，我们且简单说几点吧。

对于笛卡尔而言，上帝当然是完美的、至善的，他说：

我们在思考上帝这个与生俱来的观念时，我们就看到，他是永恒全知、全能的，是一切真和善的泉源，是一切事物的制造者，而且它所具有的无限完美的品德（或善），分明是毫无缺点的。[1]

这段话在我看来是笛卡尔对上帝最充分的描述了，在短短的一段话中，不但说明了上帝是万物的创造者，还说明了我们关于上帝的观念是天赋的，即"与生俱来的"——这就是我们前面说过的笛卡尔的天赋观念了。此外还描述了上帝的几个属性，如永恒、全知、全能、至善与至美——无限完美，如此等等。

在《谈谈方法》中，笛卡尔还说神是"完满的"：

我深信：凡是表明不完满的，在神那里都没有，凡是表明完满的，在神那里都有。[2]

---

[1] 笛卡尔：《哲学原理》，关文运译，商务印书馆，1958年版，第9页。
[2] 同上书，第29页。

第十二章　笛卡尔对神的理解

完满的意思有类于完美，即没有任何的缺陷与缺乏，样样都好，并且该有的一样都不少，同时不该有的一样也无。

在《哲学原理》中他则说上帝是全知的：

只有上帝确是全知的，就是说只有他对于万物有完全的知识。[1]

全知也就是知道一切了，以我们的俗话说就是"天文地理，无所不知；鸡毛蒜皮，无所不晓。"上帝诚然是知道一切的，因为祂是万能的上帝嘛！怎么可能会有祂不知道、不了解的东西呢！

当然，这时候又有人可以质疑了：既然上帝是全知的，祂预先知道亚当和夏娃会偷吃伊甸园中的禁果吗？如果祂知道，为什么不预先阻止，以使人类不犯这样的永恒之罪？还有，上帝知道祂创造这个世界与人类之后，世界会有这么多的灾难，还会有这么多的罪恶吗？知道祂知道，为什么祂不预先防止呢？如此等等，这些问题有类于前面上帝是不是罪恶的创造者，其解决的办法也与之类似。

像上帝的至善、万能、完满、全知，如此等等，这些对上帝的描述都好懂，只是广大基督徒对上帝普遍的认知。不过由此也可以看出来，在对上帝属性的基本理解上，笛卡尔和普通虔诚的基督徒是差不多的。

笛卡尔还认为，上帝是如此伟大崇高，他的伟大崇高我们人无论如何往高处想象都是可以的，千万不要限制自己的想象力，认为不能把上帝想得太完美，那样的话就会犯错误了：

上帝的能力和德行都是无限的，而且我们不要害怕自己由于想象上帝的作品太伟大、太美丽、太完美，就会陷于错误。相反地，我们应该小心从事，免得对自己所不确知的作品假设一些限制，因而对上帝的权力不能表示应有的赞扬。[2]

---

[1] 参见笛卡尔：《哲学原理》，关文运译，商务印书馆，1958年版，第x页。
[2] 同上书，第47页。

笛卡尔的话简言之就是说：对上帝是怎么赞美也不会过分的，因为我们的一切赞美都是有限的，而上帝则是无限之完美的，以有限对无限，当然我们的任何言语都不可能赞尽上帝之完美。

在《第一哲学沉思集》中，笛卡尔还给了上帝下了一个简单的定义，所表达的也是上面的这些意思：

用上帝这个名称，我是指一个无限的、永恒的、常住不变的、不依存于别的东西的、至上明智的、无所不能的以及我自己和其他一切东西（假如真有东西存在的话）由之而被创造和产生的实体说的。[1]

这个定义之中，笛卡尔描述了上帝的永恒、无限、独立自存、全知全能等特征，这些我们上面都说过了，也好理解。但此外，这里还提到了上帝的另外一个特点，就是上帝是"实体"。

这个问题也值得说一说。

实体是西方哲学中一个极有名也极重要的概念，早在亚里士多德那里就得到了深刻的认识，例如他认为实体是这样的：

实体，在最严格、最原始、最根本的意义上说，是既不述说一个主体，也不存在一个主体之中，如"个别的人"、"个别的马"。而人们所说的第二实体，是指作为属而包含第一实体的东西，就像种包含属一样，如某个具体的人被包含在"人"这个属之中，而"人"这个属自身又被包含在"动物"这个种之中。所以，这些是第二实体，如"人"、"动物"。[2]

这一段话很好理解，第一实体就是那些个体之物，例如某个特别的人，像苏格拉底或者亚里士多德自己，当然我文聘元也行，都是第一实体。第二实体则是用来描述第一实体的词，例如人就是第二实体，因为

---

[1] 笛卡尔：《第一哲学沉思集》，庞景仁译，商务印书馆，1986年版，第45-46页。
[2] 苗力田（主编）：《亚里士多德全集》（第一卷），中国人民大学出版社，1990年版，第6页。

它不是个体之物，而是用来描述个体之物的，例如文聘元是人。

从这些描述我们可以看到实体与范畴之间的区别了吧！实体虽然也是范畴，但却是一种独特的范畴，作为范畴，它是可以用来描述事物的，但却不是用来描述数量颜色动作之类，而是描述个体之物所属的类，从词性上说，它是名词。

不过，在这里似乎存在着一个矛盾，即第一实体是不是范畴的问题，要知道，范畴是用来描述事物的，但第一实体则是例外，它并不能用来描述别的事物，对此亚里士多德说：

有些事物既不存在于一个主体中，也不述说一个主体，如某一个别的人和个别的马。这样的事物既不存在于一个主体中，也不述说一个主体。[1]

这就不是我们在这里要分析的问题了。对于实体，笛卡尔在《第一哲学沉思集》中也有这样一个大致的定义：

凡是被别的东西作为其主体而直接寓于其中的东西，或者我们所领会的（也就是说，在我们心中有其实在的观念的某种特性、性质或属性的）某种东西由之而产生的东西，就叫实体。[2]

笛卡尔在这里对实体的理解是比较清楚的，即在他看来，实体简言之就是那些产生别的东西的东西，是别的存在者附属于其中的东西。

对笛卡尔的这个实体，梯利作出了这样的解释：

什么是物体？物体脱离人类思维而独立存在，不需要人类的存在而存在。这样独立的东西叫作实体。所谓实体不过是不需要别的东西而存在的东西。实际上只有一个这样的存在物，即上帝、才是绝对意义上的实体。因此，严格说来，有一个绝对的实体，即上帝，和两个相对的实

---

[1] 苗力田（主编）：《亚里士多德全集》（第一卷），中国人民大学出版社，1990年版，第4页。
[2] 笛卡尔：《第一哲学沉思集》，庞景仁译，商务印书馆，1986年版，第161页。

体即精神和物体。[1]

在我看来，梯利的这个解释和笛卡尔的还是有所不同的，对于笛卡尔而言，实体应该是比普通的存在物即物体更高级的东西，但根据梯利的说法，在笛卡尔那里物体也是实体了，因为物体也是独立存在的，而独立存在者即实体。当然梯利也说明了，物体就本质而言是不能够独立存在的，真正能够独立存在者只有一个，那就是上帝，因此上帝才是绝对意义上的唯一的实体。这诚然是对的。实际上，笛卡尔自己就有这样的说法，这是他对实体的另一个定义：

所谓实体，我们只能看作是能自己存在而其存在并不需要别的事物的一种事物。的确，我们只能设想有一个绝对独立的实体，那就是上帝。而且我们知道，一切别的事物所以能存在，只是借助于上帝的加被。因此，实体一词并不是在同一意义下（借用经院中惯用的术语）应用于上帝和万物的；那就是说，我们并不能清晰地理解这个名词的任何含义是上帝和万物所共有的。[2]

这段话的含义十分深刻，笛卡尔一方面又说出了上面那些对实体的描述，包括上帝才是唯一的绝对的实体，同时他还指出了，实体这个词实际上是有不同含义的，因为它既可用于万物，也可以用于上帝，但用于二者之上时含义当然是不一样的。

这里的最后一句是最深刻的："我们并不能清晰地理解这个名词的任何含义是上帝和万物所共有的。"

这句话中，实际上笛卡尔道出了这样一种思想：由于我们对实体的认识实际上是从万物而来的，但我们并不能确定万物与上帝之间有任何的共性，因此，我们对上帝的一切认识与描述可能都是不正确的，即从

---

[1] 梯利：《西方哲学史》，葛力译，商务印书馆，1995年版，第313页。
[2] 笛卡尔：《哲学原理》，关文运译，商务印书馆，1958年版，第20页。

这个角度上来说,上帝是不可认知的。

这是一个极为重要的思想,也是基督教神学中最深刻的思想之一。

这个思想的核心就是说:我们对上帝的理解是有限的,上帝的本性则是不可知的。关于这个思想,我们最后再来述说。

第四节 绝对自由的与不可知的上帝

我们现在要来谈上帝除了万能至善等常识性特点之外的三个比较不一样的特点,一是上帝是绝对自由的,二是上帝是不可感知的,三是上帝是不可知的。

绝对自由的上帝 所谓上帝是绝对自由的,就是说,不但上帝本身是绝对自由的,而且祂对世界有绝对的支配权与力,我们也应该绝对地服从上帝的绝对支配。对此笛卡尔是这样说的:

上帝支配全宇宙的那种权力,乃是完全绝对的、自由的。因为这种缘故,我们应当感谢他给我们的那些好处,不当抱怨他没有赏赐我们(据我们所知)他有力量赏赐的一切。[1]

笛卡尔在这里说,上帝是绝对自由的,这就意味着上帝想怎样就怎样,这是祂的自由,并且这种自由是绝对的,即没有一丝一毫的限制。上帝的这种绝对自由对于我们人而言就意味着上帝对我们是有绝对的权力的,因此我们必须绝对地服从上帝的这种权力。具体来说就是上帝给我们什么,我们就要接受什么,并且要感谢上帝。同样地,上帝不给我们什么,我们就不应当想要什么,即千万不要以为我们有权力得到什么,若上帝没有给我们,就心怀怨怼,这是绝对不行的,是一种错误,

---

[1] 笛卡尔:《哲学原理》,关文运译,商务印书馆,1958年版,第15页。

我们一定要避免这样的错误。

笛卡尔的这个观点显然和前面说过的我们人的意志或者说自由意志是有关的，在那里他也说了类似的话。

不过，笛卡尔同样认为，上帝的绝对自由与我们对上帝的绝对服从并不意味着我们就没有自由了，事实上刚好相反：

上帝的恩宠和自然的知识当然不是减少我的自由，而是增加和加强了我的自由。[1]

笛卡尔在这里还说明了为什么上帝的绝对自由不会减少而是增加了我们的自由，那是因为上帝虽然有绝对自由，但并不会阻止我们努力去认识自然，相反，上帝对我们人有恩宠，就是让我们去了解万物、认识万物，这样一来我们当然会有更多的自由，因为我们了解自然就是了解自然的规律，而一旦了解了自然的规律，我们就可以利用这些规律为自己服务，这样我们就拥有了更多的自由。就像当我们理解了飞行的原理之后，就可以发明飞机，这样我们当然就更自由了，可以像鸟儿一样在天空飞翔，而且比鸟儿飞得要快多了。

再来看上帝是不可感知的。

不可感知的上帝　　所谓不可感知就是我们不可以用感官去知觉上帝，例如不能用眼睛看见或者用耳朵听见，对于上帝，这是理所当然的，是基督教神学中基本的常识，对此笛卡尔说：

我们归之于上帝的东西里边没有一个是能够作为一个样板的原因来自外部世界的；因为上帝里边没有什么东西跟外部的东西相似，也就是说，跟物体性东西相似。[2]

笛卡尔在这里说了，在我们对上帝的所有认识之中，没有一样是和

1　笛卡尔：《第一哲学沉思集》，庞景仁译，商务印书馆，1986年版，第60-61页。
2　同上书，第190页。

外物即外在世界的物体相似的,而外物的主要性质就是可以被感知,而上帝自然不具有这样的性质。

至于为什么如此,笛卡尔认为,外物的本质特点就是其有广袤性,而广袤性一旦存在就说明其是可以分割的,而上帝当然是不可分的,即难道可以分成两个甚至无数个上帝不成?这显然是不可能的。这样一来,也就意味着上帝不具有广袤性,是不可分的。于是上帝当然也就不可能是作为物质的那种物体了,对此笛卡尔还说:

广袤既是物体的本性,而且地方的广袤既然会有可分性,这就表示出一种缺点来,因而我们可以确知,上帝不是物体。[1]

既然上帝不是物体,当然也就不具有物体的可感知性了。

笛卡尔还说,上帝不但不是物体,上帝实际上是根本就没有形体的:

上帝不是有形体的,他并不像我们一样要以感官来知觉。[2]

这个道理是很清楚的:我们的感觉所能够感知的只是那些具有形体的东西,例如日月星辰花草树木等,此外像火与光等也一样,只是它们的形体不那么固定罢了,也是有形体的。但上帝是没有这样的形体的,因此当然不可能被感知。

此外,在这里笛卡尔还说明了,上帝不但不可能被感知,祂自身也不需要用感官去知觉,即不需要像我们人一样要用眼睛去看、用耳朵去听、用鼻子去闻,如此等等。为什么这样呢?他这样解释说:

在人的方面,他们能用感官来知觉,虽是一种完美的性质,不过每种感官都有被动性,这就表示它是有依靠性的,因此,我们必须断言,

---

[1] 笛卡尔:《哲学原理》,关文运译,商务印书馆,1958年版,第9页。

[2] 同上。

上帝是完全不具有感官的。[1]

笛卡尔在这里的意思就是说，我们人用来感知的感官本身是有局限性的，是被动的，要依赖于许多东西，例如我们用眼睛去看实际上就是依赖眼睛才能看、用耳朵听实际上就是依赖耳朵才能听到，并且在这里具有被动的特点：当我们看到某物如一朵红花之时，我们往往是被动的，因为我们要看见一个物体需要有光，我们的视觉是要依赖光的，没有光就不能看到这朵红花，哪怕它就在我身边。还有，我们的眼睛的视觉能力也是很有限的，例如不能看见紫外线与红外线，耳朵也听不见超声波与次声波，如此等等。总之我们人从感觉器官到感觉能力都是很有限的，而上帝当然不是如此，上帝在知晓万物之时不可能是被动的，也不可能依赖任何东西去理解万物，且同时又可以理解一切万物。

总之，上帝是不可能有我们人这样的感官的，上帝虽然是全知的，但却不可能像人一样用感觉去知觉。

由上可见，上帝之不可感知实际上有两重含义：一是我们不可能感知上帝，二是上帝不需要用感觉去感知我们或者万物。

在《第一哲学沉思集》里，笛卡尔还指出，正由于上帝的不可感知性，所以我们不能崇拜偶像，即不能雕刻一尊像，说这就是上帝，然后去崇拜这尊偶像：

上帝这个令人尊敬的名称也是这样。对于上帝我们没有任何影像或观念，这就是为什么不许我们用偶像来崇拜他的缘故，因为恐怕我们好像是领会了不可领会的东西。[2]

我们知道，禁止崇拜偶像乃是基督教中最古老的信条之一，早在《摩西十诫》中就说得很清楚，其中第二条就是：

---

[1] 笛卡尔：《哲学原理》，关文运译，商务印书馆，1958年版，第9页。
[2] 笛卡尔：《第一哲学沉思集》，庞景仁译，商务印书馆，1986年版，第181页。

不可为自己雕刻偶像,也不可做什么形象,仿佛上天、下地、和地底下、水中的百物。不可跪拜那些像,也不可事奉它,因为我耶和华——你的上帝是忌邪的上帝。恨我的,我必追讨他的罪,自父及子,直到三四代;爱我、守我戒命的,我必向他们发慈爱,直到千代。[1]

在邓斯·司各脱看来,这三条乃是绝对的命令,是必须绝对遵守的,是《摩西十诫》中的根本三条。[2]

有人或许觉得这样做有些大惊小怪,或者难以理解,因为制作偶像并且将之当成上帝去崇拜不也是一种崇拜吗?为什么不行呢?要深入地理解个中的道理是很困难的,但我们可以从这个角度去比较浅显地理解:倘若我们用任何的形象,例如画一幅图像或者雕刻一尊像,然后将之当成上帝的像去敬拜,这里就可能产生这样一个大问题:我们凭什么认为上帝是像中的形象呢?当然没有任何的理由,而倘若没有这样的理由,那也就意味着我们所拜的这个像实际上根本不是上帝,因此我们崇拜这个像就意味着我们并不是在崇拜上帝。换言之就是我们崇拜偶像与崇拜上帝是相互矛盾的,这样一来,为了崇拜上帝,我们就不能崇拜任何的偶像。

进一步地,这其中实际上蕴含着另一个更深的问题。我们知道,当我们画一个神之像时,一定是会将这个神之像画成人一样的,但我们又当知道,人是有各种形象的,不但有高矮胖瘦美丑,而且有不同的种族,例如黄种人、白种人、黑种人与混血人,请问我们要将这个神画成什么样的人种呢?画成白种人吗?不行,黄种人与黑种人是不会承认神是这个样子的,这样一来,将神画成白种人的结果就等于是将这个神宣

---

[1] 参见《旧约·出埃及记》《旧约·申命记》。
[2] 参见柯普斯登:《西洋哲学史》(第二卷),庄雅棠译,黎明文化事业股份有限公司,1988年版,第749页。

布为只是白种人的神,这势必会大大地削减潜在的信徒人数,对宗教的传播是非常不利的。若将神画成黄种人或者黑种人同样如此。总之只要画神的像,就一定会有麻烦,会伤害这个宗教本身。所以无论是基督教或者犹太教还有伊斯兰教,都是严禁崇拜偶像的,在我看来,其中一个主要的实际原因也许就在这里。

不可知的上帝 我们前面谈到了笛卡尔在"我们并不能清晰地理解这个名词的任何含义是上帝和万物所共有的"中所表达的思想,就是上帝是不可知的,我们现在就要来分析笛卡尔的这个思想,并将之作为分析笛卡尔的上帝的结束。

关于这个思想笛卡尔在《哲学原理》的另一处也说了,而且说得很清楚:

从了解上帝进到了解万物时,我们必须记住,我们的理解是有限的,上帝的能力是无限的。不过,我们知道,只有上帝是一切已存或将存事物的真正原因,因此,我们如果以自己对于上帝的知识,来阐明他所创造的各种事物,并且企图根据自己心中的天赋意念来加以推断,那么我们就会无疑地遵循最好的推论方法,因为我们这样做,就可以得到最完美的科学,即由原因推知结果。不过要使我们的企图完全免于错误,我们就必须小心谨慎,心中尽量记住,造万物的上帝是无限的,而我们是完全有限的。[1]

在这里,笛卡尔表达了两种意思,一方面是承认上帝的无限性,也认为我们可以凭借自己对一般存在物的认识去认识上帝;但另一方面他也强调,我们在这样做之时,一定不要忘记了一个根本之点:就是我们人的力量是非常有限的,而上帝是无限的,因此我们对上帝的理解是有限的。再结合他上面的说法"我们并不能清晰地理解这个名词的任何含

---

[1] 笛卡尔:《哲学原理》,关文运译,商务印书馆,1958年版,第10页。

义是上帝和万物所共有的"就可以得出来这个结论：就本质而言，我们根本无法真的理解上帝。

这乃是传统基督教神学中一个极重要的观点，可以说，倘若我们想从哲学的角度理解上帝，那么就必须清楚地意识到这一点。

对于这个观点，笛卡尔在《谈谈方法》的序中说得更简明扼要：

我们应该把自己的心灵看成有限的，把神看成无限的、深不可测的。[1]

笛卡尔在这里说得很清楚，对于我们人有限的心灵而言，上帝是深不可测的，这意味着什么呢？意味着也许我们根本不可能真的理解上帝，或者说理解上帝的真正本质。打个比方说吧，倘若现在有一个深水潭，它真的深不可测，即我们无论如何也无法到达它的底部，我们能够说能够真的理解这个深潭吗？当然不能，因为它底下所有的东西完全可能是我们所无法知道甚至无法想象的。

这样一来，就意味着我们前面谈了许许多多有关上帝的事，例如上帝是完美的、至善的、大能的，如此等等，这一切都只是我们人对于上帝的一种揣测，是我们的揣测而不要将之当成上帝本有的属性。

当然，这并不是说上帝不是完美的或者大能的，而是说，当我们说上帝是完美的与大能的或者至善的时，我们不要认为这些词句能够表达上帝的本质，因为就本质而言，上帝是超乎我们人的一切认识的。举个例子吧，上帝创造了世界，但若有人这样问：上帝为什么要创造这个世界呢？祂创造世界的目的是什么？难道是要人去崇拜祂吗？或者更根本性地说：上帝创造世界的"本旨"是什么？笛卡尔说，这是不可知的：

我们应该留神，不要自以为是，认为自己明了上帝创世的本旨。[2]

---

[1] 参见笛卡尔：《谈谈方法》，王太庆译，商务印书馆，2000年版，第77页。
[2] 笛卡尔：《哲学原理》，关文运译，商务印书馆，1958年版，第47页。

在上帝的诸特性与行为之中，创造世界这与我们关系最密切、在《圣经》中也说得最清楚的地方，我们尚且无法理解，对于上帝其他方面的本性，我们怎么可能理解呢？那诚然是不可能的。

笛卡尔的这个思想是重要的，表达了他对上帝一种本质性的理解。倘若我们要分析笛卡尔对上帝的认识，必须清楚地了解这一点。

还有，我们也要明白，这种思想可不是笛卡尔首创的，在西方哲学史上是其来有自的，是基督教神学中最有影响的思想之一，我们下面就从历史的角度看看这一思想。

早在第一个伟大的神学家奥古斯丁那里，这种思想就出现了，奥古斯丁就指出，即使我们谈论上帝的言语与作品汗牛充栋，这些所谈的就本质而言是与上帝无关的，或者说我们并不能确知其与上帝有关，更不能确定其与上帝的本质有关，因为归根结底，上帝是不可知的，这就是我们对于上帝所知所言的矛盾，这一矛盾将永恒存在，也无可解决。

后来到了托名的狄奥尼修斯那里，更是将奥古斯丁这种观点发扬光大，达于极致。

我们知道，托名的狄奥尼修斯最重要的思想乃是他的否定神学，在其中他说：当那否定走向终极时，也就是走向真正的上帝时，万物将被全部否定，即必将否定一切，走向一种"终极的黑暗"。这黑暗不是说上帝是黑暗的，而是说，到这里后，一切都沉入一片黑暗之中，我们将无法知晓其中的一切，就像我们无法看到黑暗中的事物一样。而上帝对于我们就有类于此，即上帝是不可知的，这就是否定的最终结果。对此托名的狄奥尼修斯有一句话说得相当震撼：

……攀登得越高，语言便越力不从心；当它登顶之后，将会完全沉默。[1]

---

[1] （托名）狄奥尼修斯：《神秘神学》，包利民译，三联书店，1998年版，第102页。

这既是托名的狄奥尼修斯的观点,也是很多神学家共同的观点。

总而言之,上帝之不可知就像帕斯卡所言:

上帝存在是不可思议的,上帝不存在也是不可思议的。[1]

1　帕斯卡:《思想录》,何兆武译,商务印书馆,1985年版,第107页。

第十三章　笛卡尔对万物的理解

分析了笛卡尔对上帝的理解之后，现在我们要来分析笛卡尔对上帝所创造之万物的理解。

笛卡尔这个对万物的理解当然不止是他对我们一般所说的个体之物的理解，而是包括了除神之外的整个世界的理解。

这"整个世界"听上去未免太庞大，怎么去理解呢？经过综合处理，结合哲学史上其他伟大哲学家相应的理解，我们将之分成了四个基本对象：可感之物、空间、时间与运动。

笛卡尔对世界万物的理解也就是对这四个基本对象的理解。

第一节　笛卡尔对可感之物的理解

我们首先来分析笛卡尔对可感之物的理解。

所谓可感之物就是可以被感知的万物中之任何一者。

在这里首先要注意的也许是，可以被感知的万物是不能单纯地称之为万物的，因为空间、时间与运动广义来说也属于这样的万物，特别是我们将万物与上帝对立而言时，它们更是包括在万物之内。

不过为了方便起见，我们后面还是会将可感知的万物简称为万物，同时也可以称为物质。

关于可感知的万物或者说物质的思想乃是笛卡尔一个很重要的思想，对于笛卡尔的这个思想，黑格尔有一个很好的概括：

笛卡尔的一个主要思想是关于物质的：他把形体的本质只理解为广

延。按照笛卡尔的说法，形体的本性是由它的广延性完成的；形体之所以是形体，是由于它有广延，而不是由于它具有别的性质。其他一切被我们认为是形体的性质的，只不过是第二位的性质，只不过是样式之类；它们是可以除去的，可以通过思维去掉的。[1]

我们下面就根据黑格尔的这个论述去具体分析万物的性质。

在这些万物之中，最常见的当然就是日常所见的物体了，例如一个苹果或者一朵红花，这些都是物体，对于这样的物体，笛卡尔在《第一哲学沉思集》中有一个简单的定义：

一些行为我们叫做物体性的，如大小、形状、运动以及凡是可以被领会为不占空间的其他东西，我们把它们寓于其中的实体称之为物体。[2]

在这个定义之中，笛卡尔实际上将物体分成了两个部分：一是不占有空间的性质，二是这些性质的一个占有空间的承载者，这里的"寓于其中"意思就是说，像物体的大小、形状、运动等性质都是存在于这个承载者之中的，笛卡尔将这个承载者称为实体。

这个思想是极为深刻的，表达了对物体一种本质性的认识，若能深刻地理解之，将可能使我们对事物有焕然一新的认识，因此在这里我要比较深入地分析之。

可感之物：性质、实体与承载者 我现在举一个物体为例，例如一个苹果。请问：什么是苹果？难道它的颜色、大小、滋味、气味、重量等等就是苹果本身吗？当然不是。这些颜色、大小、滋味、气味、重量等等之类是并不能够吃的，当我们吃一个苹果时，也并不是吃它的颜色、大小、滋味、气味、重量，等等。还有，不同苹果的颜色、大小、

---

[1] 黑格尔：《哲学史讲演录》（第四卷），贺麟、王太庆译，商务印书馆，1978年版，第87-88页。
[2] 笛卡尔：《第一哲学沉思集》，庞景仁译，商务印书馆，1986年版，第177页。

滋味、气味、重量等等都可以不同，但仍然是苹果，仍然可以吃。例如一个小小的青苹果，比大大的红富士在颜色、大小、滋味、气味、重量等等都有明显的不同，但依然可以吃，也依然是苹果，即使一个苹果变质了，不能吃了，也依然是苹果。

这就是说，虽然我们只可以通过颜色、大小、滋味、气味、重量等等去了解一个苹果，但它们却并非一个苹果之所以是苹果而不是其他东西的根本原因，一个苹果之所以是苹果而不是其他东西的根本原因在于并非这些性质的其他因素。

当然，也有人认为，虽然这些颜色、重量、大小等等不能单独构成这个苹果之所以成为这个苹果、之所以成为苹果的要素，因为别的东西也可以是这样的颜色、重量与大小等等，但如果把更多的性质加起来就会构成一种性质的集合，这时候，这些性质就属于这个苹果而不是其他任何的苹果或者事物了。因此，该事物也就是这些性质的集合，即使它是无限多的。如此一来，所有的事物都可以用这种方式来描述，即通过性质来描述这个事物。

这样的说法有一定道理，因为我们确实可以通过性质的描述将每一个事物与别的任何事物区分开来。但现在的问题是，性质就是事物本身吗？

我们知道，性质实际上只是一些特征，并非实体，是两种截然不同的东西，二者怎么能够等同呢！显然是不能够的。

所以，相当明显地，在性质与具体的事物之间有着本质的不同，例如在苹果的各种性质与这个可以吃的苹果之间有着根本性的差异。

也因此，在一个苹果之中必定有某种东西，它不是性质，不是大小重量气味体积等等，但正是它承载着所有这些性质，如大小重量气味体积等等，而它才是苹果本身。

由于我并不知晓这个东西究竟是什么，姑且称之为 X。

这个 X 并非传统哲学里被称为实体或者理念的东西，因为实体或者理念都是些抽象的东西，是一些意识或者思想性的东西，但这个 X 却不是，它似乎是一种物质性的东西，甚至似乎是可以吃的，像苹果，当我们吃一个苹果时，吃的难道是它的大小重量气味体积等等这些性质吗？当然不是，我们吃的是实实在在的苹果，是可以消化的食物，是这些性质的某一种承载者。我们将它吃到肚里去了——虽然并不知道它是什么。

那么，对于这个承载者，我们知道什么呢？能够说什么呢？

或者更具体地说，当我们吃一个苹果时，我们吃的究竟是什么？

这就是我们在这里要回答的问题。

我们现在就来试着回答这个问题。

首先，如前所言，我们吃的不是性质，例如苹果的大小重量气味体积等等，这些东西显然是不能吃的。如果说这些能够吃的话，那么就是说我们能够吃大小重量气味体积这些性质，这当然是不对的，性质可是不能吃的。也许您可以说，我们不吃抽象的大小重量气味体积，但可以吃具体的大小重量气味体积啊，例如多大的体积、什么样的气味滋味，诸如此类。

如果是这样，那么我要请问，请问到底多大体积、什么样的气味滋味可以吃呢？一块石头可以像苹果那么大那么重，它可以吃吗？

因此，我们吃的显然不是大小重量气味体积等等这些性质，需知能够描述并不意味着能够吃，就像我们大可以用单独的重量这一个性质来描述一个苹果，例如 215.32347845455255 克，世界上只有这个苹果有这么个重量。那么我们吃的就是这个 215.32347845455255 克吗？显然不是。

那么我们吃的是什么呢？

很简单，我们吃的是有 215.32347845455255 克的这个东西，而不是 215.32347845455255 克。

现在，我们不妨用大写字母 A 来表示苹果，小写字母来表示性质，A1 来表示这个苹果，而 A1 的性质分别用 a1 和 b1 等小写字母来表示，如 a 是颜色，b 是重量，而 a1 是这个苹果的颜色、b1 是这个苹果的重量，如此等等。这样就构成了以下的等式：

A1=a1+b1+c1+d1+e1……

以之为例，我们吃的是具有 a1+b1+c1+d1+e1……这些性质的这个苹果，这些 a1+b1+c1+d1+e1……都是用来描述这个苹果的性质的，如大小重量气味体积，如此等等，但我们并不是吃的 a1+b1+c1+d1+e1 这些性质本身。

不有，只要我们稍加注意，从句式就可以看出来我们吃的是什么，例如在"我们吃的是有 215.32347845455255 克重的这个东西"和"我们吃的是具有 a1+b1+c1+d1+e1……这些性质的东西"这两句话中，在 215.32347845455255 克这个性质和 a1+b1+c1+d1+e1……这些性质的后面都有"的东西"三个字。根据语法我们就可以简单地看出来，我们吃的不是前面的性质，而是后面的东西，即吃的是东西而不是性质。用一个更简单的句子来分析，我说："我今天吃了美味的大虾。"请问我吃的是"美味的"这个性质呢还是"大虾"这个东西？当然是大虾这个东西！

至此我们应当分析完了"当我们吃一个苹果时，我们吃的是什么"的第一步，即我们吃的不是苹果的性质，无论这个性质是 215.32347845455255 克这个性质还是 a1+b1+c1+d1+e1……这些性质。我们吃的是具有这些性质的后面的这个东西。

那么，问题是，如果这个苹果不是这些性质，它又是什么？即性质后面的这个"东西"究竟是什么呢？

我们姑且称这个东西为 X，现在请问，我们能够知道它的一些什么呢？只要我试着进行下一步的分析，就又会堕入刚才的泥潭，即又只能用一些描述性质的词去描述这个 X，这又要重复前面的问题了，例如它有大小重量气味体积，如此等等，我们又要去吃它的大小重量气味体积之类了。

因此，对于这个 X，我们也许可以称它为神秘的东西，对于它，我们什么也不能说，不能说它神秘，甚至于不能说它存在，因为神秘与存在也是一种性质。

我们或许应当保持沉默，就像维特根斯坦所言，对于不可说的东西，必须保持沉默。

不过，虽然我们应当保持沉默，但实际上是不能完全做到的，否则我们就要从这里将之删除了，这才是真正的不说。实际上我们对于它还是应当有所言说的。

那么这个神秘的东西是一种什么样的东西呢？我们只能够说它是一种载体，即一个苹果之所以是苹果而不是其他东西的载体，正是它承载着苹果的那些性质，如颜色、大小、滋味、气味、重量等等，但它自己绝非性质，而是与性质有本质不同的其他东西。对于这种东西究竟为何我们无从谈起，也根本无法谈起，原因就在于我们根本无法描述它们！它们是什么颜色、多大多小、什么滋味、何种气味、多少重量等等，我们一概不知，而且，一旦我们用这些词去描绘它，就是描述苹果本身而不是那个性质的载体了。还有，即使可以这样描述它，那么我们对这个载体之描述又是用颜色、大小、滋味、气味、重量等等之类去理解与描述之了，对于这个载体究竟是什么，依然是不知道，因为这些颜色、大小、滋味、气味、重量等等之类的性质同样需要一个载体去承载之呢！这个过程将至于无穷。

不但苹果如是，任何可感之物皆如是。

总之，当我们去描述某个具体的东西时，我们看到的总是大小重量气味体积等等用以描述事物性质的词汇。

倘若我们深入思索，会发现这对于所有事物都是适应的。

然而，这些描述就是对象本身吗？显然不是，就像大小重量气味体积等性质加起来并不是苹果一样。

这也就是说，我们之了解任何事物，所了解的都只是其性质，但对承载着性质的那个载体，虽然它具有根本的意义，是这个事物之所以是该事物的根本原因，甚至于可以说，它才是该事物，但对于它我们却几乎一无所知。

当然，我们对其也不是真的一无所知，因为我们知道一点，就是它的存在。

如此而已，别无其他！

苹果如此，任何可感之物皆如是。

现在回到笛卡尔。只要稍加思索，我们就可以发现，上面的这个神秘的性质承载者也就是笛卡尔所称的实体。而我们上面的那些分析也是基于笛卡尔的，只是对之作了一些发挥而已。通过这些发挥，我们可以更深刻地理解笛卡尔这简单的一句话中所蕴含的深刻意义。

在我看来，笛卡尔这句"一些行为我们叫做物体性的，如大小、形状、运动以及凡是可以被领会为不占空间的其他东西，我们把它们寓于其中的实体称之为物体。"乃是整个笛卡尔中最"微言大义"的话语之一，即使放到整个西方哲学史上也是如此。

物体的本质：广延　　笛卡尔对万物及其所在的自然界是很重视的，因为他的哲学就根本的目的而言无非就是解释万物与上帝，要达到这个目的，当然必须对万物之中居核心地位的可感之物进行分析。

而这也决定了笛卡尔必然会对一切可感之物，或者说自然界中的一切现象有着广泛的兴趣，于是也会尽量对所有这些现象都加以解释，就像他在《哲学原理》中所言：

自然界任何现象的解释在这篇论文中都不会省掉。[1]

所谓自然界的任何现象主要就是指存在于自然界之中的可感之物了。

对于这些可感之物，这些物体，笛卡尔是怎样理解的呢？或者说它们有些什么样的性质呢？

我们现在就来解决这个问题。

笛卡尔说，这些可感之物、物体的第一属性，即它的本性乃是广袤，对此他说：

每一个实体都有一种主要的属性，如思想就是人心的属性，广袤就是物体的属性。[2]

他还说：

物体的本性，不在于重量、硬度、颜色等，而只在于广袤。[3]

广袤又称为广延，简言之就是物体能够占有一定体积的特性，对这个广延，在《探求真理的指导原则》里笛卡尔是这样定义的：

我们所说的广延，指的是具有长、宽、深的一切，不问它是实在物体，还只是一个空间。[4]

笛卡尔在这里指明，所谓广延指的是一种可度量性，即可以用长、宽、深（高）来度量之，只要具有这种可用长、宽、深去度量的一切，无论其是可感知的物体还是纯粹的空间——关于它我们后面还要分析——都称之为具有广延。

还有，这里的长、宽、深也可以用另一个词来统一地表示，那就是"维"，这里的长、宽、深都分别是一个维，因此我们所指的物体是三

---

[1] 笛卡尔：《哲学原理》，关文运译，商务印书馆，1958年版，第56页。
[2] 同上书，第20页。
[3] 同上书，第35页。
[4] 笛卡尔：《探求真理的指导原则》，管震湖译，商务印书馆，1991年版，第81页。

维的,空间也是三维的。

不过,笛卡尔认为,不仅长、宽、深才是维,还有其他的许多维:

所谓维,指的不是别的,而是我们认为某一主体之所以可度量的方式和原因,因此,不仅长、宽、深是物体的维,主体赖以有重量的重力也是维,速度是运动的维,诸如此类以至无穷。[1]

显然,笛卡尔这里的维和我们现在所说的维含意是不一样的,它所指的实际上是物体的一些性质,一种性质就是一个维。由于物体的性质是无限的,因此其自然也就会有无数可能的维了。不过在一般情形之下,我们还是将维指称其空间的特性,即长宽高,这样才能更清楚地分析可感之物的广延性。

笛卡尔认为,广延性是物体最主要的属性,而物体的构成就是由广延这种最基本的属性再加上一些偶性而构成的。正是在此基础上,他对物体作出过这样的定义:

作为广延以及以广延为前提的偶性(如形状、位置、地点的运动等等)的直接主体,叫做物体(或肉体、身体)。[2]

笛卡尔在这里将物体称为直接主体,广延以及偶性就存在于它之中,有类于杯子是由瓷和瓷上面的画所构成的一样,这个瓷就相当于广延了,而偶性则相当于上面的画。

在这里还可以看出来,笛卡尔认为物体有两类性质,即广延与偶性,广延我们已经说过,至于偶性,简言之就是我们上面分析一个苹果时所说的那些形状、味道、颜色、气味等等之类了,在笛卡尔看来,这些性质是次要的,是事物偶然具有而不是必然有之的,因此才称之为偶性。

---

[1] 笛卡尔:《探求真理的指导原则》,管震湖译,商务印书馆,1991年版,第85页。
[2] 笛卡尔:《第一哲学沉思集》,庞景仁译,商务印书馆,1986年版,第162页。

笛卡尔认为，世界万物都是由广延构成的，或者说都是具有广延的，广延乃万物之本质，因此，从万物都具有广延这个角度上来说，世界上只有一种物质：

全宇宙中只有一种物质，而我们所以知道这一层，只是因为它是有广袤的。[1]

这是好理解的，我们甚至可以将宇宙间一切的物质都给以一个统一的名称：有广延者，这是一定可以的，因为无物不有广延。

从这些分析之中，我们可以看到，笛卡尔对物体的这种分析与我们日常生活中对可感之物的理解是不一样的。事实上，我们很难单独理解笛卡尔所说的那个物体的广延性，因为这个广延性实际上是不可感知的，而我们一旦看到或想到任何的物体，总是同时要将它的颜色形状等这些"偶性"联系在一起。但我们前面已经说过，笛卡尔认识事物这些颜色形状气味之类只是一种附带的、偶然的属性即"偶性"而已，物体是不一定要具有之的，而物体必须具有的性质只有广延一种。但广延本身又很难从我们习惯的形象思维去了解，而是一种完全抽象的东西，只有凭借一般来说不那么习惯的抽象思维去理解之。

那么，我们究竟应当如何理解这个广延，或者理解某个物体如一个苹果的广延呢？对这个问题，我的建议就是想象，只要我们通过我上面那个"当我们吃一个苹果，我们所吃的是什么"的例子，好好想象一下，也许就可以领会广延这个物体的根本属性了。

物体的本性是广延，笛卡尔进一步地认为，广延自身是无限的，即对于这个世界而言，是没有边界的，或者说体系是无限之大的，他说：

这个世界或物质实体的全部，其广袤是无有界限的，因为不论我们在什么地方立一个界限，我们不只可以想象在此界限以外还有广袤无定

---

1 笛卡尔：《哲学原理》，关文运译，商务印书馆，1958年版，第45页。

的许多空间,而且我们看到,那些空间是真正可以想象的,也就是说,事实上正如我们所想象它们的那样。因此,它们所含的有物质实体的广袤也是无定限的,因为我们在前面已经详述过,在任何空间方面,我们所设想到的广袤观念,和物质实体的观念,分明是同一的。[1]

笛卡尔这个思想看上去有些晦涩,但并不难理解,我们只要根据他说的想象一下就可以了,当我们到达任何可能认为是空间的边界时,请问是不是可以继续想象呢?例如想象这个边界还可以继续往外扩展呢?当然是可以的。这就是说,我们实际上找不到宇宙的任何边界,因此宇宙是无边的,即其广延性是无限的。

我记得很早很早以前读到过一篇文章,上面说当我们走到一个地方,据说是宇宙的边缘时,不妨想象我们手里正握着一根手杖,这时候我们往前一伸,是不是可以继续伸出去呢?当然是可以的,因此宇宙是没有边的。

不过,也许宇宙是如爱因斯坦所说的那样,是"有限无边"的,谁知道呢?

可感性　广延之后,我们再来看可感之物的另一个重要而且更为明显的特点,就是它的可感性。

对一般人而言,这种可感性,即可感之物可以看见、听到、摸到、闻到或者尝到的性质乃是其最为根本与重要的特性。也正因为可感之物有这样的特性,我们才会进一步地想到事物是一种"客观存在",例如我们看到一朵红花就在前面,红艳艳的,于是认为这朵红花乃是客观存在的。但笛卡尔可不这么认为,在他看来,人们之所以这么认为,只是出于一种自幼养成的习惯,对此他说:

我们大家无例外地自幼就认为我们凭感官所知觉的一切事物,在我

---

[1] 笛卡尔:《哲学原理》,关文运译,商务印书馆,1958年版,第44页。

们的思想以外存在着,而且以为它们是和我们对它们所生的那些感觉或知觉完全相似的。[1]

这段话是很深刻的,笛卡尔在这里表达了两层意思:一是我们之所以觉得那些可感之物是外在于我们的,只是因为我们从小习惯于这样;二是我们之所以觉得外物本身和我们的感觉是一样的,同样是习惯的结果。这个思想不但深刻,也是极为重要的,正是这样的思想后来在洛克那里发展成了他著名的关于事物之第二性质的理论。这我们在前面讲笛卡尔关于悟性的理论时已经提过了。

笛卡尔认为,我们那样认为,即认为可感之物是客观存在并且和我们所感知的性质是一样的,当然是错误的,只是一种儿童时候就形成了的偏见而已,他还进一步地谈到了偏见形成的原因,就在于我们太过关注自己的这个也是可感之物的身体了:

我们错误的主要原因多半在于儿童时的偏见。在这里,我们可以看出,我们错误的首先的、主要的原因。在早年,人心极其密切地固着于身体,它所注意的只限于物象在其身体上印了印象后所生的那些思想;它在那时也并不把这些思想参照于它自身以外存在的任何事物。身体受了伤,则心便感到痛苦,身体如遇到有益的事物,则心便感到快乐。[2]

笛卡尔在这里所表达的意思是,我们之所以养成了这样的坏习惯,并进而形成了错误的观念,其实是和人的主观感受相关的。例如当一个外物伤害了我们时,例如当一个巴掌打了我们时,我们就感到痛苦;而如果得了好处,例如吃到一个美味的苹果,就会感到快乐。而无论是挨了巴掌的痛苦还是吃了苹果的快乐其实都只是主观的感受而已,但正是这些主观的感受导致了种种的偏见与错误。例如让我们认为外物是客观

---

[1] 笛卡尔:《哲学原理》,关文运译,商务印书馆,1958年版,第27页。
[2] 同上书,第30页。

存在的，或者我们感受到的外物的种种性质是外物本身固有的客观性质。

用更简明的话来分析吧，这就是说，我们是通过主观的感受去理解外物的存在及其性质的，也因此之故，这些外物在我们心中的客观存在及其各种可感性质当然也都是主观的，只是一种习惯形成的偏见而已。打个比方说吧，一个黑人由于从小生活在黑人社会里面，自然就认为皮肤黑是美的，一个白人则由于从小生活在白人堆里，因此就认为皮肤白是美的，如此而已，都是一种主观的感受，倘若换了环境，那是完全可能改变观念的。

笛卡尔还举了我们许多类似错误的例子，例如我们因为看不到地球绕着地轴在转动就认为大地是不动的，看到大地似乎是平的，于是就认为世界是平的，就像平铺的一块巨大的布一样，而不会看到真实的大地实际上弯曲如圆球的表面，并且是不断运动着的。还有，当我们仰望星空，看到天上的星星是小小的，于是便认为天上的星星真的很小，不知道它实际上大得很。如此等等，这些观念当然是错误的。而我们认为可感之物是客观存在的，以及它具有颜色气味等各种性质实际上也是类似的情形，都是我们从儿时起就养成了的偏见而已。笛卡尔甚至说，我们还有"千百种性质相同的别的偏见"。

正是由于从小养成了这种种的偏见，当人们成年后，就自然不会知道那些只是儿时的偏见，而是会认为它们都是真实而明显的，是可感之物固有的性质。这样一来，就继续错下去了，甚至一错到底！在笛卡尔看来，这自然是错之极矣！

进一步地，笛卡尔说，正由于我们从小习惯了这些可感之物，认为只有它们才是真实存在的，结果就只能想象有这样的东西了，认为它们就是唯一的实体，而对于那更为根本的实体，即不可感知、只能思知的实体，则无法理解了。这真是错上加错，一个错误导致一个更大的错。

笛卡尔认为我们对物体的种种错误理解主要是因为习惯,习惯换言之就是说,它们实际上只是在我们心中形成的一些习惯性的观念而已,只是一种心理的东西,所以文德尔班说:

根据笛卡尔的意见,不仅感官感觉,而且感觉内容都不属于空间的东西,只属于心理世界。[1]

这就是说,我们平常那些认为是物质的东西,例如一个红苹果或者一朵红花,甚至日月星辰,无论是它的红还是它的甜,它的大还是它的小,实际上都只是一些心理的东西,是我们主观的想象而已,并且是错误的。而物体真正的、固有的本质只有一种,那就是广延。

这就是笛卡尔对我们平常所说的物体的理解了,这样的理解有些吓人吧,但倘若我们深入思索,会发现笛卡尔的这个思想是既伟大又深刻的,而且,和他的其他思想如心物平行论都是一致的,不但表现了笛卡尔思想的伟大,而且表达了它那严谨的逻辑性与系统性。

万物之复合性与有序性　万物的可感性之后,我们再来分析它的另外两种性质,即复合性与有序性。

复合性,就是说,笛卡尔认为万物是有结构的,就像德谟克利特所说的一样,是由一些更小的单位结合起来的。这他在《哲学原理》中说得很明白:

可感的物体是由不可觉察的分子合成的。[2]

显而易见,笛卡尔这个"不可觉察的分子"和德谟克利特的原子或者莱布尼茨的单子至少从字面来看是相似的,也是很容易明白的。

那么这种分子具有什么特点呢?第一个特点当然是它不可分割,对此他在《探求真理的指导原则》中是这样说的:

---

[1] 文德尔班:《哲学史教程》(下卷),罗达仁译,商务印书馆,1993年版,第554页。
[2] 笛卡尔:《哲学原理》,关文运译,商务印书馆,1958年版,第57页。

我们称为简单的,只是那些认识得一目了然而独特的事物,它们那样一目了然而独特以至于心灵不能把它们再分割成类如形象、广延、运动等等心灵所知最独特的若干其他物;但是,我们设想,一切其他都在某种程度上是这些事物的复合。[1]

笛卡尔在这里说得很清楚,那些构成物质的分子是即使通过心灵也不能再分割的,或者说至少不能分割成其他物质,而其他所有的物质则是由这些小分子复合而成的,至少在某种程度上是这样的。

要注意的是,这个"至少在某种程度上是"和上面的"或者说至少不能分割成其他物质"可不是白加的,而正显示了笛卡尔的这个学说和德谟克利特与莱布尼茨的不同之处。我们知道,德谟克利特与莱布尼茨认为原子或单子是不可分割的,这是其最基本的特点,但笛卡尔却没有这样的思想,即在他看来,那些小分子实际上还是可以继续分割的,甚至于可以永远无限地分割下去,这他在《哲学原理》中说得非常肯定:

确实地说来,最小的有广袤的分子永远是可分的,因为它的本性原来就是如此。[2]

看到了吧,笛卡尔认为那些构成万物的小分子的本性就是可以无限分割的,这和德谟克利特与莱布尼茨有着天壤之别。不过,根据上面的分析,我们可以得出来,这种小分子虽然可以无限分割,但分割到某种程度之后,可能分割出来的都是一模一样的小分子,没有性质的差异,都是同质的小分子了,或者说它们就是组成万物的原子了。

可见,笛卡尔的这个万物构成理论还是有其特色的。

再来看万物的有序性。

所谓有序性,就是指万物的存在是有一定秩序的,不是杂乱无章

---

[1] 笛卡尔:《探求真理的指导原则》,管震湖译,商务印书馆,1991年版,第58-59页。
[2] 笛卡尔:《哲学原理》,关文运译,商务印书馆,1958年版,第44页。

的，这从笛卡尔的这句话中就可以看出来：

一切事物都可以排列为某种系列。[1]

既然万物都可以排列为系列，那就说明它们彼此之间是有着一定的秩序的。

至于为什么万物会有这样的秩序，也许笛卡尔的这句话可以给我们作出一定的解释：

某种纽带，把简单物互相联系起来，由于它们不言自明，而成为我们推理以得结论的根据。[2]

笛卡尔的这个解释其实有点多余，因为他并没有说明这是什么样的纽带，而万物一旦有序，自然说明有纽带将它们联系起来了，例如上帝的意志也可以说成是一种纽带呢！还有，万物之间存在着某种纽带使它们彼此相联在西方哲学史中也是常识性的，例如早在马可·奥勒留那里，他就认为万物乃是互相联系的，成为一个统一的整体。

万物这种有序性最鲜明的表现当然就是自然规律的存在了，因为自然规律中的规律就是有序之意，有规律，就是有序。

关于自然规律我们前面已经说过了，说它乃是神创的，这里我们要再谈几句笛卡尔对自然规律的其他认识。

笛卡尔很重视自然规律，他认为，正是自然规律使得我们这个世界变得井然有序、井井有条，使宇宙万物有序地存在与运动下去。他甚至说，即使这个世界当初是混沌一片的，只要上帝创造了自然规律，世界就可以凭借自然规律之力量而变成像我们现在看到的这样，井然有序、井井有条：

即便神当初给予世界的形式只是混沌一团，只要神建立了自然规律，

---

[1] 笛卡尔：《探求真理的指导原则》，管震湖译，商务印书馆，1991年版，第23页。
[2] 同上书，第60页。

向世界提供协助，使它照常活动，我们还是满可以相信：单凭这一点，各种纯粹物质性的东西是能够逐渐变成我们现在看到的这个样子的。[1]

要理解这一点，不妨将万物想象成许多大小不一的小球，怎样才能将它们按不同的大小排列起来呢？一个办法是制造一个大筛子，里面有按规律排列的各种大小的孔眼，然后将这些球放到筛子里不停地晃动，那些小球就自然会根据大小而作出相应的有规律的排列了。

除此而外，笛卡尔还认为自然规律是恒在的与普适的，他甚至说：自然规律，即便神创造了许多世界，也没有一个世界不遵守它们。[2]

这就是说，自然规律是一定存在的，并且不可避免，即万物一定要遵守之。而这也使得万物之存在必定是有规律的，是有序的而不是杂乱无章的。

世界是一个还是多个　在上面的引文中，笛卡尔提到"神创造了许多世界"，这里又涉及到一个哲学史上有意义又比较有趣的问题了，即上帝所创造的世界是一个还是多个，我们在这里顺便也说几句。

对于这个问题，哲学史上的意见是比较纷纭的，例如德谟克利特就认为除了我们这个世界外，原子还构成了许许多多的其他世界，他如此说：

有无数个大小不同的世界。在有些世界中既无太阳，也无月亮；在另一些世界中，太阳和月亮比我们这个世界中的太阳和月亮要大；而另一些世界中不只有一个太阳和月亮。这些世界距离不等，某一个方向大些，另一个方向小些。一些世界正处在鼎盛时期，另一些世界在衰落之中。这里的世界产生了，那里的世界毁灭了，它们是因彼此冲撞而毁灭

1　笛卡尔：《谈谈方法》，王太庆译，商务印书馆，2000年版，第37页。
2　同上书，第36页。

的。某些世界没有动物、植物,也没有水。[1]

在德谟克利特看来,有许多世界就像有许多座房子、许多头牛羊一样。这些世界就像这群牛羊一样,有些正在生长,有些却已衰老,有些人互相冲突战斗,于是被毁灭了。总之,世界就像一个人,有生有死,没有永恒的世界,只有永恒的原子。

德谟克利特这些思想后来被布鲁诺继承了,他一个有名的哲学观点就是认为既然上帝是万能的,那么就不能有任何的限制,包括创造多个世界。他说:

因此,太一是天,是广阔无垠的空间,是胸怀,是宇宙包容物,是以太区域,在此区域中一切都在运动。在那儿,存在无数的星球、太阳和地球,可以明确地被发现,我们的理性可以论证这种无限性。广阔、无限的宇宙是由无限空间和众多被包容其中的天体构成的。[2]

布鲁诺还认为,上帝实际上已经创造了无数个世界:

什么原因让我们愿意相信有能力创造一个美好、无限世界的造物主却创造了一个有限世界呢?若他创造了有限世界,为什么我们应当相信他有能力创造一个无限世界?因为对他来说能创造和创造完全是一码事。[3]

与德谟克利特与布鲁诺相反,在莱布尼茨看来,上帝既然创造了我们这个世界,那么他一定是有着充分的理由要创造我们这个世界而不是其他的世界,这也就是说,当上帝创造世界之时,在祂的心中是可能不只一个世界的,而是有多个的世界,但祂最后只创造了一个世界、这个我们存在于之的世界。并且,上帝是有着充足的理由只创造我们这个世界的,对此他说:

---

[1] 汪子嵩等:《希腊哲学史》(第一卷),人民出版社,1997年版,第1069页。
[2] 布鲁诺:《论无限、宇宙和诸世界》,田时纲译,人民出版社,2010年版,第111页。
[3] 同上书,第68页。

由于上帝的理念包含着无限多可能的世界,而其中却只能有唯一一个存在,所以,就必然有一条限定着上帝更倾向选择此一而非彼一世界的充足理由。[1]

莱布尼茨之所以认为上帝只创造了我们这个世界,是和他的哲学之基本理论——充足理由律——相关的。

还有,莱布尼茨的这个观点很可能也是来自于笛卡尔的,因为笛卡尔就提出了相同的主张,即认为实际上不可能有多个世界,他在《哲学原理》中说:

我们也就可以推断说,地和天是由同样的物质做成的;而且纵然有无数世界,它们也都是由这种物质构成的。由此,就得出一个结论,即多重的世界是不可能的,因为我们明白设想到这些别的世界所占的一切可以想象的空间(它们只能在这些空间中存在),都为物质所占据,而且物质的本性就在于它是一个有广袤的实体。同时,我们在自身也发现不出对于任何别的物质的观念。[2]

笛卡尔在这里的意思是说,即使我们能够想象出有无数个世界,但由于我们无法想象还存在与组成我们这个世界的物质不同的物质,实际上也不存在这样的物质,因此那些世界必然是由相同的物质组成的,而这样一来,就说明它们是同一个世界了。因此之故,也就是没有多个世界了,即:

天上和地下的物质都是一样的,而且世界不是多元的。[3]

对于这个世界,我们最后要说的是,将上述笛卡尔对世界的所有认识都结合起来,可以形成他如下一个总的认识,这个认识记录在笛卡尔

---

1 莱布尼茨:《神义论》,朱雁冰译,三联书店,2007年版,第192页。
2 笛卡尔:《哲学原理》,关文运译,商务印书馆,1958年版,第45页。
3 同上书,第44页。

的《论世界》中，这是一个笛卡尔想象中的宇宙：

没有土、火或空气构成的形体，也没有任何像木、石、金属之类更具体的形体。我们还需设想这个宇宙没有任何冷、热、干、湿、轻、重的属性，也没有味道、气味、声音、颜色、光或其他任何使得所有人无法透彻知晓某物的属性。[1]

为什么世界是这样子的呢？因为笛卡尔早就说过了，可感之物的那些可感的性质如味道、气味、声音、颜色之类实际上是不存在的，只是主观的偏见，因此，真实的物质世界是没有这些性质的。于是，就成了这里所描述的世界了。

不过，这个世界及其万物可以想象吗？估计很难，但倘若有谁想象得出来，就说明他对笛卡尔有着超深刻的理解了。

第二节 笛卡尔对空间、时间、运动的理解

我们说过，在笛卡尔这里，上帝、可感知的万物、空间与时间就组成了整个世界，后三者又可以总称为"万物"，我们前面分析了万物中的可感之物，现在来分析空间与时间。

最后，我们还将分析一下笛卡尔对与可感之物、时间与空间都密切相关的运动的理解。

笛卡尔对空间的理解 在笛卡尔看来，空间是这样的：

空间，即内在的场所，同其中所含的物质的实体，在实际上并没有差异，只在我们惯于设想的它们的情状方面，有所差异。因为，老实说，长、宽、高三向的广袤不但构成空间，而且也构成物体。它们的差

---

[1] 转引自索雷尔：《笛卡尔》，李永毅译，译林出版社，2010年版，第35页。

异只在于：在物体中，我们认为广袤是特殊的，并且设想它跟着物体变化；至于在空间方面，则我们以为广袤有一个概括的统一性，因此，我们在把一个物体由某种空间移出以后，我们并不以为自己同时也把那段空间的广袤移去，因为我们看到，那段广袤只要保持同一的体积和形相，只要同我们赖以确定这个空间的四周某些物体，保持其固有的位置，则那段广袤仍是不变的。[1]

笛卡尔在这里表达的核心意思就是：空间和空间中的物质是同一的，相互之间没有差异、不可区分，为什么呢？笛卡尔在这句话里作出了解释：

空间如何和物质的实体不相差异。……同一广袤不但构成物体的本性，也构成空间的本性。[2]

这个思想看上去难以理解，实际上并不难理解，我们后面再统一解释。

笛卡尔关于空间的另一个基本观点是：虚空是不存在的。对此他说：

说到哲学上所谓虚空，即无实体的空间，则这种东西显然并不存在。[3]

至于原因，笛卡尔在后面是这么解释的：

因为空间的或内在场所的广袤，和物体的广袤并不互相差异。因为我们所以断言物体是一个实体，只是因为物体有长、宽、高三量向广袤（要说虚无可以占有广袤，那是矛盾的），因此，我们就可以对假设的虚空形成一个相似的推论说，那个虚空中既存在广袤，则它也必然包含一个实体。

---

[1] 笛卡尔：《哲学原理》，关文运译，商务印书馆，1958年版，第38-39页。
[2] 同上书，第39页。
[3] 同上书，第42页。

他还说，即使一个空间中没有了物质，但实际上它依然有着物质：

当空间没有包含可感知的事物时，我们也在同样意义下，说它是虚的，显然它仍然含着被创造的、独立自存的物质。[1]

笛卡尔的这种理论看上去有些深奥，不好理解，但实际上并不难理解，我们结合他上面的认识，即认为空间和空间中的物质是同一的，相互之间没有差异、不可区分，一并来解释下。

我们前面说过，笛卡尔认为可感之物那些味道、气味、声音、颜色的可感性质是不存在的，可感之物固有的本性就只是广延性，那些味道、气味、声音、颜色之类的性质甚至只是我们从小产生的偏见而已，只是一些心理性的东西，并没有客观实在性。这样一来，笛卡尔实际上就将可感之物——或者说本质性的可感之物——化为了没有味道、气味、声音、颜色这些可感性质的东西。现在我请问，一旦可感之物回归了它的本性、"本来面貌"，即没有味道、气味、声音、颜色这些可感性质了，请问它和空间还有什么区别吗？当然是没有的！因为空间之为空间，其本性同样就是广延性，甚至它本身就是广延性，除此无他！

从这里我们看到了什么呢？就是看到了笛卡尔通过这样的沉思竟然将可感之物空间化了，同时也是将空间可感之物化了，只是它们都没有了这些可感之性而已！

于是，这样一个自然而然的结论就得出来了，即空间和空间中的物体本质上是一样的，没有区分也无法区分。

笛卡尔上面这个看上去很深奥的问题就这么解决了！

至于虚空不存在，同样也是好理解的。我们知道，虚空是不是没有任何的性质呢？当然不是的！无论对于德谟克利特或者牛顿而言，这个虚空都是有性质的，就是它有广延，我们可以将之想象成一个里面绝对

---

[1] 笛卡尔：《哲学原理》，关文运译，商务印书馆，1958年版，第42页。

地一无所有的空瓶子，里面的空间就是虚空。但现在我请问这个空间没有广延了吗？当然是有的！于是这样一来，德谟克利特的虚空与笛卡尔的空间就是同一个东西了。但问题是德谟克利特认为这个空间是一无所有的，这就是"虚空"之意，但笛卡尔说根本不是这样，这个虚空是有广延的，怎么会是"虚"的呢？它和物质一样是"实"的，因为它拥有可感之物的本性——广延！因此，它怎么又会是"空"的呢！当然不是！

因此之故，虚空当然是不存在的。

显然，笛卡尔的这个思想和德谟克利特是相互对立的，上面他的分子论和德谟克利特的原子论也是不一样的，也许正因为如此，笛卡尔对德谟克利特提出了比较尖锐的批判，这在他是比较少见的。例如他说：

德谟克利特的哲学所以被人排斥，并非因为他承认有比我们所知觉的物体还要小的物体存在，并非因为他承认它们有不同的大小、形相和运动，因为任何人都并不怀疑实在有这些东西（如我们所说的那样）存在。人们所以排斥那种哲学，第一是因为他假设这些原子是不可分的，而根据这一点我也同样加以排斥的。

第二乃是因为他想象在原子周围有一个虚空，而我又指出这是不可能的。第三乃是因为他认为这些物体有重量，但在我看来，一个物体单独被思考时，并无所谓重量，因为重量乃是依靠各种物体的相对运动关系和位置关系的一种性质。最后，又因为他不会特别解释，一切事物如何会只由原子的会合而来，而且他纵然解释过少数事物的原因，他的全都推论也决不是首尾一贯的，也并不能担保我们可以把同样的解释应用于整个的自然界而无错误的。[1]

根据笛卡尔在上面提出来的思想，他的这个批判当然是成立的，至

---

[1] 笛卡尔：《哲学原理》，关文运译，商务印书馆，1958年版，第58页。

少没有哪个能"担保"德谟克利特"把同样的解释应用于整个的自然界而无错误的"。当然,若根据德谟克利特自己的想法就另当别论了。

总之,德谟克利特也罢,笛卡尔也罢,这些所谓的哲学批判都是这样,只是从不同的角度看同一个世界而已,无所谓对与错,在此我们就不多言了。

德谟克利特而外,牛顿的不少观点也和笛卡尔是对立的,我们前面说过,牛顿曾经直接否定了笛卡尔提出的行星运动的旋涡假说,对于空间也是一样,牛顿的观点和笛卡尔的观点也是对立的,因为牛顿认为与空间中的物质可不一样,空间乃是绝对的:

绝对空间:其自身特性与一切外在事物无关,处处均匀,永不移动。相对空间是一些可以在绝对空间中运动的结构,或是对绝对空间的量度,我们通过它与物体的相对位置感知它;它一般被当作不可移动空间,如地表以下、大气中或天空中的空间,都是以其与地球的相互关系确定的。绝对空间与相对空间在形状与大小相同,但在数值上并不总是相同。例如,地球在运动,大气的空间相对于地球总是不变,但在一个时刻大气通过绝对空间的一部分,而在另一时刻又通过绝对空间的另一部分,因此,在绝对的意义上看,它是连续变化的。[1]

牛顿之后,这种对于空间的理解一直统治着西方哲学界与科学界,但倘若依据现代科学理论如相对论,则牛顿错了,而笛卡尔总的来说是对的。

因为在相对论里,空间和其中的物质同样是不可分的,所以在旋涡论遭到牛顿批倒之后,笛卡尔在这里算是胜了一局。

笛卡尔对时间的理解 空间之后,我们再来看笛卡尔对时间的理解。

---

1 牛顿:《自然哲学之数学原理》,王克迪译,北京大学出版社,2006年版,第4页。

较之对空间的理解，笛卡尔对时间的理解要简单一些，主要体现在这句话中：

就以时间而论，我们就以为它和一般的绵延有别，而且称它为运动的尺度，它只是我们在存想绵延本身时的某种情状，因为我们并不以为运动事物的绵延和静止事物的绵延有别。这可以从下面一事看出来，就是，如果两个物体运动了一小时，一个运动得很快，一个运动得很慢，我们并不要在前者方面比后者方面计算较多的时间，虽然前一个物体的运动较后一个物体的运动为多。不过为了在一个共同尺度之下来了解一切事物的绵延起见，我们就把它们的绵延和能发生年和日的那些最大而最有规则的运动加以比较，而叫它做时间。因此，我们所称为时间的那种东西，不是加于一般绵延上的一种东西，乃是一种思想方式。[1]

这段话写得相当深刻而且具有一定的美感，它主要表达了两点：

一、时间是用来度量运动的，是一种测量运动的方式。

二、时间并不是客观存在的，只是我们心中的一种观念而已，并不是客观的存在。

笛卡尔的这个观点我们在后来的一个哲学家那里看得很清楚，那就是柏格森，他说，时间就是一种绵延，这绵延就像一条河，一条无底亦无岸的河，它没有任何可以确定的方向，它的属性就是"流动"：

这是一条无底的、无岸的河流，它不借可以标出的力量而流向一个不能确定的方向。即使如此，我们也只能称它为一条河流，而这条河流只是流动。[2]

柏格森关于时间与绵延的思想很可能是来自于笛卡尔的，而且他们

---

[1] 笛卡尔：《哲学原理》，关文运译，商务印书馆，1958年版，第22页。
[2] 转引自陈卫平、施志伟：《生命的冲动——柏格森和他的哲学》，上海三联书店，1988年版，第51页。

的观点也是相似的，例如都认为时间只是一种主观的东西，并不存在如牛顿所说的那样的绝对时间。

对了，如认为存在着绝对的空间一样，牛顿认为也存在着绝对的时间，在牛顿看来，绝对的时间是这样的：

绝对的、真实的和数学的时间，由其特性决定，自身均匀地流逝，与一切外在事物无关，又名延续。

相对的、表象的和普通的时间是可感知和外在的（不论是精确的或是不均匀的）对运动之延续的量度，它常被用以代替真实时间，如一小时，一天，一个月，一年。[1]

这些观点都不难理解，我们且不多说。这种观点同样在长时间内统治着西方的哲学界与科学界，直到爱因斯坦将之推翻，即认为时间是相对的，而不是绝对的，这就是由他的狭义相对论所得出来的著名结论之一了。

结合以上，可以知道在笛卡尔看来，空间、时间以及可感之物都是统一的，这种观点具有惊人的科学性，实际上，到了爱因斯坦这里正是如此，即不但没有绝对的时间，同样没有绝对的空间，时间与空间是融为一体的，而物质也是统一于其中的，三者不可分割，这就是相对论的精髓之所在。

关于这个问题，爱因斯坦曾经在他的《我的世界观》中做出了比较系统的表达，在其中他就谈到了前人对空间的认识，他说到，在从前，人们认为空间是刚性的、均匀的，即牛顿所说的绝对空间，但后来黎曼通过他的研究发现空间不是刚性的，而是与空间中所发生的物理事件相关的，后来到狭义相对论诞生之后，时间也和空间也不可分割地统一起来了，于是，此前的三维就扩展为统一的四维，对此爱因斯坦说：

---

[1] 牛顿：《自然哲学之数学原理》，王克迪译，北京大学出版社，2006年版，第4页。

随着同时性的相对性的发现，空间和时间就融合为一个单一的连续区，正像以前的空间三维连续区一样。物理空间因此扩大为四维空间，它也包括了时间的一维。[1]

不难看出，较之牛顿，笛卡尔对空间与时间的认识和爱因斯坦是很相似的，也因此是更为科学的。

笛卡尔对运动的理解　与时间、空间与可感之物都联系在一起的是运动，关于笛卡尔我们最后要说的就是他对这个运动的理解。

对于运动，笛卡尔是这样解释的：

所谓运动，据其通常意义而言，乃是指一个物体由此地到彼地的动作而言（我此处所谓运动乃是指位置的运动而言，因为我想不到有别种运动，因此，我觉得我们也不应该假设自然中有别的运动）。我们上边已经说过，同一事物在同时也可以说变了场所，也可以说不变场所，同样我们也可以说，一件事物在同时是被运动的，又是不被运动的。例如，一个人坐在启航的船上，他如果只注意他所离开的岸，并且把它看作是静止的，则他可以认为自己是在运动的。但是他如果只注意船本身，则他可以认为自己是不动的。[2]

这段话比较好懂，也符合于我们的常识，这在笛卡尔思想里是比较少见的。笛卡尔在这里所说的运动主要有两个特点：

一、他的运动只是一种物体位置的变化，即是一种位移。在他看来，这是自然界唯一的运动方式。

二、运动是相对的，是否在运动只有根据参照物才能作出正确的判断，即同一个对象根据一个参照物可能是运动的，根据另一个参照物则可能是静止的。这不需要解释，当然是这样的。

---

[1]　许良英等（编译）：《爱因斯坦文集》（第一卷），商务印书馆，2010年版，第384页。
[2]　笛卡尔：《哲学原理》，关文运译，商务印书馆，1958年版，第45页。

此外，笛卡尔还认为运动就本质而言乃是绝对的，静止则是相对的，即不存在绝对静止的东西，对此他说：

全宇宙中并没有真正静止的点，我们就会因此断言，任何事物，除了在我们思想中使之固定不变外，都没有恒常的位置。[1]

这也是很成立的，后来也影响了许多的哲学家，例如狄德罗，他甚至打了个和上面笛卡尔一样的比喻，也将世界比喻成一只被风浪袭击的船，船里面的一切表面上是静止的，即是相对静止的，但从整体而言，船里面没有一样是绝对静止的，因为整个船都在动。[2]

笛卡尔的这个比喻也是很生动的，从这里就可以简明地看出来一切静止都是相对的，而运动则是绝对的，对于一切事物都是如此。例如我面前的电脑，它似乎是静止的，这样我才看得清楚上面的字，但它是静止的吗？当然不是，因为整个地球都在运动，我们实际上是在如毛泽东所言："坐地日行八万里，巡天遥看一千河。"[3]

还有，笛卡尔对运动的解释不但是哲学的，而且是科学的，例如他曾概括出三条有关运动的自然规律：

第一条是：任一特殊事物，只要可能的话，都会持续地保持同一状态，如果没有受到他物的影响它绝不会改变这一状态。

第二条是：一切运动的物体，倾向于沿直线继续它的运动；因而，做圆周运动的物体总是倾向于离开它所描画的圆的中心。

第三条是：如果一个运动的物体和一个比它的运动能力更强的物体相碰撞，它并没有丧失任何运动；如果它和一个运动能力比它更弱的物体相碰撞，它所失去的运动和它给予弱者的运动一样多。

---

[1] 笛卡尔：《哲学原理》，关文运译，商务印书馆，1958年版，第40页。
[2] 参见《十八世纪法国哲学》，商务印书馆，1963年版，第355页。
[3] 见《七律·送瘟神》。

这三条运动定律都是成立的,尤其是第一条和第三条,堪称伟大。为什么?因为它们几乎和牛顿的运动三定律是一样的。例如牛顿第一运动定律又称惯性定律,指当物体没有受到外力的作用时,它将保持静止或者匀速直线运动,除非物体的运动状态被改变,例如由静止走向运动,由匀速运动变为加速运动,或者由直线运动变为曲线运动。用更简明扼要的话来说就是"一切物体总保持匀速直线运动状态或静止状态,直到有外力迫使它改变这种状态为止。"

牛顿第三运动定律则是作用力与反作用力定律,什么是作用力与反作用力大家都懂,例如猴子去摇石柱,它当然对石柱也产生了作用力,这时,石柱也必然会对它产生反作用力。作用力与反作用力之间的关系有三个:一是大小相等,二是方向相反,三是作用在同一直线上。这样就得出了牛顿第三运动定律:两个物体之间的作用力与反作用力总是大小相等、方向相反、并且作用在同一直线上。

这个牛顿第三运动定律看上去有些废话,似乎没什么用处,因为作用力与反作用力一样大、方向又相反,等于是相互抵消,有什么用处呢?就像猴子摇石柱一样,反正是摇来摇去摇不动,管它作用力与反作用力呢!

实际上不是这样,这牛三大有用处呢!例如大家所熟知的火箭。它为什么能够那么快地向天上飞?这是因为它从尾部往下喷出气体,这时,根据牛三,必定会产生一个方向相反、大小相等的向上的推力,就是这推力推动火箭飞向太空。还有,只要往下喷出的力量越大,火箭往上的推力自然也就越大,速度也可以越快,因此只要火箭的推力足够大,就可以快到摆脱太阳系,成为一颗在茫茫宇宙自由飞翔的星星呢!这就是今天宇宙探索的基础理论。

我们知道,牛一牛二牛三合起来就是牛顿经典力学的核心了,而笛卡尔竟然早在牛顿之前就提出了其中的两个!

因此，说笛卡尔是牛顿的先驱者是一点也不为过的。

再参照笛卡尔在前面提出过的对空间与时间的理解，那是比牛顿还牛的，更符合于爱因斯坦的相对论，也因此是更为科学的。还有他乃是解析几何的创立者，所以，我们在这是这里可以说：

笛卡尔不但是和柏拉图与亚里士多德有得一比的伟大的哲学家，而且是和牛顿有得一比的伟大的科学家！

纵览整个西方历史甚至世界历史，有此成就者除亚里士多德外，仅笛卡尔一人而已！

结　语

至此我们就讲完整个的笛卡尔哲学了！

不过，因为余兴未尽，这里再最后说几句，以之作为全书的结语。

关于笛卡尔哲学我要说的最后一点是，在今天这个时代，我们的哲学最缺乏的正是笛卡尔的哲学精神。

什么是笛卡尔的哲学精神？在我看来，就是"思"的精神。

不过，这里的"思"可不是简单的、蜻蜓点水般的思，而是深入的思，是对世界本身一种尽量深入的观察并且在此基础上尽量深刻的思索。换言之就是，当我们进行哲学的研究与思索的时候，要有一种"彻底主义"的精神，要对所研究的对象进行尽量彻底的思索，穷尽各种的可能，以找到最为深刻的理解。在我看来，这个正是我们今天哲学研究所缺乏的精神。因为今日之哲学研究一如今日之社会状况一样，有些浮躁，很少人愿意沉下去思，而是总想着在人世间进行浅浅的观察，得到一些浅浅的见解，然后装着似乎深刻的样子去说与写。这是很令人遗憾的，也许这就是在今天这个社会缺乏过去那样、笛卡尔那样伟大的思想的缘故吧！

而且我相信，倘若我们愿意像笛卡尔那样去思，我们未尝不可以得到笛卡尔那样深刻而独创的思想。因为今天的世界较之笛卡尔所在的世界那内容无疑是丰富得多的，可供我们观察与思索的东西也很多很多，例如汽车、飞机、电脑、互联网、机器人、核武器、试管婴儿、干细胞、克隆人等等内容，都是笛卡尔时代所没有的，这些不值得我们好好沉思，给其以哲学的、本质性的解释吗？

诚然可以。

所以，我们缺乏的不是可思的对象，而是笛卡尔式的思的精神。

正是因为我们缺乏这样的精神，今日之哲学研究才出现了这种令人忧虑的局面。

其实，这种情形另一个笛卡尔式的开创性的哲学家胡塞尔早就意识到了，因此他曾说过这样的话：

我们哲学地位的令人忧虑，不是可以最终追溯到这样一个事实：因为标志哲学的自己负责的彻底主义精神已经失去，所以来自笛卡尔沉思的动力也就失去了它们原有的生命力吗？要求哲学争取最终从偏见中解脱出来，用它本身已形成的最终明证性，因而是与绝对的自己负责相一致的自主性来构成自身——这种并不过分的要求不就是真正哲学的根本意义吗？最近以来，对一种充满生气的哲学的渴望，已经引起了一个又一个的文艺复兴。唯一富有成果的不正好就是那个重新唤起笛卡尔沉思的文艺复兴吗？它只是要通过返回到自我我思，全面地揭示这些沉思的最深刻的意义，并由此进一步地揭示其萌发出来的永恒价值，而不是简单地接受它们。

总之，这个问题指出了通向先验现象学的道路。[1]

胡塞尔在这里所表达的含意正是如我们上面所言的：

哲学应当具有一种笛卡尔的精神，即对所要研究的对象进行彻底的沉思，以找到明确的基础，但这种彻底沉思的精神在当代已经失去，这危及了哲学的地位。

换言之就是，倘若我们要使哲学重新具有生命力，就必须如笛卡尔一样，对所要研究的对象——世界本身——同样进行一种彻底性的沉思，以为世界也为我们的哲学体系找到一种具明确性且可以进行逻辑辩证之基础。

---

[1] 胡塞尔：《笛卡尔沉思与巴黎讲演》，张宪译，人民出版社，2008年版，第43页。

跋

撰写这部作品的时候，我是很平静的，每天一早，一致是五点左右，就起床，早餐后开始写，一直写到下午一点左右回家午餐，平静而机械地写着，直到写完。

但写完之后，在这本书的出版过程中，我却不那么平静了，因为我遇到了很多令我感动、也会终生不忘的人。

本来，我是不准备马上就出版的，等到整部西方哲学通史写完再说，但在去年四月份去北京参加我的恩师陈启伟先生八十寿辰的时候，见到了在商务印书馆工作的师兄弟关群德还有他性格活泼、非常善良的夫人，在清华大学图书馆工作的李晓红女士，我们彼此志趣相投、相谈甚欢，后来也经常联系，我于是就产生了把这部作品拿到商务印书馆出版的想法，得到了他们的大力支持。后来更经他们的荐引，我联系上了商务印书馆的郭可女士，她的才华与谈吐都令我惊叹不已，颇有相见恨晚之感，她过去也曾读过我的书，对我的写作风格比较欣赏，于是出版此书之事就此定下来了。所以我在这里首先要感谢群德兄和晓红嫂子，还有郭可女士，没有他们的鼎力相助，这部书是不可能这么快就出版的。

当这部书进入编辑程序之后，由王艺先生具体负责编辑工作，他严谨的工作态度也给我留下了深刻的印象。例如在第一章《平静而不平凡的人生》中，文中有一句"例如不久前的 1619 年时，有一个名叫瓦尼尼的人就是因为这样的指控而被活活烧死在笛卡尔的家乡、法国图赖讷市中心的木桩上。"这句话看上去不会有什么问题，但他对文中的瓦尼尼进行了专门查证，向我指出瓦尼尼死于图卢兹，而不是我文中所说的图赖讷。虽然我的说法也有可信的出处并向他说明了，但他又进行了更加深入的查证，证明了瓦尼尼的确是死于图卢兹而不是图赖讷。

还有，在第十章《松果腺与身心二元论》中，我提到了有一个哲学家"骂追随笛卡尔的人为 Nullubist，意思就是不承认灵魂在空间中存在的人。"他也对 Nullubist 这个词提出了异议，认为 Nullubist 应为 Nullibist，nullibi 即英语 nowhere 之意，所以 Nullibist 不至于是一个侮辱性的称呼，所以应当改"骂"为"称"。虽然对这个词的理解我也同样有比较权威的出处，但后来经再三查证，也表明他是正确的。

总之，通过这样的细节，我明白了为什么商务印书馆百年以来都是中国最优秀的出版社，就是因为这么多优秀的人。

当然，更根本地，我还要感谢我的两位导师，硕士导师倪梁康先生和博士导师陈启伟先生，没有他们的引领我是难跨入这哲学之门的。

若说到更远，也许我还要感谢维特根斯坦，在跟从陈老师研究分析哲学的时候，我最喜欢的是维特根斯坦，我从他那里学到了一个写作的基本原则：要么不说，要么说清楚。这也是我一直坚持的写作原则，我想，我的书之所以能够有一定的市场，有许多忠实的读者，这就是主要原因之一吧！

最后我还要感谢的是我的家人，使我可以一个人住在家之外的书房里，全心全意地研究与写作；还有海大，我的同事们，特别是张志扬教授，以及单位先后的领导曹锡仁教授与张治库教授，在他们的帮助之下，来这里快 20 年了，我每周只要上两节课，还只要上半个学期，一整个学期的工作量不过是 9 次课 18 个小时，其他时间都可以用来研究与写作，这样的条件并不是每所大学都能提供的。

也正因为有了这么充裕的时间，得到了这么多人的帮助，我才可以写作、出版比较多的作品，为此我常怀感恩之心。

是为跋。